20세기 서양의 일상과 풍경

20세기 서양의 일상과 풍경

초판 1쇄 인쇄 2019년 1월 22일
초판 1쇄 발행 2019년 1월 30일

저 자 노명환 · 박지배 · 박재영 · 김유정 · 홍재웅 · 김혜진
　　　　 윤희두 · 김형인 · 원태준 · 유진영 · 이규철

발행인 윤관백
발행처 도서출판 선인

영 업 김현주

등 록 제5-77호(1998.11.4)
주 소 서울시 마포구 마포동 324-1 곳마루 B/D 1층
전 화 02)718-6252/6257
팩 스 02)718-6253
E-mail sunin72@chol.com

정 가 25,000원
ISBN 979-11-6068-243-4 03900

20세기 서양의 일상과 풍경

노명환 · 박지배 · 박재영 · 김유정 · 홍재웅 · 김혜진
윤희두 · 김형인 · 원태준 · 유진영 · 이규철

도서출판선인

이 책은 한국외국어대학교 서양생활문화사 연구회 모임의 결과물이다. 서양생활문화사 연구회는 독일, 프랑스, 영국, 스웨덴, 러시아, 그리스, 이탈리아, 미국, 브라질 등 서양 각국의 역사와 문화를 전공한 학자들로 구성된 연구 모임이다. 모임을 통해 서양의 다양한 생활문화에 대한 발표와 토론이 진행되었고, 그러던 중 일반인들이 접할 수 있는 교양서를 출간하여 학문적 성과를 대중들과 공유하자는 의견이 모아졌다. 그렇게 해서 지난 2012년에 고대부터 산업혁명시기까지를 다룬 <서양 사람들은 어떻게 살았을까>를 출간했고, 그 후속으로 19세기 말부터 현재까지를 다룬 <20세기 서양의 일상과 풍경>이 나오게 되었다.

<20세기 서양의 일상과 풍경>은 크게 1부 '유럽현대사의 전개와 생활문화', 2부 '유럽대륙의 생활문화', 3부 '영미의 생활문화', 그리고 4부 '현대 서양의 문화코드 읽기'로 구성되어 있다. 1부는 일종의 개관으로 현대 서양의 역사를 크게 세 시기, 즉 양차대전기, 68혁명기, 그리고 신자유주의와 세계화의 시기로 나누어 서양 생활문화의 변화상을 설명하고 있다. 국가별로 조금씩 차이는 있을 수 있지만 20세기 서양의 생활문화는 언급한 세 국면에 따라 변화했으며, 변화의 주된 특징은 부르주아가 이끄는 고급문화에서 일반 대중이 주도하는 대중문화로의 이행이었다. 필자들은 이러한 시기 구분을 염두에 두고 2부에서는 유럽대륙에 속하는 독일, 프랑스, 스웨덴, 그리스, 3부에서는 영어권에 속하는 영국과 미국에 대해 각국의 특수성을 감안해 해당 생활문화의 특징을 설명하고 있다.

각 지역을 담당한 저자들은 나름의 일관성을 유지하기 위해 각국의 생활문화를 주거문화, 복식문화, 음식문화 등의 순으로 서술하고 있으나, 각국의 특수성을 고려하여 더 중요한 분야를 앞에서 소개하거나 더 강조해서 설명하고 있기도 하다. 무엇보다 저자들은 서양의 생활문화를 소개하면서 단순한 의식주 문화의 나열이 아니라 그것들이 서양의 역사적 흐름과 어떻게 관련을 맺고 있는지 살펴보고 있다. 예를 들어 산업혁명, 시민사회, 민족주의, 세계전쟁, 68혁명, 신자유주의 등은 시대정신이라 부를 수 있는 특징들을 만들어 냈고 서양인의 생활문화에 중요한 영향을 미쳤음을 얘기하고 있다.

　4부 '현대 서양의 문화 코드 읽기'에서는 특별히 교육과 미술 분야를 선정해 시대정신과 생활문화가 어떻게 해당 분야에 투영되어 있는지, 그리고 국가와 시민 생활과의 관계에 구현되어 있는지 살펴보고 있다. 또한 이를 통해 저자들은 역으로 시대정신과 생활문화가 현대 서양의 문화 코드 정립에 중요한 영향을 미치고 있음을 설명하고 있다. 저자들은 문화 코드를 시대의 가치관이 문화에 투영된 시대적 가치 체계로 이해한다. 예를 들어, 미술사의 시대별 사조들과 생활문화사의 시대별 특징들을 시대의 가치관이라는 측면에서 이해하고, 양자 간 상호 작용을 살펴본다. 저자들의 이러한 시도를 통해 독자들이 현대 서양의 생활문화의 구체적인 모습과 변화의 원동력을 이해하는 데 도움이 되기를 바란다.

이 책이 출간되기까지 이모저모로 도움을 주신 한국외대 콜로키움 독회 모임 <서양 생활문화사연구회> 선생님들께 감사드린다. 모두들 연구와 강의로 바쁜 가운데서도 시간을 아낌없이 내어 발표와 토론에 임해 주셨고 또한 일부 선생님들은 편집위원회에 참여하여 책의 구성과 방향을 잡는데 큰 도움을 주셨다. 또한 본 독회를 지원해주신 한국외대 연구지원처에 감사드린다. 그리고 이 책의 출간을 위해 물심양면 수고해 주신 선인출판사 윤관백 사장님 그리고 박애리 실장님께 고마움을 전한다.

저자들을 대표하여
노명환·박지배

개관

1. 들어가는 말

20세기 유럽은 엄청난 변화를 겪었다. 강력한 국가의 등장, 민족주의의 격화, 산업화의 확산, 사회주의 국가의 출현, 양차세계대전, 미국과 소련의 부상, 소비풍조의 확산, 신자유주의 등 수 많은 역사적 사건들이 20세기 유럽사를 장식했다. 이러한 역사적 상황은 유럽인들의 정치·경제·사회에 지대한 영향을 미쳤고, 나아가 그들의 생활문화에서도 중요한 변화를 가져왔다. 특히 2차 세계대전 직후의 경제성장과 신자유주의는 유럽의 사회와 문화를 구조적으로 변화시키면서 19세기에 없던 많은 것들이 유럽인의 생활문화 한가운데 자리 잡게 했다.

따라서 현대 서양의 생활문화를 이해하기 위해서는 20세기 유럽인들의 삶에 중요한 영향을 미친 정치·경제·사회적 사건들을 살펴볼 필요가 있다. 현대 서양인들의 생활문화에 중요한 영향을 미친 세 가지 키워드로 1) 미국의 부상과 산업화의 확산, 2) 전후 경제 발전과 68운동의 확산, 3) 신자유주의와 글로벌 문화를 들 수 있다. 이 글에서는 이러한 점을 염두에 두고 유럽 현대사를 크게 세 시기 즉 1) '19세기 말-1945년 산업화 시기', 2) '1945-1973년 경제발전과 68운동의 시기', 3) '1973년-현재 신자유주의와 다문화 시기'로 나누어 생활문화의 변화를 살펴보려고 한다.

2. 19세기 말-1945년 서양의 생활문화: 대중문화의 등장

20세기 들어 유럽의 부르주아는 큰 변화를 겪었다. 19세기에 정점에 이른 부르주아 사회는 이미 19세기 말부터 위기를 맞고 있었다. 위기의 내부적 원인은 구 지배계급이었던 귀족의 공격으로 인한 것도 있었지만, 무엇보다 노동계급의 부상과 관련이 있었다. 19세기 후반에 있었던 노동자의 정치 참여 확대와 여성의 사회 진출은 새로운 사회·경제적 환경을 만들었다. 이제 각국 정부는 노동자들의 지지를 확보해야 했고, 어떤 식으로든 이들의 요구를 충족해야 했다. 여성들 역시 투표권 운동을 통해 정치에 참여하려 했지만 많은 유럽 국가들에서 여성의 정치참여는 쉽지 않았다. 그러나 새로운 경제 환경 속에서 직장 여성이 출현한 것은 분명 여성운동의 활성화에 중요한 기반이 되었다. 여성과 노동자의 입지 변화는 유럽의 새로운 생활문화가 등장하는 데 중요한 원동력이 되었다. 물론 이러한 변화는 시험적인 수준이었던 것이 사실이지만, 20세기 전반의 여러 사건들, 즉 양차에 걸친 세계대전과 세계대공황 등을 거치며 조금씩 자리를 잡아 갔다.

확실히 도시 노동자의 성장은 대중문화의 탄생에 중요한 역할을 했다. E. P. 톰슨에 따르면 영국의 노동계급은 1790-1830년에 형성되었으며, 이 시기에 대중문화가 등장했다. 이후 노동계급은 19세기 중후반에 노동운동을 통해 계급의식을 성장시켰으며, 그 결과 정치적 영향력을 확대할 수 있었다. 영국에서는 노동조합 운동이 활발히 전개되어 노동조합은 1844년에 약 60만의 회원을 가지고 있었고, 1874년에는 조합원 수가 400만을 넘어섰다. 1867년에 선거법 개혁으로 도시 노동자 대부분이 투표권을 갖게 되었고, 이들은 마침내 정치 세력화하여 1893년에 광부 출신의 토마스 하디의 주도 하에 독립노동당을 결성했다. 프랑스의 경우 나중에 제한 조치가 있었으나 1848년 혁명으로 남자들의 보통선거가 실시되었고, 사회주의 운동이 활발히 전개되어 1905년에 오늘날 사회당의 전신인 국제노동자동맹 프랑스지부(SFIO)가 출범했다. 노동자들의 약진은 새로운 대중문화를 탄생시키는 데 크게 기여했다. 그리고 대중문화의 등장은 부르주아의 불안감을 가져왔다. 니체는 "1888년의 독일 정신은 1788년의 그것보다 후퇴했다"고 주장했는데 이는 새롭게 부상하는 노동자 문화에 대한 혐오 외에 다름 아니었다.

한편 여성의 사회 진출로 인한 새로운 여성 문화가 등장한 것도 중요한 변화였다. 부르주아는 그들이 내세운 자유주의 이념과 달리 가정에서는 보수적이었다. 19세기 부르주아 가족의 이상은 가부장적이었고, 계서적 질서를 기반으로 하고 있었다. 이러한 문화 속에서 여성들의 입지는 매우 취약했다. 여성들은 정치에 참여하지 못했고, 또한 20세기 전반에도 가정 폭력에 시달리곤 했다. 이러한 가운데서도 여성들의 사회 진출은 조금씩 증가하고 있었다. 19세기 말에 전화가 발명되며 여성전화교환수들이 생겼고, 상점과 사무실에서 일하는 여성 타이피스트의 수도 증가했고, 초등학교에서 여성 교원의 비율도 늘었다. 아직 제한적이긴 하지만 학교 교육을 받고, 신문을 읽고, 운동을 즐기는 여성들이 등장하기 시작했다. 이들은 가정과 사회에서 여성들의 열악한 지위에 대해 인식했고, 이를 개선하려는 투표권 확대 운동이나 다른 종류의 여성운동을 벌이기도 했다. 물론 20세기 전반에도 여성의 사회 참여는 제한적이었고, 여전히 가부장적인 사회분위기는 완고했으나, 여성이 사회에 진출하기 시작했다는 것 자체가 중요한 변화였다.

1899년 런던의 노동자 펍

이제 전통적인 상류문화는 보다 대중적인 문화의 도전을 받게 되었다. 산업혁명이 가장 먼저 일어났고, 노동계급이 가장 먼저 형성된 영국에서는 일찍부터 노동자 문화가 생겨났다. 먼저 노동자들은 자신들의 동일한 이해관계 속에서 계급적 정체성을 인식했고, 이를 토대로 노동자 문화라는 새로운 문화 형태를 창출했다. 영국의 대도시를 중심으로 펍, 팝 음악, 축구 관람 등 노동자들의 문화가 발전했다. 영국의 유명 축구 클럽들이 리버풀, 맨체스터 등 대규모 공업도시들에서 발전한 것은 우연이 아니었다.

프랑스 노동자들은 발자크가 '인민의 의회'라 불렀던 노동자 카페에서 자신들의 문화적 정체성을 형성했다. 노동자 카페에서는 하루 일과를 마친 노동자들이 모여 정치 얘기에서부터 시시껄렁한 얘기까지 다양한 담화를 나누었고, 카바레에서는 부르주아를 풍자하는 공연이 펼쳐지기도 했다. 이러한 노동자 카페의 문화는 격식을 갖춘 부르주아 카페나 오페라 극장과는 달리 격의 없이 먹고, 마시고, 노는 자유로운 문화였다. 한편 여성들의 사회 참여와 함께 젠더 의식을 가지고 특정 사회단체에 참여하는 여성들도 생겨났지만, 일반적인 경우는 아니었고 대개 미혼 여성이거나 과부 같은 가정이 없는 여성이었다. 따라서 여성들의 젠더 의식을 가장 잘 보여주는 것은 그들의 의상이었다.

1900년 파리 만국박람회에 참여한 사람들은 하나같이 비슷한 복장을 하고 있었다. 남자들은 프록코트에 톱햇을 쓴 모습이었고, 여자들은 몸에 꼭 끼는 볼레로나 재킷에 넓게 펼쳐진 스커트를 입고 우산을 하나씩 들고 있었다. 실제로 20세기 초 남성복장은 마치 제복처럼 어떤 경우에 어떤 옷을 입어야 하는지 명확히 정해져 있었다. 1930년대에 스포츠 활동의 확대로 캐주얼 복장이 등장하는 등 남성복장에도 다소간의 변화가 있었지만 전반적으로 볼 때 틀에 박힌 모습은 여전했다. 한편 여성복장은 그보다는 민감한 변화를 보였다. 20세기 초의 치마는 넓게 퍼지거나, 바닥에 끌릴 정도로 길어서 불편했던 반면, 점차 치마 길이가 장딴지 위쪽까지 짧아지는 등 편리성을 추구했다. 이는 여성들의 사회 참여가 조금씩 늘어가고, 제1차세계대전에 여성이 대규모로 동원되면서 기존의 거추장스럽고 불편한 치마를 거부하는 등 기능적인 측면도 생각했기 때문이다. 심지어 여성들을 위한 바지도 등장했다. 제1차세계대전 이전에 이미 터키 바지라

부르는 여성용 바지가 등장했고, 1930년대에 해
변의 휴양지에서 바지를 입고 있는 여성들을 종
종 볼 수 있었다. 그러나 여전히 여성들의 바지
착용은 일반적인 현상은 아니었다. 1933년 파리
의 경찰청은 여성들에게 바지를 입지 말라고 위
협했고 남자처럼 바지를 입으면 체포당한다는
협박도 했다. 여성의 바지 착용은 68운동 때나
되어야 본격화 되었다.

1900년 경 정형화된 남녀 패션

이러한 변화의 중요한 토대는 산업화의 확대
였다. 18세기 후반 영국에서 시작된 산업화는 19
세기 전반 유럽과 미국으로, 20세기 전반에는 세
계의 다른 지역으로 확산되었
다. 산업화는 동력을 통해 작동
하는 기계를 도입하고, 생산 작
업장을 대단위로 조직했다. 이
러한 산업화의 확산으로 대량
생산이 가능하게 되었다. 그리
고 대량생산이 지속되기 위해
서는 대중소비의 확대가 필요

1940년대 바지 입은 여성이 화제다

했다. 이러한 소비의 주요 기반은 당연히 노동대중이었고, 이러한 추세가 확대될수록
물질문화에서 대중들의 역할이 커져갔다. 실제로 그레고리 클라크에 따르면 영국의 1
인당 실질소득은 1860년대 이후 급격히 증가했다. 그 결과 산업혁명으로 경제적 성공
을 이룩한 영국, 미국, 프랑스 등의 유럽 국가들은 1800년경의 유럽인들이 감히 상상하
지 못했던 물질적 풍요를 경험하게 되었다. 소득이 증가하면서 유럽인들은 좀 더 다양

한 품목에 대한 소비를 늘릴 수 있었다.

산업화는 기술발전을 통해 대량의 상품을 대중들에게 저렴하게 공급했고, 점차 유럽의 노동자들은 자본주의 사회의 중요한 소비자로 등장하게 되었다. 동력을 이용한 기계생산으로 이루어진 의류, 가공식품, 가전제품, 나아가 자동차 산업의 발전은 이러한 제조품들을 소비할 일반 대중들의 노동과 수요가 없이는 불가능했다. 사실 대량소비 없는 자본주의란 상상하기 어려운 일이다. 16세기 이후 근대 자본주의는 향신료, 설탕, 차, 커피 같은 사치품을 점차 대중화하면서 경제성장의 가능성을 확장시켜왔기 때문이다. 그러나 그렇다고 해도 20세기 전반에 유럽에서 이러한 새로운 상품들의 소비가 의미 있는 확산을 보였다고 말하기는 어렵다. 왜냐하면 유럽의 소비는 두 차례의 세계대전과 대공황으로 크게 위축되었기 때문이다. 유럽인들은 너무 많은 전쟁 물자를 소비해야 했고, 일상적 소비의 위축을 감내해야 했다. 현대적 소비사회의 도래는 대서양 너머 미국에서부터 시작되었다.

20세기 전반에 세계경제의 주도권은 유럽에서 미국으로 넘어 갔다. 20세기 초까지만 해도 유럽이 세계경제의 중심지라는 것은 의심의 여지 없는 사실이었다. 영국은 이미 쇠퇴하고 있었지만, 사람들은 향후 독일이 그 위치에 오를 것이라 생각했다. 유럽의 문화적 영향력, 제국주의 그리고 수백만 유럽인의 이주는 유럽 문화를 지구 전체로 퍼트렸다. 1821-1920년에 미국으로 이주한 3300만 명 가운데 상당수는 유럽인이었다. 뿐만 아니라 같은 시기 유럽에서 북아프리카, 오세아니아, 남아메리카 등지로 700만이 넘는 사람들이 이민을 갔다. 그러나 유럽의 벨에포크는 제1차세계대전의 시작과 함께 끝이 났다.

전쟁은 유럽을 황폐화시켰다. 폭력과 파괴 이후 유럽 문명은 빛이 바랜 것처럼 보였다. 반면에 대서양 너머의 미국은 놀랍게 발전하고 있었고, 발전의 모습이 명확히 드러나기 시작했다. 이제 모든 경제 지표들은 미국이 세계경제에서 1위의 국가라는 점을 분명히 가리키고 있었다. 전쟁에 참가한 모든 나라가 미국에게 많은 빚을 졌다. 영국은 미국에게 약 40억 달러의 빚을 졌고, 프랑스는 30억 달러의 부채를 안게 되었다. 미국의 금 보유고는 전쟁 동안에 4배 이상 늘어나 1921년에 25억 달러가 넘었다. 이것은 세계 총보유고의 거의 5분이 2에 달하는 것이다. 또한 미국의 산업발전은 여타 유럽 국가들과 비교하면 인상적이었다. 1913년을 100으로 할 때 1920년의 공업생산지수는 미국이 141, 영국이 100, 프랑스 62, 독일 61이었다. 유럽 대부분의 국가들이 쇠퇴했고, 섬나라였던 영국만이 겨우 제자리를 유지한 반면에 미국은 크게 발전하고 있었던 것이다.

1920년대 크리스털라디오를 듣는 미국의 가정

제1차세계대전이 끝난 뒤에 미국에서는 군수물품을 생산하던 공장들이 대량 생산 공장으로 재정비되었다. 신기술과 컨베이어벨트 시스템은 소비재를 대량으로 생산했다. 중산층 가정에 라디오, 냉장고, 전기청소기가 구비되었다. 보통 재즈시기라 부르는 1920년대는 청교도적인 삶에 대한 도전이 거세지는 향락의 시기로 기억되는데 이 중심에 소비의 급격한 증가가 있었다. 특히 포드사가 생산하는 T자형 국민 자동차의 보급은 풍요로운 미국 땅의 상징이 되었다. 미국보다 빠른 1886년에 독일의 칼 벤츠가 최초의 자동차를 만들었고, 1930년대 초에 아우토반이 건설되었다. 그러나 20세기 전반기에 자동차 문화는 유럽보다는 미국에 더 잘 어울리는 이미지다. 1910-1930년 동안 최초로 자동차를 대량 생산한 나라는 미국이었고 유럽은 아직 뒤쳐져 있었다. 미국은 20세기 전반에 세계 최강의 경제대국으로 우뚝 서면서 소비문화의 초석을 놓았다.

1910년대에 미국의 T형 포드는 분업화 시스템을 이용해 생산 가격을 크게 낮추었고 오랜 기간 자동차 판매 1위를 차지했다. 또한 포드사는 1920년대 초에 할부 판매를 실시함으로써 중산층의 자동차 소비 열풍을 확산시켰다. 1920년대에 제너럴 모터스는 검고 칙칙한 포드 차에 맞서 자동차의 색을 고객 취향에 맞게 선택할 수 있게 함으로써 20년대 말에는 포드 자동차를 앞질렀다. 한편 미국에서 1920년대에 라디오가 보급되어 다양한 광고가 전파를 타고 미국 노동 대중들에게 절제가 미덕이 아니라 소비가 미덕임을 선전했다. 라디오의 놀랄만한 증가와 함께 소비자들은 치약, 청량음료, 아이스박스, 자동차, 세척제 등 새로운 상품들을 접하게 되었다. 다수의 노동자 계층을 포함해 많은 사람들은 전기다리미, 냉장고, 진공청소기 등을 소유하게 되었고, 이는 미국 가정의 전기화를 촉진시켰다. 전자제품의 매상은 1920년대에 3배 증가하여 24억불에 이르렀다.

전간기 미국의 경제성장은 외형적으로 눈부신 것이었고, 당시 자본주의 경제에 대한 낙관적 전망이 지배적이었다. 그러나 미국의 경제성장에는 중요한 문제가 내재되어 있었고 이전 역사에서 보지 못했던 대공황의 위기가 찾아왔다. 전통사회에서 경제위기는 생산부족 때문에 발생했다. 특히 경제에서 가장 중요한 부문을 차지했던 농업 위기가 전체 경제로 파급되어 상품 부족, 인구 감소, 경제 위축이라는 패턴이 반복되었다. 그러나 20세기 초 미국 자본주의 경제의 위기는 과도한 생산과 구매력 저하가 경제 위기의 핵심 원인이었다. 즉 경제의 두 축인 생산과 분배(소비) 가운데 분배의 문제가 실체를 드러낸 것이다. 대공황의 상황은 매우 심각했다. 1929년 이후 3년 만에 공업생산이 반 토막이 되었다. 실업자는 1929년에 200만 명에서 1932년에 1500만 명으로 증가했다. 실업이 크게 증가하면서 뉴욕, 로스앤젤레스 등 대도시에서 실업자들의 시위가 확산되었다. 경찰이 이들을 최루탄과 경찰봉으로 진압했지만 사회가 유지되기 위해서는 실업자들의 요구를 간과할 수는 없었다.

미국의 루즈벨트 대통령은 강력한 국가 주도의 뉴딜정책을 실시했다. 공황이 자연적으로 치유되기 힘든 상황에서 국가의 경제 개입이라는 새로운 요구가 설득력을 얻었다. 즉 국가가 나서서 실업을 구제하고, 유효수요를 창출함으로써 자본주의 경제가 원활하게 돌아갈 수 있도록 적극적인 정책을 펴야한다는 것이다. 사실 17-18세기 절대국가시기에도 국가의 역할은 크지 않았다. 그러나 19세기 후반 들어 이탈리아, 독일 등 새로운 통일 국가들이 등장하면서 국가 주도의 부흥에 박차를 가했고, 민

대공황 시기 배급을 받는 미국의 아이들

족주의 감정을 자극했다. 그러나 20세기 초만 해도 유럽인들은 국가와의 접촉이 그렇게 크지 않았다. 국민들은 세금을 납부하고, 국민군에 징집되었으나, 오늘날의 기준으로 보면 미약한 수준이었다. 그들은 여행을 할 때도 국가가 발행하는 신분증명서를 소지하지 않았으며, 아프거나 불구가 되었을 때 국가의 원조를 받을 것을 기대하지 않았다. 전반적으로 국가 정책이 미치는 사회적 범위는 대체로 넓지 않았던 것이다. 그러나 20세기에 국가의 역할은 점점 더 커져갔다. 근대시기 자유주의자들이 대외 전쟁과 국내 치안을 담당하는 작은 정부를 지향했다면, 현대에 접어들면서 국민들은 자신들의 삶에 직접적인 영향을 미치는 경제 문제를 해결할 주체로 국가를 상정하게 된 것이다.

대공황을 치유하기 위해 국가의 힘이 필요했다. 이제 국가가 기반 사업을 건설하고, 노사 간의 분쟁을 조절하며, 적극적인 실업 감소 정책을 폈으며, 또한 공적 부조 체계로서 복지정책을 펼치기 시작했다. 근대적 의미의 복지는 1880년대 독일 비스마르크의 사회보험이 먼저이지만, 세계적인 차원에서 국가가 국민들의 경제 및 물질생활에 중요한 영향을 미치게 된 것은 대공황 이후부터였다. 그러나 적극적인 국가 개입으로 대공황이 조금은 진정되었지만, 경제 문제를 근본적으로 해결할 수는 없었다. 뉴딜 정책은 미국 자본주의를 이루고 있는 거대한 축적의 톱니를 되살리는 데 성공하지 못했다. 자

본주의 경제는 제2차세계대전을 거치며 회복되었다. 유럽에서 전쟁이 발발하면서 생산라인이 다시 가동되기 시작했고, 전쟁 수요가 생산을 가속시켰다.

3. 1945-1980년 서양의 생활문화: 전후 소비문화와 대중문화의 확산

제2차대전이 끝나고 유럽은 중요한 변화를 겪었다. 먼저 전후 복구사업과 함께 급격한 경제성장을 경험했고, 이는 소비패턴의 변화를 가져왔으며, 생활문화에서 역시 새로운 모습들이 등장했다. 이러한 전반적인 변화의 일부는 제2차대전 이전에 이미 시작된 것이지만, 전후 새로운 상황에서 이전과 비교할 수 없는 중요성을 갖게 되었다. 무엇보다 급격한 경제성장은 진정한 의미에서 소비사회를 만들었고, 베이비붐 세대는 거대한 문화운동으로 유럽의 생활문화를 바꾸어 놓았다. 이제 더 이상 부르주아 문화가 아닌 대중문화가 전체 사회의 트렌드를 결정하기 시작했고, 유럽 사회 전반에서 여성들의 역할 역시 이전과 비교할 수 없이 중요해 졌다.

제2차세계대전으로 인한 유럽의 파괴는 심각했다. 유럽은 전쟁의 현장이었기 때문에 많은 시설물들이 파괴되었고, 농토 역시 황폐화되었으며, 인명 피해도 심각했다. 전쟁의 상흔에 대해 시몬 드 보봐르는 이렇게 회상한다. "그때는 어떤 평온함도 허용되지 않았다. 전쟁은 끝났지만 그건 내다 버리고 싶은 거대한 시체처럼 우리 손 안에 남아 있었다. 그리고 그 시체를 묻을 곳은 지상 그 어디에도 없었다."[1] 이러한 상황에서 전후 경제성장을 쉽게 예측할 수는 없었다. 제1차세계대전 때의 경험을 통해

제2차세계대전 직후 폐허가 된 드레스덴의 모습

유럽인들은 잠시 회복이 진행되다가 다시 불황이 이어질 것이라 생각했다. 국제연합 유럽경제위원회가 유럽 경제의 회복에 대해 내린 전망은 1953년까지도 밝지 못했다. 경제 성장에 대해 낙관하지 못한 네덜란드 정부는 자국민들에게 실업을 피하기 위해 국외 이민을 권장할 정도였다. 그러나 전후 비관적인 경제 전망에도 불구하고 유럽 경제는 기적이라 부를만한 경제성장을 이룩했다.

경제성장의 정도는 국가마다 달랐다. 이베리아 반도의 에스파냐와 포르투갈, 그리고 섬나라인 에이레에서는 1950년대 내내 정체와 고실업이 지속되었다. 반면에 다른 서유럽 국가들의 성장은 이례적이었고, 전례 없이 급속히 진행되었다. 서독, 프랑스, 이탈리아, 네덜란드, 오스트리아 등은 상대적으로 급속한 성장을 기록했다. 영국이나 벨기에는 그보다는 다소 뒤쳐졌다. 1950년대에 GNP 실질성장률을 보면 독일이 7.8퍼센트, 이탈리아는 6.4퍼센트, 프랑스와 네덜란드는 4.5퍼센트, 영국은 2.6퍼센트였다. 전반적으로 독일은 새롭게 부상하고, 과거의 핵심부인 영국은 뒤처지는 형국이었다. 그러나 유럽 전체로 볼 때 이러한 경제 성장은 이전에 없던 획기적인 것이었으며, 이러한 성장이야 말로 전후 유럽의 변화, 즉 고용의 증가, 소비의 증가, 일상의 변화로 이어지는 패턴의 주요 기반이 되었다. 물론 유럽의 경제성장에는 마셜플랜을 중심으로 진행된 미국의 원조도 중요했다. 그러나 마셜 플랜은 양적인 면에서만 보면 그리스, 이탈리아 등 몇몇 국가들을 제외하면 그리 컸다고 볼 수 없다. 사실 전후 미국이 유럽에 미친 중요한 영향은 물질적 원조 자체보다는 서유럽에 새로운 정치체제를 만든 것이라 볼 수 있다. 미국은 전범

전후 베이비 붐 세대의 아이들

인 독일을 포함하여 대립하던 유럽 국가들을 국가 간의 대화로 묶어 놓았고, 이는 서유럽 내의 교역에 중요한 기초를 만들어 전후 유럽 경제의 발전에 중요한 영향을 미쳤다.

한편 평화가 찾아오고, 경제가 성장하면서 유럽의 인구는 활기찬 증가를 보였다. 프랑스에서는 1935-1939년 사이의 출생률이 1,000명당 14.8명이었으나 전후인 1945-1949년 사이에는 20.1명으로 증가했다. 전쟁 직후 독일의 출생률은 낮았으나 1950년대 동안 꾸준히 증가했으며, 1960년대 초에 절정에 달했다. 영국, 아일랜드, 이탈리아, 스웨덴, 에스파냐 등 다른 유럽 국가들의 양상도 비슷하여 1959-1955년에 유럽의 출산율은 크게 증가했고, 1960-1965년에는 최고를 기록했다. 전후 출생률의 증가는 베이비붐 세대의 탄생을 가져왔다. 이들은 전간기와 전쟁기의 힘겨운 상황을 경험하지 않고 전후 풍요로운 세계에서 성장한 새로운 세대였다. 이러한 베이비붐 세대는 전후 경제 성장과 맞물려 소비 상승에 큰 도움을 주었고, 또한 새로운 문화운동의 주역이 되었다.

이러한 인구증가에도 불구하고 전후 유럽의 고용 사정은 매우 좋았다. 전간기가 실업과 저고용을 대표하는 시기라면 전후 20여 년 동안 유럽은 이례적으로 저실업, 또는 완전고용의 평안을 누렸다. 이는 전쟁기간 동안에 이미 엄청난 노동력이 희생되었기 때문이며, 또한 전쟁으로 파괴된 유럽을 복구하는 데 많은 노동력이 필요했기 때문이다. 서유럽에서는 제2차세계대전 이후 대략 1970년대 중반까지 저실업의 시기가 지속되었다. 서독이나 프랑스에서는 노동력에 대한 수요가 늘어나 심지어 이민 노동자들을 모집할 정도였다. 이러한 상황에서 실질소득은 증가했다. 1950년까지만 해도 평균적인 서유럽 가구는 현금 지출의 절반 이상을 생활필수품 즉 식량, 술, 담배 소비에 사용했고, 여기

1960년대 프랑스의 세탁기 광고

에 의복과 주거비용을 더하면 쓸 돈은 거의 남지 않았다. 1953년 이후 20년 동안 서독과 베네룩스 국가들에서 실질임금은 거의 3배 가까이 증가했다. 이러한 실질소득의 증가로 유럽에서도 이전에는 사치 품목이었던 세탁기 등 다양한 전자제품과 자가용에 대한 소비가 증가했다. 소련과 동유럽 지역에서도 정도의 차이는 있었지만 유사한 상황이 진행되었다.

전후 유럽에서 경제성장, 고용증가, 인구증가 등이 이루어지면서 유럽 사회는 진정한 의미의 소비사회로 전환했다. 제2차세계대전 동안에 억눌려있던 유럽인들의 소비는 전쟁이 끝나면서 급격히 분출하여 전시 배급제 및 통제에 대한 불만의 목소리가 증가했다. 그러나 1950년대 초 이후 복구가 진행되고, 경제성장이 지속되면서 1960년대에는 새로운 쇼핑 문화가 생겨났다. 전후 새로운 소비의 주인공은 다름 아닌 여성이었다. 광고회사들의 주요 타깃은 여성이었는데 한 이탈리아 경영자의 언급은 의미심장하다. "여성이 제일 중요하다. 그 다음이 개와 말이고, 남자는 제일 마지막이다" 1960년대가 되면 광고의 타깃은 좀 더 세분화되어 젊은 어머니와 나이 든 부인들, 그리고 젊고 섹시한 미혼 여성들에 대한 판매 전략이 등장했다. 은행업무가 확산되고, 다양한 신용 서비스가 등장하면서 고가 전자제품들에 대한 소비도 증가했다. 특히 유럽의 주부들은 냉장고와 세탁기 그리고 텔레비전 등을 구입하는 것을 우선시했다.[2] 그리고 새로운 전자제품들은 유럽의 중산층 사회에서 가내 하녀들의 존재를 없애주었다. 제품들을 판매하는 데 있어서 주부들의 취향은 매우 중요했는데 독일에서 등장한 한 문구는 이를 잘 보여 준다. "전기와 에스프레소, 콜라 없이는 살 수 없지만, 직접 요리를 하지 않아도 살 수 있습니다. 이 신기한 물건들이 이제 모두 여러분들의 것입니다....... (과거에는/저자주) 모든 것을 손으로 직접 하느라 고생했지만, 이 작은 기계는 몇 초 만에 일을 뚝딱 해 치웁니다........ 남편들에게 주머니를 조금만 더 열라고 말하십시오."

여성들이 소비의 새로운 주인으로 등장했지만 남성들의 소비 열풍 역시 만만치 않았다. 남성들이 소비하는 고가의 제품은 단연 자동차였다. 자동차는 새로운 유럽의 상징이었다. 과거에 자동차는 일부 부유층만이 소유할 수 있는 사치품이었다. 그러나 전후 경제 발전 가운데 중산층 가정도 자동차를 구입할 수 있게 되었다. 유럽의 자동차 생산을 보면 1947년에 50만 대에서 1967년에 9백만 대가 넘어 18배 증가했다. 프랑스의 경우 자동차

1960년대 폭스바겐의 광고

수는 1958년에 500만 대에서 1973년에 1500만대로 증가했다. 서독에서 1950년에 약 52만 대의 자가용이 있었다면, 1960년에는 406만대로 7.8배가 증가했다. 이탈리아의 경우 1950-1964년 동안에 약 34만 대에서 470만 대로 약 14배 증가했다. 자동차의 증가는 자동차도로의 확대와 함께 유럽을 더욱 긴밀한 세계로 만들어 주었고, 자동차를 사용한 도매쇼핑의 가능성을 열어 유럽의 소비문화를 더욱 확대시켰다.

　미국의 소비문화 역시 서유럽에 많은 영향을 미쳤다. 사실 유럽인들은 전쟁이 끝난 직후에도 미국에 대해 잘 몰랐다. 대부분 유럽인들은 영어를 잘 알지 못했으며, 미국의 역사와 지리는 유럽의 학교에서 연구되지 않았다. 미국의 작가들은 교육받은 계층에게도 잘 알려져 있지 않았다. 그러나 미국은 전쟁으로 황폐화된 유럽에 영향을 미치지 않을 수 없었다. 미군은 자국의 부를 가지고 사람들의 마음을 사로잡았다. 미

독일 소녀에게 츄잉검을 나눠주는 미군

군들이 지프차를 타고 껌과 초콜릿 그리고 담배를 나누어 주었다. 프랑스 언론은 미국식 생활 방식을 다룬 기사를 많이 썼다. 미군과 결혼한 프랑스 여성들의 편지가 잡지에 실리기도 했다. 이들은 미국에서 보았던 단독 주택의 안락함, 모두가 가질 수 있는 자가용, 활기찬 사교 모임 등에 대해 자랑했다. 미국 정부와 포드 재단 같은 여러 사설 기관들은 유럽과 미국 사이의 교류를 위해 노력했다. 1950-1960년대에 미국의 대외 문화 투자가 활발했다. 이러한 가운데 미국의 자본주의 문화는 점차 유럽 문화에 영향을 미쳤고 특히 서독에서 그 영향은 매우 컸다. 1948-1955년 사이에 1만 2000명의 독일인이 미국으로 건너가 한 달 이상 체류했다. 특히 전후에 태어난 서독인은 미국의 군사적, 경제적, 문화적 그늘 아래에서 성장했다. 미국의 영향은 특히 팝음악, 할리우드 영화 등을 통해 유럽 젊은이들에게 전해졌다. 특히 미국 영화의 영향력은 매우 강했는데 1950년 대 말 유럽에서 상영되는 영화의 절반 이상이 미국 영화였다. 유럽의 젊은이들은 영화를 통해 풍요로운 미국의 삶을 부러워했다.

그러나 젊은이들 모두가 미국 문화에 흠뻑 매료되었던 것은 아니다. 그들은 미국 영화의 판에 박힌 사랑 이야기들의 진부함과 순진함을 조소하기도 했다. 다만 영화에 등장하는 배우들의 자유로운 옷차림에는 관심을 가졌다. 반항적인 미국 젊은이의 몸짓은 유럽 청년들에게 유행되었고, 유럽 청년들은 미국식으로 옷을 입으려 했다. 하나의 예로 1963년 파리의 벼룩시장에서 진짜 리바이스 청바지가 처음 등장했을 때 없어서 못 팔 지경이었던 것이다. 청바지는 오토비아와 코카콜라, 부풀린 머리 모양과 짝을 이루며 유럽에서 널리 퍼져나갔다. 전반적으로 미국 문화가 유럽에서 진지하게 받아들여진 것은 아니지만, 미국의 물질문화가 동경의 대상이 되었던 것은 분명하다. 그것은 미국 문화의 수준이 높아서가 아니라 그것이 안락하고 편리함을 주었기 때문이며, 또한 사회변화를 따라가지 못하는 답답한 사회 분위기기 속에서 일견 자유로워 보이는 영화 속의 세계가 기분전환이 되었기 때문이다.

전후 풍요의 시기에 유럽의 음식 문화 역시 변했다. 무엇보다 경제 발전과 함께 음식의 질이 향상되었다. 20세기 초에 프랑스에서 모두 한 집에서 살 때 며느리는 함부로 빵을 뗄 수 없었고, 시어머니가 그 일을 도맡았다. 시어머니가 며느리에게 주는 빵 조각은 너무나 얇아 먹을 것이 없었다. 풍요롭지 못했던 시기에는 빵의 양이 중요했다. 그러나 20세기 후반에 와서 빵의 소비는 오히려 과거보다 줄었다. 이는 빵 대신 다른 음식을 통해 칼로리를 섭취했기 때문이다. 전통적인 칼로리 보급원인 빵이나 설탕보다는 석쇠에 구운 고기, 유제품, 신선한 채소와 과일이 권장되었다. 상대적인 풍요 속에서 이상적인 신체의 기준도 바뀌었다. 소비가 충분하지 못한 과거에는 마른 것보다는 통통함이 미와 선의 기준이었다. 그래서 전통시대의 그림에 나타난 여성은 오늘날의 기준으로 보면 다소 통통한 모습인데 이는 당대인들에게 통통함이 부유함을 마른 것이 가난함을 상징했기 때문이다. 그러나 풍요의 시대에는 날씬함을 이상적인 것으로 간주하고 살찐 것을 나쁜 것으로 보는 문화가 생겨났다. 이미 프랑스에서는 1955년 <마리 클레르>지가 "공공의 적 1호 비만과 여드름"이라는 기사를 통해 비만의 문제를 부각하고 있다. 이러한 분위기 속에서 과거에는 추앙받는 식품이었던 설탕은 공공의 적이 되었다. 설탕은 비만, 당뇨, 고혈압, 심장혈관계 질환 등의 원인으로 배척받았다.

그러나 1960년대의 풍요를 과장해서는 안 된다. 아직도 가난한 많은 사람들은 열악한 환경에 거주하며 1950-1960년대의 인플레이션 때문에 고통을 받았다. 프랑스의 경우 고정된 급료로 살아가는 사람이라면 누구나 당대의 인플레이션으로 인해 어려움을 겪었고, 이들의 물질생활은 바닥을 친 상태였다. 전쟁 중에 부서진 많은 집들은 개발 계획 초기에 우선순위에 밀려 여전히 형편없는 상태였다. 예를 들어

파리 인근의 빈민촌

1960년대에는 전체 주택의 반이 욕실이나 샤워실을 갖추지 않았고, 집 가운데 절반 가까이가 실내 화장실이 없었다. 소비 사회의 즐거움은 불공평하게 주로 부자들에게 돌아갔다. 부르주아의 90퍼센트가 휴일에 휴가를 떠난 반면 노동자들 중에서 40퍼센트만이 그런 행운을 누렸다. 부르주아지는 고학력을 요구하는 분야에서 엘리트의 지위를 독점했다.

한편 전후 경제성장과 이로 인한 풍요로운 소비가 이어졌지만, 그러한 물질적인 변화에도 불구하고 유럽 사회의 권위주의적 행태들은 여전했다. 프랑스에서 경찰들이 알제리 전쟁에 반대하는 시위를 해산하는 과정에서 수십 명의 시민들을 센 강에 집어 던져 살해했다. 서독에서는 슈피겔지가 정부군의 방어 태세에 대한 문제를 지적하는 기사를 싣자 정부가 이를 탄압하는 사건이 발생했다. 여성들이 새로운 소비자로 부상했지만 실제로 많은 여성들은 여전히 많은 차별을 감수해야 했다. 1965년 시칠리아의 젊은 여성 농민이 자신에게 청혼했다가 거절당한 청년에게 납치되어 강간당한 사건이 발생했다. 이탈리아 형법은 보상결혼을 판시했는데 이는 성 범죄자가 피해자와 결혼하면 처벌을 면제한다는 것이다. 이 여성은 사상 처음으로 보상결혼을 거부했고, 범죄자는 체포되어 감옥에 갔다. 그러나 사건이 벌어진 그 마을에서는 피해 여성의 고집을 비난하는 목소리가 커졌다. 헌법에서는 평등이 보장되어 있었지만, 일상에서의 문화는 권위적이었고, 여전히 구태를 벗어나지 못했다. 이러한 세태는 1960년대 들어 유럽 사회에서 거대한 신문화 운동으로 타올랐는데, 전후 성장의 시대에 태어난 베이비붐 세대는 변혁을 주도할 핵심 세력으로 부상했다.

전후 베이비붐세대가 주도했던 68운동의 핵심 기치는 사회의 구조적 변화가 아니라 문화와 일상에서의 변화였다. 젊은이들은 부모세대의 낡은 문화와 제도, 국가와 가정의 권위적인 분위기를 답답해했다. 힘든 시절에 태어나 국가와 가정을 위해 열심히 일했던 부모세대의 입장에서는 자식들의 태도를 이해할 수 없었다. 그들은 분명 한 시대를 지탱한 영웅들이었지만 그 와중에서 너무 경직되었고, 권위적이 되었고, 폭력적 방법에 익숙했다. 반면에 전후 풍요의 시대에 태어난 자식 세대는 어릴 때부터 유복하게 자랐고, 완전 고용의 시대에 청소년기를 보냈기에 상대적으로 자유로울 수 있었다. 청년들은 자신들을 과거의 틀에 묶어 놓고자 하는 기성세대에 적극적인 반항을 전개했고 이는 거대한 정치·사회·문화 운동으로 커져갔다. 이들에게 반항의 궁극적 목표는 모든 금기를 무너뜨리는 것이었다. 이제 기존의 금지가 금지되어야 할 대상이 되었다. 이들은 청바지, 미니스커트를 즐겨 입었고 담배와 마약 등을 피우며 시끄러운 로큰롤 음악에 몰두했다. 같은 음악을 좋아한다는 것만으로 고립된 반항아들은 서로에게 연대감을 느꼈다. 그리고 젊은이들은 단순한 반항에서 사회적 저항으로 나아갔다. 여기에 신좌파 지식인들이 저항의 이론적 기틀을 제공했고, 여성, 노동자 등 사회적 약자들의 목소리가 합해졌다.

1960년대 미니스커트는 영원하다는 피켓을 들고 시위하는 젊은 여성들

68운동은 많은 측면에서 유럽 사회를 바꾸어 놓았다. 부모 세대가 보기에 당시 젊은 세대들은 정신 못 차리고, 불량한 복장에, 시끄러운 음악에 미쳐, 인생을 허비하는 것 같았지만 그들은 나름 진지했다. 젊은이들의 정치적 입장이 항상 일치하는 것은 아니었지만, 이들은 명백히 권위적이고, 불합리한 사회를 무너뜨리고 싶어했다. 이들이 보기에 자본주의나 사회주의나, 우파나 좌파나 모두 권위적이라는 점에서는 별 차이가 없었다. 따라서 이들은 경제 구조를 바꾸는 것보다 권위적인 문화를 바꾸는 것이 중요하다고 생각했다. 이들은 가정 내에서 남녀 간의 역할 문제에 대해 고민했고, 소수자의 인권을 위해 투쟁했으며, 부패하고, 폭력적이며, 고집스러운 낡은 사고방식을 타파하고자 했다.

젊은이들이 보기에 기성세대는 의미 없는 것들에 목매고 있었다. 1965년 이탈리아의 10대 잡지인 <비트의 세계>에 실린 한 소녀의 글을 보면 당시 젊은이들의 생각을 엿볼 수 있다. "내 부모, 친척, 그리고 그들의 친구들은 울타리에 갇힌 쥐처럼 살았다......... 그들은 우리도 그렇게 살기를 원한다. 그들은 더 많은 돈을 가지고 싶어 하는데, 그 돈을 주로 큰 텔레비전, 자동차 덮개......... 같은 바보 같은 것들에 쓴다. 그들은 전혀 (인생을) 즐기지 못한다." 또한 기성세대가 '성은 드러내면 안 되는 것'으로 강요하는 것에 대해, 젊은이들은 성의 개방은 진정한 의미에서 인간의 권리와 자유를 보장하는 수단이라고 믿었다. 이들은 가부장적 가족제도의 해체와 집단적 주거공동체를 추구하면서, 함께 이상과 이념을 같이하는 동지들이 모여 사는 코뮌을 형성하기도 했다. 코뮌은 성공하지 못했으나 기성질서를 강화하는 수단으로 전락한 결혼제도에 대한 성찰은 성해방이나 전통적인 가족제도에 대해 진지한 탐구를 가져왔다.[3]

이러한 젊은이들의 문화운동은 유럽의 생활문화를 상당히 바꾸어 놓았다. 전후 유럽 사회의 변화는 패션에서 명확히 나타난다. 먼저 과학기술의 발달로 새로운 소재들이 등장했다. 면은 구김이 잘 가지 않게 품질이 크게 향상되어 고급 의상의 소재로 사용되기 시작했으며, 새롭게 나일론이 등장하여 1959년에는 소녀들의 의상으로 자리 잡았고, 아크릴란이 등장하여 스포츠나 야외 활동복의 소재로 널리 활용되었다. 그러나 전후 패션에서 가장 중요한 변화는 그 주도층이 바뀌었다는 것이다. 제2차세계대전 중에 서민 복장이 확산되기도 했고, 농장과 공장에서 여성들이 바지를 입기도 했지만 단지 실용적인 측면 때문이었다. 전쟁이 끝나고 경제 성장의 시기에 생활수준의 향상과 68문화의 확산으로 노동자 계급의 약진이 두드러졌다. 1960년대 일부시기에 노동계급이나 중간계급 출신의 젊은 여성들은 유명 디자이너의 옷을 입었다는 것을 뽐내며 거리를 활보했지만, 점차 이들은 패션 전문가들과는 전혀 상관없는 자신의 패션을 만들어냈다. 이들은 색의 조화를 무시한 미니스커트를 즐겨 입었고 티셔츠나 블루진을 착용했으며 모든 고급 패션의 규칙을 무너뜨렸다. 그리고 마침내 1960년대의 어느 시점부터 전문 디자이너들은 패션의 이념과 기준이 과거처럼 상류층의 인물이나 어떤 패션

엘리트들에 의해 만들어지는 것이 아니라는 사실을 알고 당황했다. 이제 패션을 주도하는 이들은 아주 젊은 친구들이었다. 이들은 영화, 텔레비전, 저널리즘 같은 통신수단에 의한 상호교류를 통해 새로운 유행을 창조해 나갔다. 이제 패션은 코코 샤넬, 크리스찬 디오르, 메리 퀀트 같은 몇몇 권위적인 디자이너가 만드는 것이 아니라 각자의 개인적인 취향과 개발이 가장 중요하게 되었다.

제2차세계대전 이후 여성 패션에서의 변화는 확실히 사회적 분위기를 잘 반영하고 있다. 먼저 20세기 전반에 편리함에도 불구하고 여성들의 의상으로 자리잡지 못했던 바지가 1960년대에는 공식적인 패션으로 자리 잡았다. 이제 전문직 여성의 출근복으로 바지에 재킷을 입는 복장이 고급 패션으로 인정되

1960년대 프랑스 니스에 나타난 미니스커트

었다. 한편 풍요의 시대에 여성들의 의상은 더욱 과감해졌다. 숙녀처럼 우아한 모습의 패션은 이미 1950년대 중엽에 스웨터 걸의 등장과 함께 위협을 받았다. 미국의 여배우 라나 터너는 꼭 끼는 풀오버 안에 뾰족한 브래지어를 착용하여 불룩 솟은 가슴을 강조하며 인기를 얻었다. 이를 계기로 그 동안 고급 패션에서 주목받지 못했던 니트웨어에 대한 관심이 높아졌다.

그러나 이 시기 가장 파격적인 의상은 미니스커트였다. 1965년에 미니스커트가 등장했을 때 당연히 엄청난 파문을 일으켰다. 도덕론자들은 정숙함이라고는 도무지 찾아볼 수 없다고 비난했고, 고급 디자이너들은 과도하게 드러낸 다리에서 미적 요소를 찾을 수 없었다. 그러나 미니스커트는 온갖 비난과 욕설 가운데서도 살아남아 사시사철 입는 인기 의상이 되었다. 미니스커트의 중요성은 이제 주요 관심을 의상의 아름다움

보다 젊고 탄력 있는 몸매에 집중하게 만들었다는 것이다. 이렇게 해서 옷 자체보다도 여성의 몸이 패션에서 더욱 중요해 졌고, 이러한 변화는 당연히 젊고 어린 여성들에게 유리했다. 그리고 스커트의 길이가 짧아질수록 다양한 종류의 스타킹이 등장했다. 이제 1920년대의 전형적인 검정 스타킹에서 벗어나 다양한 무늬와 색깔의 스타킹이 선보였다.

4. 1980년-현재 서양의 생활문화: 신자유주의와 생활 문화의 세계화

1970년대에 접어들면서 경제성장의 시기가 끝났다. 경제성장률은 둔화되었고, 실업률은 증가했으며, 이윤 창출이 한계에 달한 자본은 세계로 팽창하기 시작했다. 1973년 미국 달러의 금태환 중지는 결정적인 분기점이었다. 금과의 연계에서 풀려나 순수하게 종이돈이 된 달러는 고삐 풀린 말처럼 세계 곳곳으로 진출하기 시작했다. 신자유주의가 시작된 것이다.

이런 가운데 유럽 사회 내에 지향성의 변화가 나타났다. 1950-1960년대 68운동이 기성문화를 비판했지만, 68운동가들은 공동체적 지향이 강해 개인과 계급, 계급과 사회, 사회와 국가 사이의 관계를 중요시했다. 그러나 1970년대에 접어들면서 문화는 집단이 아니라 개인을 지향하게 되었다. 물론 1970년대 이후에도 여전히 노동자 연대, 학생 연대, 여성 연대 등 사회적 연대가 있었지만, 점점 더 개인이 사회의 중요한 단위로 인식되었다.

사실 68세대의 자유로움은 경제 호황의 덕을 많이 보았다. 완전고용 시대에 풍요롭게 자란 베이비붐 세대는 자유롭게 생각할 여유가 있

1973년 석유 파동 때 주유소로 몰려드는 차량들

었다. 그러나 이제 좋은 시절은 끝났고, 다시 모래시계는 뒤집혔다. 성장률은 둔화되고, 실업은 증가하고, 경쟁이 격화되면서 세계는 신자유주의라는 새로운 글로벌 문화체제를 맞게 되었다. 제2차세계대전 당시의 거대한 파괴와 인명 피해는 대대적인 복구를 필요로 했고, 이는 국가 주도로 진행할 수 있는 사업이었다. 그러나 20-30년간의 경제 번영은 내부 개발의 가능성을 약화시켰고, 이제 자본은 더 많은 이윤을 위해 자국을 벗어나 다른 국가로, 자본주의 진영을 벗어나 사회주의 진영으로 팽창해야 했다. 이러한 전반적인 상황은 세계화와 신자유주의의 도래를 의미했다. 불황을 타개하기 위한 방편으로 자유화가 추진되었고, 세계는 '세계화'라는 또 다른 국면을 맞게 되었다.

1970년대 이후 신자유주의는 유럽인들의 생활문화에 중요한 영향을 주었다. 특히 1990년대부터 급격히 확산된 세계화로 인한 자유무역의 확대와 이주의 확산으로 다양한 문화 접변이 발생했다. 전후 유럽인들이 주로 아메리

프랑스의 무슬림

카로 이주했다면, 신자유주의 시기에는 아프리카, 서아시아, 카리브해 지역에서 유럽으로의 이민이 가속화되었다. 그리고 동구권 사회주의가 붕괴된 이후에는 동유럽인의 서유럽 이주 역시 증가했다. 그 결과 세기 말 유럽에는 아프리카와 아시아의 배경과 문화를 가진 수백만의 사람들이 살게 되었다. 이들은 유럽 사회의 최하층을 이루며 저임금 노동을 담당했다. 예를 들어 로테르담이나 레스터 같은 도시는 이제 다언어, 다인종 사회가 되었다. 1998년 이너런던의 공립 중학교들에서는 백인 아이들이 오히려 소수가 되었다. 전통적으로 이민이 어려웠던 독일에서도 난민들의 유입으로 외국 출신의 주민들이 크게 증가했다. 20세기 말에 난민 수는 500만에 이르렀는데, 대개 이라크, 터키, 유고슬라비아 출신이었고, 이란, 아프가니스탄, 러시아, 베트남인의 수도 늘었다.

외국으로부터 난민의 유입은 지속될 추세이며 이들은 비교적 고립된 생활을 하지만, 점차 시간이 갈수록 유럽이 다문화적 성격을 띨 것은 명백하다.

　세계화와 함께 유럽인들의 관광 여행이 확대되고, 특히 해외 여행은 일반적인 것이 되었다. 먼저 자동차의 확대로 유럽 내 여행이 증가했다. 1938년과 1980년의 인구 당 자동차 보유 비율을 비교해 보면 프랑스는 20.8명 당 자동차 1대 꼴에서 2.9명 당 1대 꼴로 네덜란드는 90.9명당 1대에서 3.1명당 1대로 자동차 보유 인구가 크게 증가했다. 이러한 추세는 물론 증가율은 낮았지만 동유럽에서도 유사했다. 자가용의 확대는 유럽 내의 교류를 확대시켰다. 즉 많은 사람들이 유럽 내 이동에서 자유로워졌다. 농촌의 주민들도 도시로 쉽게 여행할 수 있게 되었고, 도시민들도 시골 변두리 여행을 즐기게 되었다. 1970년대 이후 대중들의 관광은 국제화 되었다. 1971년에는 영국 성인의 3분의 1 정도만이 휴가 기간에 외국을 나가 본 적이 있으나, 1984년에는 해외에 나가 본 적이 없는 사람이 전체의 3분에 1에 불과했다. 이제 유럽인들의 해외 여행은 매우 일상적인 것이 되었다. 이것은 수백만의 유럽인들이 그들과는 다른 국가의 언어, 문화에 노출되는 것을 의미한다.

　다양한 이민자들의 유입과 유럽인의 해외 여행 그리고 세계적 차원의 커뮤니케이션 확대는 유럽인들이 다양한 문화를 접할 기회를 더욱 크게 만들었다. 물론 제2차세계대전 이후 미국 문화의 유입이 유럽인들의 삶에 가장 중요한 영향을 미쳤다. 그러나 이제 유럽 여러 국가들에서 미국의 패스트푸드점뿐만 아니라 인도와 중국 음식, 그리고 일본의 스시는 더 이상 특별한 음식이 아닌 흔히 볼 수 있는 음식이 되었다. 영국 캠브리지 대학에도 중국 음식을 파는 간이식당이 등장하여 학생들이 포장된 중국 음식을 구입하여 야외에서 한 끼를 때우는 모습을 흔히 볼 수 있다. 물론 음식뿐 아니라 동양의 춤과 노래 역시 유럽인들에게 그리 낯설지 않은 풍경이 되었다. 1970-1980년대에는 일본의 전자 제품이 유럽에 인기를 끌었고, 이와 함께 J-팝이 유행했다. 이후 1990년대부터 한국 문화가 유럽에 본격적으로 소개되고 21세기 들어 K-팝이 큰 인기를 끌고 있다.

물론 동아시아 문화의 유럽 전파를 과장해서는 안 되지만 유럽이 이미 다양한 문화에 노출되어 있음은 분명하다. 한편 다문화적 풍토는 유럽인들과 갈등을 일으키기도 했다. 예를 들어 톨레랑스의 나라 프랑스에서도 무슬림 여학생들의 히잡 착용 금지나, 남성들의 터번 착용 문제로 큰 갈등을 빚는다. 신자유주의의 시대에 유럽에서는 다양한 문화의 수용과 충돌이 동시에 일어나고 있다.

유럽연합을 만든 마스트리히트 조약은 유럽시민권이란 개념을 도입하여 하나의 유럽인이라는 정체성을 확대하는 계기가 되었다. 2004년 유럽연합에서 실시한 여론조사에 따르면 15개 유럽연합회

유럽챔피언스리그에서 자신의 팀을 열광하는 유럽 시민들

원국 국민들의 41퍼센트가 자신의 정체성을 해당 국가의 국민만으로 생각하는 반면에 46퍼센트가 자신을 먼저 자국 국민으로 그 다음 유럽인으로 생각한다고 답했다. 확실히 과거에 비해 유럽인들의 민족주의 개념이 일견 옅어진 것은 사실이다. 언론 매체가 갖는 국민적 전통의 중요성도 과거만 못했다. 이미 <프랑크푸르터 알게마이네 차이퉁>, <파이낸셜 타임스>, <르몽드> 등은 진정한 유럽의 신문이 되어 유럽 전역에서 읽힌다. 20세기 말 유럽의 텔레비전에서 방송되는 오락 프로그램은 국가 간의 차이가 없다. 수입 영화, 시트콤, 리얼 예능 등 자주 등장하는 프로그램은 유럽 전역에서 볼 수 있다. 물론 유럽인들이 이웃 나라의 일에 별다른 관심을 보이지 않는 것도 사실이다. 영국이나 벨기에, 에스파냐, 노르웨이 왕가의 결혼과 장례, 대통령의 사과 등 공식적인 구경거리들은 엄밀히 말해 지역에 국한된 사건이다. 그러나 전반적인 측면에서 유럽인이라는 인식이 과거에 비해서 발전한 것도 사실이다.

특히 세계적인 현상이기는 하지만 스포츠에 관해서 유럽은 이미 하나가 되었다. 스

포츠 관람에 대한 욕구는 20세기 마지막 몇 십 년 동안 극적으로 증가했다. 위성 텔레비전 채널 유로스포트(Eurosport)는 매우 다양한 유럽어로 각종 스포츠를 중계하고 있다. 에스토니아에서 포르투갈에 이르기까지 모든 국영 텔레비전 방송은 방송 시간의 상당부분을 스포츠 경기에 할애한다. 한 세대 뒤 유벤투스, 리즈, 레알 마드리드, 그리고 유럽의 거의 모든 주요 축구 클럽들은 여러 나라 출신 선수들로 구성된 세계적 선수 명단을 보유했다. 2005년 잉글랜드 팀 감독은 스웨덴 사람이었다. 21세기가 시작할 때 영국 최고의 축구팀 중 하나인 아스널의 감독은 프랑스인이었다. 축구는 선수들이나 감독이나 모두에게 국경 없는 게임이 되었다.

한편 1968년 이후 68운동의 정치적 투쟁은 잠잠해졌지만 68정국에서 확대된 여성운동과 환경운동이 활기를 띠었다. 68운동은 특히 여성운동의 활로를 만들었다. 여성의 사회참여가 높아지면서, 사회적 성차별 문제를 자각한 여성들은 68정국에서 자유연애, 자유결혼, 이혼의 자유, 성해방 등 다양한 요구들을 내 놓았다. 국제연합은 때마침 1975년을 세계 여성의 해로 정하고 10년간 추진할 목표를 정했다. 이렇게 해서 1970년대 후반기에 여성운동은 여성문화의 창출과 확산이라는 새로운 국면으로 돌입했다.

가부장제의 역사, 여성의 역사, 여성의 몸에 대한 연구가 활발해졌고 사회에서 여성의 법적 권리를 확대하려는 운동도 전개되었다. 특히 "내 배는 내 것이다!"라는 슬로건으로 유명한 낙태금지 폐지운동은 1970년대에 법적인 측면에서 상당한 성과를 거두어 여러 유럽 국가들에서 일정한 조건 하에서 낙태가 허용되었다. 여성의 법적 권리는 이후 지속적으로 개선되어 프랑스는 1975년에 특별한 귀책사유 없이도 남녀 합의 하에 이혼이 허용되었고, 독일에서도 1977년에 부부간의 이혼을 파탄주의로 바꾸었다. 직장 내에서도 여성의 권리 신장이 이루어졌다. 독일에서는 1980년, 프랑스에서는 1983년에 직장 내 남녀평등에 관한 법률이 제정되었고, 1990년대 전반에 여러 국가에서 직장 내 성희롱 처벌에 관한 법률이 제정되었다.

한편 1960년대 말부터 환경운동에 대한 관심도 생겨났다. 1970년대에 정치투쟁으로서의 68운동은 쇠퇴했지만, 환경운동만큼은 계속해서 번져갔다. 이러한 환경운동은 1970-80년대에 반핵운동으로, 그리고 1980년대 이후 지구 환경을 보호하는 운동으로 발전해 갔다. 대표적인 환경보호단체로 그린피스가 결성되었고, 그린피스의 합법적 저항이 부족하다고 생각한 좀 더 적극적인 운동가들은 '시셰퍼드(Sea Shepherd)'라는 단체를 만들어 환경운동을 펼치고 있다. 이러한 환경운동의 일환으로 유럽 여러 국가들에서 환경운동을 표방하는 녹색당이 설립되었다.

1970년대 이후 경제성장의 둔화, 세계화의 확산, 그리고 여성운동과 환경운동은 유럽의 생활문화에 중요한 영향을 미쳤다. 물론 기존의 유럽 전통 양식은 계속 유지되었으나, 새로운 삶의 방식들이 우후죽순 생겨났다. 먼저 거대도시들이 급격히 증가하고, 대도시 주변으로 주거지가 급속히 늘어났다. 이렇게 해서 대도시 주변의 여러 동네들이 옛 모습을 잃고 베드타운으로 바뀌었다. 전쟁이 끝나고 1950년대만 해도 주택이 크게 부족했다. 1950년대에 영국에서 수백만의 사람들이 낡고, 추운 그리고 바깥 화장실이 하나밖에 없고 욕실은 아예 없는 집에 살았다. 전쟁으로 극심한 파괴를 겪은 독일도 주택난이 심각한 상태였으며, 프랑스 역시 주택이 크게 부족해서 신규 주택을 건설해야 했다. 이렇게 전쟁으로 인한 파괴 그리고 전후 인구 증가로 주택이 부족했던 유럽은 1950-60년대에 대규모 주택건설을 추진하게 되었다.

현대적인 도시 계획과 건축으로 기존의 마을과 동네의 모습은 사라졌다. 사람들이 자연스럽게 모여들던 거리와 가게들도 사라졌다. 예전의 동네 식료품점 대신 거대한 쇼핑센터가 들어섰고, 동네 선술집은 밀려나고 큰 카페들만 남았다. 이러한 변화는 거주지의 외형적인 모습뿐 아니라 사람들과의 관계도 바꾸어 놓았다. 이제 주민들은 과거에 서로 사생활을 공유하던 관계에서 익명의 낯선 관계로 바뀌었다.

신자유주의 시기 유럽의 생활문화에서 가장 중요한 변화는 전통적인 가족의 쇠퇴라 할 수 있다. 이러한 추세는 1960년대에 시작되었지만, 1970년대 이후 신자유주의와 맞물려 급속히 확대되었다. 20세기 전반만 해도 가족이 중요했다. 이때는 개인이 가족의 일부였다. 그러나 이제 개인이 가족에 우선하게 되었다. 1960년대 이후 유럽에서 결혼 자체가 감소했다. 유럽 전체적으로 결혼건수는 1970년에 비해 1994년에 약 25퍼센트나 줄었다. 예를 들어 구 서독지역의 결혼 건수는 1950년에 53만 5708건에서 2000년에 35

게이 결혼 합법화 등을 반대하는 프랑스 시위자들

만 9837건으로 감소했다. 한편 이혼율은 증가했다. 구서독 지역의 이혼율은 1970년에 15.9퍼센트에서 2000년에 38.5퍼센트로 크게 늘었다. 프랑스에서 이혼율은 1970년에 12퍼센트였는데, 2005년에 42퍼센트로 증가했다. 높은 이혼율은 유럽의 전반적인 추세였고, 점차 이혼 자체가 일상화되었다. 그래서 "두 번째 결혼은 매우 성공적이었어. 7년이나 지속되었거든"이라는 말을 듣는 것도 그리 어색하지 않게 되었다. 이러한 추세는 신자유주의시기에 명백히 결혼을 전제로 한 전통적인 가족제도가 와해되고 있음을 의미한다.

이제 유럽 젊은이들이 결혼을 하지 않고 동거를 택하는 비중이 매우 높아졌다. 프랑스의 경우 1970년에 6커플 가운데 1커플이 혼전 동거를 했다면, 2005년에는 대략 10커플 가운데 9커플이 혼전 동거를 선택했다. 한편 동거커플들은 단순히 생활을 공유하는 것만이 아니라 출산을 하는 경우도 많다. 즉 동거가 과거처럼 한때의 철없는 행동이 아니라 의도적이고 지속적으로 유지되는 것이다. 사회도 점차 동거를 인정하는 분위기이다. 동거라 해도 가족 수당, 사회보장, 상속 문제에서 제도적 혜택을 받을 수 있다. 따라서 유럽에서 비혼인공동체는 혼인 공동체와 함께 하나의 생활 형태로 자리잡아가고 있다. 서독의 경우 비혼인생활공동체는 1972년에 13만 7천 건에서 1990년에 96만3천 건으로 증가했고, 통일 이후 2007년에 2천400만 명으로 급증했다. 이러한 비결혼생활공동체의 증가는 가족의 형태가 결혼이라는 공적인 영역에서 사적인 영역으로 바뀌고 있음을 보여준다. 즉 부모나 교회, 그리고 국가가 더 이상 사적인 감정에 개입하지 않도록 하는 것이다.

한편 동거자들은 결혼을 피함으로 자신의 감정이 변했을 때 피해를 줄인다. 기본적으로 부부와 달리 동거인들은 파트너의 채무에 대해 책임이 없다. 또한 동거가 끝날 경우 상대의 재산에 대해 일체의 권리를 가질 수도 없다. 즉 사랑할 때까지 사랑하다가 그 감정이 끝나면 깨끗하게 헤어지는 것이 동거이다. 따라서 동거는 1970년대 이후 신자유주의와 함께 확대된 개인주의 문화의 하나라 할 수 있다. 물론 결혼이라는 전통적인 가족 모델이 사라진 것은 아니지만, 생활방식이 다원화된 것은 분명하다. 그러나 이러한 변화에도 불구하고 남성이 가사 일에 더 많이 참여해야 한다는 인식은 잘 실현되고 있지는 않다. 서유럽에서도 여성들은 여전히 가사와 직장 일을 병행하느라 어려움을 겪고 있으며 전업주부라는 여성에 대한 선입견 속에서 그와는 다른 인생계획을 실현하기도 어렵다. 시몬 드 보봐르가 언급한 것처럼 "추상적으로 여성의 권리를 인정한다 하더라도 오랜 관습에 막혀 실제로 구체화하기가 쉽지 않다."[4]

신자유주의 시대에 음식 문화에 있어서도 새로운 특징이 드러난다. 유럽에서 상류층과 서민층 사이에 섭취하는 칼로리에서의 차이는 거의 없어졌다. 그러나 여전히 음식에서의 계급적 차이는 존재한다. 상류층은 이제 전통 요리에서 탈피하여 가벼운 요리를 지향한다. 이들은 주로 증기로 찌는 방법을 선호하며, 자연스러운 맛을 보존하기 위해 가능하면 크림의 사용을 피한다. 실제로 1975년의 조사에 따르면 상류층과 서민층의 음식은 달랐다. 특히 상류층의 양고기 소비는 이전과 비교해 크게 증가한 반면에 서민층의 소비는 감소했다. 전반적으로 상류층은 양고기를 포함해 몇몇 육류, 생선, 치즈, 신선한 야채, 과일을 소비했고, 서민층은 돼지고기, 감자, 국수, 빵, 마가린 등을 많이 소비했다. 또한 서민층은 상류층과 달리 전통적인 요리법에 집착하고, 음식의 자연스러운 맛보다 소스를 선호한다. 이렇게 보면 음식물의 평준화라는 통념은 잘못된 것이다. 또한 상류층과 서민층은 식탁 예법에서도 차이를 보인다. 예를 들어 결혼 피로연에서 상류층은 가까운 친구들끼리 간단하게 점심을 먹는 반면 서민층의 피로연은 종종 점심부터 저녁까지 몇 시간이나 계속된다.

한편 신자유주의시기에 유럽 각국에서도 패스트푸드 식품이 확산되었다. 예를 들어 미국의 유명한 패스트푸드 체인점인 맥도날드는 1979년에 미식의 나라 프랑스에 첫 점포를 열었고, 이후 1996년에 프랑스 전역으로 확대되어 240여개 점포로 증가했고 2000년경에 약 800여개로 늘었다. 유럽에서 음식 맛의 평판이 높지 않은 영국에서는 정도가 훨씬 심하다. 영국의 한 논평가는 "맥도날드는 도처에 있다. 당신 가까이에도 있고, 그 보다 더 가까이에 또 하나가 지어지고 있다........ 곧 당신 집안에도 하나가 생길 것이다."[5]고 언급한다.

이러한 패스트푸드 음식 역시 유럽의 전통 먹거리와 경쟁한다. 1994년에 맥도널드는 아침세트를 출시하여 프랑스의 전통 간편 식품인 바게트와 크루아상과도 경쟁을 시도했다. 이렇게 해서 프랑스 최대 일간지 가운데 하나인 <르몽드>는 "프랑스 젊은이들이 햄버거를 즐겨 먹도록 식습관에 많은 변화를 초래한" 맥도날드가 "전통적인 프랑스인의 아침식사인 카페-크루아상에 도전하여" 소규모 음식점 주인들이 혼란에 빠졌다고 쓰고있다. 한편 이러한 신자유주의의 패스트푸드 문화에 대한 다양한 문화 운동이 펼쳐지고 있다.

슬로푸드운동이 대표적이다. 슬로푸드운동은 이탈리아의 포크 음악 페스티벌 기획자인 카를로 페트리니가 1989년 맥도날드의 이탈리아 상륙에 반발하여 시작했다. 그는 선언문에서 "지역요리의 맛과 향을 다시 발견하고, 음식의 품위

1990년 모스크바에 상륙한 맥도널드

를 낮추는 패스트푸드를 추방해야 한다."고 표명한다. 슬로푸드운동은 단지 가정식 전통 요리법이 값싼 빅맥에 잊히는 것을 걱정한 것만은 아니며 나아가 전통 요리를 만드는 데 쓰이는 식재료 자체를 보존하고, 나아가 환경을 보호하려는 뜻을 가졌다.

또한 유기농 농법으로 생산한 농산품에 대한 관심 역시 높아지고 있다. 미국의 해양 생물학자인 레이첼 카슨이 <침묵의 봄>에서 유기농이라는 말을 소개한 이후 이 말이 다투어 사용되기 시작했다. 유기농 운동 역시 유럽 전체로 확산되었고 2008년경에 독일과 영국은 유기농 식품의 최대 소비국이 되었다. 유기농 식품 가운데 유제품이 가장 큰 비중을 차지하고, 다음으로 신선 과일 및 채소, 그리고 육류와 가금류가 그 뒤를 잇고 있다. 물론 무엇을 유기농 식품으로 간주할 것인지에 대한 매우 복잡한 문제가 있음에도 불구하고 신자유주의시기에 과도한 세계화와 상업화가 가져온 획일적인 맛과 부실한 식재료에 저항하는 노력은 계속되고 있다.

유럽 대륙의 생활문화

1. 세기의 전환: 생활문화의 변화

르네상스 이래 사물에 대해 합리적인 태도를 견지하게 된 시민계급은 사회 및 자연환경을 인간의 의지에 따라 통제할 수 있다는 생각에까지 이르렀고, 이러한 경향이 꾸준히 발전한 결과 17세기에 과학혁명이 18세기에 계몽사상이 꽃을 피울 수 있었다. 또한 이들이 중상주의 정책과 결합하면서 산업혁명을 낳았다. 제조업 분야에서는 새로운 기계와 기술이 발명되었고 또 혁신되었으며, 생산력이 전례 없이 비약적으로 발전하였다. 이러한 현상은 단기간에 그치지 않고 장기간 지속되어 그 영향이 전 산업 분야 그리고 일상생활에 까지 파급되어 경제구조는 물론 사회구조 및 개인들의 생활 패턴을 바꾸어 놓았다.

일찍이 인류가 경험하지 못한 급속한 도시의 팽창이 진행되면서 여러 가지 예상치 못했던 문제가 발생했는데 그 중에서도 인구의 성장에 비례한 적절한 시설 및 주택공급의 실패로 도시는 과밀화되고 슬럼화하기 시작했다. 19세기 중반에 이르러서야 열악한 주거환경을 개선하려는 시도가 행해지기 시작했다. 1840년경부터 도시 전반의 위생문제에 대한 심각한 우려가 제기되었고, 독일에서는 1833년 세계 최초로 근로자 질병보호법이 제정되어 주거환경을 비롯한 전체적인 도시환경에 대해 규제와 통제가 이루어지게 되었다. 지방의 각 도시들도 독자적인 조례를 제정하여 주거환경을 개선하기 위한 제도적 장치를 마련했다. 이러한 규제들은 주거환경의 개선에 상당한 영향을 주었고, 각 도시에는 소위 조례주택이 확산되었다. 조례의 제정을 위한 주거환경의 통제는 환경의 균질화라는 부작용을 초래하기도 했지만, 혼잡하고 황폐해진 도시에 계획과 질서의 개념을 부여할 수 있었다.

또한 초기 자본주의의 중요한 통치 수단은 개인 신분을 나타내 주는 의상에 대한 국가 또는 도시 공동체의 규제 법규들이었다. 즉, 신분에 따라 입을 수 있는 옷들이 규정되어 있었다. 예를 들면, 낮은 신분의 농부는 그가 착용한 벨트가 달린 짧은 외투에 의해 인지되었고, 귀족 신분의 숙녀들은 그들이 입은 목과 어깨가 깊이 패인 데콜테(décolleté)에 의해서 인식될 수 있었다. 데콜테(décolleté)란 얼굴 아래의 목선부터 쇄골까지의 어깨 부위를 말한다. 프랑스어로 '목 둘레를 파다'란 뜻으로 소매가 없고 등이나 가슴이 드러나도록 깃을 깊게 판 깃 트임 여성 의상을 총칭하기도 하며, 칵테일드레스나 이브닝드레스에서 많이 볼 수 있다. 19세기는 '드레인 파이프 바지(Drainpipe Pants)'라는 노동자 계급의 의상과 함께 시작되었다. 특정한 의복의 양식을 통한 계층 분류가 빠른 속도로 진행되었는데, 이것은 경제적·기술적인 발전 방향과 이것들이 초래하는 계급사회의 특징이었다. 그러나 실제로는 표면적인 외양에서 이러한 차이점은 그 이전보다 더 명백하지 않았다. 이전에는 신분이 의복의 양식을 결정하였는데, 이제는 돈이 결정적인 요소가 되었다. 특히 새로이 성장하고 있는 네 번째 계급, 즉 노동자 계급에서 그러하였다. 그들은 중산계층을 모방해 낼만한 경제적 능력이 없는 사람들이었다. 결국 그들은 스스로 절제하고 제한을 두었다. 예를 들어, 도시민의 모자(hat)대신 노동자의 모자(cap)를, 그리고 여자들은 코트대신 쇼올을 걸쳤는데, 그러한 표시를 통해서 그들 스스로 정체성을 개발해 내었다.

19세기 이전에는 음식을 먹는다는 것은 종교적인 의식의 표현이기도 했다. 음식은 "우리에게 일용할 양식을 주시"는 신이 존재한다는 증거였다. 음식은 또한 신분을 표시해주는 하나의 수단이었다. 그런데 19세기에 이르러 음식에 대한 이러한 종교적·신분적 개념이 없어졌다. 게다가 산업혁명으로 인해 생활수준이 높아지면서 음식이 상업의 대상이 되었고, 인간이 연구하고 설명할 수 있는 학문의 대상이 되었다. 즉, 영양학,

가정학 등의 학문이 정립되었다. 시민혁명을 통해 바꾸어진 인간의 의식에 의하면 음식은 인간을 위해 인간이 선택하고 해결할 수 있는 문제로 인식되었다. 거기에다 통조림 기술의 발달은 시민혁명 후 가속화된 음식이 상업의 대상이 되는 경향에 박차를 가했다. 왜냐하면 이제 사람들은 가게에서 부패하지 않은 통조림 음식을 어느 때든 사먹을 수 있게 되었기 때문이다.

본 글에서는 위와 같은 산업혁명기 생활상의 전반적인 변화들을 토대로, 20세기에 접어들어 양차 세계 대전을 경험한 독일인들의 생활문화가 어떻게 변화되어 왔는가를 살펴보고자 한다.

2. 주거문화: 인간적 만남이 가능한 사회적 공간

1) 산업혁명 이후

독일은 산업혁명이 가속화되면서 필연적으로 도시 규모가 확대되었고, 그 이외에도 인구의 증가와 더불어 주택문제가 심화되었다. 농업방식은 지주농업에서 자본주의식의 대차지(代借地)농업으로 완전히 대체되었고, 우후죽순처럼 늘어난 도시의 공장들은 농촌지역에서 도시로의 인구유입을 더욱 가속화 시켰다.

독일에서는 영국에서보다 늦게 산업혁명이 진행되었으므로 산업혁명에 따른 여파도 영국에 비해 서서히 파생되었다. 1871년에야 통일된 국가를 이루었던 독일의 경우 대규모의 공장이 들어서고 처음으로 철도가 부설된 것은 1840년대였다. 독일의 많은 도시가 여전히 시장광장을 중심으로 하는 중세도시의 규모를 벗어나지 못했으며, 도시화의 여파도 전국적인 현상은 아니었다. 그러나 인구가 급격히 증가했던 베를린의 경우 주택문제는 상당히 심각했고, 공업화가 진행되면서 다른 도시에서도 비슷한 양상이 전개되었다.

서민 주거지역의 위생문제는 매우 심각했으며 콜레라와 같은 전염병도 빈번하게 발생했다. 이러한 상황은 건축가를 위시한 환경개혁가들로 하여금 노동자 주택의 환경을 개선하고 새로운 주거유형을 개발하도록 하는 계기를 부여했다.

독일의 경우 초기 노동자주택은 영국에서 시범주택으로 건축되었던 노동자용 아파트에서 상당한 영향을 받았다. 이들 아파트들은 보통 두 가구 내지 네 가구가 계단실을 공유하는 형식을 취했고, 화장실과 공동우물이 중정(中庭)에 위치하는 형식으로 건축되었다. 1880년대에는 베를린의 새로운 도시계획에 따라 폭이 좁고 안으로 긴 대형 부지가 양산되면서 한 대지 내에 여러 개의 중정이 연속해서 배열되는 대규모 주거 단지가 생겨나게 되었다. 이러한 대규모의 주거단지는 대부분 민간 개발업자들에 의해 개발되었는데, 되도록 많은 건물을 배치하면서 중정은 최소한의 채광 및 통풍만이 이루어질 정도로 좁게 계획되었다. 또한 단위주택도 마주 대고 배열되는 방식을 취함으로서 위생적으로 매우 열악한 환경을 형성했다. 1900년대 초반에는 다시 환경적으로 개선된 아파트들이 등장했다. 1900년대 이후에 건축된 아파트들에는 철근콘크리트가 사용됨으로서 도시계획에 상당한 유연성을 부여할 수 있었다.

2) 근대건축운동

산업혁명과 함께 시작되었던 도시의 주거문제는 20세기로 접어들면서 더욱 심화되었다. 도시 인구는 지속적으로 증가했고, 핵가족화 현상이 가속화되면서 주택의 부족현상은 산업혁명의 초창기에 비해 크게 나아진 것이 없었으며, 오히려 규모면에서 더욱 확대되었다. 대도시 주거환경의 황폐화는 심각했고, 슬럼지역은 확산되었으며, 많은 서민계층은 여전히 지하주거나 통풍도 되지 않는 셋방에서 거주했다. 주거의 양적 증대와 주거환경의 질적 개선은 유럽 각국에서 매우 시급한 과제였으며, 이에 따라 문제 해결을 위한 획기적인 방향전환과 새로운 방법론이 요구되었다. 그 중 주목할 만한 것이 '전원도시'의 개념과 '공업도시 계획안'등이었다. '전원도시' 개념은 대도시와 지리적으로 분리되어 있는 지역에 전원과 도시의 성격을 동시에 지니는 자족적인 도시를 건설하는 것으로, 낭만적이며 반 도시적인 생각을 바탕으로 한 이 개념은 20세기 주거 환경에 가장 강력한 영향을 미친 개념 중 하나가 되었다. 1차 대전의 종결과 함께 소위 근대건축운동이 전개되었다. 이는 당시의 여건 속에서는 자연스럽고 당연한 과정이었다. 사회구조와 경제체제가 변화하면서 예술과 문화의 영역 내에서도 내용과 질의 변화가 요구되었으며, 여기에 건축도 예외일 수 없었다. 근대건축운동을 주도한 건축가들은 과거의 양식적 건축을 추구하기보다는 대중을 위한 건축을 그들의 새로운 과제로 인식했고, 기계화 사회의 새로운 가치관을 적극적으로 수용했다.

근대건축운동을 주도했던 전향적인 건축가들은 당시의 사회를 위기상황으로 규정했다. 그들이 진단한 당시의 사회는 도덕적으로 타락해 있었고 계층 간의 갈등이 팽배해 있었으며, 일반 대중의 주거환경은 최악의 상태에 있었다. 따라서 건축가들에게 가장 시급한 과제는 도덕적으로 그리고 물리적으로 황폐해진 사회를 새로운 물리적 환경의 보급을 통해서 개혁하는 것이었다. 그들이 추구한 새로운 환경은 기계문명이 가진 논리성과 속도감에 기반을 둔 것이었다. 그들은 자신들의 철학적 명제로서 '시대정신'의 개념을 설정했고, '새로운 정신'을 그들 활동의 슬로건으로 제시했다. 이에 따라 독일은 제1차 대전 이후인 1920년대 세계 최초로 노동자들을 위해 집단주택지인 지들룽 (Siedlungen: 판상형 아파트)을 건설하였다.

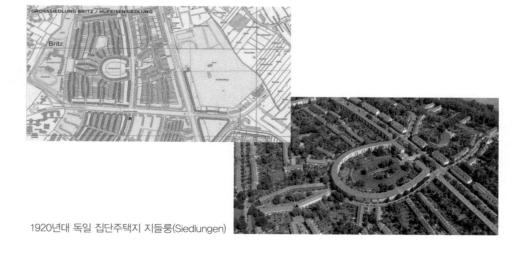

1920년대 독일 집단주택지 지들룽(Siedlungen)

근대건축가들이 생각했던 이상적 개념의 주거 공간은 공업생산이 가능하고 적절한 채광과 통풍 등 위생적 요구를 충족시키는 것이었는데, 이러한 주거는 모든 사회구성원의 생활조건을 전반적으로 개선하는 것이었다. 근대건축가들이 생각했던 사회구성의 모델은 개인과 그 단순집합으로서의 사회였다. 즉, 산업화 사회에서 가장 중요한 것은 개인이며, 사회는 개인의 집합이라는 단순한 개념이었다. 또한 산업화된 사회에서 가정은 더 이상 생산을 위한 단위가 아니었으므로, 가정의 사회적 중요성은 과거에 비해서 줄어들었고 가정의 구성원도 과거에 비해서 단순화되었다고 보았다. 따라서 주거환경에 있어서 사회적인 요구의 중요성은 개인적인 요구에 비해서 격하되거나 무시되었다.

1927년 독일 슈트트가르트 주거단지에 세워진 아파트

주거환경에 대한 인간의 요구가 축소되었으므로, 주거계획에 사회적·문화적 배경의 요구는 반영될 수 없었다. 특히, 저소득층 및 노동자 계급은 그들이 지닌 역사적·문화적 배경에 관계없이 동일한 집단으로 설정되었고, 결과적으로 그들을 위한 주거형식은 동일한 논리에 의해서 계획되었고 제시되었다. 주거에 대한 인간의 요구가 보편화·세계화됨으로서 집단의 주거에 대한 요구도 자연히 해결될 수 있었다.

3) 2차 대전 이후

1차 대전의 상처가 채 아물기도 전에 다시 전 세계를 전쟁의 도가니로 몰아넣은 2차

대전은 수많은 인명뿐만 아니라 각국의 주거환경을 엄청나게 변화시켰다. 유럽 국가 중 가장 주택파괴가 심각한 나라는 패전국인 독일이었다. 당시 전체 주택 수천만 호 가운데 약 1/4이 파괴되었으며 베를린의 경우는 40% 가량의 주택이 완전히 파괴된 상태였다. 영국과 프랑스도 각각 50만 호, 45만 호씩의 주택이 파괴되었다. 이 수치는 대략 전체 주택수의 5%에 이르는 수치였다. 결국 가장 시급한 문제는 주택의 대량 건설이었으며 필연적으로 대규모의 주거단지 조성이 필연적이었다.

주택문제와 관련하여 전후 유럽 각국이 안고 있던 문제는 크게 두 가지로 압축되었다. 첫째는 도시 주변에 새로운 주거환경을 대규모로 건설하는 것이었고, 둘째는 전쟁으로 파괴되었거나 슬럼이 형성된 도심지역을 재개발하는 것이었다. 새로운 주거단지의 건설은 종래의 소규모에서 벗어나서 엄청나게 큰 규모로 시행되는 것이 일반적이었다. 이러한 대규모의 주택건설을 위해서는 '녹지 위의 고층주거'의 개념을 적용하는 것이 가장 효율적이었다. 전쟁에 시달리고 비위생적인 환경에서 고통받던 서민들에게 이것만큼 밝고 위생적인 환경은 없었고, 개발을 주도하는 정부의 입장에서는 이것만큼 빠르고 경제적인 수단은 없었다.

패전한 독일의 경우, 건축 재료의 부족과 열악한 경제사정 등으로 인해 대규모 주택단지 건설은 쉽게 시행 될 수 없었다. 따라서 1940년대 후반부터 1950년대 초반까지는 주로 중·저층의 일자형 아파트 건설을 통해 정부의 주택복구사업이 진행되었다. 그러나 50년대 중반 이후 미국의 도움과 자체 생산력의 증대로 대규모 주거단지가 조성 될 수 있었다.

그러나 보편화·세계화되어 가던 '녹지 위의 고층주거'의 개념에 대해서 1950년대 초반부터 이미 유럽 각국에서는 반대 여론이 일어났다. 이들은 전원도시의 결실인 대규모 신도시와 기계적 기능주의의 산물인 비인간적인 고층 주거환경을 모두 거부했다. 이들은 소위, '시간-공간'의 개념 대신에 '장소'의 개념을, 그리고 '녹지 위의 고층주거' 대신에 가로를 중심으로 하는 위계적인 공간구성을 주장했다. 또한 인간적인 만남이 가능한 사회적 공간과 더불어 뚜렷이 구분되지 않는 중간적 성격의 공간의 중요성을 강조했다.

이렇게 전후 주택 붐을 타고 유행하였던 고층 아파트 열풍은 도시를 주거와 일터 그리고 휴식공간으로 단순히 기능에 따라 구분한다는 비판에 따라 점차 설 자리를 잃었다. 게다가 고층주택은 대중의 일상적인 도시생활 패턴을 모두 파괴해 버리고, 건설비의 절감이라는 불확실하고 단기적인 이익 때문에 심각한 사회 병리적인 대가를 치러야 할지도 모른다는 주장도 나왔다.

독일의 주거문화를 이야기할 때, 빼놓을 수 없는 것이 클라인가르텐(Kleingarten)이라는 생활공간이다. 클라인가르텐은 슈레버가르텐(Schrebergarten)이라고도 불리며, 19세기 독일의 산업화가 급격히 진행되는 시기에 일자리를 찾고자 시골에서 도시로 몰려들었던 가난한 사람들에게 시정부가 채소재배를 할 수 있는 일정한 공간을 제공한 데에서 비롯되었다. 클라인가르텐은 처음부터 주거용 가옥으로 사용하지 못하도록 법으로 금지하고 있으며 공간도 약 20㎡를 넘지 못하도록 규제하고 있다. 슈레버가르텐이라는 말은 환자들에게 "햇볕을 쬐고 맑은 공기를 마시며 흙에서 푸른 채소를 가꿔라"는 희안한 처방을 했던 슈레버(1808-1861)라는 의사의 이름에서 유래했다. 계속된 전쟁과 빈곤의 기간(1850-1950) 동안 독일인들에게 클라인가르텐은 부족한 식량의 공급처 역

클라인가르텐의 전경과 채소를 가꾸는 가족의 모습

할을 하며 생활의 보조수단으로서의 역할을 해 왔다. 그러나 오늘날에는 답답한 도시 환경을 벗어나 농장을 가꾸며 아이들이 자연과 함께 숨쉬며 뛰놀수 있는 웰빙 공간으로 자리매김하고 있다.

일반적으로 독일인들이 거주하는 집들은 대개 4~5층 정도의 연립주택 형태가 많다. 가족단위의 거주 공간은 여러 개의 방으로 되어 있는데 대개 거실도 하나의 방으로 규정한다. 그래서 방 2개짜리 집은 거실 하나와 침실 하나로 이루어진 집이며, 3인 가족이

방 2개짜리 집을 세낼 경우, 시청에서 거주허가를 내주지 않는 경우도 있다. 독일인들은 1인당 1개의 방이 필요하다고 규정하고 있기 때문이다. 그리고 독일은 궂은 날이 많기 때문에 가족들이 많은 시간을 보내는 거실을 예쁘게 치장하는 것이 보통이다. 공공주택의 경우, 부엌, 침실, 거실, 아이 방, 화장실과 목욕탕으로 이루어져 있는 것이 보통이다. 독신자들의 증가추세와 함께 부엌과 거실을 겸하고, 침실, 화장실과 샤워장을 겸한 작은 구조로 꾸며진 살림집이 많이 만들어지고 있다.

다름슈타트 소재 아파트 "Waldspirale"

독일 난민전용 아파트

보통 3-7명이 한 집을 빌려 방은 각자 쓰고 나머지 공간을 공동으로 사용하는 본게 마인샤프트(Wohngemeinschaft)라는 주거형태도 젊은 층에게 인기를 얻고 있다. 이는 주로 대학가 근처에서 쉽게 찾아볼 수 있으며, 이러한 방식은 기숙사 생활의 고립을 극

복하면서도 공동체 안에서의 개인의 자유가 보장되어 호응을 얻고 있다. 독일의 중산층이 정원이 딸린 단독주택에 거주하는 경향인 반면, 도시 서민의 대부분이 이와 같은 공공주택에 세를 들어 살며, 세입자 보호정책이 잘되어 있기 때문에 꼭 내 집을 장만해야 한다는 생각이 별로 없고 월세를 내고 임대하는 경우가 많다.

독일의 전원주택 풍경

독일 주택가 풍경

3. 복식문화: 기능성의 강조와 유니섹스의 등장

1) 새로운 시대의 여성복

1900년까지 독일 의류업계에서는 수공업이 지배적이었으며, 그 후 기성복의 생산이 점차적으로 나타났다. 상의는 특별한 기계를 사용하는 공장에서 분업의 원리에 따라 만들어졌으며, 분업은 도안, 재단, 가봉, 바느질, 다림질, 품질관리 순으로 이루어졌다. 특별한 일, 그 중에서도 특히 수놓기, 손으로 꿰맨 가두리, 단추 구멍 내는 일을 하는 것은 삯일로 가사 노동자를 고용하는 것이 초기부터 의류 업계의 특징이었다.

기성복 생산은 소규모 공장과 대규모 공장의 교역 경쟁을 가져왔고, 생산품의 가격 하락을 초래했는데, 이것은 패션을 만들고 유통시키는 사람들과 패션을 유통시키고 소비하는 사람들간의 교류를 넓혔다. 전에는 다만 상류층의 사람들만이 국제 패션계의 움직임을 모방할 수 있는 여유를 가졌다고 한다면, 기성복들의 생산은 중산층의 사람들에게도 가장 최신의 유행을 제공했다. 따라서 이제 더 많은 사람들이 의류소비에 있어서 패션산업에 의해 조종될 가능성이 커졌지만, 이런 변화는 실제로 어떤 면에는 복식의 민주화를 의미했다.

19세기 말경 여성해방과 함께 새로운 패션이 등장했다. 스커트, 셔츠형 블라우스, 맞춤복, 자전거를 타는 여성들을 위한 스포츠웨어로서 디자인된 바지 등이 나타났다. 이것은 19세기가 끝나고 있음을 의상언어로 표현한 것이었다. 19세기의 남성은 산업사회에서 그들의 직업에 전념했고 여성은 가정과 육아문제, 남편의 지위를 나타내는데 힘썼다. 물론 이것은 상류층에만 해당되는 말이었지만 이들이 패션을 주도하는 사람들이었다.

독일 여성들은 1918년에 마침내 선거권을 획득했으며, 이는 세계 제1차 대전(1914-1918)이래로 여성이 직업전선에 참여하기 시작한데서 기인했다고 볼 수 있다. 이들은 여성으로서의 자아확신, 역사 이래로 씌워졌던 여성이라는 굴레에서의 해방, 적극적인 활동력 등의 특성을 갖고 있었다.

영화배우 그레타 가르보의 패션의상

이로 인해 새로운 패션 경향은 예전과는 판이하게 다른 모습으로 나타났다. 남성다운 스타일이 곧 현대적이라는 인식 하에 남성적인 커트 머리, 볼륨감 보다는 평평한 가슴, 그리고 긴 다리 등이 강조되었다. 영화배우 그레타 가르보가 이러한 새 시대의 여성상을 가장 잘 나타내 주는 인물이었다. 그녀는 아래로 내려 맨 벨트, 무릎 위까지 오는 헐렁한 유형의 옷에 광택이 나는 피부 빛깔의 인조 실크로 만들어진 스타킹을 신었다. 이는 전에는 전혀 찾아볼 수 없었던 유형이어서, 패션계의 한 해설가가 당시 그녀의 스타일을 '어깨가 깊이 파인 이브닝 드레스(decolletes)의 모성애적인 아름다움과는 전혀 다른, 아이를 기피하는 불임의 에로티시즘의 표현'라고 한 것은 전혀 과장이 아니었다.

화려한 가죽구두는 사람들의 시선을 다리로 모았으며, 꼬리처럼 드리워지고, 대담하게 등이 드러난 이브닝 가운과 갈라진 치마는 너무도 새로웠다. 게다가 남성들의 디너 자켓이 영화에서처럼 새로운 의복의 아이템이 되기도 했다. 이 당시 영화는 화장품, 립스틱, 매니큐어 등에 새로운 유행을 선도하는 중요한 매체였다.

일상생활에서는 평상복 차림(캐쥬얼)이 널리 퍼졌다. 남성들은 스웨터에 니커보커(네덜란드인이 입는 반바지)를, 여성은 전통적 차림에 풀오버를 덧입었다. 그러나, 편안하고 실용성을 갖춘 그 당시의 패션은 그 어느 패션보다도 산업화시기의 시대상과 관련되어 있었다.

2) 제3제국: 제복 차림의 패션

독일 제3제국(1933-1945) 기간 동안 독일 여성들은 -적어도, 2차 대전 발발(1933)전까지는- 패션계의 국제적 교류가 존재했음에도 독일 여성의 편협한 스타일을 고집하였다. 그들의 새로운 구호는 "독일 여성은 화장을 하지 않는다." "염색도 하지 않는다.", "손톱에 물을 들이지 않는다." 등이었다. 그 유형은 엄격한 사감풍의 품위를 표현하는 것인데 머리 모양은 평범하게 땋아 단정하게 붙이거나 그레첸식의 머리 모양이었고, 뒷부분에는 긴 머리를 따서 높이 올렸다. 그리고 의상은 어깨를 부풀린 소매, 레이스가 달린 깃, 꼭 끼는 조끼와 개더스커트(gather skirt)로 이루어진 옷으로 그런 인상을 더 강조시켰다. 여성들의 전통 의상은 군사적 엄격함에서 영향을 받아서 남성의 정장과 같은 평평한 어깨에 패들 댄 옷을 입었다.

전 독일 국민에게 있어서 제복 차림의 도입은 이 시기 패션에 대한 이미지를 흐려놓았다. 제복을 입는 집단에 속하지 않는 세대는 없었다. 제복 착용으로 세대 간의 차이 따위는 없어졌으며 대신 한 집단으로 모아지게 되었다. 아주 어렸을 때부터 제복을 입음으로써 어떤 특정 범주로의 계층 의식을 없앨 수 있게 되었으며, 그 시대의 이념에 좀 더 날카로운 정형화·표준화 형성에 기여했다. 청년들에게 그것은 광범위한 형태의 예

비 군사력에 속함을 의미하였으
며, 소녀들에게는 기존의 차림, 즉,
발목까지 오는 양말 같은 운동복
차림, 레이스가 달린 신발, 주름 치
마, 웨이스트 코트를 입히는 대신
에『독일소녀동맹』의 제복을 입힘
으로써 국가의 또 다른 기반으로서
독일 소녀의 국가 자본화를 성립시
킨 것이었다.

히틀러 유겐트의 제복

히틀러 유겐트(Hitler-Jugend)
는 나치당의 청소년 조직으로
1926년 창설되었으며, 1936년 이
후 강제 가입 조항에 의해 10~18
살 청소년이 대부분 가입했다.
이 기간 동안 소년은 헌신과 협력

독일소녀동맹의 제복

및 나치에 순종할 의무를 배우며 스파르타식 생활을 했고, 부모의 가르침은 최소한으
로 한정되었다. 히틀러 유겐트의 자매 조직인 '독일소녀동맹(Bund Deutscher Mädel,
BDM)'은 1930년 설립되었으며 국가사회주의 독일 노동자당의 청년 조직 중 여성조직
으로 소녀들에게 우정, 가정에서의 의무 및 모성을 가르쳤다.

3) "New Look"의 탄생

2차 대전이 끝날 무렵에는 사람들이 보다 어두운 색의 옷을 입었는데 이러한 현상은
전후 일정기간 동안 더욱 심해졌다. 특히 한때 유럽 패션의 중심지였던 베를린 같은 도
시조차 폭탄이 투척된 후에는 누구도 밝은 옷으로 남의 시선을 끌려 하지 않았다. 게다

가 몇 년 동안 독일 사람들은 의복 쿠폰 없이는 새 옷을 살수도 없었다.

하지만 전쟁의 상처는 아물기도 전에 잊혀졌다. 사람들은 제각기 의복을 통해 자신들의 정체성을 확인하기를 원했다. 재활용을 위해 폭파된 집의 돌을 쪼개는 여성들은 그들 남편과 아들이 입었던 군복으로 자신들의 패션을 창조해 내었고, 머리에 둘렀던 터번같은 스카프에는 물을 들였다. 게다가 "오래된 것을 새 것으로" "둘이나 셋으로부터 하나를" 같은 표어가 돌면서, 솜씨 좋고 창의력 있는 드레스 재단사들은 불가능해 보이는 일들을 종종 이루어 내면서 자신들의 가치를 높이 인정받게 되었다. 여자들은 포기하지 않고 모두가 어떻게든 맵시 있게 보이려 했다.

한편 기성복의 대량생산 체제를 이미 갖춘 미국은 전쟁 후에 의복의 막대한 수요를 충족시킬 수가 있었기 때문에 기성복 사업이 매우 번창하였다. 이렇게 대량 생산된 기성복들은 기존의 맞춤복과 달리 여러 옷들과 조화시켜 입을 수가 있었으므로 적은 옷 가지수로 많은 변화를 줄 수 있었으므로 유럽에서 상당한 인기를 얻었다. 전후의 짧은 혼란기를 마친 후 파리에서는 새로운 유행의 바람이 불기 시작했다. 젊은 패션디자이너 크리스찬 디오르(Christian Dior)는 자신의 작품을 선보이며 거의 전무후무한 패션의 창조자로서 선풍적인 국제적 명성을 얻게 되었다. 여기에는 그가 오랜 전쟁기간 동안 닫혀 있었던 여성의 마음을 열 수 있었던 심미안이 있었기 때문이었다.

1950년대 스커트는 두 가지의 기본 스타일이 있었다. 하나는 주름을 잡거나 여러 폭으로 만들어 넓게 퍼지는 형태이고 다른 것은 직선적인 타이트 스커트 형인데 이 두 가지 스타일은 1960년대 초까지 계속 유행했다. 전반적인 여성 의상의 특징은 스커트를 넓게 펄럭거리도록 하고 상의의 어깨부분은 부풀리는 대신 좁고 매끄럽게 처리했으며, 허리부분은 펄럭거리는 스커트에 비해 날씬하고 연약해 보이도록 했다. Dior는 자기의 "뉴 룩(New Look)"이 곧 유행하게 될 것이라고 말했는데, 그의 말대로 그의 작품은 히트를 쳤고 국제적으로 인정받게 되었다.

Christian Dior의 "뉴 룩(New Look)"

    기성복 산업에 더욱 박차를 가하게 된 것은 직물산업의 기술개발과 인조섬유의 개발과 가공법의 발달을 들 수 있다. 레이온, 나일론, 폴리에스텔 섬유가 개발되어 직물공급이 원활해지고, 천연섬유 가공법의 발달은 의복의 기능성을 더욱 높여 주었다. 다림질을 하지 않아도 되고 세탁과 손질이 쉬운 직물이 의생활에 혁신을 가져 왔을 뿐만 아니라 패션의 민주화를 일으켜 상류 사회에서 아래로 내려가던 유행 패턴의 전통을 깨뜨리는 변화가 일어났다. 상류사회나 고급 의상점이 유행을 지배하는 것이 아니라 젊은이들과 중·하류 계층에서 유행이 생겨나면서 개인 취향이 가장 중요한 요소가 되었다. 때문에 패션 스타일의 필요성이 의류계에 널리 제기되었으며, 의류계는 여성들의 기호에 대한 자기들의 확신에 따라 옷을 생산하게 되었다.

    패션의 이미지가 많이 변했음에도 불구하고 여자가 양복바지를 입는 것은 결코 자연스러운 일이 아니었다. 1950년대조차 여학생들과 여교사들은 학교에서 치마와 셔츠를 입을 것을 요구받았다. 여성에게 양복 바지가 허용된 것은 1960년대 이후였다.

    한편, 도시의 여성들이 이런 식으로 의복문화를 정립해 나갔던 것에 반해 시골 여성들은 조금 다른 자세를 취했다. 그들은 지역 전통의복을 거부하였으며 마구간에서 또는 들판에서 치마대신 바지를 입고 일을 했다.

4) 미니스커트와 유니섹스

1960년대에는 지각 있는 젊은이들과 여성 해방을 자처하는 젊은 여성들의 시대였다. 이러한 당시의 시대적 분위기에 힘입어 앙드레 쿠레주(Andre Courreges)는 매우 짧은 스커트를 고안했고, 1964년 마침내 메리 퀀트(Mary Quant)의 손에 의해 미니스커트가 탄생하였다. 미니스커트가 전 세계에 수용되는 데는 채 1년이 걸리지 않았다. 런던의 거리에는 미니 디자인의 경쾌한 소녀들이 거리를 활보했고, 이러한 어린아이 같은 스타일은 거의 10년 동안 거리의 모습을 지배했다. 미니스커트를 입은 젊은 여성들은 자유분방함과 독립성, 섹시함을 드러냈다.

메리 퀀트의 혁명적인 패션 아이콘 '미니스커트'

1970년대부터 광적이던 미니스커트 붐은 점차적으로 가라앉게 되었다. 한동안 직물의 이용이 줄어드는 것을 탄식해 오던 섬유산업계는 이 반(反)미니 스커트의 유행을 두 손 들어 환영했다. 그러나 미니 반대 운동과 열렬한 미니 찬성 운동의 맞대결은 상당 기간 지속되었다. 이것은 의복의 역사에 있어서 독특한 현상이었다. 유행에 민감한 소녀들은 언제나 변화를 찾았고, 무엇보다도 먼저 미니스타일 위에 걸쳐 입는 마루에 닿는 길이의 Maxi코트에서 매력을 발견하게 되었다. 게다가, 같은 세대 안에서도 Maxi코트 이외에 중간 길이의 Midi를 선호하는 경향이 나타났기 때문에 점점 소비자의 기호를 맞추는 일이 어려워졌다. 유통기간 중에 유행이 바뀌는 형국이어서, 생산자들은 물론이고 주문자들까지 불안해했다. 어느 것을 선택하는 것이 유행을 따르는 일인지 알

수가 없었다. 한번 결정을 잘못해서 유행하는 옷을 다시 사려는 경우, 사무실 직원의 한 달 월급과 맞먹는 낭비가 뒤따랐다. 그러나 이러한 모든 변화들에도 불구하고, 젊은 여성들은 그때까지의 어떤 패션보다도 미니에 더 애착을 가졌다.

1960년대에 들어서면서 나타난 또 다른 특징은 보수적인 전통과 기성세대에 대한 심리적인 반항이 의복을 포함해 생활방식과 헤어스타일 등을 통해 나타나기 시작했다는 것이다. 고전의상을 현대적인 의상과 함께 착용하는 것이 유행하기도 했고, 무릎길이의 바지를 스커트 속에 넣어 입기도 했다. 보다 주목할 만한 것은 의상에서 남녀의 구별이 뚜렷이 나타나지 않는 유니섹스 패션의 유행이었다. 여성들이 색이 강한 스타킹과 검정구두를 신고, 바지를 입거나 또는 체크무늬 바지에 조화되는 자켓과 조끼, 실크셔츠를 입는 것 등이 유행이었다. 남녀의 의복이 점차 비슷해져서 청바지는 가장 인기 있는 남녀 공통의상이 되었다. 1945년 이후 20년간은 가죽 반바지가 남자 아이들의 옷에 있어서 가장 중요한 아이템이었다. 원래 알프스산에서 입었던 옷인 가죽 반바지는 양차 대전 사이에 여름 여행객과 알프스의 무도회를 통해 도시로 내려왔다. 던들(바바리아 소녀의 옷), 그리고 세플호스(가죽 반바지)가 히트를 쳤다. 국가사회주의 기간 동안 그것들은 관념적으로 격상되었다.

남녀의 구별이 뚜렷이 나타나지 않는 유니섹스(Unisex) 패션의 열풍

가죽 반바지의 유행도 1960년대가 되면서 점차 시들해졌지만, 여전히 무시 할 수 없는 수의 젊은이들이 가죽 반바지를 즐겼고, 빨간 가죽에 하트 모양의 장식이 유행했다. 학교 어린이들은 긴 바지, 데님, 진을 동경했다. 가죽 바지에 대해서는 부모와 자식들이 모두 긍정적인 평가를 내렸다. 왜냐하면, 거의 모든 경우에 입을 수 있고 실용적이기 때문이었다. 데님 또한 실용적이고 편했으나 부모들은 그것을 반 중산계급 투쟁의 표현

으로 보고 전혀 환영하지 않았다.

5) '청바지(blue jeans)'의 승리

1960년대부터는 '청바지의 승리'라는 표현이 자주 사용되어 왔다. 청바지는 드레스 입기를 반대하는 학생운동의 한 표현이었다. 청바지는 표백을 한다던가, 헝겊을 대던가, 문지르던지 하여 자기 마음대로 꾸밀 수 있는 젊은이들의 소유물이 되었다. 청바지는 남녀노소를 불문하는 만인의 옷이 되었다. 그것은 자유와 무관심의 상징으로 오랫동안 여겨져 왔지만 특정 세대에 저항하는 의미를 띠고 있지는 않았다. 청바지는 세대를 뛰어넘어 모든 이의 옷장 속에 걸리게 되었다.

확실히 이것은 의복의 역사에 있어서 획기적인 현상이었다. 과거에는, 적어도 비더마이어 시대 이전과 이후 사이 어린이들의 복장이 어른들의 복장을 따라가 애들이 조그마한 어른들같이 보였지만, 청바지로 인해 그 반대현상이 일어나게 된 것이다. 즉, 어른들이 아이들과 젊은이들로부터 옷 입는 스타일을 받아들여 온 것이다. 이제까지 세대를 구분했던 엄격한 울타리 하나가 사라진 것이다. 여기에는 영원한 젊음을 동경하는 인간의 본성이 의복을 통해 표출되었다는 심리학적인 설명이 가능하다.

104세 독일 할아버지의 청바지 패션   독일 패션 블로거 Dustin Hanke

150년 동안 남성들은 패션이란 부분에 관해서는 무관해왔다. 프랑스혁명 이후 더욱더 남성들의 옷에는 색이 사라져 갔으며 넥타이의 색깔만이 유일한 것이었다. 그러나 점차 성장하는 산업사회가 가져다 준 경제적 여유는 많은 사람들에게 여가선용을 요구하게 했고, 이와 함께 남성의 의복에도 변화가 일어났다. 여가시간만을 위한 새로운 종류의 옷이 만들어져야 했는데 이 옷들은 일단 편리함을 살린 기능적인 의복이어야 했고, 개인의 개성을 드러낼 수 있는 여가시간의 가치를 나타내야 하였다. 이것은 밝은 색깔과 가벼운 소재, 올이 성긴 셔츠, 반바지 등으로 나타났다. 레져 섬유산업은 풍부한 상상력과 더불어 발전했고, 레져 웨어도 많이 팔리게 되었다. 청바지와 골덴 옷차림으로 사무실에서도 일하게 되었다.

그러나 이러한 현상이 문화적 쇠퇴를 의미하는 것으로 이해해서는 안 된다. 그 반대로 편하게 옷을 입는 사람이 법과 규제 때문에 갇혀 있었던 자기 자신에 대한 이해와 새로운 자유를 얻게 된 것이다. 최근에는 누구나 자기가 입고 싶은 대로 입을 수 있지만 누구도 그 자유를 남용하지 않는다. 그것은 아마 민주주의가 발전해 나가고 있다는 분명한 증거일 것이다.

또한 전통적인 복식도 잘 전수되어 내려오고 있으며 전통복식은 각 지방마다 특색이
뚜렷하다. 독일의 전통 복식은 중후하고 검소하며 차분한 색을 많이 사용하며, 북부 바
이에른 지방의 민속의상은 독일 민속의상의 특색을 대표한다. 머리장식과 앞가슴을 장
식하는 문양이 발달해 있는 바이에른의 민속의상은 주로 축제나 명절 때 많이 입는다.

4. 음식문화: 감자, 소시지 그리고 맥주

1) 농업 생산량의 증가

산업화와 더불어 과학의 진보는 농업 생산량을 증대 시켰고, 이는 인간이 소비할 수
있는 식량을 오히려 풍부하게 만들었다. 예를 들어, 1816년-1914년 사이의 개인당 고
기 소비율은 이전 시기에 비해 세배로 늘었다. 이것은 이 시기에 인구증가율이 식량 증
가율을 훨씬 상회했음을 의미했다. 이에 따라 사망률이 줄고 조기결혼이 늘고 실질소
득이 증가하면서 이는 "인구폭발"로 이어졌다. 17세기 전반기에 독일 인구는 1천만 명,
1750년에 1,800만 명, 1816년에 2,500만 명, 그리고 1914년에 6,800만 명에 이르렀다.

사료의 개선으로 양, 말, 소, 돼지 등 가축의 우유와 고기의 단위 생산량이 증가했다.
특히 양의 사육이 급증하였는데, 이는 원모 가격이 상승하였고, 관세동맹이 모직물에
대해 유리한 관세 행정을 실시하여 국내 사육이 늘어났기 때문이었다. 특히, 독일 동
부 지역의 사람들은 스페인에서 수입한 메리노(merino)를 황무지에 대량 방목하여 농
가의 부업으로 광범위하게 사육했다. 또한 심경(深耕)을 통해 비옥하게 일구어진 토양
에 채소와 크로바 등이 많이 재배되었다. 이를 통해 토질은 더욱 비옥해졌고, 여기에서
풍족한 곡물이 생산되었다. 때문에 초원과 휴경지가 많이 감소되었으며, 리비히(J. v.
Liebig)가 광물 비료를 개발하여 약 50%정도의 곡물증산을 가능하게 했다. 곡물 외에
감자, 사탕무, 양배추 등 채소류의 재배방법이 개선되었다. 사탕무나 감자의 재배는 그

자체가 식량증산의 일환이었을 뿐 아니라, 또한 사료 공급원이었다. 감자 줄기와 제당 공장에서 나오는 사탕무 찌꺼기는 집약적인 가축사육을 가능케 하는 한 원인이었다. 독일인들은 영농방법을 네덜란드인으로부터 배웠다. 독일 농업의 발전에 있어서 중농주의 학자들의 학문적·사회적 활동이 주요했다. 이러한 발전에 힘입어 19세기 후반 독일에서는 대부분의 산업국가들에서와 마찬가지로 과일(특히 열대 과일, 건조과일), 채소, 고기, 계란, 지방과 설탕의 소비가 늘었다. 때문에 지금까지 많이 소비되던 감자, 곡류, 콩 등의 소비가 줄어들었다. 1920년대이래 지방질 50%, 계란 92%, 과일 156%로 각각 소비량이 증가하였고, 이에 반해 감자 29%, 곡류 30%로 각각 그 소비량이 감소하였다. 독일인들은 식물성기름인 마가린을 많이 소비하였고, 버터는 독일에서 식량으로서의 의미를 상실하였다. 이는 다른 나라와는 대조적인 현상이었다. 현재에도 독일인들은 빵에 마가린을 많이 발라 먹는다. 이것은 마가린에 함유되어있는 비타민에 대한 독일인들의 선호도와 관련이 있다.

곡물소비가 감소됨에 따라 탄소화물 섭취량이 줄어들었는데, 이는 다량의 설탕 소비를 통해 보충되었고, 감자는 고칼로리의 강장제이며 비타민 C의 공급원이었다. 한때 감자 기근으로 감자소비가 줄어들자, 부족한 칼로리는 지방의 섭취를 통해, 비타민 C는 열대 과일의 소비를 통해 충족되었다. 단백질의 공급원인 콩의 소비가 줄어든 대신 고기 단백질로 충당되었다. 밀가루로 만든 빵, 특히 브뢰첸(Brötschen)은 쉽게 사람들을 배부르게 해주고, 요리하고 먹기에 간편하고, 쉽게 열량을 얻을 수 있어 각광을 받게 되었다. 브뢰첸은 '작은 빵'을 의미하는데, 독일인들이 이 빵을 특히 아침 식사를 위해 이른 아침 빵가게에서 구입하는 모습을 흔히 볼 수 있다. 이 빵의 부드럽고 은은하게 달콤한 맛을 즐기려면 구워낸 후 비교적 짧은 시간 안에 먹어야 한다. 왜냐하면 이 빵은 구운 후 몇 시간이 지나면 딱딱해지기 때문이다. 내용물과 굽는 방법에 따라 여러 종류의 Brötschen이 있다. 이에 반해 호밀빵(Schwarzbrot)의 소비가 급격히 줄어들었다.

식량의 확대를 위해 교통·통신의 발달 그리고 음식을 보존하는 기술의 발달이 또한 주효했다. 냉동기술의 발달로 인해 대륙 내의 유통이 활발해졌고, 아메리카 대륙, 오세아니아 국가들로부터 대량으로 고기가 수입될 수 있었다. 통조림 기술은 또한 무역, 제약, 항해, 군사 그리고 식민지를 위해 매우 효용성이 높았다. 예를 들어 통조림은 크림전쟁에서 영국·프랑스 군대에 의해 사용되었는데 러시아군과 싸워 승리하는데 있어서 매우 유용한 요소였던 것으로 알려지고 있다.

아침에 먹는 독일 빵 브뢰첸(Brötschen)

슈바인스학세(Schweinshaxe)

2) 식사 시간의 변화

독일에서는 점심 식사시간이 가장 중요하게 다루어지는데, 네덜란드, 벨기에, 잉글랜드, 스코틀랜드 그리고 스칸디나비아 국가들이 저녁에 많은 식사를 한다. 여기에서 식사시간이 중요하게 다루어진다는 것은 따뜻한 식사(warmes Essen)를 하는 것을 의미한다. 여기에서 따뜻한 식사란 요리를 해서 먹는 식사를 의미한다. 이에 대한 반대 개념으로서 차가운 식사(kaltes Essen)가 있는데, 이는 빵, 햄, 소시지 등 요리를 하지 않고 하는 식사를 의미한다. 이러한 차이는 산업혁명기에 이루어졌다. 어떻게 하여 이러한 차이가 나타나게 되었을까? 산업혁명기에 들어서면서 낮에 일하고 밤에 집에 와서 많이 먹게 되는 것이 일반적인 경향인데, 왜 독일의 경우는 그들의 전통에 머무르고 있는가? 이것은 독일의 유명한 민속학자 비겔만이 그의 식관습 연구에서 제기한 커다란 문제 중의 하나였다.

식사시간의 변화를 초래한 근본적인 원인은 커피와 차를 음료수로서 선호하게 되면서 부터였다. 궁정의 귀족들은 저녁 늦게까지 먹고 마셨기 때문에 아침이면 식욕을 잃었다. 이들은 아침에 커피를 마셨다. 커피를 마시는 습관은 빠르게 퍼져나갔다. 사람이 산다는 것은 커피를 마시기 위해서 인 것 같은 착각을 느낄 정도로 빠르게 널리 퍼져나갔다. 부잣집의 경우 하녀도 점심식사 후 두 번 이상 커피를 마셔야 했다고 한다. 하층민들은 수입된 커피를 구해 마실 수 없어서, 꽃상추 뿌리를 구워 만든 커피를 즐겼다. 일부 가난한 사람들은, 예를 들어 여성 청소부들은 커피를 끓인 주전자에 그들의 점심이나 저녁식사를 싸 가지고 갔다. 식사하는 동안 커피 냄새라도 맡기 위해서였다. 처음에는 귀족층이, 곧 이들을 따라서 부르주아층이 이러한 습관을 만들어 냈고 저소득층도 이를 빠르게 모방했다. 이러한 경향이 뿌리를 내리면서 저녁 식사시간의 중요성이 부각되었다. 하층의 일일 노동자와 농민, 도시 빈민들은 낮에 일에 쫓겨 간단한 커피식사를 선호했고, 저녁에 감자식사를 통해 배를 채웠다. 부르주아 층의 대종을 이루는 상인들은 점심에 너무나 바빠서 커피와 빵으로 식사를 했다. 그리고는 저녁에 따뜻한 식사를 통해 영양을 보충하고, 손님들을 만나는 것은 저녁 식사시간을 이용했다.

그런데 독일에서는 19세기 중반이후 산업화와 도시화가 촉진되면서 다시금 옛 식사전통이 살아나기 시작했다. 즉, 다시 점심 식사시간이 중요시되었다. 처음에 부르주아층들이 점심식사를 중요시하는 전통을 살렸다. 이것은 부르주아 층이 이제 사회생활에서 여유를 갖게 되었음을 의미했다. 그러나 저소득층은 이미 바뀌어 진 식사전통인 커피 점심식사에 매달려 있었다. 이러한 현상은 문화사적으로 볼 때, 소멸해 가고 있는 형식이나 생활 방식은 가난한 자들이나 노인들에게 오래 지속되는 경향이 있다는 사회학적 명제를 뒷받침해 주는 듯하다. 빈민구호소에서도 뜨거운 식사를 거절하고 차가운 식사를 선호하는 사람이 많았다. 이들 중에는 아침, 점심에만 커피 식사를 하는 경우와 극단적인 경우 저녁까지 커피 식사를 하는 사람들이 있었다. 그러나 장시간 노동 때문에 노동자들은 아침, 점심을 커피식사로 때우는 것을 더 이상 참아낼 수 없었다. 따라서 점심에 따뜻한 식사를 하는 경향이 대세를 이루게 되었다. 노동시간은 보통 아침 6시부터 저녁 6시까지 지속되었다. 아침 휴식시간에는 20분 정도 아침식사(커피, 빵, 우유)를 하였고, 12시에서 1시까지 점심식사를 하였다. 이들은 점심에 식사를 제대로 하고 저녁에는 간단히 먹고 쉬고 싶어 했다. 이들은 또 암묵적 동의에 의해 오후의 식사시간은 취하지 않았다. 그들은 정시에 일을 끝마치고 싶어 하였다. 산업인구가 늘어가고 노동시간이 줄어갔음에도 점심에 따뜻한 식사를 하는 습관을 유지해 나갔다. 1919년 바이마르 헌법에 의한 8시간 노동제가 확립된 이후에도 점심에 따뜻한 식사를 하는 옛 전통이 유지되었다.

독일인들이 바쁜 중에도 따뜻한 식사를 하는 전통을 가지게 된 데에는 그들이 아인토프(Eintopf) 요리를 즐기는 습관이 작용했다고 한다. 아인토프 요리는 1700년경에 등장한 것으로 알려져 있는데, 야채, 콩, 감자, 고기를 하나의 냄비에 넣고 끓인 요리를 의미한다. 이것은 요리하기가 편리했을 뿐 아니라, 먹고 남은 것을 냄비에 데우기만 하면 쉽고 따뜻하게 해서 먹을 수 있었다. 나치시대에는 10월부터 3월까지 1달에 1번 아인토프요리를 해먹고 돈을 아껴 사회복지를 위해 희사하도록 하는 관행이 있었다. 19세기 후반에는 점심에 따뜻한 식사를 못하게 되면, 소외감과 비천한 느낌을 감수해야 했다. 이들은 일반 전통을 지키고 살아가는 사람이 못되었다. 사람들은 점심에 따뜻한 식사를 하는데 삶의 커다란 의미를 두었다. 공장의 옆에 사적인 음식점이 많이 생기고 회사 내에도 대부분 '매점 겸 식당(Kantine)'이 갖추어져 점심에 따뜻한 식사를 하였다.

3) 궁정 식사 예절의 확대

산업혁명기에 들어서면서 독일 민중계층은 귀족층 또는 부르주아층의 식사문화를 열심히 모방하기 시작했다. 이 평민층이 부르주아층의 요리와 식사예절을 모방하면, 그들은 평민들과 차이를 두기 위해 돈이 더욱 많이 들어가는 새로운 요리 및 식습관을 개발해냈다. 이것은 귀족들의 식사예절이 부르주아 층으로 옮겨갈 때와 같은 사회적 메카니즘(sozialer Mechanism)이 일어났음을 의미한다. 그러나 결국 평민층의 전반적인 소득수준의 향상으로 말미암아 부르주아층의 노력은 한계가 있었다.

궁정 귀족들에서 부르주아층에게 전수될 때와 마찬가지로 요리책들이 요리기술 또는 식사예절을 부르주아로부터 일반 민중에게 전하는 역할을 했다. 또한 농부나 노동자들 집안의 많은 젊은 여성들이 부르주아 집에서 가정부로서 일자리를 얻었다. 또 이들 계층의 많은 소년들이 호텔이나 레스토랑에서 일자리를 얻었다. 이를 통해 이들은 시민 계층의 요리와 식사예절을 체득하고, 이들이 결혼하는 때에 이것을 그들의 문화로 정착시켰다. 결혼하기 전에도 그들이 고향에 가게 되면, 그들이 직업을 통해 익힌 부르주아 식사문화를 자기가 속한 사회계층에 전수했던 것이다. 민중들도 생활수준이 높아짐에 따라 이러한 식사예절에 흥미를 가지게 되었고, 가능한 범위 내에서 그것을 즐길 수도 있었다. 이것은 결국 식문화에서 계급을 초월한 평등이 이루어지기 시작했다는 것을 의미한다. 물론 아직도 정도의 차이는 계급 사이에 남아있지만 이러한 평등화가 이루어졌다는 사실은 요리 책의 변화에서도 인식할 수 있다. 요리책들은 점차적으로 그리고 더 이상 신분별로 요리를 소개하거나 예절을 설명하지 않았다. 이제는 어린이를 위한 요리책, 날음식을 즐기는 사람들을 위한 요리책, 젊은이들을 위한 요리책 등도 나오게 되었다.

4) 독일인의 달게 먹는 경향

1830년대까지만 해도 고기를 과일하고 먹는다는 것은 생각할 수 없는 일이었다. 1850년대 이래 고기식사를 바나나 또는 파인애플과 함께 먹는 방식이 퍼지기 시작했다. 왜냐하면 산업노동자들이 단조롭고 고된 노동시간 때문에 갖게 되는 스트레스를 단 음식을 섭취함으로써 풀고자 했기 때문이다. 단순성과 지루함의 정도가 큰 업종에 종사하는 노동자일수록 그 만큼 더 많이 자극제로서 단 음식을 섭취하였다. 빵을 먹을 때에도 빵 위에 단 것을 올려 먹었는데, 주로 단과일과 잼이 사용되었다. 버터나 마가린을 바른 빵에도 단 것을 올려 먹었다. 버터를 바른 빵을 먹는 습관은 이미 북 독일에서 자리 잡았다. 버터빵의 소비가 늘면서 치즈, 소시지, 햄, 스팸의 소비도 증가했다. 그리고 단것을 먹기 시작한 것은 커피를 마시면서부터라고 한다. 사람들은 커피를 마시면서 자연스럽게 단 것을 찾게 되었다는 것이다.

산업혁명이전까지 독일에서는 주로 신맛을 내는 음식이 대부분이었는데, 이제 설탕과 단 음식에 의해 밀려났다. 이전에 특히 신맛을 내는 신 채소(Sauerkraut)가 많이 소비되었던 반면, 사람들은 수프도 신맛보다는 단맛을 선호하였고, 커피를 마시면서도 과자나 케이크를 많이 먹었다. 독일에서 케익은 18세기 중엽에 네덜란드에서 들어온 것으로 알려져 있고, 19세기 말까지 모든 종류의 케익이 수입되었다고 한다. 독일 여성들은 일요일에 깨끗하고 맛있는 케익을 만드는 일을 취미로 여기고, 특히 일요일 오후 가족들을 위해서 또는 초대한 손님들을 위해서 커피와 케익을 제공하는 일을 즐거움으로 여긴다. 일요일 뿐 아니라 주중에도 아침부터 케이크를 먹는 사람이 있을 정도로 케이크 소비가 일반화되었다. 과일로 된 잼과 젤리의 소비가 늘어나면서 과수원이 늘어나게 되었다. 19세기말 이후 우유, 초콜릿, 비스킷 그리고 단 빵들이 많이 나왔는데, 공장노동자들이 주요 소비자였다. 쌀브라이(Reisbrei)도 달게 해서 먹었고, 단 푸딩이 유행하였고, 단 크바르크(Quark - 凝乳치즈)를 즐겼다. 산업 혁명기에 이렇게 많은 단 음식을 섭취하게 된 데는 수요의 증가 때문만은 아니고, 이 시기에 설탕 생산이 급증하였고 노동자들이 소득향상으로 설탕과 과자에 대한 욕구를 만족시킬 수 있었다.

그런데 이와는 달리 독일 남부의 농업지역에서는 신 음식의 전통이 아직도 비교적 강하게 자리 잡고 있다. 농촌에서는 원래 단 음식을 섭취하는 것을 죄 짓는 일로 알았다. 작가 안드레아스(Stefan Andreas)는 그의 자서전적 소설에서 유년시절 모젤(Mosel)강변에 있는 쉬바이히(Schweich)에서의 경험을 다음과 같이 서술하고 있다.

이 지역의 일부 노동자들의 부인들은 쌀을 매우 달게 요리해 먹었다. 그래서 나는 그것을 거의 먹을 수 없었다. 집에서 그렇게 달게 먹는 것은 이미 죄의식을 갖게 하는 것이었다. 그 다음에는 단 사과와 푸딩을 먹었는데, 그 중에 어떤 것은 우리 동네에는 없는 것들이었다. 이런 것들을 먹고 나는 고개를 떨구고 무거운 배를 앞세우고 집으로 향했다.

5) 음식과 환경, 그리고 맥주 축제

오늘날의 식습관에 있어서 기준이 되는 것은 "오늘도 무엇인가를 먹을 수 있을 것인가" 라는 사실이 아니라 "무엇을, 그리고 어떻게 먹을 것인가" 라는 점이다. 이 말은 먹는다는 사실 그 자체가 더 이상 삶의 중요한 부분을 차지하지 않는다는 것을 의미한다.

오늘날에도 음식은 과거와 마찬가지로 일상생활에 필요한 활력을 공급해 주며 신체를 건강하게 유지시켜 주는 기능을 하지만 더 이상 삶의 목적이 아니라, 단지 중요한 수단으로서 그 역할을 넓히며 생활을 윤택하게 하려는 창조적인 의식에 밀려 세인들의 주된 관심으로부터 멀어지고 있다.

다양한 종류의 독일 소시지

독일 소시지 요리

1960년대 후반 이후 안정된 성장을 거듭하면서 독일인들은 차츰 간편한 식생활을 즐기기 시작했다. 감자, 빵, 소시지, 맥주를 즐기는 그들의 식생활은 변함이 없지만, 다양한 종류의 감자 요리, 빵과 소시지를 소량씩 하나의 접시에 담아서 남기지 않고 정갈하게 먹는다. 되도록 하나의 접시를 사용하는 것은 그릇을 세척하면서 발생하는 환경오염을 줄이겠다는 뜻에서이다.

아울러 독일의 음식문화에서 빼놓을 수 없는 것이 맥주라고 할 수 있는데, 맥주에 대한 독일인들의 자부심은 다양한 종류와 맛, 그리고 매년 뮌헨에서 열리는 맥주 축제를 보면 알 수 있다. 1516년 빌헬름 4세의 맥주 순수령으로 맥주에 호프·물·보리의 순수 자연원료 외에 방부제 같은 화학처리를 할 수 없도록 하였다. 이것은 독일인들이 식음료로 사용하는 맥주에 해로운 성분이 첨가되는 것을 막고 맥주의 순수한 맛을 지키기 위한 조치였다. 독일은 세계 1위의 맥주 소비국이며 독일에서 생산되고 있는 맥주의 종류만도 4,000종이 넘는다고 하니 그야말로 맥주의 나라라고 할만하다. 또한 독일에서는 거의 모든 지역에서 맥주 양조장을 찾아볼 수 있는 만큼, 지역에 따른 독일 맥주 종류와 맛은 천차만별이다. 맥주의 나라 독일에서는 일 년 중 각 지방의 특색에 맞춰 전국에 걸친 맥주 축제가 열리는데 그 중에서도 축제 기간 중 1,000여 개의 고유 민속 행사가 개최되는 세계적 관광 명소인 뮌헨 맥주 축제가 가장 유명하다. 뮌헨은 인구 약 130만 명의 남부 독일의 중심 도시이며 독일 제3의 도시이다. 12세기 이래 가장 화려한 궁중 문화를 꽃피웠던 바이에른의 수도였으며 16세기 이후 번성하던 르네상스와 바로크·로코코 양식의 문화유산이 곳곳에 남아 있고 미술관·박물관 등이 30여 개나 있으며 유명한 예술의 거리인 슈바빙을 갖고 있는 예술의 도시이다. 또한 1972년 뮌헨 올림픽 개최지로도 유명하다. 그리고 역사를 자랑하는 호프브로이, 뢰벤 브로이 등 6개의 맥주 회사가 소재 하는 곳으로 더욱 유명하다. 이 뮌헨에서 매년 9월말부터 10월초까지 약 2주간에 걸쳐 가을 수확에 감사하는 옥토버페스트(Oktoberfest)라는 맥주 축제가 열린다.

아울러 독일에서 육류가 아직 주식임에는 변함이 없지만 채식주의자들이 눈에 띄게 늘고 있다. 이러한 현상은 각 개인이 건강을 고려하는 데에서 그 원인을 찾을 수 있지만, 많은 사람들이 육식을 즐길 때 보다 채식을 즐길 때 환경을 더욱 잘 보존 할 수 있다고 믿기 때문이다. 슈퍼마켓에서 과일이나 음식을 보기 좋게 진열하기 위해서 플라스틱 용기나 봉지로 포장해 놓은 것을 볼 수 있는데, 이 물건을 산 독일인들이 계산대에서 거칠게 화를 내면서 포장지를 찢어내는 모습을 볼 수 있다. 이것 역시 보기 좋게

4,000종 이상의 다양한 독일 맥주

독일 맥주축제 옥토버페스트(Oktoberfest)

포장된 음식보다는 환경을 먼저 생각하는 독일인들의 의식을 표현하는 행동이다.

과거 독일인들이 고기를 재료로 한 고급 음식을 많이 먹는 것을 높은 사회적 지위를 나타낼 수 있는 수단으로 생각했다면, 지금은 그러한 행동을 사회관계에 대한 무지와 자연 환경에 대한 무책임성으로 일관하는 미성숙한 시민의 표징으로 생각하는 사람들이 늘고 있다. 이는 개인에 국한된 물질소비 욕구를 극복함으로서 자원고갈을 막고 쓰레기를 줄여 인류 전체를 위해 자연 환경을 보전해야 한다는 사회의식이 강하게 발현되고 있는 현재 독일인의 식습관을 잘 함축하고 있는 모습이라고 할 수 있다.

1. 서론: 새로운 권력의 공간으로서 일상과 생활문화

근대 르네상스와 과학혁명을 거친 프랑스는 내적으로는 시민혁명과 산업혁명을 마무리하고 동시에 미지의 외부 세계로 발을 내딛었다. 그 결과 내부적으로는 산업화를 통해 사회·경제적 큰 변화를 겪었고, 이러한 변화와 연계된 해외 식민지 건설은 프랑스에게 유례없는 경제적 풍요를 가져다주었다. 이 시기를 프랑스인들은 "벨 에포크(La Belle époque)" 즉, 경제와 문화가 폭발적으로 발전하여 프랑스 역사상 가장 아름답고 풍요로왔던 시대로 기억한다. 전례 없는 풍요는 새로운 과학·기술의 성공 및 예술과 문화의 폭발적인 발전을 이끌었다. '프랑스 혁명 100주년'인 1889년 파리 만국박람회의 출입 관문으로 소개되었던 에펠탑(La Tour d'Effel)은 프랑스의 첨단 과학기술 및 예술의 수준을 세계에 알리기 위해 계획된 작품이었다.

에펠뿐만 아니라, 당시 파리는 대형 박물관과 갤러리 및 대형 백화점으로 가득한 공간이었다. 1793년 6만 제곱미터에 이르는 면적을 자랑하는 루브르 박물관이 개장되었다. 뿐만 아니라, 파리는 세계에서 가장 처음으로 우리가 흔히 아는 봉 마르세(1852), 루브르 백화점(1855), 프랭탕 백화점(1865), 갤러리 라파이에트(1895) 등과 같이 쇼핑의 천국인 대형 백화점을 만들기 시작했다. 파리 시민들은 새롭게 등장한 대형 백화점에서 상품을 소비하였고, 루브르와 같은 대형 박물관과 갤러리를 통해 예술생활을 향유하였다. 특히, 대형 백화점은 파리 시민들의 소비패턴에 커다란 변화를 야기했다. 그렇지만 모든 이들이 이와 같은 풍요와 발전을 향유하고 소비했던 것은 아니었다. 대형 백화점과 대형 박물관은 부르주아지들만의 특징적인 '라이프스타일'과 '사치스런 취향'을 소비하는 특별한 공간이었을 뿐 일반 대중들의 삶과는 거리가 먼 생활공간 이었다.

19세기 부르주아지들은 특정한 취향의 개발 및 독점을 통해 일상을 지배하기 시작하였다. 다시 말해, 이들은 차별적인 문화소비를 통해 일상을 지배하고 권력을 재생산하는 새로운 '문화 권력자'로 등장하였다. 부르주아지들의 이러한 '차별화 전략'이 다분히 의도적이었다는 것이 부르디유(Pierre Broudieu)의 설명이다. 즉, 사치스런 '문화실천' 및 특정한 라이프스타일을 통한 하층민들과의 거리두기 및 차이를 시도하는 가운데 부르주아지들은 '문화 계급의식'과 '문화 권력'을 재생산하였던 것이다. 이러한 현상은 도시의 배타적 공간설정이나, 명품소비, 박물관 및 화랑의 이용과 같은 차별적이고 구별되는 일상생활을 통해 나타났다. 비록 프랑스 혁명이후 정치적 민주주의가 실현되었다고는 하나 '문화 소비'의 측면에서 본 일상에서의 민주주의는 여전히 거리가 먼 미래에나 기대할 수 있는 것이었다.

교육은 문화권력 현상을 조장하는 가장 유용한 수단이었다. 부르디유에 따르면, 교육은 민주주의 사회에서 기회와 평등의 이념을 실현시키기보다 오히려 유지시키는 작동기제로 볼 수 있다. 당시 프랑스 부르주아지들은 고등교육을 받고 그들만의 폐쇄적인 라이프스타일을 통해 우월적인 위치를 유지하고자 했다. 교육은 이러한 불평등한 문화사회적 구조를 고착화하고 은폐함으로써 지배계급에 의해 정의된 문화를 주입시키는 도구로 적극 활용되었다. '68 혁명'은 이러한 문화권력 및 불평등한 문화사회 구조에 대한 문제의식에서 시작한 항거로 볼 수 있다. 그 발단이 교육 분야에서 촉발되었던 것만 보아도 68이 제기했던 문제제기가 교육에 기반 한 불평등한 사회문화적 구조에 대한 것이었음을 알 수 있다.

일상생활의 측면에서 68혁명은 새로운 가치, 새로운 고민, 새로운 사고방식, 새로운 삶의 방식을 부여했다. 이는 생활 속 민주주의 또는 평등주의를 주장하면서 정치, 종교,

문화를 총 망라하여 일체의 권위를 거부하는 형태로 나타났다. 또한 절제와 억압에 기초를 둔 프로테스탄트 윤리에 저항하며 육체적 쾌락과 성의 자유를 대안으로 제시 하였다. 이는 전통적 문화와 공리주의적 가치관과의 단절을 의미했으며, 자본주의 경제가 만들어낸 발전, 그 경제적 진보에 대한 단호한 거부와 소외되지 않은 삶에 대한 간절한 열망이 표현이었다. 특히, 프랑스에서는 68 혁명을 계기로 여성의 지위상승과 여성운동이 괄목할만한 발전을 보였다. 여성운동가들의 저서가 베스트셀러를 기록하고 이후 낙태와 피임을 합법화하고 의료보험의 대상이 되는 데에 지대한 영향을 미쳤다.

프랑스에서 진정한 '문화 민주주의'는 '68혁명' 이후, 다시 말해 20세기 중·후반에 와서 이루어졌다고 볼 수 있다. 문화소비의 저변 확대로 불리는 대중문화의 발달은 투표권의 확대 및 정치권의 변화보다 훨씬 뒤늦게 이루어졌음을 알 수 있는 부분이다. 즉, 일상생활의 변화는 브로델의 표현대로 '장기 지속적' 성격을 지닌다는 점을 상기할 필요가 있다. 또한 일상의 문화는 '아날 역사학자'들도 지적했듯이, 귀족과 평민, 노동자와 자본가 간의 빈부격차, 즉 사회경제적인 불평등 현상에 주목해야 한다. 프랑스의 생활문화를 다루는 본 장에서는 문화소비와 권력이라는 측면에서 19-20세기 프랑스 인들의 의·식·주생활에 관해 살펴본다.

2. 주택: 19-20세기, 파리의 주거 풍경

19세기 부르주아들은 공간의 분리와 특화를 통해서 그들만의 문화적 차별성을 생산하고 유지하였다. '벨 에포크 시대' 부르주아 계급에게는 분명하게 구분된 사생활의 영역이 존재했는데, 이렇게 사생활의 영역이 탄생하게 된 가장 큰 변화 중의 하나는 노동이 사적인 영역에서 공적인 영역으로 이동한 요인이 가장 컸다. 그것은 공간의 분리와 특화가 이루어지는 결과를 가져왔고, 공간의 분리뿐만 아니라 사생활의 권리와 개인의 취향 및 여가 장소가 다양해지는 결과를 초래했다. 특히, 사적인 공간으로서 주거는 프랑스의 저명한 역사가 미셸 페로가 정의내리고 있듯이, 사생활의 무대이자 가장 개인적인 성장의 무대 (어린 시절의 기억들의 핵심), 인간의 상상력이 영원히 머무는 근본적인 "기억의 장소(Lieu de Mémoires)"였다.

당시 부르주아들의 생활양식과 거주 방식 면에서 상대적인 통일성을 발견할 수 있는데, 그것은 기능적인 합리성과 안락함, 그리고 귀족적 향수가 미묘하게 섞여 있는 모습이었다. 이들은 온기, 청결, 가족적 내밀성을 주거의 공간에서 찾고자 했다. 이와 더불어 독립에 대한 욕구, '돌아갈' 공간에 대한 애착으로 주택가를 건설하기 시작했다. 가장 두드러진 특징은 공간의 분리를 통한 사적인 영역의 개발이다. 주거 공간은 곧바로 사적인 '프라이버시'의 개념으로 발전하였고 주택의 구조는 이를 강하게 반영하였다. 애인 관계나 가족 관계를 넘어서 각자는 결정적으로 중요한 자기 공간을 필요로 했다. 이러한 열망을 반영한 주거공간은 또한 자기코너를 재구성했다. 자기코너를 갖고 싶다는 욕망은 인간의 육체와 감정이 개별화되어가고 있다는 증거이기도 했다. 이러한 모습은 점차 가족 안에서의 개인주의로 표현되었다. 작가들은 이것을 극단적인 자기중심주의로 표현하기도 했다. "문과 창문을 닫고 자기 속으로 파고들어야 한다. 마치 고슴도치처럼. 그리고 날씨가 추우니까 벽난로에 커다란 불을 피우고 자기 마음속에 하나의 거대한 사상을 불러일으켜야 한다." 19세

반 고흐의 방

기 프랑스 작가 플로베르의 표현에서나 또는 대표적인 인상주의 화가 '반 고흐의 방'은 바로 꿈의 공간이었던 것이다.

부르주아 건물 내부에는 또 한 군데 기능적인 '배척의 공간'이 있었다. 그것은 바로

하인들에게 할당된 7층 다락방 공간이었다. 하인들은 부유층 건물의 7층이나 8층에 마련된 조그만 칸막이 방으로 만족해야 했다. 면적은 4평방미터이고, 난방도 안 되고, 가구도 버릴 것을 물려받은 것이며, 복도에 물을 쓸 수 있는 장소 한 군데만 있을 뿐이었다. 앙시앙 레짐 시기에는 이와 같은 공간의 격리 현상은 없었다. 왜냐하면 프랑스 혁명 전에는 집안일을 도와주는 사람들도 가족에 포함되었기 때문이었다. 그렇기 때문에 하인은 민중출신이면서도 지배층의 문화에 참여할 수 있었고 또 동시에 지배층의 문화를 하류층에 전달하는 '전달자' 역할도 할 수 있었다. 그러나 혁명이후 새로운 계급 사회의 도래와 더불어 하인들은 주인과의 단절적인 공간 배치를 통해서 문화의 단절을 겪게 되었다. 노동자들과의 구별을 위해 부르주아 계급은 배타적인 공간을 설정해 놓고 신분의 차이와 거리감을 확고히 하고자 했다. 혁명이후 평등의 시대가 도래 했음에도 불구하고, 일상의 주거공간은 여전히 불평등한 신분적 차이가 존재하는 '권력의 장소'였던 것이다. 이처럼 19세기 완벽한 형태의 계급의 분리는 공간의 구분을 통해 완성되었던 것이다.

　동시에 부르주아지들은 도시에 배타적인 공간설정을 통해 프롤레타리아와 거리감을 유지하고자 했다. 프롤레타리아에 대한 지배 계급의 경멸은 19세기의 일관된 태도였다. 혁명 이후 자신만만하게 세력을 증대시켜나가고 있던 부르주아지의 눈에 프롤레타리아는 가장 위험한 부류로 여겨졌다. 아무런 양심의 가책 없이 그들은 서민들을 사회적 영역에서 뿐만 아니라 도덕적인 면에서도 열등한 사람으로 간주했고, 부유한 파리의 부르주아지들은 다소 의식적으로 그들과 민중 사이의 벽을 쌓았다. 그리하여 프랑스 혁명 전 도처에서 목격할 수 있었던 혼합적 성격의 건물은 프랑스의 도시에서 점차 사라지기 시작했다. 18세기 프랑스의 대표적인 문인 발자크가 묘사한 즉, 가장 넓고 화려한 부르주아지들의 공간에 반해 위층으로 올라갈수록 호화스러움과 안락함이 줄어들다가 지붕 바로 아래 다락방에 이르는 혼합적 성격의 건물은 이제 파리에서는 거의 사라졌다. 부르주아지들은 점차 그들만을 위해 정비된 구역으로 이사를 하기 시작했다. 파리에는 이미 왕정 복고시기부터 서부와 북부에 새로운 길이 뻗어나가면서 이러한 움직임이 생겨나고 있었다. 그리고 오스만 시대에는 프롤레타리아 계급을 고의적으로 도시 외곽으로 쫓아 보내면서 이를 완성했다. 도시는 점차 동네 전체가 '잘사는' 구역과 프롤레타리아의 게토로 분명하게 나뉘어졌다.

공간의 차별화는 19세기 도시계획을 통해서 본격적으로 이루어졌다. 도시에서의 계층 간 공간의 구분은 제 2 제국시기 17년간(1853-1870) 센느 도지사를 지낸 오스만(Georges-Eugène Haussmann)에 의해 완성되었는데, 그는 파리의 좁은 골목과 빈민촌을 없애고 도로를 넓히는가 하면, 공원이나 상하수도 사업 등으로 수도를 정비했다. 점차 지방은 파리의 모범을 좇았다. 그리하여 19세기 프랑스의 도시 근대화 사업에 '오스만화(Haussmannisation)' 라는 용어가 사용되기 시작했다. 그러나 오스만의 도시 근대화 사업에는 바리케이트와 혁명의 온상이었던 수도 파리의 좁은 골목과 그곳에 거주하는 민중 계급을 수도에서 추방하려는 정치적 의도가 포함되어 있었다. 즉, 19세기 도시 개혁의 근대화란 계층 간 공간구분을 통해 민중 계급을 외각으로 배제시키는 것이었으며, 이는 국가권력이 도시의 일상으로 파급되는 것을 의미했다.

오스만의 도시 계획(왼쪽), 19세기 오스만식으로 정비된 파리(오른쪽)

국가권력이 도시의 일상으로 파급되는 현상은 도로의 모양 및 건축물의 표준화를 통해서도 나타났다. 이때부터 국가는 공공 도로의 너비에 따라 건물 정면의 최고 높이를 규정해주었다. (가령, 도로 폭이 7.8미터 미만인 경우는 11.7미터, 7.8미터부터 9.75미터까지는 14.62미터, 9.75미터 이상의 경우는 17.55미터) 나폴레옹 3세(Charles Louis Napoléon Bonaparte, 1808-1873)는 오스만이 진행한 공사의 틀에 맞추어 새로운 범주를 하나 더 추가했다. 도로 폭이 20미터가 넘는 대로 가에 세워진 건물의 경우, 건물이 6층을 넘어서지 않는 조건으로 코니스(Corniche), 즉 벽기둥 윗부분에 장식으로 두른 쇠시리 모양의 돌출부를 20미터 높이로 올릴 수 있었다. 어떤 건물이라도 한 층의 높이는 2.6미터를 초과할 수 없었다. 오늘날 파리의 풍경이 일정한 높이의 건물 규모를 통일성 있게 나타내고 있는 것이 바로 오스만의 개혁의 결과다. 이후로도 100년 동안 파리는 거의 모습이 변하지 않았다.

오스만식 주택과 거리

파리의 주거풍경은 20세기에 큰 변화가 거의 없었다. 오스만식 건물 형식이 오늘날까지 파리의 곳곳을 채우고 있다고 해도 과언이 아니다. 19세기 후반부터 20세기 전반에 지어진 이 양식은 '피에르 드 타유(Pierre de taille)'라 불렸다. 피에르는 돌이라는 뜻이고, 타유는 절단하거나 조각한다는 뜻이다. 말 그대로 절단석 건물이라고 할 수 있다. 건물 높이는 평균 6층이나 7층으로 제한되었다. 고도 제한으로 인해 오늘날 파리는 건물의 모습만 담고 인간의 모습은 보이지 않는 거대 메트로폴리스 같은 마천루의 도시를 상상하기 어렵다. 반면 그렇기 때문에 파리는 20세기에 접어들어 심각한 주택난을 겪어야만 했다. 이러한 주택난을 해결하기 위해 일부 서남쪽(15구)과 동남쪽(13구)에 고층건물을 짓는 시도가 이루어졌지만, 근본적으로 파리의 주택난을 해결해주지는 못했다. 점차적으로 파리 시민들은 파리를 떠나 30~40㎞ 떨어진 교외생활을 즐기는 쪽을 택했다. 그 결과 지난 68년부터 8년 동안 파리시 인구는 30만 명이나 줄었다. 그러나 파리는 여전히 세계에서 가장 심각한 주택난을 격고 있는 도시다.

19-20세기, 도시의 일상에서 가장 두드러졌던 변화는 사적인 공간과 공적인 공간의 구분이었다. 근대 산업사회로 진입하면서 노동이 사적인 영역에서 공적인 영역으로 이동되었고, 이는 무엇보다 공간의 분리와 특화가 이루어지는 결과를 가져왔다. 공간의 분리는 프랑스 역사가들이 정의내리고 있듯이, '사생활의 위대한 발견'이며 또한 사생활의 권리와 개인의 취향 및 여가 장소가 다양해지는 결과를 가져왔다. 그러나 동시에 이는 부르주아지들이 공간의 분리 및 차별적인 공간소유를 통해서 자신들만의 권력을 재생산 및 유지하는 방식이었다는 점을 잊지 말아야 한다.

3. 의복: 코코 샤넬과 여성해방 그리고 명품산업

오늘날 파리는 창조성과 세련된 감각을 지닌 복식문화를 이끌고 유행을 선도하는 패션의 중심지이다. 파리가 이처럼 패션의 본거지로 명성을 세계적으로 알리기 시작했던 시점은 절대왕정 시기까지 거슬러 올라간다. 근대적 의미의 모드(패션유행)가 생겨난 곳이 바로 파리와 베르사이유 궁정이기 때문이다. 특히 세련된 패션 감각을 지녔던 태양 왕 루이 14는 사치품 산업을 발전시켰고, 프랑스 복식문화의 발전을 이끌었다. 그 결과 절대왕정 시대 베르사이유 궁정은 유럽에서 유행을 선도했던 패션의 중심지였고, 뿐만 아니라 의복 생산지의 중심지였다. 이러한 전통은 점차로 '고급 맞춤복'을 의미하는 '오트 쿠튀르(Haute Couture)'라는 복식 산업으로 발전해 나갔다.

19세기 상업 활동을 통해 부를 축적하게 된 부르주아지가 출현하면서 귀족들의 사치스런 생활에 대한 사회적인 모방(mimétisme social)이 주로 경제계급인 중산층을 통해 이루어졌다. 이들은 귀족들을 모방하면서 다른 한편으로 평민과 구분되는 고가의 옷을 입으며 신분적 차이를 나타내고자 하였다. 이와 같은 부르주아지들의 욕구를 채워주었던 디자이너가 찰스 워즈(Charles Worth)였다. 1858년 파리에 고급 의상실인 오트 쿠튀르를 개점하였던 그는 최초로 모델에게 옷을 입혀 보였으며 실제 의복제작에 들어간 비용보다 훨씬 높은 가격을 책정함으로써 브랜드의 가치가 가격 산정에 중요한 역할을 하는 새로운 관행을 만들었다. 그 결과 디자인과 브랜드의 가치가 결합된 고가의 의복사업이 발전하게 되었다. 이와 같이 명품 브랜드의 탄생은 고가의 옷을 통해 신분적 차이를 드러내고자 했던 부르주아지들의 수요와 예술과 상업을 유기적으로 결합한 디자이너의 공급이 만들어낸 합작품이었다.

최초의 남자 재봉사로 알려진 워즈는 프랑스 특유의 섬세한 모드 창조의 전통을 '근대산업'과 결부시켜 현대적인 프랑스 모드 산업의 기초를 확립했다. 그는 유일한 소비자인 귀족에게 완전히 예속되어 있던 기존의 체계에서 벗어나 주도적으로 디자인을 제안하고 의상실을 독자적으로 운영하였다. 뿐만 아니라 자기만의 독창적인 디자인을 창안하고 소비자보다 먼저 유행을 이끌며 섬유 산업에 막강한 영향을 끼치는 최초의 디자이너가 되었다. 디자이너로서의 그의 명성과 영향력은 파리뿐만 아니라 세계 모드의 조류에 있어서도 지대했다.

오뜨 꾸뛰르 매장을 구경하고 있는 파리 부르주아(왼쪽), 패션쇼를 관람하는 파리 부르주아(오른쪽)

　　그런데 거의 동시에 다른 사람이 입는 것을 집단적으로 따라 입는 현상도 나타났다. 이전까지의 '왕실과 귀족 중심의 모드'에서 일반 시민을 중심으로 한 '대중적인 모드'가 탄생했다. 루이 나폴레옹이 통치한 제 2 제정 시기(1852-1870)에 재봉틀과 염료가 발달되면서 대중적인 모드가 가능해졌던 것이다. 그런데 대중적인 모드는 기성복(prêt à porter)의 출현의 결과이기도 했다. 최초의 기성복은 도시로 유입된 노동자들을 위한 것으로, 이러한 수요에 부응하여 매우 저렴하고 유니폼에 가까운 콩펙시옹(Confection)이라 부르는 기성복이 생산되기 시작하였다. 이처럼 기성복은 '재봉틀'의 발명이 없었다면 불가능했고, 필연적으로 의복의 표준화를 촉진시켰다. 그러나 이때의 대량생산 기술은 품질을 고급화 하는 데는 한계가 있었고 일부 수공예적인 방법을 사용하여 고급 의상의 디자인을 모방하려는 시도가 매우 제한적으로 이루어졌다.

　　한편 20세기 전쟁은 여성 의복에 있어 큰 변화를 가져왔다. 전쟁기간 여성의 옷 입기는 간소해지고 편안함과 단순함을 추구하게 되었다. 전쟁에 나간 남편들 대신 돈을 벌기 위해 일터로 떠밀려 생계를 책임지게 된 여성들은 여성성을 강조했던 20세기 초의 의상과는 달리 단조롭고 활동하기 편한 의복을 입기 시작했다. 이 때문에 어두운 색깔의 옷감으로 만들어진 편안하고 넉넉한 품의 옷들이 표준의상이 되었다.

전쟁이후 활동하기 편한 여성의상

이 시대에 패션의 역사를 새로 쓰게 될 디자이너가 등장하게 되는데, 바로 가브리엘 샤넬이다. 샤넬은 여성의 치마길이를 무릎을 살짝 덮는 길이까지 짧게 만들며 여성들이 의복으로부터 해방되어야 한다고 주장했다. 여성의 사회 진출이 활발해지면서 자신의 주체성을 과시하는 특징은 가르손느 스타일(garçonne style- 보이시 스타일에 여성적인 면을 가미)의 유행을 가져왔다. 젊은 미녀들은 보브 스타일의 단발머리에 리본밴드를 두르고 마스카라를 검게 칠하는 메이크업을 선호했다. 이와 같은 시대적 요구를 잘 반영한 사람이 샤넬이다. 그녀는 여성들의 옷을 편리하고 실용적으로 만들어 복식의 합리화에 큰 역할을 하였다. 1924년 코코샤넬은 샤넬룩을 발표하며 대성공을 거두었다.

현대 사회에서 프랑스가 패션의 발상지이자 아직도 유행의 중심지에 있는 이유는 이와 같이 시대의 요구를 의복에 잘 반영했던 유명 디자이너들의 활약 덕분이다. 2차 대전 후 프랑스에서 활동했던 샤넬, 크리스찬 디오르, 이브 생 로랑, 지방시, 베르사체 등의 세계적인 유명 디자이너들이 프랑스뿐만 아니라 여전히 세계무대를 휘어잡고 영향력을 행사하였다.

크리스찬 디오르의 뉴룩(New Look)스타일

1950-1960년대는 전쟁에 의한 상실감과 더불어 되찾은 평화와 자유를 누리려는 복합적인 욕구가 사회 전반에 반영되었다. 특히 전쟁 중에 실용화된 화학섬유 기술은 의상에 있어 다양한 옷감을 선택할 수 있게 해 주었다. 이 시대 패션에 있어 새로운 선두 주자로 떠오른 인물은 크리스챤 디오르였다. 그는 기능성만을 최우선으로 삼았던 전 시대 의상과는 달리, 풍성하고 화려한 스타일의 '뉴룩(New Look)'을 발표하였다.

1970년대는 "당신의 정신을 해방시켜라. 그러면 의상이 뒤따를 것이다"라는 말이 신념이 되는 시기였다. 나팔바지나 청바지가 거리의 유니폼이 되고, 머리를 기른 남자들이 많아지는 반면 여성들은 치마보다는 바지를 선호하였다. 펑크스타일의 의상과 과격한 헤어스타일이 유행하는 이 시기에 이브 생 로랑은 여성에게 팬츠 정장을 입혀 예쁜 슈트나 드레스가 아닌 직선적인 실루엣으로 여성해방을 표현하기도 했다. 1970년대에 들어서면서 의상은 유행이 조금씩 가라앉고 클래식한 복고풍의 느낌을 주게 되었다. 특히 세계적인 경기침체와 더불어 유행의 변화 속도가 현저하게 느려지고 멋 내기 규범에서 벗어나 안티 패션 (anti-fashion)에 의한 변화가 나타난다. 그러나 다른 한편으로 1970년대는 경기침체에도 불구하고 산유국들의 석유부호와 달러 강세로 인한 미국 고객들의 프랑스 패션에 대한 관심으로 새로운 시장이 개척되는 시기였다.

1980년대는 미테랑 대통령이 패션산업의 중요성을 인식하고 국가 차원에서 부흥시키고자 노력하였으며 그 결과 프랑스의 패션은 꾸준히 발전하였다. 오늘날까지도 프랑스는 패션의 발전을 위해 국가적 차원의 지원과 노력을 아끼지 않고 있고, 그 결과 매시대마다 새로운 스타일과 디자인어의 출현을 야기하여 의류를 패션으로 승화시켰다. 바로 이 것이 오늘날까지도 프랑스가 패션의 중심지로 명성을 떨치는 이유다.

4. 식생활: 프랑스 혁명이후, 레스토랑의 발전과 대중적인 주류로 자리 잡은 포도주

프랑스는 단연 미식의 나라이며 파리는 미식의 수도다. 이처럼 파리가 미식의 중심지로 널리 알려져 있는 이유는 바로 그곳에 현대적 레스토랑이 처음 생겨났기 때문이기도 하다. 레스토랑이라는 말 자체가 프랑스어인데, 그 어원은 '다시 힘나게 하다', '재건하다'라는 뜻의 동사 '레스토레(restaurer)'이다. 한국식으로 표현하자면 '보신'의 의미가 등치할 것이다. 프랑스 혁명이후, 귀족의 시대가 저물어가고 부르주아의 시대가 열리던 18세기 파리에는 전문적으로 보신 음식을 파는 곳들이 생겨나기 시작했다. 세계 최초의 레스토랑은 1765년 불랑제(Boulanger)라는 사람이 파리에 세운 것으로 알려졌다. 그는 "위가 불편한 사람들이여, 내게 오라, 다시 힘나게 해줄 것이니!"라는 문구를 레스토랑 입구에 써 놓았다. 1789년에는 파리에 100개의 레스토랑이 있었으나 제정시대에는 그 수가 5배나 증가했다. 이러한 사회적 유행에 대한 원인은 우선 왕실이나 귀족 문화를 따라하려는 부르주아들의 모방 현상 때문이었다. 1782년에는 왕의 사촌인 콩데 왕자의 주방장이 파리 시내에 커다란 레스토랑을 열어 "베르사이유 궁에서처럼 식사를 할 수 있다"고 내세워 부르주아들에게 큰 인기를 끌었다. 19세기 파리에서는 레스토랑이 유행하면서 외식이 하나의 문화로 자리 잡았다. 이와 함께 미식이라는 새로운 문화가 생겨났다.

미식가의 나라로 프랑스가 단연 선두에 있는 또 다른 이유는 음식과 함께 어울리는 다양한 포도주가 있기 때문인지도 모른다. 프랑스인들에게 포도주는 단순한 음료의 하나가 아닌 프랑스 음식문화 전체를 대표하는 문화와 철학이며 동시에 프랑스 국민 정체성으로 볼 수 있다. 프랑스 지방을 대표하는 음식에 늘 그 음식과 조화가 어울려 진 대표적인 포도주가 있는 것만 보아도 그렇다. 1987년 프랑스에서 실시한 여론조사에서 "당신에게 프랑스인이라는 사실은 무엇을 의미하는가?"라는 질문에 대다수는 "프랑스에서 태어났다"는 영토적 정의에 이어 두 번째로는 "자유를 수호 한다"는 답이 나왔다. 이어서 3위와 4위를 차지한 것은 당연히 언어, "프랑스어를 사용 한다"와 "훌륭한 포도주를 좋아 한다"는 것이었다. 이처럼 포도주는 프랑스 정체성에서 매우 중요한 문화적 요소임을 알 수 있다. 어려서부터 포도주에 길들어진 프랑스인은 자연 포도주의 맛에 강한 애착을 보이며 각종 프랑스 요리에도 다양하게 사용하고 있다. 프랑스 혁명 당시 "물을 마시느니, 차라리 죽어버리겠다"는 상퀼로트의 푸념을 보아서도 당시 소시민들이 얼마나 포도주에 열렬한 집착을 가지고 있었음을 알 수 있다. 앞의 프랑스 내 여론 조사뿐만 아니라 외부에서 조차 포도주는 프랑스의 대표적인 음식문화의 하나로 인식되고 있다.

넓은 평지와 강한 일조량 및 적정한 강수량에 힘입어 프랑스는 북부를 제외한 거의 전 지역에서 포도 및 포도주를 생산하고 있다. 프랑스에서 포도주는 단순히 포도로 빚은 술이 아니라 특정지역(terroir)의 특정시기(millésime)와 특정 포도(cépage)로 만든 술로서 고유 명칭(appellation)을 가지고 생산된다. 특히, 프랑스 포도주에서 가장 중요한 개념이 지역(terroir)이다. 이는 영토 혹은 땅(terre)이라는 의미에 지질, 환경, 기후, 전통 등 다양한 요소를 더한 개념이다. 가령, 우리에게 잘 알려진 보르도나 부르고뉴 포도주는 보르도(Bordeaux)나 부르고뉴(Bourgogne)와 같은 지방의 특정 포도밭, 즉 특정 테루아르에서 수확한 포도로 생산한 고유의 포도주라고 보아야 한다. 프랑스 지도에서 보여지는 다양한 포도주 생산지역과 명칭이 잘 보여주듯이 프랑스 국토는 거의 포도주를 생산하는 지역으로 메워진다. 포도주의 제조 과정에서 어떤 종류의 포도를 얼마만큼 사용하는가에 따라 적포도주(rouge), 백포도주(blanc), 로제(rosé)등이 생산되며, 텁텁한 적포도주에서부터 탄산가스가 톡 쏘는 맛의 샹파뉴(Changpagne)가 있다. 요컨대, 프랑스에는 포도 생산지만큼이나 다양한 포도주가 있고 다양한 생산 방식만큼 다양한 포도주의 종류가 있다. 어떤 이는 이와 같이 다양한 미각을 지닌 프랑스인들을 하나의 정치 메커니즘으로 통치하는 것이 매우 어렵다고 호소한 바 있다.

포도주는 프랑스 국가의 정체성을 설명하는 대표적인 음주문화이면서 동시 계층을 구별하는 특정한 음식문화의 하나이기도 했다. 중세까지만 하더라도 포도주는 특정 계급 즉, 귀족 및 부르주아들만의 전유물이었다. 귀족들에게는 하나의 특권이었으며 부르주아들에게는 사치품이었다. 귀족과 일부 부르주아들에게만 한정되었던 포도주는 대혁명 이후 처음에는 부르주아 계층에 그리고 점진적으로 사회 전체로 확산되는 대중화의 과정을 거치게 되었다. 다시 말해, 포도주가 대중적인 인기를 얻으며 프랑스 민족의 주류로 자리 잡게 된 것은 근대화시기에 와서나 이루어졌다. 혁명으로 귀족의 몰락과 함께 왕정에서 일하던 주방장들마저 해고되었는데, 귀족 요리사들은 대도시에서 부르주아를 위해 음식을 판매하는 레스토랑이라는 근대적 음식 문화를 창출하는 주역이 되었다. 과거 궁정에서 음식 재료의 선별과 수송을 담당하는 관료 명칭이었던 소믈리에 (sommelier)는 이제 레스토랑에서 음식과 포도주의 조합을 자문하고 충고해주는 근대적인 전문직 이름이 되었다.

19세기 정치적 민주화와 사회적 대중화는 모두 포도주 문화의 확산에 결정적으로 기여하였다고 볼 수 있다. 보다 구체적으로 19세기 후반, 특히 1870년대부터 시작되는 제 3공화국 시기에 포도주는 대중화의 시대에 돌입하게 되었다. 19세기 후반 포도주는 군인과 노동자들이 소비하는 주류가 되었다. 이렇게 이들이 당시 대량으로 포도주를 소비했던 데에는 포도주가 '건강 음료'로서 노동자와 군인들에게 힘을 제공하는 근원이라는 믿음에서 였다. 오늘날까지도 포도주가 건강에 좋은 음료인지 또는 해로운 알콜인지에 대해서는 많은 논란이 있을 정도로 포도주는 프랑스 인들이 가장 사랑하는 주류임에는 확실하다. 프랑스 혁명은 투표권의 확대나 정치적 권력의 분산만을 확대한 것이 아닌, 귀족들 및 소수 재산가들의 포도주에 대한 독점권 또한 분산하여 공화주의적인 포도주의 소유권을 확대했다고 볼 수 있다. 그러나 와인의 소비 형태를 볼 때 '식생활 혁명'은 정치나 경제적인 혁명보다 훨씬 완만하고 장기에 걸쳐 지속되었음을 알 수 있다. 혁명이후 산업혁명과 더불어 대량생산과 대량소비가 가능해졌다고는 하나, 20세기 중 후반까지도 포도주 소비의 불평등 현상은 해소되지 않았다.

그러나 20세기 중 후반부터 프랑스 와인산업은 새로운 활력을 띄게 되었다. 포도 생산은 급증하였고 와인 문화도 정착하였다. 그 결과, 귀족 및 부르주아들의 전용품 이었던 와인 문화가 중산층과 일반 대중에게도 확산되었다. 오늘날 포도주는 프랑스인들의 삶에서 빼놓을 수 없는 일부분이 되었고, 포도주 문화는 일상적인 것이 되었다. 이들은 아파트 건물 지하에 카브(cave), 즉 지하창고를 하나씩 갖고 있다. 거의 모든 아파트에 이러한 지하 창고가 딸려 있는데, 그 주요 기능 중 하나가 포도주를 저장하는 것이다. 자신이 좋아하는 포도주를 사계절 내내 기온이 일정한 지하 창고에 쟁여놓고 손님이 오면 한 병씩 꺼내서 나누는 것이 파리지앵의 음주 문화다.

5. 특징적인 프랑스의 생활문화

1) 여가 및 바캉스 문화

현대 프랑스인들에게 여가는 삶의 중요한 부분이다. 프랑스 사회에서 처음 만난 낯선 사람들과의 대화가 주로 '다가올 바캉스 계획' 이나 '지난 여행경험'을 나누는 것에서 시작하는 것을 볼 때 더욱 그렇다. 프랑스인들에게 여가(loisir)는 자유시간(temps libre), 일요일(dimanche), 휴가(vacance)를 포함하는 포괄적인 개념으로 여겨지고 있고, 다양하고 차별화된 여가활동에의 참여를 통한 자신의 표현 및 자아실현 이라는 '정체성'과 연계되어 있다. 이처럼 프랑스 사회에서 '여가'는 자신의 사회적 위치 및 남들과의 차별화된 삶을 표현하는 현대방식으로 표현된다. 남달리 노동윤리만을 강조해 오며 '일, 노동(work)'에서 자신의 정체성을 설명하고자 하는 우리 사회와 사뭇 비교가 된다.

그런데 여가에 대한 가치는 항상 노동에 대한 가치관과 맞물려 있다. 여가 개념을 살펴볼 때, 노동과 여가 개념의 중첩성 및 이중성의 특징은 더욱 분명해진다. 그리스어 스콜(schole)이 오늘날 학교라는 뜻을 지닌 영어 School의 어원이면서 동시에 여가라는 뜻을 지니고 있다는 사실만으로도 알 수 있는 대목이다. 스콜은 학문, 철학, 명상 등을 통해 자아개발과 자아증진을 한다는 보다 적극적 의미를 지닌 여가 개념으로, 이것의 부정인 a-scholia 하면 '일, 노동'이라는 의미를 지니고 있다. 특히, 일과 놀이가 서로 연결되어 있었던 전 산업화시대 휴식과 놀이는 새로운 노동을 위한 전제이기도 했다. re(다시, 재차)와 create(창조, 창작하다)로 이루어진 합성어인 레크리에이션(recreation)이란 말 자체가 '휴식, 휴양, 오락 등을 통해 새롭게 재창조한다.'는 의미를 함축하고 있는 이유도 이 때문이다. 즉, 여가에 대한 이해가 노동관의 설명을 수반하지 않을 수 없다는 의미이다.

프랑스에서 여가 및 노동에 대한 인식이나 여가에 부여된 가치관이 시대에 따라 차이를 보인다. 특권 유한계급이 중심적 위치를 차지했던 과거 전통사회에서 여가는 즉 '귀족적 삶', '게으름'을 의미했다. 부정적인 노동관이 지배적이었던 중세사회에서 노동은 신의 벌로 간주되며 삶의 저주로 인식되었다. "너는 흙에서 난 몸이니 흙으로 돌아가기까지 이마에 땀 흘려야 낟알을 얻어먹으리라"는 구약성서의 내용에서처럼, 고달프고 힘든 일이 삶의 본질 또는 필연으로 받아들여졌다. 중세 후기부터 여가 자체를 즐기는 다양한 관행이 뿌리를 내렸다. 전형적인 여가 형태는 사냥, 승마, 사격이었고, 여가 소비의 주체도 귀족에 한정되었다. 하지만 종교개혁이후 삶의 저주로 간주되었던 노동관이 바뀌었다. 특히, 칼뱅의 노동관에서 "노동은 생활의 기초이며 열쇠"라고 하여 노동을 신성한 의무로 보고 긍정적인 평가를 하게 되었다.

산업혁명으로 노동관은 더욱 크게 바뀌었다. 맑스는 "인간이란 노동을 통해서 스스로의 본질을 실현하는 것"이라고 하여 노동에 관하여 긍정적인 평가를 하였다. 이처럼 근대적 인간상은 점차 노동을 중시하며 이윤추구를 배격하지 않는 경제적 인간상(Homo economicus)이었다. 베버(M. Weber)의 말로 표현하면, 가치 합리성은 뒷전으로 물러나고, 수단(목적) 합리성이 지배하는 세상에서 사회적으로 유용한 인물이란 삶이 경제적 역할을 수행하여 시장가치가 있는 재화나 용역을 생산하는 그런 사람이었다. 산업화 시대, 이와 같은 노동관의 변화는 자연히 여가관의 변화를 수반하였다. 인간의 사적인 공간과 공적인 공간의 구분을 야기했던 산업화는 합리적인 시간 사용과 더불어 여가에 대한 인식의 변화를 가져왔다. 여가는 점차 노동으로부터 해방된 시간, 즉 비노동시간, 자유시간, 여가시간으로 인식되기 시작했고, 뿐만 아니라 노동의 보상, 보충 또는 회복으로 간주되기도 하였다. 이처럼 근대적 의미에서의 여가 성립은 산업혁명 이후부터 성립된 근대 자본주의 사회의 발전과 맥을 같이 했다. 그러나 산업사회에서 여가문화는 어디까지나 노동에 종속적인 관계에 있었고 노동자들의 생활 및 여건을 크게 개선하는 역할을 담당하지 못했다.

20세기 교통수단의 발달과 대중매체의 발달 또한 근대적인 여가 성립에 크게 기여하였다. 산업화 시대에 여가가 노동의 연장 또는 노동의 종속개념으로 형성되었던 것과는 달리, 현대에 와서는 자아실현과 개인의 발달을 위한 활동으로 새로운 여가개념이 만들어졌다. 여가는 더 이상 노동 후 쉬는 시간 혹은 노동에 수반되는 부차적인 활동이 아니라, 자신을 표현하고 대인관계를 강화하고 새로운 사람을 알아갈 수 있는 기능으로 여겨지게 되었다. 이와 같은 인식과 더불어 비로소 '대중여가의 시대'가 시작되었다. 여가는 이제 자신의 자유의지에 의해 어떻게 시간을 활용하는가를 의미하는 문화적인 삶을 의미하며 동시에 정체성을 의미했다. 이러한 맥락에서 대중문화 연구가 에드가 모랭은 현대에서 물질적인 생활여건이 개선되고, 유급휴가 또는 노동일의 감소 등으로 새로운 욕구가 등장하게 되고 새로운 여가가 기본적인 욕구로서 더욱 더 절실하게 되었다고 설명한다. 따라서 그는 "여가는 노동으로 얻어진 시간이라고 하며, 여가는 휴식의 공백 및 육체적인 피로 회복만이 아니라 복지, 소비, 새로운 개인의 삶의 장으로 연결시켜 주는 것이라고 강조"하고 있다.

여가에 대한 이와 같은 인식의 변화는 특히 노동시간의 단축과 밀접한 관련이 있었다. 1936년 프랑스 노·사·정은 노동자의 임금인상, 노동시간 주 40시간으로 단축하고 연간 2주의 유급휴가의 의무화를 내용으로 담은 '마티뇽 합의'를 이루었다. 이러한 노동환경의 변화는 프랑스인들이 여가생활을 혁명적으로 변화시키는데 결정적인 역할을 하였다. 점차적으로 바캉스 기간은 50년대는 3주, 60년대는 4주로 늘어났고, 70년대 조르주 퐁피두 대통령은 바캉스를 중요한 국가 정책의 하나로 실행하였다. 오늘날 프랑스 인들은 주 '35시간 노동'이 법적으로 보장되어 있으며 연간 4주의 바캉스를 보장받고 있다.

노동시간의 단축이외에도 오늘날 프랑스 사회를 지배하고 있는 새로운 인식 가운데 노동에서보다 여가에서 자신의 정체성을 설명하려는 변화 또한 간과할 수 없다. 본래 프랑스인들은 노동을 중시해왔고 노동하고 인내하는 의식을 중요하게 여겨왔다. 그런데 1950년대 이후, 개인주의 및 물질주의의 등장으로 사회적 가치가 달라지면서 동시에 여가에 대한 인식과 관심도 크게 달라졌다. 개인소득의 증대와 노동시간의 감축과 함께 '여가의 상업화'(commercialization of leisure)가 일상을 지배하게 되었다. 여행, 공연, 예술품 감상, 스포츠 등과 같은 여가소비에 돈을 쓰는 사람들이 뚜렷하게 늘었다. 이제 프랑스인들은 '무엇을 하고 있느냐'에서 보다 '어떻게 즐기고 살아가고 있느냐'에 더 큰 비중을 두고 살아가고 있다. 과거와 다른 점은 여가의 상업화의 주도세력이 과거에는 유산계급에 한정되었다면 이제는 대중여가의 시대를 맞이하고 있다는 차이다.

오늘날 프랑스인들은 여름철 떠나는 바캉스를 위해 일을 한다 해도 과언이 아니다. 명절 우리의 민족 대이동과 같이 프랑스는 특히 휴가철 기간 대대적인 지역 이동을 한다. 우리나라에서 바캉스라 하면 휴가의 의미 정도로 생각하기 쉽지만 프랑스인들에게 바캉스란 쉰다는 의미 이상의 '일상을 내려놓고 떠나 생각을 전환하는 시간'이란 의미를 갖는다. 휴식과 여가활동을 통해 일상에 지친 몸과 마음을 치유하고 휴식 속에서 또 다른 인생의 가치를 발견하는 창조적인 역할을 지니고 있다. 그 어원이 라틴어 바카티오(vacatio), "무엇으로부터 자유로워지는 것"이라는 뜻을 의미하듯, 이러한 바캉스는 프랑스 인들에게 있어 중요한 연중행사 중 하나이다. 20세기 들어, 일반인들이 그가 하던 일을 오랫동안 쉬고 휴가를 하는 경우를 가리키게 되었다. 여름 바캉스는 '레 그렁드 바캉스(les Grandes vacances)'라고 부르고 학교는 물론 거의 모든 기관들이 문을 닫거나 절반만 운영을 한다.

매해 7~8월이면 파리시민들은 바캉스를 떠나고 파리는 관광객들로 가득 찬다. 프랑스인들이 바캉스 기간 동안 하는 일을 살펴보면 휴식 다음으로 가장 많은 비중을 차지하는 것은 문화체험이다. 실제로 프랑스인들은 휴가를 문화체험과 밀접히 연관시킨다. 도시, 문화유산 방문, 축제 참가, 박물관 탐방 등 다양한 문화 활동을 즐긴다. 바캉스가 끝나고 학교와 회사 등 일이 시작되는 9월을 프랑스어로 '라 헝트레(la rentrée)'라고 부르는데, 이는 회귀, 복귀, 귀환 등의 뜻으로 일상생활로 돌아감을 의미한다. 긴 바캉스 기간 동안 자신만의 자유 시간을 잘 이용하고 심신을 재충전하여 다시 사회로 되돌아간다는 것이다.

2) 박물관의 나라 프랑스

프랑스 대혁명이후, 파리에는 박물관의 수도라고 불릴 만큼 다수의 다양한 박물관이 세워졌다. 1793년 프랑스는 6만 제곱미터에 이르는 면적을 자랑하는 '공화국 예술 중앙 박물관'을 개장하였는데, 이것이 오늘날 프랑스의 가장 대표적인 루브르 박물관이다. 당시 프랑스 공공 박물관의 탄생은 문화재의 중앙집권적 관리 및 체계화와 매우 밀접한 상관성을 나타내고 있다. 박물관의 필요성은 프랑스 혁명이후, 왕족 및 귀족이 소유해왔던 사적 소유의 문화재에 대한 국가 관리의 중요성이 강조되면서 더욱 두드러졌다. 1789년 10월 2일 국민공회(Convention nationale, 1792년-1795년 동안 존속했던 프랑스의 입법 기관)는 가장 먼저 종교적인 건물 및 시설과 기념비적인 모든 것들을 국유화 하고 공동 소유의 개념으로 발전시켰다. 그 결과 1791년 문화재위원회(Commission des Monuments)가 설치되어 국가 차원에서 문화유산을 보호하게 되었다. 더 나아가 1830년에는 문화재 관리소를 설치하였고, 1887년에는 '역사적 기념물법'을 제정함으로써 전국의 역사적 기념물과 각종 문화유산을 점검·보수하였다. 요컨 대 공권력이 역사적 기념물의 보호에 개입할 수 있게 되었다.

문화재의 국가관리는 먼저 혁명 시기 동안에 교회, 궁전, 공공기관의 소장품에 대한 일반인들의 약탈과 파괴 행위로 잃어버린 문화재 관리에서 시작되었다. 1880년 루이 필립프 1세(Louis-Philippe Ier)의 내무부 장관이었던 프랑수와 귀이조(François Guizot)의 주도하에 전국에 산재한 역사적인 문화재에 관한 조사가 이루어졌으며, 이 조사를 통하여 우선 프랑스 혁명 기간 동안 파괴 되었거나 손상되었던 역사적인 건축물의 상태를 파악했고, 이에 따른 보호 및 관리 정책을 수립하기 위해 1837년 역사적 문화재에 관한 상급 위원회(La Commission supérieure des monuments historiques)가 설립되었다. 그리고 1841년에는 손상 위협을 받는 건물의 지정에 관한 역사적 문화재의 보호에 관한 첫 번째 법률이 지정되었다. 그런데 문제는 이러한 역사적 기념물을 어디에 보관하느냐가 큰 관건이었다. 가장 먼저 과거 왕의 소유였지만 혁명 이후 사실상 주인을 잃게 된 궁전 및 건물들이 적합한 장소로 여겨졌다. 가장 대표적으로 루브르는 센느 강변의 성채로부터 시작하여(12세기) 왕궁으로 자리를 잡은(14-18세기) 긴 파리의 역사를 담고 있었으며, 그렇기 때문에 프랑스 문화를 대표하는 상징성도 있었다. 혁명을 주도했던 세력은 박물관을 다른 무엇보다 혁명 정신과 시민 의식을 고취하는 '학교'로 인식했다. 그리고 구체제 왕정과 왕권의 상징인 루브르 궁전을 공화국의 '국립중앙박물관' 건물로 선택했다. 박물관으로서 루브르는 1793년 11월 18일 궁전 대회랑 2층에 '미술 박물관(Muséum des arts')을 개간하여 대부분 몰락한 귀족과 교회에서 징발된 537점의 회화를 전시하면서 박물관의 역사를 시작하였다. 이와 같이 루브르는 대혁명을 거치면서 과거 왕의 터전에서 공공의 대형 박물관으로 재탄생 되었다.

루브르 박물관 앞 풍경

프랑스 미술은 19세기 산업화 및 민주화와 함께 황금기를 맞게 되었는데 더불어 대형 박물관 및 수많은 갤러리의 출현을 동반했다. 나폴레옹시대부터 왕정복고 시대에 이르면서 루브르 박물관은 현대적인 의미의 박물관(Musée)으로 재탄생 되었다. 나폴레옹이 통치하던 시기에 엄청난 양의 전리품이 프랑스로 유입되었고, 왕정복고 시기의 루이 18세와 샤를 10세 재위기간에 다시한번 더 큰 규모의 소장품이 늘었다. 이와 같이 구체제에서 문화재가 소수 귀족 및 특권계층의 소장품 이었던 것에 반해 점차 국가적 차원에서의 역사적인 문화유산을 보존하고 관리하는 개념으로 발전하면서 동시에 박물관 및 갤러리의 발전도 동행했다.

프랑스에서 문화재에 대한 중앙집권적 관리의 추세는 두 차례의 세계대전을 겪으면서 더욱 강화되었다. 제2차 세계대전 이후에도 프랑스 정부의 문화예술에 대한 개입은 더욱 확대되었다. 그리고 1959년에는 세계 최초로 중앙정부 조직에 문화부를 창설하

고, 앙드레 말로(André Malraux)가 초대 문화부장관으로 임명되어 제5공화국 문화정
책의 기반을 마련하였다. 문화부의 창설을 통해 프랑스는 예술정책과 공동체의 문화보
급 및 향유와 관련된 정책 수립과 집행을 목적으로 문화유산에 대한 국민의 의식을 확
산시키고, 문화유산을 풍부하게 하는 예술적, 정신적 작품의 창작을 장려하고자 하였
다. 그렇지만 이러한 노력에도 불구하고 일반 대중은 여전히 예술품 및 문화재의 향유
와 소비에 있어서는 소외되어 있었다. 단적으로 1950년대 말까지만 하더라도 25세 이
상의 프랑스인 중 단 3%만이 박물관을 출입하게 되고 서민층의 55%는 수많은 화가들
중 단 한명의 이름도 알지 못하는 것으로 알려졌다. 어디까지나 예술, 문화, 소비의 주
체는 부르주아지에 속한 것이었다.

공공 박물관의 대중화는 '박물관의 르네상스' 시기로 불리는 1980년대를 기점으
로 이루어 졌다. 1980년대는 문화 발전에 대한 열망이 강한 미테랑 대통령(François
Mitterrand)이 집권하고 있었으며 쟉크 랑(Jacques Lang) 문화부장관이 적극적인 문화
정책을 수행했던 시기였다. 이와 같이 문화유산을 보호 하고자 하는 정부의 의지로 박
물관의 숫자도 증가하였고 종류도 다양해 졌으며 복합 문화 센터의 기능을 수행하는
대형박물관들이 설립 되었다. 무엇보다 박물관의 기능과 역할이 크게 달라지면서 대
중화에도 박차를 가했다. 이 시기를 '프랑스 박물관의 르네상스' 시기로 보는 이유는 우
선적으로 박물관의 수적 증가를 설명할 수 있기 때문이다. 1982년에서 1995년 사이에
규모가 다양한 120여 개의 박물관이 건립되었다. 프랑스 대중은 다양한 기능의 박물관
에 쉽게 근접할 수 있게 되었다. 두 번째로, 이 시기 박물관은 대중을 위한 교육이자 여
가의 장소로서 그 기능과 역할에서의 큰 변화가 있었다. 기존의 박물관은 작품들을 수
집하고 보관하는 장소로서 먼지가 쌓여있는 저장고였던 것과는 달리, 1980년대 새롭
게 등장한 박물관은 특별 기획전과 복합적인 교육 프로그램을 운영함으로써 '문화 복
합 센터'로서의 기능을 대신했다. 따라서 대중들은 박물관을 통하여 다양한 문화적 욕
구를 충족할 수 있게 되었다. '문화 복합 센터'로서 대표적인 박물관으로 퐁피두센터

(Centre Georges-Pompidou) 국립 현대박물관과 라빌레트(La Villette) 음악 도시를 예로 들 수 있다. 특히 라빌레트는 전시 위주의 박물관이 아니고 관람객들이 적극적으로 참여할 수 있고 박물관 공간 안에서 다양한 체험을 할 수 있는 현대인의 살아있는 생활 공간이며 동시에 문명의 장소로 적극 활용 되었다. 마지막으로 국가의 후원정책을 들 수 있다. 이때부터 프랑스 정부는 보다 많은 관람객 유치를 위해 박물관 카드를 발행하며 할인 혜택을 제공하고 루브르 박물관은 일 년에 13번, 매달 첫 번째 일요일과 종전 7월 14일에 무료 개방하였다. 이처럼 무료입장 정책이 실시된 이후 일요일에 70% 이상의 관람객이 증가했다고 한다.

6. 결론: 20세기 새로운 문화 권력자, 부르주아

19-20세기 초 파리는 물질적 풍요를 반영하는 최초의 백화점 및 대형 박물관 그리고 근대적인 오스만식의 대로로 가득하고, 에펠 탑이나 세계 산업 박람회를 찾는 사람들로 붐볐던 장소였다. 7월 왕정부터 상층 부르주아 계급 사이에서 바캉스가 보급되었으며 산업화의 절정기였던 20세기 초는 근대적인 문화 양식이 완성되었다. 그러나 이와 같은 풍요와 진보는 모든 이에게 해당되는 것이 아닌 일부 부르주아 계층에게만 해당되는 것이었다. 부르주아지들은 배타적인 공간 설정이나 차이의 문화소유, 즉 차이의 소비활동을 통해 일상을 지배하고 권력을 재생산하는 새로운 문화 권력자로 등장하였다.

부르주아지들은 경제적인 측면에서뿐만 아니라 문화 소비에 있어서도 주도적인 계층이 되었다. 혁명당시 "아무것도 아니었던 제 3계층은 이제 모든 것이 되었다"는 시이에스의 예언에서처럼 부르주아지들은 새로운 사회의 주인공으로 등장하였는데, 이는 문화소비를 통해 더욱 확고히 될 수 있었다. 혁명이전의 구체제와 같은 전통사회에서 예술과 문화는 혈통 귀족에게만 국한된 소유의 대상이었던 것에 반해, 18세기 정치 및 산업 혁명을 거치면서 부를 축적한 새로운 중·상류층은 예술과 문화 및 여가를 소비하면서 새로운 권력층으로 등장하였다. 이러한 동기는 귀족에 대한 모방에서 출발하였지만 차별적 문화 소비를 통한 다른 계층과의 거리두기를 통해 적극 시도되었다.

이러한 과정이 문화소비를 통한 일상에 대한 지배에서 진행되었던 점을 상기할 필요가 있다. 푸코에 따르면, 권력은 어디서나 발생하고 어디서나 존재한다. 권력은 다양한 사회관계, 가령 정치관계, 경제관계, 문화관계, 지식관계 등에 내재해 있다. 종래의 권력이론에 의하면 권력은 특정한 정치영역에서 발생되고 행사되는 것으로 이해되어 왔다. 하지만 푸코의 개념에 따른다면 일상의 무대는 다양한 계층, 인종, 젠더 들 간의 문화투쟁이 이루어지는 공간이다. 어떤 의미에서 68년 혁명은 이와 같은 부르주아지 계층의 문화 권력에 대한 항거로 볼 수 있다. 가장 분명한 저항은 교육과 교육시스템에서 먼저 시작 되었으며, 정치 및 사회 영역으로 확산되었으나 그러나 여전히 끝나지 않은 혁명으로 기억되고 있다.

앞서 살펴보았듯이, 프랑스 대중문화의 출현은 68 혁명과 같은 문화투쟁 이후에나 완성될 수 있었다. 이러한 투쟁을 거쳐 19세기부터 주도되어왔던 부르주아지들의 차별적이고 독점적인 문화소유가 대중으로 확산될 수 있었다. 1970년부터 대중들은 새로운 '대중문화'를 향유하고 소유하기 시작하였다. 이제 문화의 주역은 소수 귀족 및 부르주아가 아닌 대중이 주도하고 대중이 주역인 시대가 오게 된 것이다.

20세기 스웨덴의 생활문화
-가난한 나라에서 복지의 나라로

1. Money, Money, Money

스웨덴의 20세기는 가난한 나라에서 복지의 나라로 발돋움할 수 있었던 매우 상징적인 시기이다. 20세기 스웨덴 사회는 다방면에 걸쳐 급속한 변화를 겪었는데, 이러한 변화를 통해 현재 세계로부터 주목받고 있는 복지국가 건설을 이룩할 수 있었으며, '복지의 나라 스웨덴'이라는 수식어를 얻게 되었다. 그렇지만 피상적으로 알고 있는 100년 전 스웨덴의 모습은 부와 복지와는 거리가 매우 먼 가난과 기근에 허덕이는 나라였다. 지긋지긋했던 가난과 기근에서 벗어나기 위해 스웨덴을 떠나 미국으로 이주했던 스웨덴 국민이 1850년도부터 1930년 사이에 125만 명(1900년 초 당시의 스웨덴 인구는 490만 정도)에 달할 정도로 다른 유럽국가에 비해 크게 산업이 낙후되어있었다.

최근 다시 주목을 받게 된 그룹 아바(ABBA)를 스웨덴의 대명사로 꼽는 한국 사람이 많을 것 같다. 1970년대 중반부터 1980년대 초반까지 대활약을 펼쳤던 아바는 자신의 곡들을 모아 <맘마 미아(Mamma Mia)>라는 뮤지컬로 재탄생시켰고, 아바는 음악과 뮤지컬을 통해서 1970년대와 2000년대 세대를 자연스럽게 이어

아바(ABBA)

주는 가교역할을 한다. 그런데 1970년대에 출시된 주옥같은 아바의 명곡들 가운데는, 사실 스웨덴의 1900년대 초가 어떠했는지 보여주는 노래들이 있어서, 아바의 노래는 스웨덴의 20세기 전체를 아우른다는 의미도 전해준다. 다시 말해서 아바의 노래는 어떤 사람들에게는 이야기를 통해서 100년 전을 되돌아보게 하고, 어떤 사람들에게는 음반을 통해서 아바의 독특한 음악에 빠져들게 하고, 또 어떤 사람들에게는 뮤지컬을 통해 새로운 이야기와 함께 또 다른 아바의 음악세계에 빠져들게 한다.

그 대표적인 곡이 'Money, Money, Money'이다. 이 곡은 1976년 '댄싱퀸(Dancing Queen)'의 후속싱글로 발매되었고, 최근 제작된 뮤지컬 맘마미아에서 도나(Donna)가 그녀의 오랜 친구 로지(Rosie), 타냐(Tanya)와 함께 부르는 노래이기도 하다. 어려웠던 시절, 스웨덴 사람들이 미국으로의 이주를 선택했던 시절을 담은 아바의 뮤지컬 <두베몰라의 크리스티나(Kristina från Duvemåla)>도 그러한 예이다. 많은 사람들이 그룹 아바가 부른 노래들이나 뮤지컬에서 그들의 음과 리듬에 매료되지만, 실제로 그룹 아바는 어두웠던 스웨덴의 과거를 보여주는 속이야기들을 노래에 많이 담았다. 위에 언급했던 아바의 노래를 잠시 되새겨본다면, 필자의 이야기에 고개가 끄떡여질 것이다.

아바의 앨범, 'Money Money Money'

난 밤낮없이 일하지.
온갖 청구서를 내야 하니까
너무 고달퍼
끊임없이 아끼고 저축해보지만
그래도 한 푼도 남지 않을 것 같아.
너무 힘들어.

꿈이 현실이 된다면
부유한 남자를 원해
내가 가리키는 것을 모두 내게 사 줄 수 있는
그래, 내가 꿈꾸는 모든 것을 갖게 될 거야.

돈, 돈, 돈 부자들의 세상에 나와 그가
돈, 돈, 돈, 부자들의 세상에 진짜 동화 같은 이야기
(* 스웨덴 원어가사와 영어가사와는 다소 차이가 있음)

　도나의 노래가사처럼 어려웠던 시절, 어렵게 지냈던 여성들과 가족에 대해서 스웨덴 정부가 관심을 갖게 된 것은 사회민주당의 복지정책과 매우 밀접한 관련을 맺고 있다. 19세기말과 20세기 초 산업화와 더불어 스웨덴 사회에서 초등교사, 전보기사, 그리고 교환원과 같은 직업의 수요가 증가하면서 여성들에게 일자리가 많이 생겨나게 되었다. 남성 혼자만의 임금으로 생활을 유지하기 어려운 계층뿐만 아니라 다양한 계층의 여성들이 교육을 받고 노동시장에 뛰어들고자 하였다. 그렇지만 남성의 기득권 속에서 여성은 멸시와 학대를 받고 고통스러워했다.

　무엇보다도 아바의 노래처럼, 20세기 초의 여성은 노동시장에 편입하는 것도 어려웠으며, 직업을 얻었다고 하더라도, 당시 출산과 병행하기는 무척 힘들었다. 게다가 아이를 혼자 키워야하는 여성은 그 어려움과 고통이 배가 되었다. 1921년에 스웨덴 여성들도 참정권을 얻게 되었지만 사회적 역할을 둘러싼 환경변화는 여전히 여성에게는 열악했다. 이와 같이 사회에서 열악했던 여성의 지위를 개선하겠다는 생각이 스웨덴의 복지정책의 중요한 추진력이 되었다. 이를 통해서 기존의 가부장적인 가족관계를 해체하고, 가족친화적이고 여성친화적인 새로운 가족의 형태를 수용하면서, 전통적으로 여성이 끌어안아야 했던 전통적인 육아 및 노인수발의 책임과 같은 무상노동을 공공부문에서 떠맡게 되었다. 이러한 무상의 가사노동에의 종속은 여성들의 노동시장에의 접근

을 방해하는 요인이었기 때문에, 여성이 강제된 무상노동으로부터 벗어나게 하고, 자유와 유상노동에의 접근을 가능하게 함으로써 노동의 발전과 가족복지가 발전할 수 있었던 것이다. 따라서 스웨덴의 복지정책은 여성의 무상노동을 어떻게 대체하고, 여성에게 무상노동으로부터 얼마나 자유를 보장하는가가 매우 중요한 출발점이 되었다.

1800년대 말부터 20세기 초에 걸쳐 급격한 도시화와 사망률 저하로 인한 인구증가에도 불구하고, 스웨덴은 미국으로의 이주와 출생률의 급속한 저하로 인구문제의 위기에 봉착하게 되었다. 특히 출생률 저하로 인한 인구문제는 정부의 정책에 주요한 쟁점이 되었다. 심지어 이대로 가면 3백년 후에 스웨덴 민족이 지구에서 사라지게 될 거라는 지적이 사회민주당 내부에서 제기되기도 하였다. 이로 인해 1935년 국회에서 본격적으로 인구문제에 대한 논의가 진행되었고, 각 정당들은 인구문제에 관한 정책제안을 하게 되었다. 다시 말해서 스웨덴의 보편주의적 복지전략은 이러한 인구문제의 위기를 계기로 하여 젠더와 가족이라는 문제 그리고 이에 대한 대응을 통해서 자연스럽게 노동운동도 발전하는 결과를 가져오게 되었다.

1937년에 가장 중요한 정책적 논의가 바로 출산과 육아의 지원에 관한 것이었다. 1901년에 여성에게 4주간의 무급 출산휴가가 부여된 이후, 1938년에는 피임이 합법화되었으며, 1939년에는 종업원 3인 이상의 기업에서 임신, 결혼, 또는 출산으로 인한 유급고용 여성노동자를 해고하거나 감봉을 금지하는 법안이 도입되었으며 12주간 육아휴가가 인정되었다. 그렇지만 여전히 출생률의 급격한 저하문제를 해결하기에는 역부족이었다. 왜냐하면 젊은 세대는 여전히 실업의 위험으로 인해 자녀를 갖겠다는 생각을 갖기가 어려웠으며, 출산과 육아에 따른 지출은 더더욱 젊은이들의 출산의지를 꺾어버리고 말았기 때문이다. 결국 인구감소와 인구구조의 고령화에 따른 인구문제의 체질 개선을 위해서는 극도의 처방이 필요하였으며, 이에 대한 결론은 자녀와 가족이었으며 주택정책, 출산·육아지원책, 여성취업을 가능하게 하는 조건의 재정비와 노동시간의 단축 등 광범위한 정책적 구조개혁이었다.

1942년부터 1945년 사이에는 가족에 대한 공적 책임범위를 어떻게 한정할 것인가 하는 문제가 사회적 합의에 의해서 결혼자금대출, 가사서비스, 보육에 대한 보조금, 아동 하계여행의 무료 등 세부적인 문제로까지 문제해결의 의지를 보여주었으며, 이후 아동수당(Barnbidrag)의 일반화를 위한 준비 작업에 돌입하게 되었고, 그러한 결과로 1948년에 균일급부의 아동수당이 도입되었다.

1960년대 후반에 들어서면서 여성의 급격한 고용확대가 이루어졌고, 따라서 아동을 맡아주는 자치제의 보육소 시설이 급증하였으며, 이와 더불어 아동수도 1970년에 비해 1980년대는 6배 가까이 가파르게 증가하였다. 노인수발 서비스 역시 시설 중심에서 재택 중심으로 전환하면서 가정요양서비스를 받는 시간수도 2.5배 정도로 증가하였다. 남성도 육아에 대한 책임의 의무가 있기는 했지만, 1960년대까지만 해도 유모차를 미는 아버지의 모습을 보는 것은 여전히 드물었다. 그런데 스웨덴 모델의 성숙기에 접어들면서 1974년에 가족정책의 가장 큰 전환점이 된 부모보험제도가 도입되었다. 육아와 관계되는 부모보험제도는 소득보장이 부수되는 육아휴가제도이다. 따라서 출산 후에도 부모휴가 시, 아버지와 어머니는 자신이 받던 임금의 80퍼센트 수준의 국가수당을 받을 수 있게 되었다. 또한 부모휴가가 끝나면 여성과 남성 모두 일터로 안심하고 복귀할 수 있도록 해주는 것이 부모보험의 근본적인 취지였다. 이로써 스웨덴은 세계 최초로 남성육아휴가제도를 도입한 국가로 자리매김하였으며, 더불어 남성의 육아참여기회를 확대할 수 있는 계기가 되었다.

유상노동에 대한 자유는 노동시장에 대한 적극적인 참여뿐만 아니라 고용조건에도 매우 중요한 영향을 미쳤다. 특히 여성의 노동참여에 인센티브로 만들어낸 부가연금, 부모보험제도, 상병수당 등의 보장은 소득과 연계되었으며, 따라서 스웨덴의 가족복지는 여성이 노동의 적극적인 참여를 이끌어냈을 뿐 아니라 경기침체 시에도 노동시장에 남아 있을 수 있었고, 실업률이 높아진다고 해도 가정으로 돌아간다는 걱정을 할 필요가 없었다.

이후 1979년에는 어린 자녀를 둔 부모에게 일일 6시간만 근로할 수 있는 권리를 부여하는 법률이 제정되었으며, 1980년에는 직장 내 성차별 금지법이 도입되었고, 1981년에는 여성에 대한 모든 가정 폭력을 처벌대상 범죄로 규정하기에 이르렀다. 1974년의 부모보험제도의 처음 도입 당시 전 세계적으로 상당한 관심을 불러일으켰지만, 실제로 남성이 부모휴가를 사용하는 경우는 여전히 많지 않았다. 이러한 문제점을 고려하여 1995년에는 부모 중 아버지가 반드시 3개월의 부모휴가를 가져야하도록 제도를 수정·변경하였고, 2002년에는 부모휴가기간을 480일로 연장하였다.

최근 세계경제포럼이 발표한 세계남녀격차보고서에 따르면, 스웨덴은 양성평등이 세계 1위이다. 남녀 모두 출산 및 육아 휴가를 쓸 수 있으며, 여성의 소득은 남성의 소득 대비 93퍼센트 수준이며, 가사일도 부부가 대부분 함께 한다. 성인 20세에서 65세의 여성 중 80퍼센트(남성 80퍼센트)가 국가 노동력의 일부이며, 이러한 수치는 다른 나라들에 비해서 월등히 높다. 게다가 출산율도 여성 1인당 2명으로 유럽의 다른 나라에 비교해볼 때 상대적으로 높은 편이다. 여성과 가족 정책은 스웨덴이 평등한 사회를 건설하고, 스웨덴 모델이라는 복지국가를 건설하는데, 매우 중요한 단초를 제공하였다. 특히 노동과 연계하여 편안하고 안락한 가족을 구성하게 한 복지정책은 스웨덴인의 삶의 질을 높은 수준으로 발전시키는데 지대한 공헌을 하였다. 현재에도 1970년에 도입된 주 5일 40시간 근로제를 1일 노동시간을 6시간으로 줄이고자 하는 논의가 계속되고 있으며, 1979년에 도입된 연간 5주의 유급 외에도 임금의 90퍼센트를 보장하는 관대한 유급 병가, 질병으로 인한 소득 감소를 벌충하는 상병수당, 4백80일의 유급 출산 휴가, 자녀 1명당 연간 1백20일의 자녀병상휴가, 무상교육과 사실상 무상의료(연간 진료비 상한선 50만 원), 가족이 병을 앓을 경우 지급되는 가족간병수당, 기타 등등 복지정책은 스웨덴의 생활문화는 떼려야 뗄 수 없는 불가분의 관계라고 할 수 있다.

2. 행복하고 안전한 주거환경

1900년대 전후, 스웨덴의 주거환경은 오늘날의 환경과는 믿기지 않을 정도로 달랐다. 스톡홀름 도시 노동자들의 17퍼센트가 주방이 없는 단칸방에 살고 있었으며, 42퍼센트는 방 하나에 작은 주방이 딸린 집에서, 그리고 26퍼센트만이 방 두 칸에 주방이 있는 '스웨덴 국민의 꿈'을 실현하였다. 이외에도 목욕탕이나 샤워시설이 없는 주택은 85퍼센트에 이르렀고, 1인당 거주면적은 5평 정도였다. 이러한 환경은 인구문제를 해결하는데도 어려웠을 뿐만 아니라 삶의 질이 매우 열악했음을 보여준다.

1900년대 초 스웨덴의 모습을 떠올려보기 위해서 스티나 안데르손(Stina Andersson)과 엘리사베트 이반손(Elisabeth Ivansson)이 함께 쓴 『역사에 관한 책(Boken om historia)』에 등장하는 1900년대 초의 스웨덴의 전형적인 가정을 들여다보자. 1905년에 태어났던 시리(Siri)와 군힐드(Gunhild)는 쌍둥이인데, 아홉 살에 어머니가 돌아가시기 전까지 평온한 어린 시절을 보냈다고 생각한다. 1905년에 시리와 군힐의 가족 구성원은 부모와 어린 두 동생을 합하여 모두 6인 가족으로 방 두 개와 부엌하나 딸린 말뫼(Malmö)의 아파트에 살았다. 방 두 개라는 수적으로 열악했던 상황에서도 방 하나는 기관차운전사들에게 세를 주고, 시리와 군힐드는 나머지 다른 방과 부엌을 사용했는데, 다른 가정들처럼, 아이들은 모두 부엌에 있는 소파식 침대에서 잠을 자고, 부모는 방을 이용했다. 당시에는 폐결핵에 걸리는 것도 다반사여서 일찍 세상을 떠나는 부모나 아이들도 많았다. 또한 가장은 가족을 부양하기 위해서 두 개의 직장을 갖는 것도 일반적이었는데, 낮이고 저녁이고 쉴 새 없이 일을 했기 때문에, 당시 아이들과 시간을 함께 하거나 얼굴을 보기도 어려울 정도였다.

그뿐만 아니라 부모를 잃은 고아들이 많았고, 가정형편이 안 되는 부모들은 자신의 자식들을 다른 사람의 손에 맡겨야 하는 것도 매우 흔한 일이었다. 도시에는 고아원이 있어서, 버림받은 아이들을 양육하고자 하는 가족이 나타날 때까지 그곳에 머물러야

했다. 시골에서는 교구가 나서서 부모 잃은 아이들을 맡아 양육시킬 농부를 알선해 주기도 하였다. 당시 제일 중요한 것은 입을 것과 먹을 것 그리고 자는 것이었기 때문에 그것을 해결해주고 학교에 보내줄 부모가 필요했던 것이다. 그렇지만 대다수의 농부들은 자신의 일을 도와줄 하녀나 하인이 필요했기 때문에 고아들을 받는 경우가 대부분이었다.

1900년대 초 스웨덴인들의 꿈을 가장 잘 표현한 칼 라손(Carl Larsson)이라는 화가가 있다. 그는 현재까지도 스웨덴의 국민 화가로 칭송받고 있으며, 제 1차 세계대전에 참전했던 스웨덴 군인들이 구약성서 다음으로 그의 그림을 간직하고 있었다고 한다. 라손은 1900년대 전후의 평화롭고 아늑한 가정과 전원생활의 고귀한 가치를

칼 라손의 〈딸 브리타와의 자화상, 1895〉

꿈꾸던 스웨덴 사람들의 시각을 담아낸 작품들을 그려냈다.

그렇지만 라손 자신은 스톡홀름의 빈민가 공동주택에서 유년기를 보냈으며, 아버지의 성난 고함소리와 어머니의 찢어질 듯한 울음이 그치지 않는 속에서 하루하루를 보냈다고 회고하곤 한다.

"나는 돈을 벌어야 한다는 생각을 많이 했다. 나는 고통과 비극으로 가득 찼던 어린 시절과 끔찍한 스톡홀름 빈민가의 기억을 지울 수 없었다. 그럴 때마다 나는 커린과 나의 아이들만큼은 행복하고 안전한 삶이 무엇인지 알게 해주고 싶었다. 그래서 우리 집과 가족을 그런 모든 그림에서 행복과 안전이 느껴질 수 있도록 노력했다."

궁핍하고 빈곤했던 라숀의 어린 시절은 근심과 불안으로 가득했었다. 그는 자신의 출신이나 계급적 배경에서 벗어나 자신이 표현하고자 하는 방식대로 자유로운 그림 세계를 펼쳐나가기를 원했다.

스웨덴의 복지정책은 높은 재정지출과 사회부문지출을 기반으로 세계에서 가장 높은 수준의 복지를 이뤄내고 있다. 주거복지 정책 역시 역사가 깊고, 탄탄한 정책내용을 지니고 있다. 1인당 방수는 2.1개(한국 1.1개)를 보유하고 있으며, 1인당 주거면적도 44.5평방미터(한국 22.8평방미터)로 덴마크 다음으로 크다. 그리고 온수와 목욕시설 비율은 100%로 최고이다.

주거수준, 한 사람당 주택수, 그리고 중소득층이 부담할 수 있는 주택의 공급 등 다양한 측면에서 주거환경이 뛰어난 국가를 건설하기까지 역사를 살펴보자.

국가별 주거면적			(단위: m²)
	기준년도	주택1호당 면	1인당 주거면적
네덜란드	2000	98.0	41.0
독일	2006	89.9	42.9
프랑스	2006	91.0	39.9
스웨덴	2008	92.8	45.2
덴마크	2009	114.4	51.4
오스트리아	2009	98.5	42.9
핀란드	2009	79.4	38.9

주1: 한국은 1인당 방 수 1.1개, 1인당 주거면적 22.8m²
　2: 물리적 주거복지 수준은 서유럽 국가가 비교적 높고, 한국에 비해서는 월등히 높음.
자료: Housing Statistics in the European Union(2010)

1) 1917년-1923년

유럽의 다른 나라들처럼 이 시기의 스웨덴도 주택 위기를 겪고 있었다. 도시에서 건설되었던 '근로자 주택'은, 소위 '비상대피소'라고 불렸는데, 대부분의 주택이 비좁고, 어둡고, 비위생적이었기 때문에 이에 대한 비판의 목소리가 매우 높았다. 1917년경까지만 해도 스웨덴의 도시에는 소형아파트들이 대부분이었는데, 1917년에서 1923년 사이의 이러한 주택위기상황은 주거문화에 전환점을 마련해 주었다. 주택에 대해 실험적이면서도 새로운 사고의 틀이 제시되면서 스웨덴의 주택건설은 새로운 토대를 마련하였을 뿐 아니라 당시 사회적인 문제들은 주택 건설과 주택 계획수립에 대한 새로운 관점을 보여줄 수 있었다.

특히 1920년대 후반 유럽에서는 기능주의 양식이 나타나기 시작하면서 스웨덴에도 지대한 영향을 미쳤다. 주택의 실용적인 설계를 선전하기 위해서 대대적으로 벌였던 스웨덴 주택에 관한 박람회는 스웨덴의 새로운 주거문화에 관한 토론의 장이 되었다. 1921년에서 1939년 사이에 주거 박람회가 여러 차례 열렸는데, 처음에는 스톡홀름에서 , "건축과 보금자리(Bygge och Bo)"는 스웨덴 주거문화에 새로운 바람을 일으키기도 하였다.

2) 1930년대 이전과 이후

가난한 농업 국가였던 스웨덴에서 산업화가 본격적으로 이루어진 것은 1870년대 이후이다. 산업화 과정 속에서 농민층과 시골의 변화가 눈에 띄게 이루어졌는데, 이들 농민들 가운데 다수는 이민을 가기도 했지만, 대다수는 도시로 이동을 하였다. 이러한 이유로 도시로 유입된 이들을 위한 주택, 위생, 빈곤, 실업 등의 문제는 매우 심각한 양상을 보였다. 기회를 잡기위한 스웨덴 국민들은 절박한 몸부림에도 불구하고, 1800년대 말에는 그러한 기회가 스웨덴 국민 모두에게 평등하게 주어진 것이 아니었다.

1884년 질병, 산업재해, 노령기에 국가보험을 통한 구제가 가능하도록 하는 법안이 국회에서 통과되었지만, 여전히 실업과 제 1차 세계대전의 발발로 인한 제도의 실현이 제대로 이루어지기가 어려웠다.

1930년대는 '국민의 집'에서 제시되었던 사회복지정책이 실행됨으로써 유럽국가 중 선진적인 사회보장제도가 확립되기 시작하는 시기이다. 특히 주택문제와 관련해서 1920년대부터 다수가 구성한 주택협회가 공동으로 소유한 주택의 보급확대에 노력해왔고, 1930년대에는 기초자치단체 산하에 있는 주택회사를 설립하여 자녀가 많은 가구를 위한 임대주택을 공급하게 되었다.

3) 1940년대 이후

1940년대 전형적인 가정의 부엌   1940년대 주택

1940년대도 여전히 국가주택정책과 관련된 많은 제도가 신설 또는 정비되었지만, 기존의 주택정책 골격은 거의 그대로 유지되었다. 적극적으로 주택정책에 개입한 스웨덴 정부는 1941년부터 정상적인 금융시장에서 조달하기 어려운 부분의 주택자금은 정부융자를 장기저리로 대부하기 시작했다.

제2차 세계대전이 끝나자, 정부가 보다 더 주택시장에 적극적으로 개입하기 시작하면서 사민당이 추구하는 사회주의적 주택시장의 형성을 시도하였다. 당시 급격한 도시화로 대도시권의 주거사정이 매우 불량했음에도 불구하고, 대부분의 주택이 개인 소유였다.

정부는 저소득 근로자 계층의 주거불안을 해소할 수 없었기 때문에 비시장적 방법에 의한 주택공급과 공공주택의 확대를 통해 투기를 제거하고 주택문제를 사회가 공공으로 해결케 하는 방안을 모색하였다.

1946년 주택법을 통해 사민당은 시장약자 계층의 주거수준을 개선할 목적으로 이념적 측면에서 종합주택정책을 공약하였다. 그 내용을 살펴보면 민간에 의해 투기적, 자본주의적 방식으로 주택공급이 이루어짐으로써 나타나 주택부족문제를 해결하고, 모든 국민에게 부담가능한 주택을 공급하기 위해 주택공급계획을 수립하고, 비영리 지자체 주택공사의 신규주택공급을 확대하며, 총체적인 주택생산의 지원과 임대료 지급 능력 및 임대료부담의 연대책임을 보장하기 위한 새로운 주택금융제도를 모색하며, 저소득층도 적정주거수준을 갖춘 사회주택에 거주할 수 있도록 선택적 주택지원을 시행하는 것 등이다.

제 2차 세계 대전 동안의 심각한 주택부족으로 임대료가 급등하면서 1942년부터 임대료를 통제하였는데, 이로 인해 주택신축이 감소하는 등 문제가 발생하자 1946년 주택소유자에게 투자비에 대한 적정수익을 보장할 목적으로 신축주택의 건설비를 기준으로 1959년까지 추가 융자를 시행하였다.

정부가 이렇게 깊이 개입하였음에도 불구하고, 20세기 상반기까지 계속 진행된 도시화로 인해 대도시를 중심으로 여전히 주택부족 현상이 없어지지 않자, 1965년 스웨덴 정부는 1974년까지 매년 주택을 늘리기 위해 3%씩 늘리기 위한 주택 100만호 공급계획을 수립하였다. 이때 인구 천 명당 13호에 이르는 많은 주택을 공급하여 주택부족을 해소한다.

4) 1967년 이후 – 임대료 협상제도

1967년 스웨덴 국회는 1946주택법에 정했던 주택정책목표를 재검토하고 모든 주택시장에 적용할 주택정책의 본질을 강조하는 주택선언을 발표하였다. 이 선언은 「사회의 주택공급목표는 모든 국민에게 넓고 기능면에서도 양질의 주택을 합리적인 가격으로 공급하는데 있다」고 함으로써 그 이후 주택정책이 나가야할 방향을 제시하였다. 이에 따라 주택정책의 장기적인 방향은 넓은 주택의 공급과 합리적인 장기주택금융의 지원, 주거비지출을 줄이기 위한 주택관리의 강화에 역점을 두었다. 1967년 이후 스웨덴 정부는 임대료통제의 해제와 관련하여 정치적으로 커다란 어려움에 부딪쳤다. 그래서 이듬해에 새로운 임대료 통제 제도인 균등사용가제도를 도입하여 1987년까지 민간부문을 포함한 모든 임대주택에 이를 적용토록 하였다.

1974년 주택법에서는 주택에 있어서의 사회정의와 분배의 형평성, 그리고 경제적 선택의 자유를 주택정책의 목표로 선언하였다. 즉 스웨덴 정부는 1974년 주택법에서 '모든 국민은 사회적 권리로서 좋은 환경에 만족스럽게 넓은 양질의 주택을 가질 권리가 있으며','동등한 주택은 점유형태와 그 밖의 외부조건에 관계없이 동등한 가격(임대료)을 부담할 권리가 있다'고 규정함으로써 주거수준과 주거비, 그리고 주택소유 형태별 영향력에 있어서의 평준화를 선언하였다. 이와 같은 내용의 1974년 주택법은 주택민주주의를 실현코자 한 사민당 정권의 이념을 담은 것이다. 주택 100만호 공급계획이 끝난 후인 1974년 후반부터 스웨덴의 주택정책은 기존주택의 수준과 주거환경을 향상시키는데 초점을 맞추고 주택개보수 사업을 적극적으로 추진하였다.

1977년에는 임대료협상법을 제정, 임대주택시장의 집단 당사자 간에 임대료를 협상하여 결정토록 이 제도를 강화하자 대부분의 임대주택시장에서 임대료가 정상적으로 결정되기 시작하였다. 1987년 신계획 및 건축법은 지방정부의 재량권을 더욱 확대하여 지자체로 하여금 주택공급계획과 다른 부문별 계획을 통합한 종합도시개발계획을 수립토록 규정하였다. 따라서 지방정부의 주택기능은 한층 강화되었다. 그러나 아직도 스웨덴의 주요 주택정책수단은 중앙정부의 주택융자 및 주택수당과 같은 각종 주택관련지출을 보조, 지방정부의 토지임대제도가 핵심을 이루고 있기 때문에 중앙정부와 지방정부사이의 상호 협력관계는 긴밀히 유지되고 있다.

오늘날 스웨덴 인구의 80퍼센트 이상이 도시에 살고 있으며, 이들 중 2/3는 개인주택에서, 1/3은 아파트에 살고 있으며, 30대 중반에서 65세 사이의 스웨덴 인구 절반이 여름별장을 한 채 보유하고 있다. 특히 최근에 스웨덴은 주택환경부문의 선두주자로 명성이 높다. 국민 1인당 전력소비량은 세계 최고 수준이며, 지난 수십 년 동안 탄소 배출을 감소시킨 몇 안 되는 산업국가들 중 하나이다. 최근에는 2020년까지 석유를 비롯한 화석연료의 사용을 대폭 줄이겠다는 계획을 정부가 발표한 바 있다. 그래서 대부분의 가정에서는 전기, 수도, 하수, 쓰레기 처리과정을 대폭 수정하여, 쓰레기나 배설물에서 나오는 메탄가스로 대부분의 자동차와 기차는 물론 가정 난방과 공장가동을 위해 석유의 대체에너지를 사용하고 있다. 심지어 자체 난방 없이도 단열재와 사람, 가전제품에서 나오는 열로 난방을 조달하는 '패시브 하우스(Passive house)'가 관심을 끌고 있다. 유럽에서는 이미 많이 상용화된 패시브 하우스에 대해 국내에서도 관심이 증가하고 있는데, 패시브 하우스는 1988년 5월 스웨덴의 부 아담손(Bo Adamson)교수와 독일의 볼프강 파이스트(Wolfgang Feist)교수의 아이디어에서 시작되었으며, 이후 1991년 독일의 헤센주의 지원 아래 다름슈타트에 최초로 지어졌다. 스웨덴에도 이미 패시브 하우스가 많이 지어져 있다. 이외에도 1970년대 초 덴마크에서 시작된 코하우징의 개념은 주택 전문가나 일반인을 중심으로 개발되어진 것이 아니라, 국가나 지방자치를 중심으로 좀 더 제도적인 접근으로 이루어졌다. 스웨덴의 코하우징은 1960년대 지원 서비스를 갖춘 집합주택(kollektivhus)으로 시작되었는데, 이 안에는 다양한 규모의 개별 주택과 육아 공간, 손님을 위한 접객공간, 공동주방, 공동식당 등이 포함되어 있다. 이후 1970년 중반에는 대규모 주택보다는 소규모의 코하우징을 선호하는 경향이 확산되면서, 현대의 핵가족 생활 방식을 지양하고 공동체 생활을 강조하면서도 주민 모두가 자발적으로 가사활동을 공동으로 운영하고, 주택단지를 적극적으로 관리하는 방식으로 발전했다. 80년대 초부터는 주민 스스로 자신이 거주할 주택을 디자인하고 계획하는 과정에 참가하는 경우도 많아져서 이제는 더 이상 특별한 모습도

집합주택 생활모습

아니다. 현재 코하우징은 스웨덴의 주거환경을 대표하는 형태의 주택이기도 하다.

소피에룬드 집합주택(Sofielunds kollektivhus)

3. 최소한의 화려함을 지닌 디자인

의복이나 디자인과 관련해서도 1900년대 초는 유럽의 변방으로 스웨덴은 매우 열악했다. 스티나 안데르손과 엘리사베트 이반손이 쓴 책에 학교가는 아이들의 모습이 이렇게 묘사되어 있다. 학교에 가는 아이들은 집에서 짠 긴 털양말을 신었고, 마찰이나 긁혀서 나는 무릎의 상처를 막기 위해서 천조각을 무릎에 덧대는 것이 다반사였다. 신발은 적정한 크기를 찾기가 어려웠기 때문에, 신발이 작아 발가락을 오므리고 신거나 반대로 너무 커서 제대로 뛰기가 어려웠다.

그렇지만 최근 스웨덴은 1900년대 초와는 전혀 다르게 세계 디자인 만남의 장소로 변모했으며, 어떤 면에서는 지구촌의 디자인 메카라 할 수 있는 런던과 밀란에 견주어도 손색없는 모습을 갖추게 되었다. 스웨덴 남부 스몰란드(Småland)지방에 밀집해 있는 전통 스웨덴 가구 및 수공예 산업 또한 새로운 흐름에 동참하며 현대 디자인 창조자로서의 열정을 전 세계에 전파하기 시작했다. 스몰란드에 위치한 기업 중 가장 규모가 크고 경쟁력이 우수한 기업은 물론 이케아(IKEA)로서, 여기에 대해 이야기 하는 것만도 많은 지면을 할애해야 할 것이다. 대신에 스웨덴의 패션과 디자인의 역사적인 특징들을 간략하게 소개하고자 한다.

1) 스웨덴적인 우아함(Swedish Grace)

1900년대 전후부터, 앞에서 언급했던 칼 라르손의 집은 많은 사람의 주목을 받았는데, 그 중 스웨덴의 대표적인 여성운동가로 널리 알려진 엘렌 케이(Ellen Key)는 자신의 글에서 라르손의 집을 생활문화의 변혁과 개선을 위한 대표적인 사례로 설명하기도 했다. 케이는 가장 안락하고 가장 인간적인 가정을 보고 싶다면 순본(Sundborn)의 칼 라르손의 집을 방문해보는 것이 가장 간단한 방법이라고 주장하면서, 라르손의 집은 전통적인 것과 새로운 것을 독창적으로 결합한 스웨덴의 이상적인 주거모델이라고 제시하기도 하였다. 케이의 이러한 글은 생활문화와 관련된 스웨덴 산업디자인의 시발점으로 삼기도 한다.

1900년대 초 농촌사회에서 도시화와 산업화를 거치면서 스웨덴은 독일에서 시작된 기능주의를 받아들였고 이에 더해 우아하고 인간미 넘치는 디자인 양식으로 승화시켰다. 당시 이러한 분위기를 반영한 것이 스웨덴의 수공예협회(Svensk Slöjdföreningen)인데, 이 협회는 산업혁명의 영향을 받아 산업과 예술의 전통을 접목시키면서 스웨덴 산업디자인 협회(the Society of Swedish Industrial Designers)로 혁신적인 발전을 이루었다. '보다 아름다운 생활용품(vackrare vardagsvara)'이라는 기치아래 실생활에서 사용하는 제품의 디자인에 새로운 가치와 의미를 부여하고자 하였다. 또한 이러한 정체성은 본래 스웨덴 디자인협회에서 1915년 '예술가를 산업계로'라는 슬로건을 내걸어 우수한 디자이너를 산업계로 보내는 중개 알선을 해왔고 이에 호응하여 유리공예·도예 공예 등의 회사에 들어간 빌헬름 코게(Wilhelm Koge) 등은 1920년대에 파리와 뉴욕을 비롯하여 스웨덴 국내외에서 작품을 전시하여 '스웨덴적인 우아함(Swedish Grace)' 혹은 '스웨덴적인 현대성(Swedish Modern)'이란 찬사를 받기도 하였다. 당시 스웨덴 정부는 디자인을 그들의 정치적·경제적 독립을 확보하는데 있어서 필수적인 요인이라 생각했다. 특히 1917년에 스톡홀름의 릴리에발스 미술관(Liljevalchs konsthall)에서 개최되었던 홈 전시회(Hemutställningen)에서는 기능주의 원리를 그대로 모방하지 않고 그들의 전통과 생활 그리고 자연주의를 합리성에 융합시켜 조화시킴으로써 스웨덴의 기능주의라는 특성을 보여주었다. 당시에 전시되었던 일용품의 높은 품질수준, 현대기술로 생산된 소비제품, 기능적 형태, 적합한 재료사용, 디자이너와 기업의 협동으로 생산된 미적인 제품을 보여주었음에도 불구하고, 당시의 노동자 계층은 전시회 입장료도 내기가 어려울 경제적인 여유가 없었다.

1930년대 뢰르스트란드(Rörstrand) 도자기, 루이스 아델보리(Louise Adelborg)의 디자인

그렇지만 1930년에 개최되었던 스톡홀름 세계박람회와 1937년 파리 세계 박람회 그

리고 1939년의 뉴욕 세계 박람회에서 크게 성공을 거둠으로써 디자인의 건전성이라는 명칭을 얻게 된 '스웨덴적인 현대성'이 비로소 각광을 받게 되었다. '스웨덴적인 현대성'은 디자인에서의 전통을 목표로 하며, 현대적인 기술보다는 모두가 쉽게 사용할 수 있는 양질의 일용품을 디자인하고, 자연의 형식과 소재를 사용하며, 예술가와 생산자가 협력하여 예술적이면서도 합리적이고 기능적인 제품을 생산하고, 무엇보다도 인체공학적이며, 사용자에게 친밀한 디자인을 만들어내는 것이라고 요약해볼 수 있다.

2) 1940년대에서 1960년대

세계 2차 대전의 어려운 상황은 디자인에도 미쳤지만, 스웨덴은 사회적인 발전과 궤를 같이하여 가족생활, 주거공간에 대한 조사와 연구가 이루어졌는데, 제일 중요하게 다루어진 것은 단순한 아름다움만의 추구가 아니라 노동자들 모두가 차별이 없는 합리적인 주거공간을 마련해주는 것이었다. 또한 스웨덴 국민들이 전쟁으로 인한 경제적인 부담을 덜어줄 수 있는 여러 가지 방안들을 찾기 위해서 노력하였다. 이러한 노력의 일환으로 부엌노동에 대한 기초적인 조사와 가정에서 사용하고 있는 여러 가지 가구들에 대한 체계적인 연구가 진행되었다. 예를 들어 침대의 규격, 식탁의 규격, 의자의 높이와 각도 등과 같이 다양한 인체공학적 측면을 대상으로 삼았다. 결과적으로 스웨덴 디자인은 공예와 기술자들이 결합하면서 산업디자인으로 발전되었다.

세계 2차 대전이 막을 내리면서 1950년대에는 생활수준이 매우 향상되었고, 스웨덴 남쪽도시인 헬싱보리에서 열렸던 'H55박람회(H55-utställningen)'은 민주사회의 구체적인 생활환

H55박람회 포스터, 1955년

경을 제시해주었다. 특히 스웨덴 모던디자인이 시대를 대표하는 대표적 디자인 언어로 통용되기 시작하였으며, 자연재료, 수공예직물, 유리공예, 도자제품 등 새로운 재료와 새로운 기술을 통해서 인간미 넘치는 디자인을 담아내면서 세계적인 각광을 받았다. 무엇보다도 이 박람회는 현대적이면서도 스웨덴 고유의 라이프스타일을 집약적으로 보여주는 기회가 되었다는 데서 20세기 스웨덴 디자인의 정점으로 꼽는다.

제2차 세계대전 이후 '스웨덴적인 우아함'이 세계적인 명성을 얻음은 물론 스웨덴을 포함한 덴마크, 노르웨이, 스웨덴, 핀란드를 모두 지칭하는 대명사로 '스칸디나비아적인 우아함'이라는 북유럽 특유의 이미지가 탄생되었다. 이를 통해서 1954년에서 1957년 사이에 스칸디나비아 디자인은 유럽과 미국 순회 전시회를 개최하였으며, 스칸디나비아 지역의 산업미술, 주택환경 디자인은 세계 여러 나라에 크게 영향을 주었으며, 스웨덴 디자인은 기능주의와 휴머니즘의 공존이라는 디자인을 통해 단순하면서도 민주적인 이상을 반영하는 보다 명확하고 실제적인 아름다움을 추구하였다.

3) 1970년대에서 1980년대

68혁명과 1970년대의 석유파동이후 환경에 대한 관심이 크게 증가하게 되면서 플라스틱이 포함된 소비재들은 환경파괴의 상징이 되었다. 이 시기에 스웨덴은 오히려 전통적인 공예를 중심으로 제품을 제작하면서, 기존의 전통적인 기술들을 파괴시키지 않고, 전통과 산업생산의 부드러운 융합과정을 거치면서, 예술적이면서도 실용적인 제품으로 한 걸음 더 나아갈 수 있었다. 특히 스웨덴 국립디자인대학(Konstfack)은 환경파괴뿐만 아니라 전쟁, 계급, 과소비, 대도시화 등 사회의 전반적인 문제점들을 인식할 수 있는 교육의 중심공간이 되었다. 이러한 새로운 교육을 통해서 더 나은 미래를 준비하는 새로운 디자이너 세대들을 길러낼 수 있었다.

1970년대에는 새로운 교육을 받고 성장한 디자이너 세대가 기존의 외형중시와 대량생산 방식의 산업적인 시스템에 대해 비판적인 자세를 가지게 되면서 보다 일상적인 문제와 환경문제 그리고 재활용 문제 등에 관심을 가지게 되었다. 이러한 교육을 토대로 생활용품, 자동차, 전기다리미, 세탁기, 전기용품, 기계 기기류와 같은 산업디자인이 크게 발전할 수 있었다. 군더더기 없이 간결 명쾌하고, 전통적인 우아함과 단아한 이미지는 스웨덴 디자인에서 빼놓을 수 없는 특질로 자리잡게 되었다. 그렇지만 이러한 세대교체는 산업디자인 부문뿐 아니라, 가구, 유리, 도자기 및 직물에 부문에도 크게 활성화되었고, 이러한 현상은 1990년대에 이르러서 스타디자이너의 출현으로 이어졌다.

4) 1990년대 이후

1990년대 이후 국제사회의 시선을 한 몸에 받으며, Swecode(Swedish Contemporary Design)이라는 이름 아래 하나로 모이면서 스웨덴의 디자인은 국제무대에서 크게 능력을 발휘하게 되었다. 무엇보다도 스웨덴 디자인의 전통적인 특징이라고 할 수 있는 검소함과 사용자 친화성 그리고 평등과 연대감이라는 사회민주주의의 이념에 뿌리를 두고 발전을 해왔다. 이에 더하여 이러한 스웨덴의 이미지가 현대사회에서 최고의 창조산업을 발전시킬 수 있다는데 눈을 뜬 스웨덴 정부는 국가 이미지를 독창적인 이미지로 전환하기 위해서 크게 힘을 쏟았다. 스웨덴의 디자인은 일상생활 속에서 자연스럽게 제 역할을 하고 있다는 것이 가장 큰 특질일 것이다. 이러한 디자인은 특정 엘리트계층만을 위한 것이 아니라 사회소외계층에 대한 배려를 통해서 계층과 관계없이 모든 사람을 위한 디자인이다. 마치 100년 전 엘렌 케이가 남겼던 '모든 사람을 위한 아름다움', '가정을 위한 아름다운 것들'과 같은 저서들은 스웨덴의 100년간의 전통을 위해 걸어갈 예언서였는지 모른다. 인체공학적이고 대상의 본질을 추구하는 디자인에서, 환경친화적인 생태학적디자인으로 발걸음을 옮기고 있는 스웨덴 디자인의 역사를 계속 이어나가게 한다.

엘렉트로룩스의 로봇청소기와 일반 전기청소기

5) 패션디자인과 스웨덴의 생활문화

스웨덴적인 것에 대한 세계적 관심은 패션부문으로도 확산되었는데, 특히 1990년대 들어서면서 스웨덴의 패션산업은 국제적인 명성을 얻기 시작해 이제는 다수의 세계적 유명 브랜드까지 보유하게 되었다. 게다가 현대디자인 부문에서 스웨덴이 이탈리아와 영국에 이어 세계 3위의 국제적 상품 및 인테리어 디자인 국가로 급부상하면서 최근 패션산업이 더욱 주목을 받고 있다. 실제로 위에 살펴본 바와 같이 산업디자인 부문은 꽤 오랜 전통과 역사를 지니고 있다. 이러한 디자인의 전통과 궤를 같이 해서 스웨덴 패션산업은 이제까지 기능성을 강조한 실용성에 무게를 두어왔다. 대표적인 예로 아크네(Acne), 칩 먼데이(Cheap Monday), 누디진(Nudie), 호프(Hope)과 같은 세계적인 스웨덴 청바지 브랜드들이다. 최근에 시장에 진입한 더로컬펌(The Local Firm), 닥터데님(Dr Denim), 데님데몬(Denim Demon) 등도 새로운 유행을 가미하고 기존의 전통적인 멋도 강조하지만 기능성을 전제로 한 제품들이다. 그러나 최근 이러한 전통 깊은 기능주의에서 탈피하여 독창성이 강조되는 패션을 선보이고 있는 오드 몰리(Odd Moly), 뉘고스산나(Nygårdsanna), 에바이 발라(Ewai Walla)는 청바지를 뛰어넘는 디자인을 선보이고 있다.

실용성과 소박함 위에 개성이 가미된 스웨덴 이미지를 담은 신선하고 깔끔한 디자인은 이미 제이 린데베리(J. Lindeberg), 티게르(Tiger), 필리파 코(Filippa K) 등 세계 시장에 확고하게 자리를 잡게 했다. 게다가 패션계의 IKEA라고 불리는 H&M도 빼놓을 수 없는 스웨덴 패션문화의 선두주자이다. 합리적인 가격으로 대중화를 염두에 두면서도 독특한 스타일과 창의적인 디자인으로 스웨덴만의 이국적인 느낌을 만들어낸다. 그래서 스웨덴의 패션은 스웨덴 생활문화

아크네 청바지

티게르 청바지

를 읽어낼 수 있는 대표적인 분야이다. 무엇보다도 민주적 디자인, 사회소외계층에 대한 배려의 디자인 그리고 생태학적 디자인은 패션에도 적용되어 스웨덴 국민의 복지를 증진시키는 중요요소로 작용했을 뿐 아니라 스웨덴 디자인의 미래와 국제무대에서 스웨덴 이미지를 구축하는데 크게 일조하고 있다.

이케아, 광명점

4. 소박하고 절제된 음식문화

1) 종교와 기후 그리고 환경이 만들어낸 식문화와 축제

1900년대 초 스웨덴 아이들에게 가장 큰 기억을 떠올려보라고 한다면 배고픔일 것이다. 당시 아이들은 끊임없이 허기에 시달렸으며, 배불리 먹지 못해 늘 먹고 싶은 것을 떠올렸다. 예를 들어 우유를 사기 위해서 몇 블록을 늘어서있는 긴 줄을 서야했고, 이렇게 줄을 서는 것은 아이들의 몫이기도 했다. 계부나 계모를 둔 아이들도 다반사여서, 계모에게서 크게 사랑을 받지 못하고 자라는 아이들도 빈번했다. 당시 가정에서 주로 먹던 것은 호밀로 만든 검은빵(svartböd)이었는데, 색깔은 물론 검은색이었고 매우 딱딱했다. 그 빵에 햄이나 치즈 대신에 돼지의 지방을 얹고 소금을 뿌려먹었다. 가장 일반적인 저녁식사는 크낙부르스트(knackwurst; 프랑크프르터(frankfurter)보다 짧고 굵으며 매운 향료가 든 소시지), 청어, 삶아 으깬 순무가 전부였다. 당시 스웨덴 중산층 가족들은 마른 빵을 먹고 묽은 스프를 먹는 것으로 생활을 했다.

여기에 더해서 척박한 기후와 농산물을 재배하기 힘든 환경은 스웨덴 사람들을 더더욱 배고프게 만들었다. 기후와 계절에 영향을 많이 받는 환경 속에서 스웨덴 사람들은 오랫동안 음식물을 보존할 수 있는 방법을 선호했다. 따라서 스웨덴 음식들이 요리되는 방식은 저장방식을 선호했고, 그 대표적인 음식으로 절인 청어, 소금에 절인 고기, 훈제한 고기, 응고시킨 유제품 등이 있다. 빵의 경우도 보존하기 어려운 탓에 그나마 곡물이 풍요로웠던 남부지방에서는 림파(limpa)를 먹을 수 있었지만, 중부지방은 밀을 빻기에 충분한 물이 있는 시기인 봄과 가을에만 밀가루를 얻을 수 있었고, 밀가루를 여섯 달 이상 보관하는 것도 어려웠기 때문에 빨리 빵으로 만들어 오랫동안 보존할 수 있는 크낵께브뢰드(knäckebröd)라는 호밀로 만든 납작하고 딱딱한 빵을 만드는 것이 발달하였다. 북부지방은 중부지방에 비해서 더더욱 어려웠기 때문에 툰브뢰드(tunnbröd)라고 하는 효모가 들어 있지 않은 얇은 보리빵을 만들었는데, 곡물은 보리

밖에 없었으며, 효모가 들어간 빵은 만들 수가 없었다. 물론 최근에는 세 종류의 빵을 모든 지역에서 맛볼 수 있고, 스웨덴의 전통적인 빵으로 다른 나라에서도 건강식으로 각광을 받고 있다.

크낵께브뢰드

곡류를 얻기는 어려웠지만, 숲이 많아서 풍부한 블루베리와 링온(월귤나무의 일종) 열매 그리고 프랑스 요리에 쓰이는 살구버섯 같은 다양한 종류의 버섯들은 스웨덴 음식에 빼놓을 수 없는 재료들이다. 이외에도 청어, 대구, 연어 등과 같이 값이 싼 해산물이 풍부하며, 순록, 사슴고기, 뇌조 등 다양한 육류도 쉽게 찾을 수 있는 재료들이다. 최근 우리나라에 많이 소개된 삭힌 청어, 수르스트뢰밍(surströmming)은 북부 지방의 전통적인 음식인데, 소금이 귀하고 비쌌던 시절 청어에 최대한 소금을 적게 넣어 발효시킨 음식으로 냄새가 매우 고약한 것으로 유명하다.

무엇보다도 유명한 것은 스뫼르고스부르드(smörgåsbord)라는 스칸디나비아식 뷔페요리로, 실제로 뷔페의 기원이 북유럽으로도 알려져 있다. 바이킹시대에 즐겨먹던

스뫼르고스부르드

식사방법으로 오래전부터 내려져 오는 이 식사방법에는 스웨덴의 전통음식들이 포함되어 있으며, 주로 크리스마스 시즌이나 하지절에 먹는 정찬으로도 잘 알려져 있다.

일상음식, 특히 옛날 스웨덴 농가의 일상음식이라고 하는 휘스만스코스트(husmanskost)라고 하는 스웨덴 전통음식들이 있는데 그 중 스웨덴 미트볼(köttbullar)은 최근에 IKEA 구내식당의 대표적인 메뉴로 등장해서 세계인이 즐기고 있는 음식이기도 하다. 그렇지만 전통음식과는 달리 스웨덴 식문화에도 많은 변화가 일어나면서 스웨덴의 유명 셰프들은 스웨덴의 우수한 식재료와 스웨덴 전통의 맛을 토대로 하여 새로운 미식의 요리를 선보이고 있다. 최근에는 스웨덴 출신의 요리사들이 독창적인 요리법을 개발해서 국제무대에 이름을 알리고 있으며, 전 세계 식도락가들이 건강한 음식을 찾아 북유럽으로 관심을 돌리면서 유럽 최고급 요리의 중심지로 자리매김하고 있다.

스웨덴의 축제 전통들도 계절의 변화와 밀접한 관련을 맺고 있다. 길고 춥고 어두운 겨울을 견뎌야 했던 스웨덴 사람들은 태양과 관련하여 오래전부터 소중한 전통을 이어 왔다. 하루에 해가 가장 긴 날인 하지뿐만 아니라, 사라질 것만 같았던 해가 다시 떠오르는 율(Jul;크리스마스)은 이교도 시절부터 이어온 스웨덴 사람들의 전통이다. 이후 그리스도교와 관련하여 생겨난 부활절과 강림절 등이 있으며, 1900년대에 들어서면서 계절과 환경이 빚어낸 새로운 전통으로 루시아축일(Luciadagen)과 가재축제(Kräftskiva) 등과 같은 전통들이 있다.

특히 1900년대 초에 시작된 루시아 축일은 12월 13일 빛을 상징하는 성루시아를 기리는 날이다. 스웨덴의 겨울은 흐린 날도 많고 해가 짧아 어둡기 때문에, 그레고리력에 따르면 12월 13일이 밤이

사프란 빵

가장 긴 날이라고 해서 빛의 상징인 성녀 루시아를 기리게 되었다. 스웨덴의 전통적인 행사가 된 것은 1927년부터이다. 이 날을 위해 국가와 지역 그리고 각 학교마다 루시아를 뽑는데, 머리에 촛불로 장식한 관을 쓰고 흰 잠옷에 빨간 리본으로 장식한 루시아와 함께 루시아 행렬이 행해진다. 이 행렬은 주로 양로원과 고아원을 방문해서 산타루시아 등 루시아 축일 노래들을 부르고 이날을 위해 구운 사프란 빵(lussekatt)와 계피와 편도 따위를 넣어 끓인 포도주, 글뢰그(glögg)를 함께 즐긴다.

8월 초순에 열리는 가재축제는 가족, 친척, 친구들과 함께 즐기는 파티로 본래 스웨덴에서는 가재를 16세기부터 즐겨왔는데, 서민음식이 아닌 귀족들만 즐기는 음식이었다. 그런데 점차 보편화되면서 1900년대에 이르러서는 국민들 모두가 즐기는 요리가 되었다. 가재축제가 시작된 이유는 스웨덴의 동쪽에 있는 발틱해에서는 대구를 비롯한 생선들이 많이 잡혔는데, 8월 산란기에 어획을 일삼다가 보니 어류들이 급격하게 감소하기 시작하였다. 이러한 이유로 20세기 초 발틱해의 수산자원을 보호하기 위해서 산란기 동안, 생선대신 가재를 먹기 시작한 데서 유래한다. 가재는 주로 호수와 강, 바다에서도 잡는데, 스웨덴의 담수가재를 선호하지만 가격이 비싸서 최근에는 다른 나라에서 잡은 해수가재를 많이 먹는다. 가재에 딜을 넣고 소량의 맥주를 넣어 쪄서 직접 요리해 먹곤 하지만, 상점에서도 냉동 또는 냉장된 상품을 쉽게 구입할 수 있다. 가재축제에 빠질 수 없는 것이 바로 스납스(snaps)인데, 스웨덴 전역에서 만들어진 다양한 종류의 전통주로, 하지절과 가재축제에는 항상 즐겨 마신다. 가재축제에는 특히 흥겹게 장식한 가재전등과 축제모자 그리고 가재축제 테이블보 등 스웨덴에서만 즐겨볼 수 있는 낭만적이고 독특한 축제이다.

스웨덴의 대표적인 브랜드, 압솔롯트 보드카

스웨덴의 전통주는 보드카인데, 스웨덴 사람들은 주말이나 크리스마스, 하지절, 부활절 등 큰 명절에 많은 양의 술을 마시곤 한다. 또한 파티와 외식을 하게 되면 식사에 보드카와 맥주를 마시는 것은 일반적이지만, 평상시에도 술을 즐겨 마시는 편이다. 와인의 경우 스웨덴 사람들은 격식을 차리는 특별한 경우에만 마시는 편이다. 세계 2차 대전이후 스웨덴 사람들의 음주 습관도 보다 국제화되었다고 할 수 있는데, 와인은 식사와 모임에서 마시는 일반적인 술이며, 맥주는 특히 젊은이들 사이에서 인기가 더 많아졌다.

2) 절주문화(Brattsystem)

스웨덴의 식문화는 한 마디로 말하면 '절제'라고 표현할 수 있다. 특히 술과 관련해서 스웨덴은 1800년대 많은 어려움을 겪었다. 이 시기에는 국민운동이 크게 성장하였고, 사회는 민주적인 발전을 이루었다. 1800년대 말기에 시작되어 1900년대까지 이어졌던 국민운동을 통해 스웨덴 국민들은 민주주의를 직접 경험하고 학습할 수 있는 기회를 얻었다. 당시의 가장 큰 이슈는 종교, 금주, 노동환경이었다. 종교의 경우 스웨덴 국교회는 스웨덴 침례교, 스웨덴 선교회, 구세군과 같은 자유교회들과 경쟁을 하게 되었다. 1800년대 중반까지는 스웨덴 교회의 목사들만이 예배를 주재할 수 있었다. 이후 다른 종교인들도 종교집회를 열 수 있게 되었으며, 어떠한 종교를 취하든 자신이 원하는 종교를 가질 수 있는 완전한 종교의 자유가 1951년에야 비로소 가능해졌다.

1800년대 스웨덴의 술 소비량은 대단해서 1인당 증류주 소비량이 10리터를 상회했다. 이러한 술은 대부분 가정에서 주조되었다. 1800년대의 경우 알코올중독이 만연해 있어서 금주운동을 추종하는 사람들이 많아졌다. 당시 목사였던 페테르 비셀그렌(Peter Wieselgren)이 이 운동의 대표자였는데, 때때로 술에 취한 교회의 오르간 반주자를 깨워야할 정도였다. 알코올 중독은 가난한 사람들을 더욱 빈곤에 빠뜨렸으며, 가정을 파탄으로 내몰곤 하였다. 결국 금주운동연합은 전국적으로 퍼져나가기 시작하였다.

금주법 도입 포스터

1800년대 중반 금주운동이 힘을 얻으면서 술의 소비량이 조금 들어들기 시작했다. 1900년대 초 더욱 급진적인 금주운동이 이루어지면서 정치적으로 커다란 영향력을 지니게 되었다. 1914년에는 특정지역에서만 시험적으로 운영되던 것이, 1917년부터 스웨덴 전역에 걸쳐 통용이 되었다. 금주운동의 목표는 술 소비를 완전히 금지시키는 것이었지만, 1922년에 금주법 도입이 국민투표에 의해서 부결되었다. 그렇지만 무트북쉬스템의 영구적인 도입에 대해서 좌파와 우파 사이에 정치적 합의가 이루어지면서 그 대신에 음주구매를 연령, 성, 직업 등에 따라 할당을 하는 '브라트쉬스템(Brattsystemet) 또는 무트북쉬스템(Motboksystem)'이라고 불리는 배급제도를 도입하였는데, 이는 스웨덴에서 주류의 소비를 감소시키기 위해 취했었던 제도이며 개개인이 음주소비를 조절하는 것을 의미했다. 이 제도는 스웨덴 정치가이며 의사였던 이반 브라트(Ivan Bratt)의 제안에 따른 제도였기 때문에 그의 이름을 따서 고안이 되었다.

무트북을 도입하여 국민들의 주류소비를 감소시키고자 하는 것이 이 법의 주된 목적이었다. 이 제도는 금주법의 시행으로 나타날 수 있는 밀수 또는 암시장의 출현에 대처하고자 하는 의도가 크게 작용했다. 특히 알코올은 음주나 알코올중독 그리고 폭행죄와 깊은 관련을 맺고 있었기 때문에, 이 법을 통하여 스웨덴 정부는 범죄와 주류소비에 의한 개인적인 손상 등을 미리 예방하고자 하였다. 와인은 제대로 예의를 갖춰서 마신다는 사고가 팽배해 있었기 때문에, 다른 종류의 술에 비해서는 마찰이 크지 않았다. 이러한 이유로 무트북을 지니고 있는 사람은 와인을 구입하는 데 제한이 없었다. 이와 같이 처음에는 독주에만 적용이 되었는데, 나중에 맥주와 와인 그리고 모든 주류에 적용이 되었다.

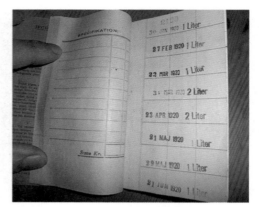

무트북, 1920

각 가정은 주류배급통장을 교부받는데, 이것은 주류를 구입할 때마다 도장을 찍는 소책자이다. 이는 구매한 배급량을 살피기 위해서 기입하던 예테보리쉬스템(Göteborgstystemet)에서 사용하던 방식이었다. 1948년 12월 31일 기준으로 당시 주류배급통장은 전부 1,878,705개가 발행되었으며, 평균 배급통장 당 한 달에 1.82리터의 주류를 구입한 것으로 나타났다. 앞에서 언급한 것처럼 배급을 위해서 수입, 성별, 재산, 사회적 지위 등이 고려되었기 때문에, 실업자나 수입이 없는 사람의 경우 배급이 불가능했다. 결혼한 여성과 젊은 사람들에게도 일반적인 적용이 이루어졌다. 반면에 미혼인 여성은 주류배급통장을 받을 수조차 없었고, 남자들보다는 배급량이 훨씬 적었다. 게다가 여성과 가정주부는 집안에 남자가 무트북을 가지고 있을 시에는 무트북을 받을 기회가 없었다.

브라트쉬스템이 1955년에 철폐되면서, 주류소비가 다시 늘어났지만, 가파른 주류가격인상으로 인해 1955년 이전과 같은 수준의 주류소비가 이루어졌다. 반면에 와인 소비량은 네 배로 늘어났다. 그래서 전체 주류 소비량은 약간 감소되었다.

이 제도의 실행으로 주류의 구매 제한뿐만 아니라, 정부는 국영기업으로 하여금 주류제조와 주류수입 독점권을 부여하였고, 민간기업의 맥주나 증류주의 개발을 금지하였다. 이는 현재 운영되고 있는 국영회사 쉬스템볼라겟(Systembolaget)의 전신이기도 하다. 또한 지역마다 금주법 시행 책임자를 두어 이들로 하여금 해당지역의 주류소매를 관리하도록 하였다. 그래서 현재까지도 스웨덴에서는 보통 알코올 도수가 4도 이상인 술은 반드시 쉬스템불라겟을 이용해야만 하며 일반 상점에서는 구매할 수 없도록 규정하고 있다.

스웨덴 쉬스템블라겟의 한 매장

5. '국민의 집'에서 '녹색 국민의 집'으로

20세기 스웨덴의 생활문화에서 의식주를 중심으로 어떠한 변화와 특징이 나타났는지 살펴보았다. 이와 같은 20세기 스웨덴의 생활문화에 가장 변혁을 가져다 준 것은 1930년대에 시작된 '국민의 집(Folkhemmet)이라는 슬로건이다. 사회민주당의 총재가 된 페르 알빈 한손(Per Albin Hansson)은 '국민의 집'이라는 복지의 틀을 통해 스웨덴 생활문화의 대대적인 전환을 시도하였다. '국민의 집'이라는 의미는 국가가 국민과 시민을 품은 안락한 가정처럼 되어야 하며, 그 집에서 스웨덴 국민이면 누구나 행복을 누릴 수 있어야 한다는 것이다. 1928년 의회의 사회정책 토론에서 한손이 행한 연설은 그가 말하는 '국민의 집'에 대한 개념을 잘 설명해준다: "스웨덴 사회는 여전히 훌륭한 시민의 가정이 아닙니다. 형식적인 평등, 정치적 권리에 대한 평등함이 있기는 하지만 사회적으로 볼 때 여전히 계급사회이며 경제적으로는 소수의 특권층이 지배하고 있습니다. 차별은 때때로 긴급을 요합니다. 궁전에 사는 사람들이 있는 반면에, 대다수가 혹독하게 추운 겨울에도 분할 대여된 밭에 비좁게 지은 집에 사는 것만으로도 행운이라고 생각합니다. 일부는 호화로운 생활을 즐기며 사는데 반해, 대다수는 빵 한쪽을 구걸하기 위해서 집집마다 돌아다니고, 가난한 사람은 아침끼니를 걱정해야 하는데, 엎친 데 덮친 격으로 질병과 실업 외에도 여러 가지 다른 불행들로 신음하고 있습니다. 스웨덴 사회가 좋은 시민의 가정이 되기 위해서는 계급적 격차가 해소되어야 하며, 사회적 돌봄정책이 발전되어야 하며, 경제적 균등이 이루어져야 하며, 기업경영에서도 노동에 대해 정당한 대가가 지불되어야 하며, 민주주의가 사회적이고 경제적인 측면에서 철저하게 실행되고 적용되어야만 합니다."

한손이 말하는 '국민의 집'은 스웨덴식 복지국가를 가리키는 은유이며 20세기 스웨덴의 생활문화를 완전히 탈바꿈시킨 역사적인 선언이 되

사회민주당과 페르 알빈 한손의 선거포스터, 1944년

었다. 이를 통해서 스웨덴은 민족적 단합과 국민적 연대를 주도하였고, 민주주의 원칙 위에 공동체 이념을 세웠다. 대공황의 한파가 몰아치던 1932년 선거에서 사회민주당은 자본주의의 희생자가 된 이들이 공장 노동자인지, 농민인지, 점원인지, 공무원인지, 지식인인지 묻지 않는다는 강한 메시지를 국민들에게 호소하였다. 이러한 호소로 사회민주당은 41.7%라는 당시 최고의 득표율을 기록하며, 중앙당과 연합정권을 구성해 새로운 정치 실험에 나섰다. 다시 말해서 한손의 연설문에 등장했던 '국민의 집'이라는 프로젝트가 본격적으로 가동된 것이다.

이러한 과정 속에서 또 다른 전환점은 1938년에 있었던 살트훼바덴(Saltsjöbaden)협약이다. 이 협약은 스웨덴노총(LO)과 경영자총협회(SAF) 사이에 2년이 넘는 기간 동안 끈질긴 협상을 통해서 이루어졌는데, 노동시장에 대한 명확한 룰을 포함하고 있으며, 파업, 정리해고 등 노동시장의 긴장완화를 향한 중요한 전환점이 되었으며, 국외에서도 스웨덴 모델로 부르는 성공적인 협상을 일구어내었다. 스웨덴 노사관계가 살트훼바덴 협약 이전과 이후로 구분될 정도로 매우 중요한 협약인데, 이 협약을 통해서 노사협력을 통한 스웨덴모델의 기반을 구축할 수 있었다. 무엇보다도 완전고용을 지향하는

적극적인 노동시장 정책과 '동일노동 동일임금'이라는 노조의 연대임금정책, 국민의 차등 의결권 허용과 공익재단을 통한 지주회사 소유, 그리고 노조를 포함해 엄격하게 검증된 인사만 경영에 참여할 수 있도록 하는 파격적 내용을 담은 이 협약을 노사정 대 타협을 통해서 마련하였다.

이후 스웨덴 정부는 개인이 추구하고자 하는 바를 위해서 교육, 주택, 의료, 교통, 각 종 서비스 등을 뒷받침해주고자 노력하였다. 이를 위해서는 노동시간의 단축과 장기 유급휴가 등이 있어야 가능하다고 보았고, 스웨덴 정부는 국민의 완전고용과 경제성장 그리고 균일한 소득분배를 달성하기 위해서 연대임금제와 적극적인 노동 시장정책을 강력하게 추진하였다. 1994년의 국민투표로 스웨덴이 EU 가입을 결정하였지만, 스웨덴은 여 전히 고유의 보편주의적 복지국가의 골격을 유지하고 있다.

스웨덴 사회민주당을 통해 본 빅데이터

사회민주당의 정치철학이라고 할 수 있는 '국민의 집'은 1996년 페르손(Göran Persson)수상에 의해 생태의 가치가 통합된 '녹색 국민의 집(gröna folkhemmet, Greening of the People's Home)'으로 발전되었다. 국가비전으로 제시된 '생태적으로 지속가능한 사회', 즉 생태복지국가의 구축은 20세기 초 스웨덴 복지국가 발전 초기에 복지국가를 '국민의 가정'으로 담론화한 개념을 변용한 것이다. 인간과 환경을 동시에 중시하는 생태복지국가는 사회적·경제적·환경적 차원을 포괄하는 것으로, 보편적·포괄 적 복지국가로 사회·경제적 차원뿐만 아니라 환경적 측면을 고려한 21세기 스웨덴의 생활문화를 변화시킬 중요한 가치로 발전할 것이라고 기대해볼 수 있다.

1. 역사적 배경

유럽의 역사는 그리스에서부터 시작하였다. 에우로파(Ευρώπη)가 황소로 변한 제우스(Ζεύς)의 등에 올라 여행한 곳을 유럽으로 부르기 시작하였으니, 유럽을 규정한 것이 그리스인들이고 유럽의 탄생이 그리스에서 비롯되었다는 말은 결코 과언이 아니다. 고대 그리스는 세상의 중심이자 유럽의 전부였다. 그로부터 수천년이 지난 오늘날 정치와 경제의 논리가 유럽 사회를 좌지우지하는 상황에도 그리스는 여전히 유럽 문화의 근간에 위치하고 있다. 그리고 다른 한편에서는 그리스가 유럽의 지리적 경계에 위치한다는 점과 오랜 오스만 제국의 지배로 인해서 근동이나 소아시아와 유사한 문화를 공유한다는 점에서, 그리스를 유럽의 '변방'으로 인식하는 시각도 존재한다. 그렇기에 유럽의 기원이면서도 유럽의 전형적인 모습을 띄지 않는 것이 그리스가 지닌 양면이다. 그리스는 서방 유럽 문화권에서는 유일하게 정교회를 국교로 삼고 있어서, 유럽의 도시에서 흔하게 보이는 교회의 첨탑도 볼 수 없다. 거친 산악지대와 섬이 많은 지형 탓에 자전거를 타고 도심을 이동하는 시민들도 좀처럼 보기 힘들다. 유럽공동체(EC, European Community)에 열 번째로 가입한 대표적인 유럽의 국가임에도 유럽의 전형과는 다른 모습으로 고유의 언어와 전통 문화를 유지하고 있어서 유럽인들에게도 낯선 곳이 그리스이다.

외부에서 그리스를 보는 시각과 그리스인들이 자신을 보는 시각이 다르다는 점은 그들을 가리키는 명칭에서도 단적으로 잘 드러난다. 세계적으로 통용되는 '그리스'라는 명칭은 사실 그리스인들이 자신을 부르던 일반적인 명칭이 아니었다. 이것은 그리스 북부의 에피로스(Ήπειρος)지역의 사람들을 가리키던 '그라이코스(Graikos)'에서 온 것으로, 라틴어 그라에쿠스(Graecus)로 이어졌다. 고대 그리스인들은 스스로를 '헬레네스(Έλληνες)'라는 명칭으로 더 자주 불렀다. 그리고 그 명칭은 현재에도 유효하다. 현재 그리스의 공식적인 국가명은 그리스가 아닌 '헬라스 공화국(Ελληνική Δημοκρατία)'이다. 이는 그리스의 국가적 정체성을 내재적 시각으로 규정하려는 문화적 자부심과도 관련이 있다. 이처럼 그리스는 오랜 역사와 문화적 전통을 기반으로 한 자신만의 고유한 문화정체성이 강한 국가이다.

지난 20세기는 오천년 그리스 역사에서 가장 극적인 변화를 보여준 시기였다. 20세기 초까지도 수도 아테네의 아크로폴리스에서 양을 방목하던 풍경은 1세기가 채 지나기도 전에 많은 상가와 차량, 인파로 뒤덮인 메트로폴리스의 모습으로 바뀌었다. 이제 아테네의 도심은 다양한 인종과 국적의 외국인으로 가득하다. 한 세기 전까지의 일상복이었던 전통복은 명절이나 축제와 같은 특별한 날에나 입는 옷이 되었고, 청년과 노인이 리바이스(Levi's) 청바지에 나이키(Nike) 운동화를 착용하고 거리를 활보하는 것을 볼 수 있다. 하지만 이러한 세계화의 거센 물결도 그리스를 완전히 바꾸진 못하였다. 그리스인들은 과거에도 그랬듯이 외부의 자극을 적극적으로 수용하면서도 그것을 그리스적 가치와 고유의 문화에 맞춰 조화롭게 변화시킴으로써, 유럽의 다른 나라와는 구분되는 독특한 문화를 향유한다. 이 글은 20세기 그리스인들의 사회와 문화에서 발견되는 보편성과 특수성이 변화하는 양상에 초점을 맞춰 이야기할 것이다. 이에 앞서서 그 이전 세기에 대한 언급도 간간히 덧붙일 것이다. 한 문화권에 대한 논의가 역사적인 연속선상에서 이해되어야 한다는 당연한 논리를 뒤로 하고서라도, 오천년의 역사를 지켜온 그리스와 그리스인들에 대한 이해는 곧 유럽에 대한 이해와 직결되기 때문이다.

발굴을 통한 고고학적 증거에 따르면, 그리스의 역사는 지금으로부터 오 천 년 전으로 거슬러 올라간다. 그리스인들은 서기전 3000년경 에게 해의 미노아(Minoa), 키클라데스(Kyklades), 미케네(Mycenae), 트로이(Troy)와 같은 지역을 중심으로 한 청동기 문명을 꽃피웠다. 청동기의 끝자락에 트로이 전쟁을 치르면서 선사 시대가 지나고. 서기전 8세기경에는 유럽 최초로 그리스인들이 알파벳을 만들어 문자기록을 남기기 시작하면서 본격적인 역사 시대의 막을 열었다. 서기전 5세기에는 아테네와 스파르타와 같은 폴리스 중심의 문화가 번성하면서 고전 그리스는 역사상 가장 많이, 그리고 오래 동안 회자되는 유무형의 문화유산을 남겼다. 폴리스의 독립성은 알렉산드로스 대왕 (Αλέξανδρος Γ' ο Μέγας)의 정복으로 훼손되었지만, 고전시대 그리스인들의 종교, 철학, 문학, 예술적 유산은 로마 제국에 고스란히 전달되었다. 콘스탄티노스 대제(Μέγας Κωνσταντίνος)가 제국의 수도를 비잔티온(Βυζάντιον)으로 옮기고 그 곳을 콘스탄티노폴리스(Κωνσταντινούπολις)라고 명명하면서 제국의 동부에서 로마의 역사가 이어졌다.[6]

비잔티온 제국은 천여 년간 지속되었지만, 15세기 중엽 투르크족의 침입으로 멸망하면서 그리스인들은 오스만 제국의 지배를 받게 되었다. 그 지배는 300년이 넘게 지속되었고, 그리스의 존재는 유럽인들의 기억 속에서 사라져 갔다. 그러던 중에 프랑스의 시민혁명을 필두로 하여 19세기 전반에 유럽 곳곳에서 민족국가에 대한 열망이 일면서 그리스의 안팎에서 독립에 대한 의지가 커졌다. 결국 그리스인들은 1821년 3월 25일, 그리스의 성 라브라(Αγία Λαύρα) 수도원에서 오스만 제국의 지배에 저항해 독립을 선포했다. 이 사건은 두말할 나위 없이 근대 그리스의 상징적인 출발점이 되었다.

독립 선언을 하고 난 후에, 실질적으로 그리스의 독립이 이루어지기까지 독립투사들의 항쟁은 십여 년간 지속되었다. 그리스 안에서 치열한 전투 공방이 이어지는 와중에, 그리스 밖에서도 그리스의 독립에 대한 열망이 컸다는 점은 그리스 독립의 문제가 비단 그리스인들만의 문제로 국한되지 않았음을 보인다. 유럽 문명의 원류인 그리스를 오스만 제국으로부터 독립시키는 문제는 유럽인들에게도 큰 관심거리였기 때문이다. 이미 이전 세기부터 일었던 신고전주의와 그랜드투어(Grand Tour)의 열풍으로 19

세기에 유럽의 지식인들에게는 고전 그리스에 대한 애호가 커져있던 상황이었다. 영국 시인 바이런(G. G. Byron)과 프랑스의 화가 들라크루와(E. Delacroix)와 같은 낭만주의 예술가들을 비롯해 고전그리스의 문화를 찬미하는 친 그리스인사(phil-hellenist)들이 그리스의 독립을 지지하면서 영국과 프랑스, 러시아는 그리스의 독립전쟁에 직접적으로 개입하였다. 또한 서구식 교육을 받은 그리스 디아스포라(diaspora)의 경제적, 외교적 지원도 큰 몫을 했다. 결국 1832년에 그리스의 독립이 열강의 인정을 받으면서 근대 그리스 국가를 수립하였다.

그리스의 독립전쟁에서 가장 치열한 시기는 독립 선포 후 10여 년간으로 기억되지만, 실제로 오스만 제국과의 지난한 영토 분쟁과 주변국과의 군사적 갈등은 한 세기가 넘도록 지속되었다. 과거 그리스의 영광을 재현하고자 하는 민족주의자들의 '위대한 이상(Μεγάλη Ιδέα)' 논쟁은 이러한 국토 수복의 열망으로 이어져, 1912년과 1913년에 걸친 두 차례의 발칸전쟁의 승리를 통해서 상당 부분의 그리스 영토를 되찾는 결과를 얻었다. 이어진 제1차 세계대전에서 연합군 측에서 싸운 그리스는 염원하던 소아시아 지역을 양도받았지만, 이 협정을 무시한 무스타파 케말(Mustafa Kemal Atatürk)이 이끄는 터키 군대에 패배하면서 그리스의 영토 확장 정책은 저지되었다. 이 패배로 소아시아에 거주하던 그리스인들이 대거 그리스로 이주하는 사건이 벌어지고 이에 그리스인들의 식문화와 주거문화 전반에 걸쳐 큰 영향을 미쳤다.

1936년부터 1954년까지의 시간은 그리스가 2차 대전의 영향 속에서 치열한 내, 외부적 투쟁을 전개하고, 이후 전쟁의 피해로부터 복구에 전념해야 하던 시기였다. 유럽 대륙에 전 방위적인 피해를 초래한 제2차 세계대전은 그리스에도 심각한 영향을 주었다. 그리스는 개전 초기인 1940년에 이탈리아의 침공을 성공적으로 막아냈지만, 1941년 나치 독일의 침략에 결국 무릎을 꿇고 말았다. 이에 나치 독일의 점령 통치가 지속된 3년 동안 그리스인들은 고통과 신음 속에서 살아가야만 했다. 이후 연합국의 총 공세가 펼쳐지고, 그리스 본토에서 지속적인 저항활동이 이루어지면서 1944년 10월에 이르러 그리스는 마침내 해방을 맞이하였다. 추축국의 수탈과 압제를 견디면서 얻은 종전의 기쁨은 다시 우파 정부군과 좌파 해방군 사이에 벌어진 내전(Εμφύλιος Πόλεμος, 1946-1949)으로 사라졌다. 결국 이 전쟁은 영국과 미국의 적극적인 지원을 받은 정부군의 승리로 끝났다. 그리고 그리스는 미국의 지원 하에 발칸지역에서 유일하게 자유주의 진영으로 남게 되었다.

1950년대 이후 그리스는 낙후된 경제가 복구되면서 비약적인 경제 성장을 이뤘지만, 정치적 분열은 지속되었다. 1967년에는 파파도풀로스(Γεώργιος Παπαδόπουλος) 대령이 이끄는 쿠데타로 군사 독재 정권이 들어섰고 1973년에는 이에 대항한 아테네 대학생들과 시민들의 대규모 저항 시위를 초래하게 되었다. 이어진 키프로스(Κύπρος) 문제와 카라만리스(Κωνσταντῖνος Καραμανλῆς)의 귀국 등으로 1974년에 군부정권이 종식되고 민주주의가 회복되었다.

그리스는 1981년 유럽 공동체에 열 번째로 가입하면서 본격적으로 유럽에서의 정치적, 경제적 입지를 다지게 되었다. 국내 정치에서는 1981년부터 23년간을 중도 좌파인 그리스 사회당(Πανελλήνιο Σοσιαλιστικό Κίνημα)이 장기 집권하다가 2004년에 총선에서 패배하고 신민당(Νέα Δημοκρατία)이 정권 교체를 이루었다. 이 해 여름 아테네에서 제 28회 하계 올림픽이 무사히 치러졌지만 그리스의 경제적 상황은 급속히 나빠져 결국 2008년 세계금융위기에 이은 국가적 재정난에 봉착했다. 급기야 2010년에는 국제통화기금(IMF)에 금융 지원을 요청하였다. 현재까지 계속된 경제 위기로 그리스인들의 삶은 이전 세기와는 완전히 달라져 있다. 24%에 달하는 부가세율과 50%에 육박하는 청년 실업률은 그리스인들의 삶이 얼마나 팍팍한 지를 단적으로 보여주는 지표들이다.

이러한 상황에도 불구하고, 현재의 그리스인들은 경제적 가치에만 매몰되지 않는 것처럼 보인다. 일상에서도 가족, 친지, 친구를 초대해 음식을 나누고 소통하고 관계를 유지하는 방식은 크게 변하지 않았다. 에게 해의 섬으로 밀려드는 시리아 난민을 인도주의적으로 포용하며 자신들의 전통적인 가치인 환대(φιλοξενία)의 문화를 민과 관이 함께 실천하고 있다는 사실도 그리스의 경제적 지표들과는 상충되는 부분이기도 하다. 경제적으로 피폐해지더라도 인간으로서의 존엄성과 자유를 지키고 열린 마음으로 삶을 살아가려도 노력하는 그리스인들은 겉으로 보기에는 무책임할 정도로 낙천적으로 보인다. 그러나 그네들의 실상을 들여다보면 과도한 경쟁에 일상이 내몰려있다는 점에서 한국인과 별반 차이가 없다. 특히나 그리스의 높은 교육열과 과잉 노동시간은 지중해 문화권의 다른 국가들과 구분되는 그리스만의 현상이다.

치열한 일상에도 그리스인들의 삶이 한국인들의 그것과 달리 여유로워 보이는 것은 무슨 이유에서 일까? 그것은 아마도 오랜 역사에서 선조들이 얻은 지혜의 정수가 고스란히 그들의 문화 DNA에 새겨져, 삶에서 진정한 가치를 지니는 것과 그렇지 않은 것을 구분할 수 있기 때문일 것이다. 인류 공통의 가치인 '자유', '민주주의', '이성'과 같은 개념이 그네의 땅에서 탄생했다는 사실은 그리스인들이 지닌 문화적 저력의 근간이다. 아무리 큰 파도가 올지언정 삶의 근저에 있는 중요한 가치들은 변하지 않기 때문이다.

2. 주거문화

1) 신고전주의 건축물

그리스가 근대 국가로 자리매김하던 19세기와 20세기에 유럽의 신고전주의는 그리스의 국가 정체성의 형성에 큰 영향을 미쳤다. 독립한 그리스의 수도를 정하는 사안에서도 임시 대통령이던 카포디스트리아스(Κόμης Ιωάννης Αντώνιος Καποδίστριας)가 원했던 최초의 안이었던 나프플리오(Ναύπλιο)를 대신해, 바이에른 왕국의 루드비히 1세(Ludwig I of Bavaria)의 의견에 따라 아테네가 최종적으로 선정된 점에서도 잘 드러난다. 그리스를 대표하는 도시로 고전시대를 대표하는 아테네보다 더 적합한 곳은 없었기 때문이다. 루드비히 1세의 아들이자 그리스의 초대 왕으로 옹립한 오톤 1세

(Ὄθων Α΄)가 아테네에 고전 유적지와 어우러진 신고전주의 풍의 궁전을 계획한 것도 같은 맥락이었다.

17세기부터 고전 조각과 건축에 관한 연구가 활발했던 독일의 건축계는 아테네의 재건에 많은 영향을 끼쳤다. 초기 아테네의 신고전주의 양식의 건축물은 테오필 폰 한센(Theophil von Hansen)이 설계하였다. 일명 한센의 '트롤로지(trilogy)'로 불리는 국립아테네대학(Εθνικόν και Καποδιστριακόν Πανεπιστήμιον Αθηνών) 본관과 국립도서관, 아테네 아카데미아(Ακαδημία Αθηνών)의 세 건축물이 아테네 중심가인 스타디오(Stadio) 거리에 나란히 세워졌고, 제 1회 근대 올림픽의 펜싱 경기를 위해 건축된 자피온(Ζάππειον Μέγαρο) 또한 그의 작품이다. 그 외에도 19세기동안 아테네에서 시행된 국가적 차원의 건축 사업이었던 왕궁(현 국회의사당)과 아테네 공과대학(Εθνικό Μετσόβιο Πολυτεχνείο)이 비잔티온 양식이 아닌 신고전주의 양식으로 설계되었다.

아테네 아카데미아

비잔티온풍이 아닌 신고전주의 양식이 채택된 것은 독립국 그리스와 그 지도부가 지향했던 문화 정체성을 반영한 결과였다. 독일계 왕정이 고전 그리스 문화에 대한 애호가 강했다는 사실과 그리스의 재건에 참여한 그리스 엘리트들이 신고전주의 영향이 강한 유럽 대학에서 교육을 받았다는 점은 이를 뒷받침한다. 그리스가 고전 문화의 산실이라는 이미지는 그리스의 전역에서 진행된 고고학 발굴과 고전 문화를 부활시키거나 당대의 기호에 맞춰 재해석 하려는 노력으로 가시화되었다. 특히 그리스의 독립 이후 19세기부터 본격적으로 실시된 아테네에서의 발굴 작업은 고전주의적 아테네의 이미지를 강화하는데 큰 역할을 했다. 대표적인 사례로 19세기 후반에는 아테네의 판아테나이아 경기장(Παναθηναϊκό στάδιο)의 발굴과 더불어 고대 올림픽 경기가 부활한 것을 들 수 있다. 애초에 프랑스 교육가인 쿠베르탱(Pierre de Coubertin)이 계획했던 파리를 대신해 1896년 제1회 근대 올림픽이 아테네에서 성공적으로 치러지면서 그리스는 명실상부한 '유럽의 요람'이 되었다. 고대의 델피 제전이 1927과 1930년에 델피 페스티발(Dephic Festival)로 부활한 것도 이와 같은 맥락에서 이해된다. 20세기 그리스인의 일상과 삶이 정교회문화와 더 긴밀히 연결되었지만, 고전 그리스적 가치를 우위에 두고 현대 그리스를 비잔틴적 성격보다는 고전적 성격과 긴밀함을 드러내려는 국가적인 열망은 정책적으로 지속되었다.

2) 아테네의 집합주택

근대 그리스의 국가 정체성의 한 축이 신고전주의에 기반을 두었다면, 다른 한편에는 중세 비잔티온 제국의 부활을 꿈꾸는 '위대한 이상'이라는 근대 그리스의 청사진이 자리하였다. 이것은 총리 요안니스 콜레티스(Ιωάννης Κωλέττης)가 주창한 것으로, 비잔티온 제국의 영광을 되살려 발칸지역과 동지중해의 그리스 영토를 수복하고 더 나아가서는 고전 그리스가 빚어낸 찬란한 유럽 문명의 주인으로서의 입지를 수립하고자 한 국가적 계획이었다. 특히 이 계획은 제1차 세계대전에서 연합국의 편에 섰던 그리스가 전후 처리를 위해 열린 연합국과 오스만 제국 간에 세브르 조약(Treaty of Sèvres)을 체결하여 터키로부터 소아시아의 곡창지대인 스미르나(Σμύρνη)지역을 양도받도록 결정하면서 가시화되는 듯 보였다. 그러나 이 계획은 강력한 터키 군대에 그리스가 패배하면서 수포로 돌아갔다. 이 그리스-터키 전쟁에서의 패배는 그리스 사회에 큰 변화를 초래하게 되었다.

소아시아의 대표적인 도시인 스미르나는 20세기 초반까지도 다양한 인종과 문화를 바탕으로 번영을 누리던 국제도시였다. 19세기 말에는 그 인구가 20만 명에 이르고, 인구의 과반수를 차지하는 그리스인 외에도 터키인, 유대인, 아르메니아인, 이탈리아이인, 오스트리아인, 영국인과 같은 다양한 출신의 주민들로 구성되었다. 당시 도시의 인구는 37만 명에 달했는데, 그 가운데 그리스인은 16만 명으로 가장 많은 구성원을 차지하고 있어서 그리스어가 자연스럽게 통용되던 곳이었다. 그러나 1922년에 터키 군대가 이 도시를 점령한 직후에 도시 곳곳에서 화재가 수일간 지속되면서 도시는 재난 상황을 맞았다. 이 대화재 사건 이후에 1923년에는 그리스와 터키 양국 간의 합의에 따라 이곳의 그리스 주민들이 오랜 터전을 버리고 그리스로 강제 이주하게 되었다. 마찬가지로 그리스에 있던 터키인들도 역시 터키로 강제 송환되면서 인구의 이동이 발생하였다. 이 사건으로 난민이 된 그리스인이 200만 명에 달하였다. 일자리를 찾아 미국 등 해외로 이주한 일부를 제외하고, 나머지 150만 명이 고스란히 그리스로 유입되었다. 이들 그리스 난민은 대부분 아테네나 테살로니키와 같은 대도시에 정착하였고, 이로 인해 그리스는 예상하지 못한 새로운 문제들에 직면하였다.

무엇보다도 난민들의 거처와 일자리 문제를 해소하는 것이 급선무였다. 이에 당시 총리였던 베니젤로스(Ελευθέριος Κυριάκου Βενιζέλος)는 이들의 주거 문제를 해결할 방안으로 아테네 내에 공동주택을 건축하는 제안을 수용했다. 정부가 스미르나에서 온 난민들의 주거지로 마련한 부지 가운데 하나는 현재 '네아 즈미르니(Νέα Σμύρνη)'로 불리는 지역으로, 이주민을 위한 대규모의 집합주택 형태의 아파트가 들어서면서 현재의 모습을 갖추었다. 초장기에 집합주택은 생활공간의 협소함과 사회성의 단절 등과 같은 이유로 비판을 받았지만, 아테네와 같이 급작스럽게 인구가 증가하는 대도시에서 별다른 대안은 없어 보였다.

　실은, 소아시아 난민의 이주가 벌어지기 이전에도 수도 아테네에서 주택난이 심화되고 있던 중이었다. 오스만 제국의 지배를 받던 19세기 초의 아테네는 1만2천명의 인구를 지닌 시골 마을에 불과하였다. 독립 후에 그리스 정부는 수도 아테네의 재건 계획과 더불어 전면적인 도시계획을 수립하고 대규모의 건축 공사를 진행하였다. 그러나 재정적인 어려움과 정권의 비연결성으로 도시계획은 수차례 번복되고 체계적인 개발이 이행되지 못하였다. 동시에 19세기 중반부터 시작된 국가적 차원의 건설 사업을 위해서 전국에서 아테네로 건너 온 건설노동자들의 거주 문제가 대두되기 시작하였다. 궁전 건설에 필요한 목수와 석공들은 아나피(Ανάφη)라는 작은 에게 해의 섬에서 이주해 왔는데, 이들이 아크로폴리스의 북서쪽 기슭에 불법적으로 주거지를 확보한 사건은 당시의 주거지 문제의 또 다른 일면이었다. 현재도 이 지역은 당시의 거주민들의 출신 지역에서 유래한 명칭인, 아나피오티카(Αναφιώτικα)로 불린다.

　앞서 언급한 소아시아 난민의 유입으로 도시의 인구 밀집 현상이 가중되면서 고층 건축물의 건설에 대한 규제가 완화되고, 1930년부터는 집합주택을 본격적인 주거공간으로 건설하기 시작하였다. 현재 그리스 문화부의 사무실로 사용 중인 '로고테토풀루'(Λογοθετόπουλου)는 그러한 전형으로, 한 층에 3,4개의 방을 갖는 40여개의 세대를 밀집시켜 배치한 것이 특징이다. 1936년부터 1940년 까지 이어진 메탁사스(Ιωάννης Μεταξάς)의 독재 정권 속에서 교육용 건물에 대한 투자도 이어져, 1739개의 새로운 학교가 건립되는 등, 20세기 내내 그리스의 건축은 양적인 성장을 이어갔다.

　그리스의 20세기 인구 변화에 대한 연구에 따르면, 아테네로의 인구 유입은 20세기 내내 꾸준히 진행되지만 가장 두드러진 인구의 증가는 1960-1970년의 기간에 관찰된다. 이것은 양차대전과 내전으로 철저히 붕괴된 지역 농경과 산업으로 일자리를 찾아 대도시로 많은 이들이 향한 탓으로 여겨진다. 이 시기 노동력의 유입으로 아테네를 중심으로 한 국가 경제가 활성화되는 장점과 동시에 아테네에 인구 밀집이 심화되어 고질적인 주거 및 교육, 교통, 환경 문제가 나타났다. 이 시기동안 이루어진 급격한 경제 성장과 석탄연료의 무분별한 사용은 심각한 대기의 오염을 유발했고, 이는 시민들의 건강 문제는 물론이고 아테네의 파르테논 신전의 대리석 건축 장식과 아크로폴리스의 석회암 지반이 산성비에 의해 파괴되는 결과를 낳았다. 결국 그리스 정부는 1975년에 아테네의 고전유산을 보호하기 위한 위원회를 만들고 복원 사업에 착수했다. 이후로 아테네는 공공교통 시설을 확충하고 그 동력을 전기와 천연가스로 대체하는 등 오염을 줄이기 위한 등 많은 노력을 기울이면서 대기 오염의 수준이 완화되었다.

3) 가옥의 개방성

그리스의 전통 가옥은 기본적으로 화로가 있는 응접실과 정원을 갖는 것을 특징으로 한다. 화로를 가옥의 내부 중앙에 위치시키는 전통은 이미 청동기 시대의 미케네 양식의 궁전에 존재하는 메가론(μέγαρον)구조에서도 확인된다. 메가론은 주민들이 연회나 각종 모임, 제의 등을 벌이던 사회적 공간이었고, 화로에서 희생제의가 이루어졌다. 제의를 마친 후에는 참석자들이 화로 주변에서 제물을 나누어 먹는 것이 중요한 의례의 과정이었다. 또한 크레타의 크노소스 궁전에서처럼 다수의 채광창과 건축물의 내부에 위치한 중정이라는 건축 요소는 실내에서도 태양광과 신선한 공기의 순환을 선호했던 그리스 건축의 개방적인 측면을 그대로 담고 있다.

오천년이 지났지만 현대의 그리스 주택에도 선사시대 가옥의 특징과 연결되는 부분이 남아 있다. 다수의 창문과 넓은 베란다, 정원을 포함하는 열린 구조가 그러하다. 단독 주택의 경우에는 식물을 가꾸는 정원이 보편적으로 존재하지만, 대도시의 공동 주택에서는 정원을 대신해 넓은 베란다에 크고 작은 식물을 가꾸는 것이 일반적이다. 정원이나 베란다는 사교적인 공간으로 활용되기도 한다. 부활절이 지나고 여름이 다가오면 저녁 시간에 정원이나 베란다에서 식사를 하거나 크고 작은 식사 모임을 갖는 것이 다반사이다.

이러저러한 실용적인 이점에도 불구하고, 그리스 주택의 열린 구조는 섭씨 40도를 상회하는 한여름의 대낮에는 결코 좋은 선택은 아니다. 뜨거운 태양광이 집열 되어 실내에 유지될 경우에 심야까지 더위를 피할 수 없기 때문이다. 이에 많은 가옥의 창문에는 바람을 막는 유리창에 덧대어 빛을 차단하는 목재 차양이 설치되어 있다. 베란다처럼 넓은 공간에도 태양광을 피하도록 천막 시설을 갖춘 것이 일반적이다.

그리스 건축의 개방성을 가장 잘 드러내는 건축 형식은 스토아(stoa)이다. 스토아는 기둥과 지붕으로 이루어진 긴 직사각 형태의 회랑이다. 스토아의 한쪽 벽에 상점이 들어서는 경우도 있지만, 기본적으로는 스토아는 긴 쪽 한 면이 기둥으로 지붕을 떠받들고 있는 구조라서 따로 출입구가 필요 없는 열린 구조를 특징으로 한다. 고대부터 성소나 아고라와 같이 사람들이 모이는 공간에는 스토아가 들어서서, 한 여름의 뜨거운 태양이나 비를 피해 휴식을 취하고 사람들과 만나고 이야기를 나누던 공간으로 사용되었다. 밀집형 건물이 들어선 현대에도 스토아의 기능은 도심의 지상 층에 접목된 회랑에서 찾을 수 있다. 카페와 식당이 들어선 이들 회랑은 여전히 그리스인들이 사교활동을 이어가는 중요한 공간이다.

4) 문화적 개방성: 필로크세니아

사람들과의 대화와 소통을 좋아하는 그리스인들은 날씨가 좋지 않거나 겨울이 다가오면 자신의 집에 지인을 초대해 모임을 갖는다. 어느 정도 규모가 있는 아테네 도심의 아파트 내부라면 볼 수 있는 눈에 띄는 장치 중에 하나가 벽난로이다. 1월 평균기온이 영상 10도를 상회하고 현대적 난방 시설을 갖춘 아테네의 가옥에 벽난로가 설치되어 있다는 사실은 흥미롭다. 사실상 아테네 지역의 겨울은 벽난로에 불을 펼 정도로 추위가 닥치는 매우 드물기 때문이다. 현대의 가옥에서 벽난로는 실용적인 목적보다는 거실에서 벌어지는 사교적인 활동에 어울리는 장식적 기능이 더 크다고 볼 수 있다. 그리고 그것은 아마도 선사시대 메가론의 중심에 놓여 있던 화로를 중심으로 회합했던 전통과 무관하지 않아 보인다.

그리스인들은 굳이 큰 명절이나 기념일이 아니더라도 주말이나 주중에도 지인들을 초대해 저녁식사를 함께 하거나 차와 커피, 와인을 마시며 대화를 즐긴다. 참석자들은 각자 한 가지씩 음식을 가져오거나 후식거리나 와인을 챙겨오기도 한다. 그리스의 외식 문화는 한국에 비해서는 잘 발달하지 않았는데, 그러한 가장 큰 배경 중에 하나로 외식비용이 비교적 비싸다는 사실이 자리하고 있다. 신선한 육류나 어류, 과일, 야채의 가격이 상대적으로 저렴하기 때문이다. 경제적인 측면에서 보면, 오히려 크고 작은 모임을 통해서 저녁 식사를 해결하는 것이 더욱 합리적이다. 그러나 초대의 문화를 이해하기 위해서는 이러한 경제적인 이유를 들기 이전에, 고대부터 이어진 '환대'의 문화를 먼저 이해할 필요가 있다.

그리스어로는 '필로크세니아(φιλοξενία)'로 알려진 그리스인들의 환대 문화는 호메로스의 『오디세이아』에서도 잘 드러난다. 트로이 성을 함락하고 고향 이타카(Ἰθάκη)섬으로 향하던 중에 지중해의 곳곳에서 10여 년을 보내던 오디세우스(Ὀδυσσεύς)는 낯선 곳에서도 환대를 받는다. 필로크세니아는 말 그대로 보면, 낯선 이(ξένος)를 환대하여 친구(φιλο-)로서 받아들이는 것이다. 실제로 그리스인들은 자신의 집에 친구나 친척, 지인을 초대해 자신의 가족과 주거 공간을 공개하고 상다리가 휘어질 정도로 식탁을 차려낸다. 그리스인들의 이러한 개방적인 태도에서 그들이 집이라는 공간을 사적인 공간으로만 한정하지 않고 사회적 공간으로 인식한다는 점을 알 수 있다.

집에 누군가를 초대한다고 하면, 집안의 청소나 음식의 준비와 사후 처리, 준비에 따른 경제적 부담 등이 염려되는 것이 사실이다. 그러나 이런 사적 모임의 주최자는 자잘한 불편함보다는 초대와 사교 활동을 통해 정서적인 안정을 얻고 친교 집단 내에서 자신의 사회적인 평판을 향상하는 데에 더 큰 가치를 둔다. 이와 관련해, 지난 2016년 11월 16일에 아테네를 방문한 미국의 오바마(Barack Obama) 대통령은 그리스 문화에 대한 통찰력이 있는 연설을 남긴바 있다. 그가 강조한 '필로티모(φιλότιμο)'의 정신이 그

것이다. 이 단어는 우리말의 '공명심'으로 해석될 수 있는데, 그리스인들이 말하는 필리 티모는 불멸의 영웅이 되고자 하는 대단한 수준에서부터 자신에 대한 좋은 평판과 그 에 따른 공동체 내의 사회적 책임을 기꺼이 감수하고 즐기는 수준까지를 아우른다. 그 리스인들의 초대와 환대의 문화는 후자와 더 부합한다. 실제로 이러한 관례는 고대의 비극공연이 공동체의 예산으로 집행된 것이 아니라 후원자(χορηγός)제도를 통해 폴리 스의 재력가들의 사비로 충당되었다는 사실에서도 잘 드러난다. 아마도 베풀 수 있는 능력이 있는 사람이 주변 사람들에게 베푸는 것을 당연하게 여기는 그리스인들의 사회 적 책임 의식이 공동체의 성원들에게 공유되어 있기에 이러한 초대와 환대의 문화가 현재까지도 남아 있는 것일 터이다. 현대 그리스의 거실문화와 환대문화는 주거 공간 을 단순히 개인적인 휴식의 공간이나 가족을 위한 공간으로 사유화하지 않음으로써 그 들의 사교적 성향과 타 문화에 대한 개방적인 성격을 고스란히 반영하는 단면이다.

5) 도서 지역의 건축

그리스는 지역별로 기후나 지형에 맞는 다양한 건축물이 존재하는데, 특히 도서지 역의 건축은 독특하기로 유명하다. 에게 해와 이오니아 해에는 약 6천여 개 이상의 섬 들이 존재하고 있는데, 각기 섬마다 고유한 건축적 요소들이 있어서 지역 색이 확연 히 드러난다. 광고와 영상으로 잘 알려진 새 하얀 벽과 파란색 지붕으로 통일된 건물 이 옹기종기 모여 있는 풍경을 그리스 섬의 보편적인 모습으로 생각하기 쉽지만, 이 는 사실 그리스의 키클라데스(Κυκλάδες) 제도 에서만 나타나는 독특한 주거문화이 다. 키클라데스 제도는 그리스 남쪽 에게 해의 220여 개 섬들을 가리키는 명칭으로, 섬 전체가 유네스코 세계유산으로 지정된 델로스(Δήλος), 세계인의 관광지인 산토리니 (Σαντορίνη)와 미코노스(Μύκονος) 등을 아우른다. 아마도 세계적으로 가장 잘 알려 진 그리스의 풍경 가운데 하나가 바로 산토리니의 절벽을 따라 빼곡하게 들어선 푸른 지붕을 지닌 흰 건물들일 것이다.

키클라데스 제도에 가게 되면 주로 절벽 혹은 높은 언덕 위에 주택들이 옹기종기 모여 작은 마을들을 형성하고 있는 것을 볼 수 있는데, 이는 이 지역의 중세 시기 상황과 밀접한 관련이 있다. 당시 키클라데스 제도 주변 바다는 해적들의 출몰이 잦아 이로 인한 피해가 심각한 지역이었다. 이에 주민들은 해적들의 노략질을 피하기 위해 바다로부터 멀리 떨어져 최대한 높은 고도에 주택을 건설하게 되었다. 뿐만 아니라 바다와 가장 가까운 내륙에 튼튼한 성벽을 쌓아올림으로써 해적의 침략을 방어하고자 하였다. 이를 통해 오늘날 키클라데스 제도의 여러 섬 지역에는 다양한 형태의 성벽들이 남아 있게 되었다.

그리스 내륙으로부터 목재의 공수가 쉽지 않았던 키클라데스 제도의 여러 섬들에서는 그 지역의 자연에서 나오는 석회암을 주원료로 사용하여 집을 지었다. 석회암질로 마감된 가옥은 그자체로 매우 위생적이었을 뿐만 아니라, 밝은 색깔의 외관은 여름철에게해의 뜨거운 태양으로부터 열흡수를 감소시키는 기능을 하였다. 이에 따라 섬지역의 그리스인들은 축일을 맞이하기 전에 회칠로 집을 단장하는 오랜 전통을 이어내려오고 있다.

그리스 산토리니. 출처: http://mstyslav-chernov.com/

한편, 오늘날 우리가 쉽게 떠올리는 그리스풍의 하얀 벽과 파란지붕의 가옥이 본격적으로 등장한 것은 1930년대 그리스의 독재자였던 메탁사스에 의해서였다. 당시 그리스는 왕정과 공화정 선택의 문제를 두고 전개된 치열한 공방 속에서 정치적 혼돈의 시기를 보내고 있었다. 이에 그리스의 국왕 요르고스 2세(Γεώργιος Β′)는 군 장성 출신의 카리스마적 지도자인 메탁사스를 총리로 임명하여 이 혼란스런 정국을 마무리 짓고자 하였다. 하지만 총리에 취임한 메탁사스는 곧바로 의회와 헌법의 기능을 정지시키며, 파시즘을 기반으로 한 권위적인 국가주의 체제를 탄생시켰고, 1936년부터 1940년까지 이어진 메탁사스의 독재 정권 속에서 인권과 자유가 훼손되는 정책들이 시행되었다. 그리고 키클라데스 제도에서 보이는 하얀 집과 파란 지붕은 이러한 국가주의 체제를 강화시키기 위한 정책 가운데 하나였다. 하얗고 파란 색감은 각각 에게 해의 하얀 파도와 그리스의 파란 하늘에서 영감을 얻은 것이었다. 흥미롭게도 이후 1960년대에 등장한 또 다른 독재자인 파파도풀로스도 강제적인 공권력을 통해 키클라데스 제도의 모든 주택들이 하얀색과 파란색으로만 칠해지도록 하였다. 그리고 이는 그리스 국기의 파란색과 하얀색을 연상시킬 수 있도록 주택의 색을 통일시킴으로써, 독재정권에 대한 단결심을 고취시키기 위한 일종의 정치적 전략으로 활용되었다. 이렇게 탄생한 키클라데스 제도의 동화 같은 마을은 전 세계의 수많은 관광객을 매료시켰고, 1960-70년대 관광산업의 성장과 맞물려 그리스 관광을 대표하는 이미지가 되었다. 이를 통해 그리스의 관광산업은 부흥을 맞이하게 되었고, 급기야 1974년 이후에는 키클라데스 제도의 주택을 하얀색과 파란색으로만 칠하고 관리해야 하는 구체적인 법률까지 제정되었다. 더 많은 관광객의 유치를 위해 이 법률은 현재까지도 여전히 적용되고 있다.

키클라데스 제도 외에도 그리스에는 독특한 주거문화를 보이는 섬 지역들을 볼 수 있다. 에게 해에서 가장 큰 섬인 크레타의 도시 카니아(Χανιά)에서는 베네치아 양식의 주거문화들이 남아 있는 것이 특징이다. 제4차 십자군 원정 당시 크레타는 베네치아의 침략을 막아내지 못하며, 이후 400여년 동안 지배를 받게 되었다. 이러한 이유로 아직

까지 크레타의 여러 도시에는 베네치아를 연상시키는 독특한 주거 양식이 남아있게 되었다. 뿐만 아니라 이오니아해 있는 케르키라(Κέρκυρα)는 섬 전체가 유네스코 문화유산으로 지정되었는데, 이 곳에도 오랫동안 이탈리아인들의 지배를 받은 흔적이 건축물 곳곳에 남아 있다. 이처럼 그리스의 여러 섬들에서는 이민족의 침략과 지배의 역사가 고스란히 주거문화에 혼재되어 남아있는 것을 볼 수 있다.

3. 복식문화

1) 서구화

그리스의 전통 복식 문화는 비잔티온 제국의 복식 문화의 영향을 받은 것으로, 고대 그리스의 히마티온(ἱμάτιον)이나 키톤(χιτών) 등과는 거의 연관성이 없고, 지역마다 다양한 것이 특징이다. 이러한 까닭에 '한복'처럼 전통 복식을 통칭하는 명칭이 없고 지역 명으로 구분된다. 각 지역 복식마다의 특징이 다른 까닭에 공통적인 그리스의 전통복은 개략적으로만 설명할 수 있다. 여성은 재킷 형태의 무릎 아래로 내려오는 길이의 원피스(καβάδι)를 착용하고 그 위에 화려한 문양을 수놓은 조끼(σιγκούνι)를 입고, 머리에 다양한 형태의 모자나 두건을 착용하였다. 남성은 바지에 전통 복식에서 남성은 조끼에 바리에 딱 달라붙는 바지를 입었다. 지역에 따라서는 바지 위에 흰 천으로 많은 주름을 잡고 많은 짧은 치마인 푸스타넬라(φουστανέλα)를 덧입었다. 남녀 공통적으로 마지막으로 허리에는 밝은 색에 장식이 들어간 넓은 허리띠를 둘렀다. 산악지역에서는 가죽으로 만들어져 발끝이 위로 솟은 형태의 찰루키아(τσαρούχια)라는 신발을 신었는데, 발끝을 풍성한 술로 장식하기도 했다. 이러한 전통 복장은 일상에서 20세기 초까지, 지역에 따라서는 20세기 중반까지도 나타났지만 요즘은 국경일이나 전통 축제에서나 볼 수 있다.

전통복식을 대체한 것은 서구식 양복이었다. 독립 이후 독일계 왕족의 통치와 맞물린 서구 문화의 유입으로 근대화가 빠르게 진행되었는데, 독립 직후부터 서구식 교육을 받은 그리스의 엘리트와 상류층을 중심으로 의복 문화가 크게 변화되었다. 19세기 중반에 촬영된 아테네의 풍경을 담을 사진자료를 보면, 남성 시민들 대다수는 양복에 모자를 착용하고 여성들은 빅토리아풍(Victorian style)의 레이스 장식이 있는 긴 드레스를 입고 도심을 활보하는 것을 볼 수 있다. 이러한 서구식 복식문화는 수도 아테네나 항구도시인 테살로니키와 같은 국제화된 도시를 중심으로 나타났다.

이들 대도시를 제외한 다른 그리스의 지역의 사정은 달랐다. 실제로 1900년대 전후의 회화나 사진 자료에서 그리스인 대부분은 전통 복장을 착용한 것이 보다 일반적이기 때문이다. 1927년 아르카디아에서 벌어진 결혼식에서 촬영된 사진은 신랑과 신부가 이미 양복과 서구식 웨딩드레스를 착용한 것을 볼 수 있다. 남성은 양복과 조끼에 코트를 덧입고 구두를 신고, 여성들은 원피스에 구두를 착용하고 있다. 하객들은 전통복장과 양복이 혼재되어 있어서, 이 시기에 그리스의 지방에서도 양복이 확산되었음을 보인다.

2) 해변문화와 비키니

그리스어로 여름은 칼로캐리(καλοκαίρι)로 불리는데, 이 단어는 '좋은 날씨'라는 의미이다. 말 그대로 그리스의 여름은 하늘이 맑고 건조한 날씨가 이어져서, 한여름 더위가 기승을 부리는 한낮을 제외하고는 활동하기에 가장 좋은 시기이다. 그리스인이 바다라는 환경에 친숙하다는 점은 굳이 그리스 신화에 등장하는 항해와 관련된 많은 에피소드를 거론하지 않아도 잘 알려진 사실이다. 고대부터 지중해를 중심으로 활발한 해상 활동을 펼쳐온 그리스인들에게 있어서 바다는 친숙한 삶의 터전이자 놀이터였다. 특히나 그리스의 여름의 일상에서 빼놓을 수 없는 부분이 바로 해변 문화이다. 아테네의 경우를 비롯한 대부분의 대도시나 섬의 주민들은 해변이 근거리에 위치해 있다. 여름이 되면 그리스인들은 주말뿐만이 아니라 주중에도 거주지 부근에 있는 해변에서 더위를 식히고 가족이나 친지, 친구들과 물놀이를 즐기며 즐거운 시간을 보내는 탓에 섬으로 향하는 배편은 여름이면 증편을 한다. 중산층의 경우에는 도시 내 주거지 외에도 별장 개념의 가옥(εξοχικό)을 섬이나 해안에 소유하는 경우가 많다. 그들은 가족, 친지, 지인들을 초대해 별장에서 함께 더위를 피하고 주말이나 휴가를 즐기는 것이 보통이라서, 그리스인들의 여름에서 해변에서의 일상을 제외하는 것은 상상하기 어렵다.

여름의 바캉스 문화는 그리스의 경제 성장과 관련이 있다. 영국과 미국의 개입으로 내전이 종식된 이후에 그리스는 미국으로부터 전폭적인 재정적 지원을 받아 비약적인 경제 성장을 이루었다. 파파도풀로스의 군부 집권기에는 1인당 GDP가 1960년 6700달러에서 1974년 1,7000달러까지 3배가량 증가하였다. 1974년까지 실업률이 5%수준으로 낮아지면서 일반 시민들은 이전 시대의 전쟁과 기근에서 탈피하고 조금씩 풍요로운 삶을 즐길 수 있었다. 경제적 안정은 그리스인들에게 별장과 바캉스 문화를 본격적으로 받아들일 수 있는 여건을 마련했다.

20세기 초반에 그리스의 해변의 모습은 지금과는 달랐다. 아테네와 같은 대도시나 휴양지는 비교적 개방적인 분위기였지만, 지방이나 섬의 한적한 해변에서는 보수적이고 전통적인 관념으로 여성들의 노출이나 물놀이가 제한적이었다. 아테네와 같은 대도시에서 해변 문화의 변화가 가시화된 것은 20세기 중반 여성들의 수영복에 변화가 일면서부터였다. 본래 그리스인들은 일상의 간소한 복장으로 물놀이를 즐겼는데, 서구의 영향을 받은 원피스 스타일의 여성 수영복이 일부 상류층을 중심으로 유행하였다. 물론 지역적으로 문화적 개방성의 정도가 달랐기 때문에 동시대의 그리스 북부의 마케도니아와 섬지역의 주민들은 수영복보다는 여전히 일상의 간소한 옷차림으로 물놀이를 즐겼다.

한편, 외국인 관광객이 급격하게 증가하는 1950년대부터는 그리스의 해변에서 수영복을 입고 해변 문화를 즐기는 시민들이 나타났다. 특히, 1946년에 비키니가 파리에서 첫 등장한 이후에 1960년대의 아테네 근교의 해변에서도 비키니를 입은 여성의 모습이 나타났다. 그리스의 해변에서 나이를 불문하고 여성들이 비키니 형태의 수영복을 선호하는 경향은 현재까지도 지속되고 있다.

3) 검은 옷을 입은 여성

그리스에 가면 온 몸에 검은색 옷을 두른 여성들을 어렵지 않게 볼 수 있다. 그리스의 문화를 잘 알지 못하는 외국인들은 이들을 그리스 정교회의 수도자로 오해하기도 하지만, 사실 그리스에서 여성이 두르고 있는 검은 색의 옷은 그녀가 죽음으로 남편을 잃은 여성임을 나타낸다. 다른 문화권에서 보이는 것처럼 그리스에서도 여성은 자신의 남편이 사망하게 될 경우 장례식에서 검은색 의복을 착용한다. 뿐만 아니라 그리스를 비롯한 정교회 문화권에서는 공통적으로 고인이 사망한 날로부터 40일 동안 검은색 의복을 착용하며 애도의 마음을 표시한다. 정교회의 교리에 따르면 사망 후에 40일은 고인의 영혼이 이승에 머문다고 여겨져서 이 기간 동안에 적극적인 애도를 표현해야 한다고 생각하기 때문이다. 하지만 특이한 점은, 그리스 여성의 경우 검은색 의복을 입고 애도하는 기간이 40일에 그치지 않고 남은 생애 동안 평생 지속된다는 것이다. 다시 말해, 남편의 사망 후 그리스 미망인의 평상복은 검은색 옷이 되는 것이다. 이는 가족을 잃은 슬픔과 지속적인 애도에 대한 그리스인들의 의지가 의복 문화에 적극적으로 투영된 것이라고 할 수 있다. 물론 재혼율의 증가 및 현대화로 인해 아테네를 비롯한 대도시 생활권에서는 이러한 문화가 급속도로 사라져 가고 있는 것이 사실이지만, 도시 지역을 조금만 벗어나면 아직도 이 오래된 관습을 철저히 지키며 살아가고 있는 그리스 여성들의 모습을 쉽게 만나 볼 수 있다.

4) 군복

그리스의 신타그마(Πλατεία Συντάγματος) 광장에는 매주 일요일 11시가 되면 근위병(Τσολιάς)의 교대식을 보기 위해 그리스 국회의사당 앞에 모여 있는 수많은 외국인 관광객들을 볼 수 있다. 그리고 이 교대식에서 특히 관광객들의 눈길을 끄는 것은 근위병들이 입고 있는 특별한 형태의 의복이다. 이른바 '푸스타넬라'로 불리는 하얀 남성용 주름치마를 입고 있는 근위병의 복장은 보는 이로 하여금 매우 독특한 느낌을 자아낸다. 푸스타넬라는 주로 그리스 북부 발칸반도 지역의 남성들이 입었던 것으로 400개나 되는 치마의 주름이 촘촘히 잡혀 있는 것이 특징이다. 그리고 이 400개의 치마 주름은 그리스가 과거 오스만 제국의 지배를 받았던 약 400년의 기간을 상징한다.

푸스타넬라를 입고 있는 그리스 근위병들의 원류는 1821년 그리스의 독립전쟁에서 찾을 수 있다. 현재 근위병들이 입고 있는 복장은 1821년 당시 그리스의 독립을 위해 오스만 제국의 군대에 맞서 투쟁한 그리스 민간 게릴라 군의 전투복을 재현한 것이기도 하다. 물론 1832년 그리스의 완전한 독립과 함께 새롭게 창설된 그리스 국군의 제복은 주변 유럽 국가들의 추세에 발맞추어 곧바로 현대화 되었다. 하지만 오스만 제국과의 전투에서 눈

그리스 근위병의 교대식. 출처: athens077

부신 활약을 펼친 그리스 게릴라 군이 그리스 '경 보병대(Εύζωνες)'로 재편성 되면서, 그들의 전투복장 만큼은 독립 이후에도 원형 그대로 유지되었다.

그리스 게릴라군의 전투복은 그리스인들로 하여금 오스만 제국으로부터의 승리를 상기시켰을 뿐만 아니라, 자유 수호에 대한 그리스인들의 강력한 의지를 나타내주었기 때문이다. 이를 통해 그리스 경보병대는 그리스 내전이 종료되는 1940년대 까지 고유의 전투복장을 유지하며 수많은 전장의 최전선에서 활약하였다. 1950년대 이후 그리스 경보병대의 전투복은 다른 군복과 마찬가지로 현대화 되었으나, 그들의 전투복은 소멸되지 않고 그리스의 근위병들과 국가의 중요한 행사를 위해 사용되고 있다.

현재에도 그리스의 국회 의사당이나 '무명용사의 묘'(Μνημείο του Άγνωστου Στρατιώτη)에 방문하게 되면, 푸스타넬라를 입고 있는 그리스의 근위병들이 그 주변을 지키고 있는 것을 볼 수 있다. 이처럼 그리스의 국가 정체성을 상징하고, 그리스의 역사적 기억을 상기시키는 장소에는 어김없이 푸스타넬라를 입고 있는 근위병들이 등장한다. 뿐만 아니라 독립기념일인 매 해 3월 25일 그리스에서는 오스만 제국으로부터의 독립을 특별하게 기념하는데, 푸스타넬라를 입고 있는 대규모의 근위병들과 소년들이 아테네 시내 거리 행렬을 펼치며 성대한 기념행사를 벌인다.

4. 음식 문화

그리스인들이 섭취하는 일상음식의 형태와 조리법은 비교적 단순하지만, 매우 신선하고 자연적이다. 무엇보다도 그리스 음식의 조리법은 자연 상태의 식재료에 복잡한 가미를 하지 않으면서, 원재료의 맛을 최대한 살려내는 것이 특징이다. 뿐만 아니라 그리스인들은 자연으로부터 직접 채취한 허브와 야채를 다채롭게 사용하여 원재료에 맛과 풍미를 더하는 방법을 아주 잘 알고 있다. 이와 같은 그리스인들의 요리법은 고대시기 이래로 큰 변화를 겪지 않고, 약간의 변형을 가하는 수준을 거치며 전승되어 왔다.

무엇보다도 그리스의 음식문화에서는 조리 후 쓸모없이 버려지는 식재료가 거의 없다. 그리스인들은 기름을 짜기 위해 사용된 올리브의 남은 찌꺼기들까지도 거름으로 효율적으로 사용한다. 뿐만 아니라 그리스인들이 즐겨먹는 부드러운 포도 나뭇잎인 돌마스

그리스 음식 돌마스

(ντολμάς)는 식용의 목적 이외에도 쌀과 제철 곡물을 감싸 보관하는데 사용되기도 하며, 훈제나 구워진 고기를 감싸 새로운 풍미의 음식을 만들어 내기도 한다.

한편, 그리스의 시골이나 도서 지역은 산업화로 인한 단조로운 음식문화에서 벗어나 있다. 시골이나 도서지역에서는 오늘날 그리스의 대도시에서 살펴보기 힘든 그리스 고유의 전통 음식문화를 경험할 수 있다. 먼 옛날 그들의 조상들이 그래왔던 것처럼 이들은 자연을 통해 대부분의 식재료를 얻는다. 따라서 시골지역의 그리스인들은 대부분 집안에 자신만의 정원을 가지고 있는 것이 특징이다. 뿐만 아니라 자연 속에 방목하여 기른 염소들은 산야초와 허브를 뜯어먹는데, 이로부터 생산된 고기와 우유, 그리고 치즈는 도시의 가공식품에서 절대 맛볼 수 없는 특별한 풍미를 가지고 있다. 도서 지역의 자연으로부터 직접 채취한 벌꿀 또한 그리스 사람들이 가장 좋아하는 음식 중 하나이다. 무엇보다도 섬을 향해 불어오는 자연 바람은 불순물을 없애주고 벌꿀의 특별한 풍미를 더해준다고 여겨진다. 이 지역의 그리스인들은 백리향과 유칼립투스, 그리고 로즈마리 등을 사용하여 독특하고, 다채로운 꿀을 만들어낸다.

그리스인들의 아침식사는 일반적으로 가볍게 이루어지는 편인데, 신선한 과일이나 양의 우유로 만든 요거트와 함께 꿀과 치즈, 빵 그리고 커피가 준비된다. 아침 식사에는 주로 염소의 우유로 만든 페타(φέτα) 치즈 혹은 하얀 암양의 우유로 만든 카세리(κασέρι)를 먹는다. 그리스인들의 점심 식사에 등장하는 음식의 종류

페타 치즈와 그리스 식 샐러드

와 구성은 사실 저녁식사와 매우 유사한 편이다. 대부분의 그리스 사람들은 점심 식사 이후에 간단한 시에스타(siesta)를 취하며, 특히 무더운 여름에는 2시 30분부터 4시 까지 차양막을 내리고 긴 휴식을 취한다.

그리스인들의 저녁 식사는 그리스어로 에피타이저를 뜻하는 메제데스(μεζές)를 여유 있게 맛보는 것으로부터 시작된다. 그리스인들은 요거트와 오이를 섞어 만든 차지키(τζατζίκι), 그리고 어란을 크림과 섞어 만든 타라모살라타(ταραμοσαλάτα)와 같은 소스를 야채와 함께 곁들인다. 해산물은 주로 오징어, 문어, 성게와 같은 것들을 즐기며, 육류 반찬으로는 소시지나 잎으로 감싼 매운 고기요리 등을 먹는다. 저녁 식사의 생선 요리는 항상 신선한 것으로 준비하며, 허브나 올리브 오일을 사용하여 단순하게 조리하는 것이 특징이다. 스프는 저녁식사를 위한 메인 요리에 제공된다. 고대 시대 이래로 그리스 인들은 렌틸콩 스프와 파솔라다(φασολάδα)를 만들어 왔는데, 다진 양파와 함께 따뜻한 콩 스프가 제공되는 것이 특징이다. 콩으로 만든 스프는 특히 고기와 생선, 그리고 유제품이 금지되는 사순절 기간에 주로 섭취된다. 또 다른 스프인 아브고레모노(αυγολέμονο)는 소스로도 유용하게 사용되며, 노란색의 아름다운 빛깔을 낸다.

1) 포도주와 맥주

고대부터 그리스에서 가장 일반적이고 대중적인 술은 포도주였다. 술의 신 디오니소스의 존재에서도 미루어 알 수 있듯이 고대부터 포도주는 그리스인들에게 중요한 음료였다. 현재는 포도주 외에도 다양한 종류의 주류가 있지만, 그리스의 주류사(史)에서 가장 눈에 띄는 사건은 맥주의 등장이었다. 맥주가 그리스 사회에 본격적으로 소개된 것은 초대 오톤 왕의 옹립과 맞물린다. 1832년 나프플리오에 임시 수도를 정한 그리스는 공화정을 실현하지 못하고, 영국, 프랑스, 러시아 열강의 간섭으로 왕정을 수립했다. 이에 바이에른 왕국 출신의 오톤 왕이 그리스를 다스리게 되면서 그리스에 맥주 문화가 탄생하게 되었다. 그리스에서 가장 오래된 맥주 공장은 1864년 아테네에 건설된 픽스(FIX)사였는데, 이 공장에서는 현재까지도 같은 이름의 상품이 생산되고 있다. 이 맥주는 오톤 왕을 옹립한 직후인 1834년에 요한 아담 픽스(Johann Adam Fix)가 독일에서 들여온 것을 시작으로 한다. 1833년의 한 보고서는 이미 그리스의 귀족들은 영국에서 맥주를 수입해 즐기고 있었다고 전한다. 독립 직후에 이미 맥주에 대한 선호가 유럽사회를 경험한 지식인이나 국제 상인들을 중심으로 퍼져 있었지만, 그리스에서 맥주 생산이 시작된 19세기 후반부터는 국내에서도 맥주를 소비하기 시작했다.

앞서 말한 것처럼, 그리스의 술 문화는 고대의 포도주로부터 비롯되었다. 역사가 헤로도토스(Ἡρόδοτος)는 외국인(βάρβαρος)이 포도주 원액을 마시는 것과 달리 그리스인들은 포도주에 물을 섞어 마심으로써 술에 취하는 일이 없다고 전한다. 현재는 그리스인들도 포도주를 희석해 마시지는 않는다. 비교적 술을 즐기는 음주문화에도 불구하고 그리스에서는 인사불성이 되도록 만취한 사람들을 보기 어렵다. 그리스인들은 만취가 되어 이성을 잃고 난동을 부리는 것을 굉장한 수치로 여기기 때문이다. 한 개인의 사교적인 범주 내에서 사회적 평판과 위신을 중요하게 여기기 때문에 비교적 어린 나이에 가족으로부터 술을 마시는 법을 익히고 술에 취하지 않도록 교육받는다. 실제로 그리스의 법에서는 만 18세 미만의 청소년의 주류 섭취를 금하고 있지만 일반 가정 내에서는 명절이나 모임 등에서 자연스럽게 어린이들이 술에 노출되도록 함으로써 술을 자제하는 방법을 교육하는 것이 일반적이다.

2) 소아시아 지역 음식문화의 유입

20세기 초반에 발발한 1919-1922년의 그리스-터키 전쟁(소아시아 전쟁)은 오늘날 그리스 식문화에서 나타나는 소아시아 지역 음식의 영향을 설명해주는 중요한 근거가 된다. 양국 간에 치러진 이 전투에서 그리스가 대패하면서 그리스는 1차 대전 승리 이후 잠시 동안 점령했던 터키의 소아시아 지방을 완전히 상실하게 되었다. 뿐만 아니라 그리스인들이 대거 거주하던 소아시아의 대표적인 항구도시인 스미르나에 터키인들이 방화를 저지르면서 대화재가 발생하게 되었다. 이 과정에서 수많은 그리스 인들이 사망하게 되었고, 소아시아 지역의 그리스정교회를 중심으로 한 공동체도 완전히 붕괴하게 되었다.

소아시아 전쟁의 결과 양국 간에 지속적으로 이어진 전쟁의 역사를 종결시키기 위한 목적으로 1923년 로잔 조약(Treaty of Lausanne)이 체결되었다. 조약 이후 파격적인 인구교환 정책이 제시되었는데, 구체적으로 이 정책의 내용은 양국에 거주하는 자국민들을 동시에 교환하는 것을 주요 골자로 하였다. 이를 통해 양국에 거주하던 대규모의 그리스인들과 터키인들이 자국으로 강제 송환되었다. 터키로부터 이주해온 이들은 그리스 혈통에 정교회를 믿는 그리스인이었지만, 소아시아의 땅에서 나고 자라 터키의 음식문화를 향유하였다. 이들이 그리스로 대거 이주하면서 그리스 본토의 식문화에서 소아시아 지역 음식의 영향은 더욱 커졌다.

이들이 그리스 본토로 유입되면서 그리스의 음식문화는 다양한 향신료와 조리법이 발달하게 되었다. 대표적으로 후식이나 간식으로 그리스인들이 즐겨먹는 달콤한 음식(Γλυκά)인 루쿠미(Λουκούμι), 바클라바스(Μπακλαβάς) 등은 소아시아에서 전해져 현재까지 그리스인의 사랑을 받는 음식이다. 그리스의 레스토랑이나 길거리에서 흔히 먹을 수 있는 구운 고기 요리인 수블라키(σουβλάκι)와 기로스(γύρος)뿐만 아니라, 그리스인들의 대표적인 장수 식품으로 꼽히는 그리스 식 커피 또한 같은 맥락으로 설명할 수 있다.

이처럼 그리스의 식문화에서 나타나는 소아시아의 영향을 논하는 문제는 사실 양국의 학자들 사이에서는 중요한 논쟁거리다. 그리스의 민족주의 학자들은 터키 음식의 영향을 부정하며, 오히려 고대 그리스의 음식이 오스만제국 지배 이전의 터키인들에게 영향을 주었다는 것에서 유사성을 설명하기도 한다. 하지만 커피와 디저트 류를 포함하여, 몇몇 음식

그리스의 대표 길거리 음식 기로스

들은 분명 터키의 영향을 받은 흔적이 있고, 적어도 소아시아의 음식에서 이름을 따왔다는 사실을 부정하기는 쉽지 않은 것이 사실이다.

3) 대기근과 식문화의 파괴

1941년과 1942년 사이에 그리스는 대기근으로 인하여 식문화가 철저히 파괴되는 비극을 겪어야만 했다. 사실 그리스는 20세기에 들어서면서부터 지속적으로 식량부족의 위험성에 노출되어 있는 국가였다. 예로부터 그리스의 기후와 자연조건은 식량 생산을 위한 농경에 적합하지 않았기 때문에, 외부로부터 곡물을 수입하는 의존도가 높았다. 2차 대전 발발 이전 그리스의 전체 곡물 소비량에서 해외 수입의 비중이 25.5%를 차지할 정도로 현대 사회에 들어서도 그 의존도는 낮아지지 않았다.

설상가상으로 2차 대전 초기 이탈리아의 침공은 그리스의 농업 생산력을 더욱 약화시켰다. 이탈리아가 그리스를 침공한 1940년 10월은 공교롭게도 그리스의 파종 시기와 일치하였기 때문이다. 대부분의 남성 노동 인력이 이탈리아와의 전쟁에 소집되어 이 시기를 놓치게 되면서, 그리스는 식량생산에 큰 차질을 빚게 되었다. 결과적으로 당해 그리스의 수확량은 평년보다 약 15-30% 정도 감소하였다.

1941년부터 시작된 나치 독일군 점령은 대기근 발생의 기폭제 역할을 하였다. 이탈리아의 침공을 성공적으로 막아냈지만, 그리스는 나치 독일의 도발과 2차 대전의 영향으로부터 완전히 자유로울 수는 없었다. 같은 추축국 진영인 이탈리아의 패배를 좌시할 수 없었던 독일군은 곧바로 그리스를 침공하였고, 독일군의 공격을 받은 그리스는 결국 1941년에 항복을 선언하였다. 그리고 그리스 본토의 요지인 아테네와 크레타 섬 지역은 1941년 4월부터 독일군의 직접적인 점령 통치를 받게 되었다. 나아가 독일군의 그리스 점령은 그리스 사회의 전 부문을 파괴시키는 결과를 초래하였다. 독일 점령기 동안 그리스인들의 기본적인 생활문화는 철저히 파괴되었고, 독일 정부는 자국의 전쟁 비용을 그리스 정부에 부과시키면서 그리스 정부의 경제적 기능을 마비시켰다. 점령시기 동안 그리스인들은 독일의 전쟁 수행에 필요한 물자를 생산, 보충하는 일에 강제적으로 동원되어야만 했다.

구체적으로 독일군은 그리스인들로부터 식량을 징발하여 북아프리카 전선에 있는 자국의 군사들에게 보급하였다. 뿐만 아니라 독일군의 점령은 그리스의 식량 보급에도 악영향을 미쳤다. 그리스인들의 운송수단은 독일군의 군사와 물자 이동을 위해 사용되었고, 따라서 농경지대에서 생산된 곡물을 그리스 전 지역으로 보급하는데 심각한 어려움을 겪었다.

이러한 이유로 그리스에는 1941년부터 심각한 대기근이 발생하였다. 1941년에만 그리스에서 총 1,215,000명이 대기근에 의해 사망하였다. 그 중에서도 특히 가장 많은 그리스 인구가 거주하던 수도 아테네의 피해는 너무나 심각하였다. 1941년 12월에 아테네에서는 매일 300명 이상의 그리스인들이 아사(餓死)하였고, 이들은 생존을 위해 개와 고양이, 그리고 쥐까지도 잡아먹어야만 했다. 1941년 4월부터 1인당 330g씩 보급되던 빵은 점차 200g, 130g, 100g씩 감소하였고, 10월에 이르러서는 이 마저도 어려워졌다. 설상가상으로 독일군을 고립시키기 위한 영국군의 그리스 해상 봉쇄작전으로 인해, 국제기구 및 주변국가에서 이어지는 식량 원조 또한 받을 수 없게 되었다.

시골 및 산간지역도 예외는 아니었다. 물이 귀한 산간 마을 주민들은 물을 얻기 위해 독일군과 물건을 교환해야만 했다. 물을 얻는 대신 주민들은 집에서 기르던 가축들을 모두 독일군에게 바쳐야 했다. 이마저 불가능했던 산간 마을의 어린 아이들은 곧바로 굶어 죽게 되었다. 이러한 대기근의 참혹함은 역설적으로 부유한 그리스인들에게는 이익창출의 기회로 여겨졌다. 이들은 대량의 식량을 구매하여 암시장에서 비싼 값으로 거래하였는데, 이는 굶어 죽어가는 동포들의 상황을 더욱 비참하게 만드는 것이었다.

4) 경제성장과 식문화의 변화

그리스인들의 식문화는 가족이나 지인들과 함께 느긋하게 여유를 즐기면서 와인을 곁들이는 것이 일반적이었다. 화려하지는 않지만, 신선한 야채와 빵과 집에서 만든 와인, 절인 올리브와 치즈, 요구르트를 기본으로 한 소박한 상차림은 그리스인들의 건강과 장수비결로 알려져 있다. 경제성장으로 육류의 소비가 증가하고 급속한 도시화로 아침과 점심은 간단한 샌드위치나 햄버거로 대체하는 일이 많아지면서 식생활에 많은 변화가 나타났다. 특히 1940년대 말에 아테네 남쪽지역인 글리파다(Γλυφάδα)에 미 공군 기지가 들어서면서 이 지역을 중심으로 미국 문화의 영향이 일상에 미치게 되었다. 이 지역은 아테네 근교에 있는 해변이 즐비한 곳으로 미국의 대표적인 음료인 코카콜라(Coca Cola)도 이 지역을 중심으로 알려졌고, 1969년에는 그리스의 일반 상점에서 판매가 시작되었다. 1975년에는 그리스 기업인에 의해서 구디스(Goodies)라는 햄버거 체인점이 설립되고, 미국의 대표적인 햄버거 체인인 맥도날드(McDonald's) 1호점이 1992년에 아테네의 중심 신타그마 광장에 첫 영업을 개시하였다.

이러한 패스트푸드의 활성화와 육류 소비의 증가는 그리스인들의 건강에도 영향을 주었다. 맞벌이 가정이 늘고 외식이 증가하면서 성인을 비롯한 어린이와 청소년들의 패스트푸드 섭취의 증가는 비만을 사회적인 문제로 부각시켰다. 특히 그리스 아동의 비만율은 우려를 넘어 심각한 사회 문제가 되었다. 국제보건기구(WHO)에서 매해 발표되는 통계를 살펴보면, 5-17세 그리스 아동의 비만인구 비율이 남, 여 모두 해 마다 전 세계에서 가장 높은 수치를 기록하고 있는 실정이다.

비만으로 인한 건강의 문제가 장기적으로 사회적 고비용을 초래할 것이라는 심각성이 대두되면서 21세기에 들어서면서부터는 그리스 전통식이 영양적으로 완벽하고 건강을 위한 최선의 식단으로 재인식되고 있다. 최근에는 다시 지중해 식단으로 불리는 전통 그리스식의 소박하고 신선한 음식이 건강식으로 인기를 얻고 있다. 또한 군살이 없이 잘 단련된 신체를 이상적인 몸매로 여기는 분위기가 고조되면서 운동과 식이 조절이 일상에 보편화되었다.

5) 금식문화

오늘날 그리스 정교회는 그리스인들의 일상 식문화 속에 깊이 스며들어 있다. 현대 그리스의 성대한 축제들은 대부분 정교회의 축일과 밀접한 관련을 맺고 있는데, 그 중에서도 특히 '부활절'은 그리스 정교회의 가장 신성한 기념일이자 축제로 여겨진다. 부활절 기간은 일반적으로 부활절 7주 전부터 시작된다. 그리스인들은 부활절에 앞서 진행되는 40일 간의 사순절 금식(νηστεία)기간이 시작되기 이전에 미리 고기와 술을 마음껏 먹고 즐기는 시간을 가진다. 이것은 이른바 카니발 축제로, 3월이 되면 그리스 전역에서 본격적인 카니발의 시작이 선언된다. 카니발이 지속되는 3주 동안에는 시끌벅적한 퍼레이드와 거리 행렬, 가장무도회 파티 등의 다양한 문화적 행사가 펼쳐진다.

카니발의 다음 날인 '정결한 월요일'(Καθαρά Δευτέρα)부터는 금식과 함께 엄숙한 사회 분위기가 이어지기 때문에 결혼식과 같은 잔치는 부활절이 지난 이후로 미루는 편이다. 부족하지 않게 식탁을 차려내는 것이 미덕인 그리스 식 잔칫상을 떠올리면 사순절 기간에 육류 요리 없이 치르는 성대한 결혼식은 결코 현실적이지 않아 보인다. 앞서 언급한대로 금식은 종교적인 이유에서 사순절부터 40일간 이행되는 것으로, 고기와 달걀, 유

붉은색으로 칠해진 그리스의 부활절 달걀

제품을 금하고 해산물 가운데에는 '피'가 없는 것으로 여겨지는 새우, 조개와 같은 갑각류나 오징어와 문어 등을 허용하는 것이 특징이다. 금식기간 동안 부족할 수 있는 단백질과 기타 영양분을 보충하기 위해서 콩이나 다양한 곡류와 견과류를 이용한 음식을 섭취한다.

20세기 후반의 경제 성장으로 육류의 소비가 증가하면서 금식에 대한 인식도 과거

보다는 많이 허용적으로 변화했지만, 사순절의 시작인 정결한 월요일에는 가족이나 친지, 친구들이 모여 소박한 금식 식단을 차린다. 대부분의 그리스인들은 첫째 주와 마지막 주에만 금식을 행하는데, 독실한 그리스인들은 사순절 전체 기간 동안 금식을 행하기도 한다. 실제로 사순절 동안에 일상에서 금식은 엄격하게 지켜지는 편은 아니다. 특히나 종교적 믿음이 강하지 않은 젊은 층은 기존의 식습관을 유지하는 경우가 많다. 하지만 사회 전반적으로는 이 시기에 육류의 소비를 조장하지 않는 암묵적인 분위기가 아직은 남아았다. 특히 맥도날드와 같은 외국 외식 업체도 이 기간에는 금식의 기준에 맞는 메뉴를 개발해 선보이고 있어서 금식의 문화는 그것이 실제로 지켜지는 지의 여부에 관계없이 사회 통념적으로는 여전히 유효하다.

5. 키워드로 살펴본 그리스의 생활문화

1) 저항 문화

> 그대의 예리한 공포의 칼날이
> 해방을 이루게 할 줄 안다네.
> 그대의 빛나는 광채가
> 국토를 비추는 것을 잘 안다네.
>
> 성스러운 그리스인들의 주검으로부터,
> 그렇게 지난날처럼 용감하여라!
> 만세, 오, 만세, 자유여!
>
> 〈그리스의 국가 '자유의 찬가(Ύμνος εις την Ελευθερίαν)'〉 중

그리스인들은 수 천년동안 이어진 외부세계의 침략과 지배의 역사 속에서 언제나 자유 수호를 위한 저항정신을 상기시켜왔다. 그리고 이러한 그리스인들의 저항 정신이 가장 극적으로 발휘된 순간은 1821년부터 시작된 그리스의 독립전쟁 이었다. 그리스

의 독립전쟁은 400년 가까이 이어진 오스만 제국의 압제를 종식시키기 위해 시작되었고, 무엇보다도 자유를 갈망하는 그리스인들의 간절한 염원이 분출된 것이었다. 독립을 위한 그리스인들의 치열한 투쟁은 10여 년 동안 지속되었고, 서구열강 세력의 지원까지 이어지면서 그리스는 마침내 해방을 맞이할 수 있게 되었다. 비록 외세의 간섭을 수반한 불완전한 형태의 독립이었지만, 그리스의 독립전쟁은 그리스인들로 하여금 자유 수호를 위한 저항 정신의 위대함을 다시 한 번 깨닫게 해주었다.

이후 20세기가 도래하였지만 외세의 침입과 간섭 속에서 그리스인들은 여전히 힘겨운 시간들을 보내고 있었다. 무엇보다도 1939년 나치 독일의 도발과 함께 시작된 제2차 세계대전은 그리스에도 심각한 영향을 주었다. 개전 초기에 그리스는 기본적으로 중립을 표방 하였으나, 추축국 진영이었던 이탈리아의 침공에 맞서 싸우면서 본격적으로 연합국의 진영에 서게 되었다. 이탈리아의 무솔리니(Benito Andrea Amilcare Mussolini)는 히틀러가 그리스를 침공하기에 앞서 1940년 10월 28일에 재빠르게 알바니아 국경까지 진군하여, 그리스에 항복을 강요하는 최후통첩을 보냈다. 맥없이 항복할 것이라는 예상과는 달리 그리스군의 저항은 맹렬하였고, 결국 전투 개시 6주 만에 이탈리아 군을 알바니아 국경까지 몰아내며 승리하였다.

메탁사스가 무솔리니의 최후통첩을 단칼에 거절한 10월 28일은 오늘날 그리스의 국경일이기도 하다. 이날의 역사적 사건은 메탁사스의 단호한 거절의 메시지가 함축된 '오히 데이'('Oχι Day, 'Oχι는 그리스어로 '아니오'라는 뜻)로 명명되었고, 오늘날 그리스의 독립기념일과 함께 그리스에서 가장 큰 역사적 국경일로 기념되고 있다.

하지만 오히 데이의 짧은 영광을 뒤로 한 채, 그리스는 곧 나치독일에 의해 점령 되는 비운을 맞이하게 되었다. 1941년 4월부터 시작된 나치 독일군의 점령 통치는 그리스인들을 끔찍한 고통 속으로 몰아넣었다. 독일군의 가혹한 탄압은 결국 그리스 인들을 결집하게 만들었다. 그리스의 국왕 및 왕당파 세력이 독일의 지배를 피해 이집트로 망명한 사이, 그리스의 민중들은 그리스 공산당(Κομμουνιστικό Κόμμα Ελλάδας,

KKE)을 중심으로 신속히 저항 세력들을 규합하기 시작하였다. 그리스 좌파 세력이 중심이 된 저항활동은 1941년 9월 민족해방전선(Εθνικό Απελευθερωτικό Μέτωπο, EAM)이 수립되면서 본격적으로 시작되었다.

나치 독일의 그리스 점령.
출처: German Federal Archive

민족해방전선은 그리스 공산당이 그 지도부의 위치를 차지하기는 하였지만, 다양한 정당들의 폭넓은 참여로 당파성을 초월하였다. 무엇보다도 민간인들을 중심으로 규합된 저항군의 활동은 계층과 성별을 초월하여, 구성원들 간의 절대적인 평등관계를 바탕으로 이루어졌다. 따라서 전통사회에서 오랜 시간 동안 억눌려 있던 그리스의 여성들은 저항군 활동을 통해 점차적으로 사회적 목소리를 내기 시작하였다. 오늘날 남아있는 수많은 자료들을 통해, 당시 남성들과 함께 무기를 들고 직접 전장에 참여하고 있는 수많은 그리스 여성들의 모습을 살펴 볼 수 있다. 이를 통해 우리는 그리스의 여성들이 능동적으로 참여하여 저항활동의 중요 역할을 수행했다는 것을 알 수 있다. 결과적으로 독일 점령기가 종식되는 1944년 10월 이전까지 민족해방전선은 조국의 해방에 가장 결정적인 역할을 수행하였다.

그리스 내전(1946-1949)이 종식되고 미국의 경제 원조에 힘입어 비약적인 경제 성장을 이룬 1960-70년대는 풍요의 시대였지만, 군부 하에서 정치적 압제와 폭력이 만연한 시기이기도 했다. 경제 성장에도 불구하고 파파도풀로스가 이끄는 군부 독재의 시기가 결코 미화될 수 없는 가장 명백한 근거는 이 시기에 그리스인의 해외 이주가 폭발적으로 증가했다는 사실이다. 지난 한 세기의 그리스 인구변화에 대한 연구에 따르면, 1960-1972년 사이에 983만여 명이 독일이나 벨기에로 이주했고, 이들 중 70%가 15-44세에 해당하는 청장년 층이었다.

같은 시기에 요르고스 세페리스(Γιώργος Σεφέρης)가 노벨문학상 수상을 수상하는 등 영화, 음악, 미술 분야에서 세계적인 인사들이 배출되면서 그리스의 대외적 국가 이미지 상승에 기여하였다. 그러나 실상 그리스 내부의 지식인과 예술가들은 군부독재의 감시와 검열, 불법적인 고문과 같은 억압적 정책에 강한 거부감을 드러내고 있었다. 1963년에 노벨문학상을 수상한 세페리스가 BBC방송에서 군부를 비판하는 성명을 발표하는 등 문화 예술가들의 저항은 군부에게

멜리나 메르쿠리. 출처: Nationaal Archief

는 눈엣 가시였다. 이에 정부는 반정부 인사들에 대해서 추방이나 입국금지를 내려 국내에서 군부 체제를 확고히 하고자 하였다. 그리스의 대표적인 음악가이자 저항운동가인 미키스 테오도라키스(Μίκης Θεοδωράκης)는 감옥에 투옥되었다가 프랑스에서 망명 생활을 보냈고, 영화 '일요일은 참으세요(Nerver on Sunday)'로 알려져 후에 그리스 문화부장관을 지낸 멜리나 메르쿠리(Μελίνα Μερκούρη)도 한 때 입국이 금지되기도 했다.

군부에 의한 가혹한 불법행위들은 사회적 메시지를 담은 저항적 예술 작품으로 승화되기도 하였다. 특히, 그리스 민주당의원인 그리고리스 람브라키스(Γρηγόρης Λαμπράκης)가 1963년에 의문의 암살을 당한 사건은 후에 소설과 영화 '제트(Z)'로 만들어졌다. 이 영화의 감독인 코스타스 가브라스(Κωνσταντίνος Γαβράς)는 그리스에서 촬영허가를 받지 못해 알제리에서 촬영하지만, 평단의 호응을 받으며 각종 영화제에서 수상하면서 세계적으로 알려졌다. 정부의 탄압을 받던 음악가 테오도라키스가 이 영화의 음악을 담당하는 등 그리스의 국내외에서 문화 예술계에서 반정부 운동이 이어졌다.

2) 언어와 민주화

그리스인들은 기원전 8세기경부터 사용되어 3000년에 이르는 긴 역사를 지닌 알파벳을 현재까지 사용하고 있다. 그러나 고대 그리스어나 알렉산드로스 대왕의 점령지에서 공용어로 사용되던 코이네(κοίνη) 그리스어, 중세와 현재의 그리스어는 말과 글에서 차이가 있다. 이러한 차이로 인하여, 1832년 근대 그리스 국가를 설립한 이후에 공공 및 교육 부분에서 공식 언어의 제정 문제가 대두되었다. 독립 직후의 그리스는 4세기에 달하는 기간동안 오스만 터키의 지배를 받았던 탓에 지역별로 상이한 구술 문화가 혼재하는 상황이었다.

여러 논의를 거친 후, 이 문제에 대한 해결 방법으로 고대 그리스의 아테네 지역에서 사용하던 아티카(Αττική) 언어를 재사용하자는 의견이 설득력을 얻었다. 왜냐하면 당시의 서유럽 사람들이 신고전주의로 인한 고대 그리스 문화에 매료되어 있었고, 이를 통해 그리스가 대외관계를 수행하는데 큰 이득을 얻을 수 있었기 때문이다. 이는 물론 실용적인 측면에서는 불가능 하였다. 이어서 언급하겠지만 그리스인들이 일상생활에서 사용하는 언어와는 큰 차이가 있었기 때문이다. 따라서 그리스의 학자 코라이스(Ἀδαμάντιος Κοραῆς)는 고대 그리스어에 약간의 변형이 필요한 것을 제안하였고, 그 제안이 받아들여져 카타레부사(Καθαρεύουσα)가 탄생하게 되었다. 이후 카타레부사는 1976년 이전까지 그리스의 공식 언어로 자리매김 하게 된다.

반면에 대부분의 그리스 민중들이 일상생활에서 사용하는 언어는 카타레부사와는 전혀 다른 것이었다. 디모티키(Δημοτική)는 그리스인들이 일상생활에서 구어체로 사용하던 속어로써 민중의 언어였다. 구체적으로 디모티키는 그리스 시골 지방과 유럽의 언어를 흡수하여 만들어진 것이었다.

이처럼 민중 언어와 공식 언어 사이에 나타난 괴리는 이후 140여 년 동안 그리스 사회에서 수많은 논쟁을 양산하였다. 특히, 1960년대의 군부 독재정권은 카타레부사를 사용하는 것을 국가적으로 장려하였다. 수많은 교육 기관에서 디모티키의 사용이 금지되었고, 시민들은 거리로 뛰쳐나와 시위를 전개하며 카타레부사가 교육에 대한 민중들의 접근을 차단하고 있다고 주장하였다. 결국, 언어 논쟁은 민중들의 간절한 민주화 열망과 함께 1974년에 민주정권이 들어서게 되면서 그 종지부를 찍게 되었다. 그리스의 민주화 이후 1976년부터 민중언어인 디모티키가 마침내 교육과 공공부문에서 채택되었고, 그 이후로 계속 그리스의 공식 언어 자리를 지켜오고 있다.

3) 정교

그리스는 지난 2천년의 시간동안 충실히 기독교적 믿음과 전통을 따르고 있는 대표적인 기독교 국가이다. 그리스인들은 예수 사후 사도바울(Παύλος)의 전도를 통해 기독교로 개종하게 되었고, 그리스인들의 제국이었던 비잔티온 제국의 시기를 거치며 더욱 더 기독교화 되었다. 한편 로마 가톨릭교를 신봉하던 서로마 지역과는 달리 비잔티온 제국은 그리스 정교(Ορθόδοξη Εκκλησία)를 국교로 삼았다. 그리고 이후 비잔티온 제국이 지속되는 천년의 세월동안 그리스인들은 신실한 그리스 정교인이 되었다.

비잔티온 제국 시기 그리스 사회에 뿌리를 내린 그리스 정교회는 약 400년 동안 이어진 이슬람 문명의 지배 속에서 역설적으로 가장 강력한 영향력을 발휘 하였다. 오스만 제국의 술탄은 콘스탄티노플에 있는 정교회의 총대주교에게 그리스인들에 대한 통치권을 부여해주었다. 따라서 세속적 통치권을 부여받은 정교회는 종교적, 행정적 기능뿐만 아니라 그리스인들의 교육 및 전통문화 보존에도 큰 역할을 하였다. 나아가 정교회의 통치와 보호 속에서 그리스인들은 고유의 문화유산을 계승하고, 정교인 으로서의 정체성을 지켜나갈 수 있었다.

이와 같은 역사적 전통에 따라 현대의 그리스인들은 여전히 그리스 정교회를 신봉한다. 오늘날 그리스 정교회는 그리스 사회에서 독보적인 종교적 위상을 차지하고 있다. 그리스 현지에는 천 여 개 이상의 그리스 정교회의 성당이 있고, 통계에 따르면 그리스인들의 95% 이상이 그리스 정교인이다. 뿐만 아니라 1975년의 헌법은 정교회를 그리스의 국교로 명기하고 있는데, 그리스 헌법에 종교적 자유가 보장되어 있음에도 불구하고 그리스 정교회만이 오직 정부에 의해 보호되고, 재정적 지원이 이루어지는 유일한 종교이다. 따라서 그리스에서 정교회는 강력한 종교적 위상을 바탕으로 현실세계에서도 막강한 정치, 경제적 영향력을 행사한다.

실제로 그리스의 정부 및 공공영역에서 수행하는 수많은 대소사에는 그리스 정교회가 긴밀하게 연결되어 있다. 일례로 그리스에서는 대통령, 총리와 같은 국가의 새로운 관료들이 선출되어 취임식을 거행할 때, 그 취임식을 아테네 대주교가 집전하는 것이 관례이다. 대주교의 집전과 함께 취임식은 처음부터 끝까지 정교회의 종교적 의식에 따라 진행되며, 새로운 관료들은 대주교 앞에서 종교적 선서를 해야만 한다. 애초에 대통령이나 총리를 포함해서 그리스 정교회 신자가 아닌 사람은 군 장성, 판사, 학교 교장 등의 사회적 책임을 요구하는 직업을 가질 수가 없다. 이뿐만 아니라 국가가 지정한 그리스의 여러 공휴일들은 그리스 정교회의 중요한 축일 및 기념일과 일치한다.

그리스인의 일상 통과의례 또한 정교회와 긴밀하게 연결되어 있다. 독실한 정교회 신자답게 대부분의 그리스 사람들은 정교회의 성당 안에서 결혼식을 치른다. 교회 안에서 치러지는 결혼식은 정교회의 교리와 방식에 따라 성스럽고 엄숙하게 진행된다. 사실 1980년대 이전까지 모든 그리스인들은 의무적으로 그리스 정교회의 의식에 따라서 결혼식을 치러야만 했을 정도로, 그리스인들의 결혼문화에서 정교회의 영향은 절대적인 것이었다. 하지만 80년대 사회당 집권 이후 세속적 결혼식에 대한 선택의 자율권이 법령으로 보장되었고, 정교회에서 인정하지 않던 이혼 또한 합법적으로 가능하게 되었다.

그리스인들의 장례식 또한 정교회를 빼놓고 설명할 수가 없다. 결혼식과 마찬가지로 장례식의 모든 과정은 정교회의 주도로 진행되며, 오랜 정교회의 관습과 교리를 따른다. 그리스인들은 정교회의 관습에 따라 고인이 사망한 이후 40일 동안 검은색 복장을 착용하며, 남성의 경우 이 기간 동안 절대 면도를 하지 않는 것이 특징이다. 뿐만 아

니라 장례식이 끝난 뒤 고인의 묘
지 또한 정교회에서 관리를 하게
된다.

그리스 정교회식 묘지

　마지막으로 그리스인들은 독실
한 정교회 신자들답게 특별히 기독
교의 성(聖)인들을 기념한다. 대부
분의 그리스 사람들은 기독교 성
인들의 이름으로부터 자신의 이름을 짓는 것이 특징이다. 그리고 자신의 이름으로 택
한 성인에게 봉헌된 날을 일 년에 한 번 자신의 생일처럼 기념한다. 이날은 이른바 '이
름 축일'(Name day)로 불리며, 그리스 사람들에게 생일보다 더 중요하게 생각된다. 실
제로 그리스 사람들은 생일보다 자신의 이름 축일을 더욱 소중히 기념한다. 뿐만 아니
라 모든 도시와 마을은 그 지역만의 기독교 수호성인을 가지고 있으며, 주민들은 그들
의 날을 성대하게 기념한다.

4) 관광 산업

　고대부터 그리스인들에게 여행은 숙명이었다. 신화 속에 전해지는 많은 영웅들이
여행에서 과업을 달성하고 비로소 영웅으로 거듭나게 된다. 열 두가지 과업을 위해 길
을 떠한 헤라클레스, 미노타우로스를 찾아 에게 해를 여행한 향한 테세우스, 이타카에
서 트로이를 거쳐 다시 고향으로 돌아가는 오디세우스가 그러했다. 그리스인들이 에게
해를 중심으로 저 멀리 스페인과 프랑스 남부, 이탈리아 남부와 시칠리아, 흑해 연안과
북 아프리카까지 진출하여 식민 도시를 건설한 사실은 그들의 일상에서 여행이 보편적
이었다는 점을 드러낸다. 차량과 항공편이 발달한 20세기에도 배편은 여전히 그리스
인들에게 주요한 교통수단이라는 사실과 그리스가 세계에서 가장 많은 선박을 보유한
국가라는 사실은 그리스인들에게 뱃길 여행이 일상화되어 있음을 보여주는 단적인

증거들이다.

사실, 그리스인들은 여행객을 맞는 데에도 익숙하다. 그네들의 환대 문화가 여행객들을 열린 마음으로 받아들이고 편하게 느끼도록 하기 때문이다. 또한 수천 개의 각기 다른 개성을 지닌 섬과 높고 거친 산악 지대에 의해서 고립된 마을과 도시가 간직한 각양각색의 전통 문화도 여행객들을 매료한다. 오천년을 이어오는 문화재와 기념물에 곁들여지는 신화와 역사의 콘텐츠는 여행객의 발길이 끊이지 않게 하는 중요한 매력 포인트이기도 하다. 2014년 그리스 통계청 자료에 따르면 항공편 출발지 기준으로 그리스를 찾은 관광객은 2,200만여 명으로 그리스 전체 인구를 배가하는 수준이다. 이들을 맞이하기 위해서 그리스의 관광산업은 잘 발달되어 있는 편이다. 2010년 경제 위기의 원인으로 그리스의 산업 구조가 3차 산업, 그 중에서도 관광 산업에 치중해 있다는 사실이 지적되었을 정도로 그리스 노동 인구의 상당수가 관광업에 종사하는 것이 실정이다.

그리스의 관광 산업이 비약적인 성장을 이룬 것은 지난 20세기의 일이었다. 1920년대에 들어서면서부터는 관광청(E.O.T., Ελληνικός Οργανισμός Τουρισμού)을 설립하고 관광객의 유치를 위한 포스터를 제작하는 등 관광산업에 대한 그리스 정부의 관심이 본격적으로 시작되었다. 그리스로의 관광에 대한 유럽인들의 요구는 이미 신고전주의로 인한 그랜드투어가 한창이던 18세기에도 있었는데, 당시 오스만 제국으로부터 독립한지 못한 그리스로의 여행은 일부의 모험가들에게 한정되었다. 결국 근대적 관광은 그리스가 독립을 맞은 이후인 19세기 후반에 독일의 유명한 여행안내책자인 베데커(Baedeker) 시리즈에서 그리스 편(Griechenland: Handbuch für Reisendeby, 1883)이 출간되면서부터라고 할 수 있다. 다음해에는 영국의 토마스 쿡(Thomas Cook) 여행사에서 아테네 지점을 설립하면서 유럽인들의 그리스 관광이 대중화되었다.

양차 대전과 내전이 끝나고 1950년대에 들면서는 특유의 전통 문화를 지닌 그리스의 섬과 시골까지도 관광지로 인기를 끌게 된다. 특히, 미디어의 발달로 그리스의 섬을 비롯한 곳곳의 마을이 유명인의 휴가지로 미디어에 전해지면서 자연스레 홍보 효과를 얻었고 이는 곧 국내 관광산업의 성장에 도움이 되었다. 일례로, 1967년에 전성기를 구가하던 비틀즈의 멤버들이 히피 공동체를 구성할 요량으로 아라호바(Αράχωβα)와 같은 작은 마을과 섬을 여행하면서 언론의 조명을 받자 이런 시골마을 곳곳에도 호텔과 여행사가 들어서고 관광업이 발달하게 되었다.

5) 21세기의 영광과 위기

상전벽해의 변화가 20세기 동안 그리스를 휩쓸고 갔지만, 21세기도 여전히 격변기라 할 만큼 많은 변화가 그리스에서 벌어지고 있다. 새로운 밀레니엄이 시작되는 몇 년간 그리스인들에게 샴페인을 터뜨릴만한 몇 가지 국가적인 사건들이 일어났다. 그 첫 번째는 2002년에 시행된 유로(EURO)화로의 화폐 통폐합이었다. 기존의 드라크마(Δραχμή)를 유로화로 대체하면서, 국가적 위상이 높아졌고 유럽과의 자유로운 인적, 물적 교류를 통해 해외여행과 유학도 급증했다. 가계의 씀씀이도 커졌고 국가의 경제 규모도 성장했다. 전통적으로 산업기반이 약한 그리스에서 수입품의 증대는 국가경제를 약화하는 요인이었는데, 유로화로의 전환은 이러한 상황을 악화시켰다. 동시에 유럽인 관광객의 증가와 관광 산업 및 해운업의 성장은 유로화로의 전환으로 혜택을 본 측면이 있었다.

다른 사건들은 문화 체육 분야의 일들이다. 도박사들의 예상을 엎고 그리스 국가대표팀이 2004년 UEFA 유럽축구선수권대회에서 우승을 차지한 사건이 그 하나이다. 현재도 축구는 농구와 더불어 그리스인들이 가장 좋아하는 스포츠 종목 중 하나이다. 당시의 대회에는 축구 강국이 즐비하게 참가했고, 그리스 축구팀의 우승을 점치는 이는 거의 없었다. 하지만 포르투갈을 상대로 한 결승전에서 1-0으로 그리스 팀이 승리를 거두고 우승트로피를 거머쥔 순간은 그리스인들의 저력을 확인하는 순간이었다. 같은 해 8월에 개최된 아테네 하계 올림픽은 다시 한 번 그리스인들의 문화적 자긍심을 높여주었다. 1997년에 국제올림픽위원회(IOC, International Olympic Committee)

가 아테네를 제 28회 하계올림픽의 개최지로 선정하면서 그리스는 두 번의 올림픽을 개최하는 몇 안 되는 국가가 되었고, 그리스의 역사를 필름처럼 담아낸 2008년의 개막식 공연은 헬레니즘(Hellenism) 문명의 우수성을 전 세계에 천명하는 것처럼 보였다. 그리고 마지막까지 무사히 올림픽을 치러내면서 준비 기간 내내 불거졌던 개최에 대한 우려와 질타를 단번에 일갈하는 듯했다. 이어서 2005년 봄에는 유럽 최대의 음악행사인 유로비전 송 콘테스트(Euro Vision Song Contest)에서 엘레나 파파리주(Ελενα Παπαρίζου)가 그리스 전통춤과 리듬을 빠른 박자의 팝음악과 접목한 노래 "마이 넘버원(My Number One)"으로 그리스에 최초의 1등을 안겨주는 사건이 있었다. 21세기 초반에 벌어진 이러한 문화체육 방면에서의 성과는 그리스인은 물론이고 대외적으로도 고대가 아닌 현대의 그리스 문화가 지닌 가능성을 알리는 계기가 되었다.

하지만 약한 재정적 기반을 바탕으로 급속하게 진행된 올림픽과 유로화로의 화폐 통합은 2008년 세계 금융 위기 때 그리스에 직격탄을 날렸다. 이어진 경기 침체는 올림픽을 기점으로 급상승한 주택 가격을 폭락시켰고 가계의 부채 문제로 국가 경제는 더욱 어려움에 처했다. 올림픽과 관련하여 각종 사업과 이권에 정부 관료와 기업 간의 비밀거래가 있었다는 사실이 밝혀지면서 정치적 문제로 비화되고 국가 신임도마저 추락하는 등의 일들이 연이어 일어나면서 결국 그리스는 2010년 국제통화기금에 재정 지원을 요청하게 되었다. 2010년 경제 위기 이후에 그리스인들이 체감하는 경제적 박탈감은 1인당 GDP가 2008년 최고치 31,997달러에서 2014년 21,672달러로 감소한 수치에서 단적으로 나타난다. 경제 위기로 의료보험과 사회 복지 제도가 축소되면서 장애인과 노인과 같은 사회적 약자들이 가장 직접적인 타격을 입고 거리에 나앉게 된 현실과 일자리를 찾아 젊은이들이 해외로 이주하는 세태는 그리스가 회생할 수 있을지에 큰 의구심을 갖게 하였지만, 2018년도에 구제금융지원 프로그램을 완료하고 재정안정성을 확보함으로써 희망적인 소식을 전해주었다.

지난 2014년, 경제 위기가 한창인 상황에서 그리스인들은 실험적인 선택을 하였다. 그해 총선에서 기존의 전통적인 정당 정치를 거부하고 급진좌파 계열의 시리자(ΣΥΡΙΖΑ. Συνασπισμός Ριζοσπαστικής Αριστεράς)를 집권당으로 택한 것이다. 기존의 부패한 관료와 정치인들을 외면하고 40대 초반의 젊은 치프라스(Αλέξης Τσίπρας) 총리를 통해 새로운 시대를 만들고자 하는 그리스인들 정치적 실험은 아직 진행 중에 있다. 20세기가 정치적 자유를 위한 투쟁의 시기였다면, 21세기는 경제적 자유를 향한 투쟁의 시기가 될 것이다. 그것이 성공할지는 지켜볼 일이다.

영미의 생활문화

1. 역사적 배경: 1 · 2차 세계대전

20세기는 흔히 미국의 세기(American Century)라고 일컬어진다. 이 세기의 전반기에 미국은 이미 정치 경제 외교 면에서 탁월한 세계적 리더십을 행사하였고, 후반기가 되자 대중문화를 세계 곳곳에 파급시키면서 문화면에서도 두각을 나타냈다. 21세기에 들어서면서 이러한 다방면에서 리더십은 미국 중심을 벗어나 보다 다각화 되어가고 있다. 이에 따라 20세기야 말로 미국의 세기였다는 가설에 무게를 더해준다.

1) 20세기의 시작

1900년은 미국 역사에서 상징적인 해였다. 대외적으로는 제국주의가 시작되고 대내적으로는 개혁의 기운이 탄력을 받으며 혁신주의(Progressivism)가 전국적으로 꽃 피던 해였다. 1900년 선거에서 당선되어 1901년 3월에 취임한 공화당의 맥킨리(William McKinley) 대통령은 취임 한 달 만에 사소한 일로 저격수에게 암살당했다. 부통령을 맡고 있었던 시어도어 루즈벨트(Theodore Roosevelt)가 대통령이 되었다. 참으로 아이러니하게도 루즈벨트가 맥킨리의 러닝메이트로 발탁되어 부통령이 된 것은, 공화당의 핵심멤버들이 그의 개혁 성향이 못 마땅하여 루즈벨트가 앞으로 대통령 자리도 내다볼 수 있는 뉴욕주지사 선거에 출마하지 못하도록, 힘없는 부통령 자리를 제공한 결과였다. 그러나 그는 이런 야릇한 운명에 이끌려 미국 역사상 최연소 대통령이 되었고 국가의 수장으로서 미국을 개혁의 물길로 인도했다.

제국주의

그가 하버드 대학에서 역사학을 공부할 무렵은 제국주의가 유럽 선진국에서 위세를 떨치던 지도이념이었다. 그는 이런 세계적 흐름에 빨리 끼어들지 않으면 미국이 뒤쳐진다고 역설한 강좌에 매료되었었다. 루즈벨트는 몇 명의 학우들과 동아리 활동을 하며 제국주의를 더욱 깊이 탐구했는데, 그가 정치가의 길을 걷게 되자 제국주의에 대한 열망은 힘을 발휘했다. 루즈벨트가 해군부 차관이었을 때 미국과 스페인의 관계는 쿠바문제로 험악해져 가고 있었다. 왜냐하면 쿠바에서 스페인 식민지배에 저항해서 일어나는 민족주의 운동을 미국인들이 심정적으로 지원하였기 때문이다. 쿠바의 수도 아바나는 수백 년 동안 스페인의 아메리카 식민지 경영의 구심점으로서 멕시코시티, 리마, 메리다, 산타페 같이 아메리카 대륙의 네 지역에 있던 수도를 총괄하는 수석 수도였다. 그러므로 스페인은 아메리카의 다른 지역은 몰라도 쿠바만은 독립의 길로 가는 것을 결코 용인하지 않았다. 이에 따라 반세기 동안 쿠바에서는 민족주의적 저항운동이 나날이 강화되었고 스페인은 이를 완강히 탄압하여왔다.

미국의 신문들, 특히 경쟁 관계에 있던 퓰리처(Joseph Pulitzer)의 『뉴욕월드』와 허스트(William Randolf Hearst)의 『뉴욕저널』은 연일 쿠바에 대한 과장되고 선정적인 보도를 쏟아내면서 '옐로 저널리즘'의 원조가 되었다. 국민들은 분노하였고 쿠바에 대한 지원을 미국정부에 촉구하였다. 루즈벨트 차관은 이 기회를 놓치지 않았다. 그는 홍콩에 주둔해있던 아시아 함대 사령관 듀이(George Dewey)제독에게, 장관에게 알리지도 않은 채, 스페인과 미국 사이에 전쟁이 터졌다는 소식을 듣기만하면, 무조건 스페인의 식민지였던 필리핀의 마닐라항을 점령할 것을 명했다. 스페인과 전쟁은 일어났고, 듀이는 차관이 명한대로 했다. 이 결과 미국은 필리핀과 푸에르토리코, 괌 등을 점령했다. 미국 역사상 처음으로 식민지가 생긴 것이다. 미국은 자기의 국토 밖의 다른 곳에 영토를 가진 제국이 되었다.

루즈벨트는 한 걸음 더 나아가 점점 더 가까워지고 있던 영국과의 결속을 더욱 굳혔다. 1880년대에 이르면 영국은 점점 해양세력으로 뻗어나가려는 독일과 러시아에 대해 위협을 느끼고 미국에 손을 내밀었고 미국은 이것을 수락했다. 그때까지 미국과 영국의 관계는 옛 식민지와 모국으로서의 앙금이 남아 있어서 껄끄러웠다. 이 변화는 국제관계에 획기적인 전환점을 가져와서 외교사에서 '화해'(rapprochement)라고 불린다. 영국은 미국만 끌어들인 것으로는 부족했다. 아시아 대양에서는 일본과도 손잡고 러시아를 확실히 견제하려했다. 1902년 영국이 영일동맹을 맺자, 자연스럽게 영-미-일의 동맹관계가 맺어져서 지구의 윗부분에서부터 내려오려 하는 독일과 러시아의 세력을 막으려했다. 루즈벨트는 당연히 친일적인 성향을 보이면서 카츠라 태프트 비밀협약을 맺어 필리핀에서 미국의 지위와 한국에서의 일본의 지위를 서로 인정 하였다. 또 러일전쟁의 처리를 위해 포츠머스조약을 중재하면서 이제 미국은 세계 외교의 무대에서 주목받는 존재가 되었다.

혁신주의

20세기의 대내적인 면모를 살펴보면, 루즈벨트는 '혁신주의'(Progressivism)라고 하는 개혁의 바람을 국내정치에 힘껏 불어넣었다. 산업화에 따른 노동자, 농업, 이민 문제는 이전 세기 3/4 분기부터 미국에 나타나기 시작하여, 20세기에는 더욱 확대 되었다. 한편 이런 문제를 풀기위한 혁신주의 개혁가들이 정치권에 포진하기 시작했다. 미국에서는 개혁이 농업, 산업, 도시 등, 어떤 부문에 관련되었건 간에, 모든 개혁이 밑으로부터 불거져 나온다. 도시나 카운티에서 싹터서 점점 주(州)로 퍼져갔다. 20세기에 들어서자 이 혁신주의는 루즈벨트가 대통령이 됨으로써 전국적으로 확산됐다.

시어도어 루즈벨트   우드로 윌슨   프랭클린 루즈벨트

　당시 대 기업가는 실력을 갖춘 거대한 존재였고, 그에 비해 대통령은 잠시 행정부 수장을 맡다 사라지는 작은 존재였었다. 한 유명한 일화를 들자면, 당시 금융계의 거물이던 모간(J. P. Morgan)이 금융과 철도를 함께 합쳐서 거대한 독점기업 북부증권회사를 세우려하였다. 진보 인사들은 이에 대해 많은 우려를 표명하였다. 루즈벨트는 이 상황을 파악하고 모간에게 전화를 걸어 백악관으로 들어와 이에 대해 논의하자고 했다. 그러나 모간은 거만하게 그런 일로 자기가 방문할 필요까지야 있느냐고 응수하면서, 자기 직원을 백악관으로 보내겠으니 당신의 부하와 그 문제를 다루도록 하면 어떠냐고 답변했다. 이에 대통령은 진노하여, 법무장관으로 하여금 모간을 셔먼반트러스트법(Sherman Antitrust Act)에 의해 기소하게 했다. 이에 모간은 굽히고 북부증권회사는 수립되지 않았다. 기실 이 법은 세워진지 십년이 지나도 기업가들의 위세에 눌려 사문(死文)에 지나지 않았던 존재였다. 루즈벨트는 그러나 이 법의 영혼을 되살렸고, 미국인들은 단호한 대통령의 태도에 찬사를 보냈다. 몇 십 년 만에 처음으로 대통령이 국민을 대변하고 작은 시민을 보호하는 존재로 인식된 것이다. 루즈벨트의 혁신주의는 그의 뒤를 잇는 윌슨(Woodrow Wilson), 또 프랭클린 루즈벨트(Franklin Roosevelt)의 뉴딜(New Deal)정책으로 완성된다. 이런 일련의 개혁을 거치면서 미국은 가난한 사람들을 돌보지 않았던 비정한 고전적 자본주의의 틀을 벗어나서 온정 있는 복지자본주의 국가로 궤도 수정을 하여 오늘에 이른다.

2) 제 1차 세계대전

미국은 1차 대전을 계기로 세계에서 가장 강력한 국가가 되었다. 경제적 힘도 그렇거니와, 외교에서도 전후 처리를 논의하는 과정에서 중심 인물은 윌슨 미국 대통령이었다. 그의 리더십은 우리나라의 삼일운동에도 '민족자결주의'로 반영될 만큼 영향력이 컸다. 1차 대전을 겪으며 유럽과 미국은 그 위상이 반전됐을 뿐만 아니라, 이 두 곳의 사회적 분위기도 사뭇 달랐다. 유럽은 세기말의 퇴폐적 분위기를 지나 전쟁의 폐허 위에 허무주의와 무기력이 팽배하면서, 세상에 믿을 것은 아무 것도 없고 인간 각자의 존재감만이 가치가 있다는 실존주의가 꽃피었다. 실존주의는 이 존재감을 어떻게 하면 의미 있는 차원으로 끌어 올리느냐가 관건이었다.

그러나 전후 미국에서는 전쟁경기의 붐을 타고 낙관주의와 기회주의가 판을 쳤다. 1920년대의 미국은 '재즈의 시대,' '소란한 20년대(Roaring Twenties)'로 불리었다. 그 시대의 아이콘은 일확천금을 거머쥐고 경망스런 삶을 살다가 몰락하는 소설의 주인공 개츠비였다. 전쟁 중에 유럽의 연합국들은 미국에서 차관한 재원으로 미국에서 생산한 무기를 사서 전쟁을 치렀다. 무기가 파괴되면 또 미국으로부터 차관하여 미국의 무기를 사서 전장에서 산화시켰다. 전쟁터로 변해 버린 유럽 곳곳에서는 농작물 생산이 중단되었다. 유럽의 농작물에 대한 수요를 미국이 농업을 엄청나게 확대하면서 조달하였다. 전후 재건과정에서는 교전국 거의 다가 미국 재원의 지원을 받고 있었다. 이런 상황이니까 전후 미국의 경제는 전전보다 말할 수 없이 팽창했다. 미국의 공장들은 전쟁 군수품을 평화산업으로 성공적으로 돌리며, 끊임없이 자동차, 라디오, 냉장고 등의 가전제품을 쏟아내면서 유럽의 시장을 공략했다. 또 유럽의 경제를 복구하기 위해 그런 것들을 생산하는 기계를 끊임없이 수출했다. 미국 회사들의 주식은 몇 배, 심지어 몇 십 배로 뛰었다. 약간의 재정적 여유가 있으면 누구나 미국 회사의 주식에 투자했다. 미국의 주가는 위를 모르고 상승하였다.

그러다가 어느 시기에 다다르자 미국의 경제적 팽창의 속도가 주춤하여졌다. 그 시기는 전후 8년 쯤 된다. 1919년 전쟁은 끝났다. 그 후 4년이 지나자 미국의 농업에 불황의 조짐이 나타났다. 그때쯤 유럽에서 전쟁으로 중단되었던 농업생산이 전전의 생산량을 회복했기 때문이다. 8년이 지나자 유럽의 공장들도 전전의 생산력을 회복했다. 미국의 생산품이 유럽시장에서 예전같이 팔리지 않을 것은 당연한 이치였다. 미국의 생산력이 탄력을 잃기 시작한 원인으로는 소득 불균형 등 다른 요인도 없지 않았으나 유럽시장의 축소가 무엇보다 근본 원인이었다. 사람들은 미국 회사들이 예전 같지 않다고 걱정들을 하다가 1929년 어느 날 일제히 주식을 내다 팔았다. 주식 매도자의 요구에 응할 수 없던 증권회사가 파산하며 주식시장이 붕괴됐고, 은행도 문을 닫게 됐다. 사람들은 휴지조각이 되어버린 주식을 들고 어쩔 줄을 몰라 했다. 경제 대 공항이 들이 닥친 것이다. 미국에서 파산한 은행만 300여개였다. 그 여파가 어떠했는지는 짐작이 갈 것이다.

경제공황과 뉴딜

역사상 유래 없는 경제공황이 닥치자 후버(Herbert Hoover) 대통령은 구태의연하게 '작은 정부'를 고수하면서 제대로 대처하지 못했다. 그는 경제 분야에 정부가 개입하는 것을 죄악으로 생각하던 고전자본주의의 충실한 신봉자였기 때문이다. 1932년 대통령 선거에서는 경제적 판을 새롭게 짜야한다고 뉴딜정책을 부르짖는 프랭클린 루즈벨트가 당선되었다. 그는 정부가 국민의 경제활동에 적극적으로 관여해야한다는 케인즈(John Maynard Keynes)의 신경제학설을 받아들여 획기적인 개혁정책을 지향하며 경제적 위기를 탈출하려고 하였다. 새로운 정책이란, 첫째, 정부가 적자 예산으로라도 공공사업을 벌여 고용 창출과 소비 진작을 하여 생산라인을 부활하고, 둘째, 복지를 확장하여 빈곤층을 구제하여 사회적 안전망을 구축하며, 셋째, 경제 활성화를 효율적으로 추진하기위해 정부가 기업들 간 또는 노사 간의 마찰을 조정·규제한다는, 즉 '큰 정부'를 지향하는 것이었다.

뉴딜정책으로 경제가 다시 활성화되는 조짐을 보이자, 경제 공황의 충격은 상당히 완화되었다. 그러나 1941년 미국이 진주만 사건으로 2차 대전에 개입할 때, 미국의 경제는 공황이전의 3/4을 회복했을 뿐이었다. 경제공황과의 투쟁이 마무리 짓기도 전에 미국은 다시 전쟁에 휘말렸고, 미국의 경기는 다시금 전쟁특수로 활성화되었다.

3) 제2차 세계대전

전쟁이 발발하자 미국은 물심양면으로 영국 등의 연합국을 지원했으나, 무력을 수반한 본격적인 참전은 일본의 진주만 폭격으로 시작됐다. 전쟁 수행에서 미국은 연합국을 승리로 이끌어간 원동력을 제공하며 세계적 리더십을 더욱 확대하여, 전후 냉전시대에는 소련과 세계를 반분하였다. 전쟁이 끝나자 미국에는 일차 대전 때와는 비교가 안 될 정도로 거대한 경제성장이 뒤따랐다. 미국 정부는 일차 대전에서 배운 경제적 학습효과를 잘 발휘했다. 정부의 재원을 우방국들에게 무상으로 그들의 전후 재건을 위해 대대적으로 제공하는 동시에 국내에서는 복지정책을 확대하였다. 우방들은 이런 재정지원으로 경제를 복구내지 개발하면서 미국의 공산품들이 팔릴 시장을 창출했다. 국내 복지정책의 확대는 소비재의 수요를 창출했다. 그 결과 세계 경제는 제1차 대전과는 달리 전후 경기 침체를 심하게 겪지 않고 오히려 지속적으로 팽창했다. 요즈음 말로 하면, 윈윈정책의 승리라 볼 수 있다.

전후 "좋았던 그 시절(the Good Old Days)"이라고 일컫는 1950년대와 반혁명(Counter Revolution) 시대라고 일컫는 1960년대, 그리고 그에 이어오는 10년 동안에 미국인의 생활방식과 문화에는 아주 커다란 변화가 일어난다. 이 변화의 핵심에는 대중문화의 확산, 민권운동의 시작, 다문화 사회의 발현이라는 세가지요소가 내재한다. 이 세 가지 주제가 현대 세계 역사에 미친 지대한 영향에 주목하며, 이들에 대하여는 다음 장에서 보다 깊이 있게 살펴보려한다.

4) 1980년대 이후

뉴딜 이후 복지자본주의의 기틀을 마련한 미국의 경제는 계속 큰 정부 하에서 진보적 노선을 유지하였다. 1950~60년대에도 트루먼(Harry S. Truman) 과 존슨 대통령은 계속 복지의 폭을 가일층 확대하였다. 그러나 1970년대의 경기침체와 인플레이션이 동시에 일어나는 스태그플레이션(stagflation)현상과 1973년에 일어난 오일쇼크는 확대일로의 복지정책에 브레이크를 걸었다. 더 이상, 미국은 큰 정부를 유지할 국고를 예전처럼 충분히 갖고 있지 않았다. 새로 대두한 신자유주의 경제를 외치는 시카고학파는 그 때까지 수십 년 맹위를 떨치던 케인즈의 복지경제의 이론을 비판하면서 자유방임의 경제정책으로 되돌아 갈 것을 주장했다. 점차 미국에는 복지부문의 삭감과 동시에 세계 각 곳에 퍼져있던 미군 기지의 철수를 외치는 경제적 보수주의가 고개를 들어가고 있었다.

신자유주의와 세계화

사회 문화적으로도 70년대까지는 반문화적 경향이 우세하여 미국인들이 개혁을 지지하였다면, 80년대는 여태껏 개혁 일변도의 정책을 정리하며 새로움을 추구하자는 보수 세력이 득세했다. 1980년 대통령에 당선된 레이건(Ronald Reagan)은, 마치 약 50년 전 루즈벨트가 케인즈의 신경제학으로 경제정책의 방향을 바꿔 놓았듯이, 신자유주의를 수용하며 미국 경제의 방향을 다시 바꾸려했다. 그는 외교적으로도 첨단무기 확보를 통해 공산권에 대항하는 국방력 강화를 외치는 보수 지향적 정책을 추구했다. 이 레거노믹스(Reaganomics)는 정부의 규제를 완화하여 기업 간 자유경쟁을 유도하면서 미국 경제에 활력을 불어넣었다. 그로부터 10년이 지나서 정보통신혁명이 대두했다. 강화된 자유경쟁 체제는 정보통신의 새로운 테크놀로지를 개발하는 기업 간의 건실한 경쟁을 도모하여 마이크로소프트나 애플 같은 새로운 비즈니스 리더십을 탄생시켰다.

한편, 소련과 공산권은 경직된 지시경제(Command Economy)에서 오는 경제침체와 소련의 국제적 리더십의 약화로 1990년대에 해체되었다. 수십 년 동안 소련이 차지해왔던 세계적 리더십에 공백이 생겼다. 그러자, 미국은 보다 확대된 자유시장 경제체제를 세계질서로 새롭게 개편·수립하여 자국의 리더십을 더욱 확고히 하고자 세계화(Globalization)를 추진했다. 이에 따라 세계 곳곳에서 관세를 철폐하고 자유무역과 금융개방을 실행하도록 압력을 가했다. 그러나 세계화를 향한 미국의 리더십에 각국은 복잡하고도 다양한 반응을 보였다. 이를테면 테크놀로지의 발달로 세계가 점점 더 가까워지고 있는 현실은 인식하지만, 많은 국가들이 나름대로의 국가적 특성이 있어서 미국이 요구하는 자유시장경제를 단순히 받아들일 수만은 없다는 태도를 지녔다. 이런 나라들은 미국 주도의 자유경제체제의 큰 틀에는 동참하더라도 부분적으로 저항을 심화했다. 결국, 세계화는 반미감정을 세계적으로 확산시키는데 일조했다.

세계화와 신자유주의는 미국을 더욱 부강하게 만들었으나, 한편 미국에 큰 시련도 가져왔다. 미국은 새로운 정보통신 사업을 리드하고 더욱 강력해진 월스트리트의 영향력에 힘입어 경제적 호황을 누리며 슈퍼 파워의 위용을 가일층 들어냈다, 그러나 지나온 중동정책에 불만을 품은 무슬림 권에서는 세계화와 더불어 증폭된 반미감정으로 2001년 9.11 테러를 미국에 가했다. 미국은 그 참상을 잘 견뎌냈으나, 아직 그런 비극을 방지할 수 있는 든든한 대안은 못 찾은 상태로 현재는 IS(Islam State, 이슬람 국가)의 도전을 받고 있다. 계속 호황이던 미국 경제에도 2008년 서브프라임 모기지에서 비롯된 금융위기가 덮쳤다. 이 위기를 미국은 잘 극복했으나, 월스트리트의 고액 연봉자와 일반 대중의 소득 격차가 지나치게 벌어지는 새로운 문제점이 나타나서 미국 중산층의 안정된 생활을 위협하고 있다. 외교적으로는 2010년부터 중국이 경제적으로 부상하면서 미국의 국제적 리더십을 넘보고 있으며, 북한의 핵미사일 개발은 미국 국토방위에 중요한 위협으로 떠오르고 있다.

20세기가 시작될 때 이미 도시화되었던 미국에서 현재는 77%가 도시에 살고 있으며, 그 중 인구 100만 이상의 대도시에 63%가 집중되어있다. 미국은 아직도 인구밀도가 작아 다른 나라보다 자연의 파괴가 더디게 진행되지만, 전 지구적 차원에서 피할 수 없는 환경오염의 문제를 함께 풀어야할 숙제로 갖고 있다.

2016년 대선에서는 각계각층의 전문인들의 예상을 제치고 트럼프(Donald John Trump)가 당선되었다. 그는 보수 세력을 대표하였는데, 특히 민권운동 이후 미국이 다문화적 모범국가로 발전해 온 것에 대하여 불만을 품어왔던 백인 토착 세력의 반발을 그의 당선은 반영한다. 그는 또 전 세계에 뻗어 있는 미군들의 규모를 축소하자는 미국 우선주의의 고립주의적 전통을 표방한다. 그가 집권 하는 동안 미국의 대내외 정책이 어떻게 변모해 갈 지에 대해서 세계 곳곳은 큰 관심을 기울이고 있다.

2. 대중문화: 미국이 문화 세계의 중심에 서다

양차대전의 전간기 동안에 미국의 사회문화에 나타난 중요한 변화는 대중문화가 서서히 형성되어 간 것이며, 이것은 미국이 1차 대전으로 겪은 사회적 변화와 밀접하게 관련되어있다.

1) 대중문화의 탄생

전쟁 중, 미국의 군수공장은 어마어마하게 늘어났다. 그러나 많은 백인 남성이 전장터에 나가 있었고, 노동력이 턱없이 부족했다. 이 공백을 메우기 위해 남부에서 흑인들이 북부 도시로 대거 이주하였는데 이 현상을 흑인 대탈출(Black Exodus)이라고도 불렀다. 흑인들은 자동차의 보급과 더불어 점점 쇄락해가는 대도시의 심장부에 정착하게 되면서 할렘 르네상스(Harlem Renaissance)라는 흑인들의 문화적 부흥기를 일구어낸다. 흑인들은 그들끼리 밀집된 도시의 생활을 해나가면서, 자신들의 색깔을 가진 문화를 발현하고, 사회적 연대를 강화하기 시작했다.

특히 그들이 발전시킨 재즈 뮤직은 백인사회와 흑인을 연결하는 교두보 역할을 했다. 흑인 뮤지션들은 남부 뉴올리언스나 테네시 같은 곳으로부터 대탈출의 물결을 따라 북부로 이동했다. 처음에 그들은 흑인 지역의 카페에서 흑인 고객을 위해 연주하다가, 그 음악에 매료된 백인들이 하나 둘 나타나면서, 1930년대가 되면 점차 백인 고객 전용의 대규모 호화로운 무도회관에서 연주하게 된다. 루이 암스트롱(Louis Armstrong), 빌리 할리데이(Billy Holiday) 등 기라성 같은 재즈 뮤지션 제 1세대가 출현했다. 밴드의 구성도 처음에는 몇 명으로 구성된 캄보밴드가 주를 이루다가 이어서 스윙과 댄스음악을 주로 연주하는 빅밴드가 출현했고, 이런 밴드에서는 흑백이 섞여서 재즈를 연주하는 양상이 나타난다.

이 전간기에는 도시 흑인들의 활동이 재즈 뿐 아니라 다른 여러 방면에서도 활발히 일어났다. 특히 뉴딜정책은 예술인들을 위한 구제 사업도 벌려, 문학, 음악, 미술, 공연예술의 분야에 경제적 지원을 하였는데, 흑인 예술인들이 이런 지원에 힘입어 백인 일색의 예술계에 진출하기 시작했다.

1차 대전의 종전과 더불어 온 경제적 번영은 미국 사회를 세속적으로 만들었다. 전쟁 시 무기를 생산하던 공장들은 전후에 가전제품이나 다른 소비제품으로 생산라인을 리모델링했다. 무선기는 라디오로 탈바꿈했고, 자동차와 탱크는 "마이카"붐을 일으키며 포드(Henry Ford)가 외치던 "나의 공장 노동자도 모두 자가용을 갖게 한다,"는 꿈을 이루어주었다. 전쟁 시 참호식 전투를 끝내기 위해 개발된 전투기는 상업용 여객기로 탈바꿈하려했다. 진공청소기, 세탁기, 식기세척기 등이 쏟아져 나왔다. 이 새로운 제품들은 미국의 경제적 번영에 박차를 가했다. 또 주부들은 가전제품으로 가사노동의 과중한 부담에서 해방되어 여가 시간을 갖게 되고, 신여성 패션이 유행하여 머리를 짧게 자르고 치마길이가 종아리가 들어날 만큼 짧아졌다. 젊은이들은 자동차에 몰려 타고 먼 마을에 가서 해방된 마음으로 실컷 놀다왔다. 예전에는 기껏해야 이웃 마을에나 놀러갈 수 있어 행동거지의 제한을 많이 받았던 터였다.

물질적 풍요 속에서 사람들의 종교적 열성은 시들해 졌다. 많은 이들이 일요일에 교회에 가는 대신, 침대에서 커피를 마시면서 라디오에서 목사의 설교를 들었다. 라디오 복음주의가 시작되었다. 지식인들은 이 시대에 성경책보다는 프로이드의 심리분석학에 더욱 골몰했다. 문제의 핵심을 종교적 이유가 아니라 성적인 리비도로서 풀려고 하며 본능을 추구하는 것이 죄가 아니라는 새로운 시각에 시민들은 눈을 떠가고 있었다.

전간기에는 스포츠와 엔터테인먼트 비즈니스도 대두었다. 예전 소란스런 바에서 도박처럼 행해지던 주먹싸움이 게임의 룰과 심판을 정비하고 체육관들의 챔피언십 경쟁 네트워크를 구비하며 당당한 스포츠 권투로 대두되었다. 야구도 프로 구단들이 늘어가며 막대한 자본으로 운영되는 국민 스포츠로 부상하여 베이브 루스(Babe Rooth)같은 스타를 탄생시켰다. 경제공황시대에 그러나 모든 흥청망청은 올 스톱되었고 모든 경제활동이 마비되었다. 그럼에도 불구하고 두 가지 사업은 번창했다. 연초업과 할리우드의 영화산업이었다. 실업자들은 담배를 피우며 시름을 달래거나, 일 달러를 내는 영화관에서 하루 종일 영화를 보면서 현실을 잊어버리고자 했다. 경제공황시대에 가장 각광받던 영화는 댄스의 제왕 프레드 아스티어(Fed Astier)가 공주 같은 여성과 환상적인 볼룸댄싱을 하는 뮤지컬 영화였다.

일차대전 이전에는 독일과 프랑스에서도 무성영화가 상당한 수준으로 발전했으나 전쟁으로 폐허가 됐다. 그러자 야외촬영과 유성영화 기술이 발달되며 할리우드가 영화의 중심지로 떠올랐다. 야외 촬영에는 기후가 온난한 캘리포니아가 적격이어서 영화인들은 뉴욕의 스튜디오를 버리고 할리우드에 모여 들었다. 찰리 채플린(Charlie Chaplin)도 그곳으로 초대되어 무성영화의 황홀한 예술성을 마지막으로 펼쳐보였다. 할리우드 영화는 이차대전 중에도 그 소재를 군대 멜로물로 탈바꿈하며, 전쟁 터 꽃미남의 영웅담과 그에 얽힌 순정적 러브스토리로 계속 확장되어 나아갔다. 이런 대중문화의 여러 요소인 재즈, 영화, 스포츠 비즈니스는 유럽에 퍼져가면서 미국은 점점 대중문화의 중심으로 자리 잡게 된다.

2) 대중문화의 확산

매를린 먼로

제임스딘

앤디워홀의 토마토 스우프 캔

1950년대가 되자 미국은 경제적 번영으로 대중문화를 리드하며 세계 소비문화의 중심에 섰다. 더 이상 전쟁 테마를 쓸 수 없게 된 할리우드 영화는 새로 등장한 TV와 경쟁해야 하는 난제에 부딪혔다. 그래서 TV에서는 방영 금지된 성적 매력이나 젊은이들의 반항적 정서에 호소하였다. 그 무렵 인디애나 대학의 교수였던 킨제이(Alfred Kinsey)는 남녀의 성적 행태에 관한 보고서를 냄으로써 사회에 큰 충격파를 던졌다. 그 내용은 기실, 은폐되어 왔지만, 사람들이 흔히 여겨지는 것 보다 훨씬 더 많이 자위행위, 혼전성교, 혼외정사를 한다는 것이었다. 이 책은 성을 훨씬 더 개방적으로 보는 혁명적 시각을 열었다. 매를린 먼로(Marilyn Monroe)는 군인들의 사물함 속의 핀업걸(pin-up girl)이 되어 남성들의 우상이 되었다. 『플레이보이』나 『팬트하우스』같은 거의 포르노에 가까운 잡지도 출현하여 중산층을 구매고객으로 확보하게 되었다. 한편, 할리우드는 청소년들이 TV에만 붙어있는 부모 곁을 떠나 드라이브 인 극장에 오도록 제임스 딘(James Dean)같은 청년 아이돌도 개발해 내었다. 또 옛 서부 사나이의 매력을 강조하며 존 웨인(John Wayne)같은 스타도 탄생시키며 TV가 감히 따라올 수 없는 스펙터클한 영상미를 연출하며 계속 번성하여 세계의 극장을 휩쓸었다.

팝 음악에서도 엘비스 프레슬리(Elvis Presley) 같이 백인으로서 흑인의 록큰롤 음악을 신나게 부르는 스타가 탄생되어 미국의 팝송이 세계 전역을 휩쓸었다. 특히 록큰롤의 확산은 전후 미국에서 위락시설의 확장과 패스트푸드의 대두로 청소년의 아르바이트 일자리가 생기게 됨에 따라 그들의 수입에 눈독을 들인 음반회사의 기획에 힘입은 바가 크다.

한편, 엔터테인먼트 뿐 아니라 예술 분야에서도 미국은 고급문화와 저급문화의 경계를 허물면서 새로운 대중문화를 탄생시키는 인큐베이터 역할을 했다. 클래식 음악계도 이미 전간기에 등장한 조지 거슈인(George Gershwin)이 재즈의 운율과 기법을 클래식 음악과 접목하여 작곡활동을 하며 지금 들어도 결코 어색하지 않은 퓨전뮤직의 효시를 열었다.

미술에서는 앤디 워홀(Andy Warhole) 같은 팝아트(Pop Art)의 아이돌이 유럽 중심의 화단을 미국으로 옮기고 있었다. 그는 정규 미술대학 교육을 못 받고 전문학교를 나와 구두회사의 일러스트로 광고를 그리거나 백화점 상품의 디스플레이를 하며 화가로서 발돋움하려했다. 그러나 제도권 미술계로부터 냉대를 받자, "일상생활의 모든 것이 예술이다"라는 팝아트의 새로운 기치를 용감히 들고 그가 허름한 아틀리에에서 매일 점심으로 즐겨 먹던 수프 캔을 그리기 시작했다. 대중들은 당시 그들의 예술 감각과는 동떨어진 난해한 추상미술에 염증을 내며 그의 예술 철학에 공감했고 워홀은 20세기 후반을 이끄는 가장 영향력 있는 문화적 아이콘 중의 하나가 됐다. 로이 리히텐슈타인(Roy Lichtenstein)도 만화 같은 그림을 큰 캔버스에 그리며 만화마저 예술이 될 수 있다는 발상의 전환을 이루었다. 이어서 잭슨 폴락(Jackson Pollock)은 큰 캔버스를 바닥에 놓고 물감을 뿌리거나 걸레로 칠하거나하는 새로운 채색 법을 선보였다. 이제 미국의 미술은 전통적 주제, 소재, 기법으로부터 해방되어, 어떻게 해서든 관람객에게 감동을 주는 작품이면 예술이 될 수 있다는 현대적 팝아트의 새로운 지평을 열었다.

미국에서 전통적 팝아트는 농촌의 벽에 걸린 조악한 그림이나, 말안장의 장식, 또는 처녀가 시집갈 때에 마을 아주머니들이 천 조각들을 들고 와서 그것들을 함께 기워 이불 한 채를 만들어주던 퀼트 같은 것에서 발달 되었다. 이런 미국인 특유의 실용적 감각이 일상의 모든 것과 어떠한 행위도 예술이 될 수 있다는 현대 팝아트의 정신이 뿌리 내릴 토양을 제공했다. 이렇게 미국의 대중문화는 저급 문화의 주체인 기능인, 흑인, 농민의 예술 감각의 진수를 고급문화 수준까지 승화하여 이에 호응하는 대중을 창출하며 이루어졌다.

이는 유럽의 대중문화의 형성 과정과 대조된다. 유럽, 특히 프랑스에서는 프랑스 혁명이후 부르주아들이 옛 귀족의 의식주 및 문화적 소비생활을 흠모하여 따라하면서, 또 그런 취향이 보다 아래 있는 경제적 계층으로 점차 확산되면서 대중문화가 발전되었다. 이에 따라 프랑스의 레스토랑이나 명품 의류와 귀중품은 예전 귀족들의 우아함과 격조를 현재까지도 유지한다. 그러나 미국은 건국 자체가 부패한 유럽의 귀족사회를 떠나 보다 평등한 신천지를 이루려는 계몽주의적 열망에서 이루어졌고, 공화주의적 전통으로 무장된 대중은 지금까지도 귀족적인 고급문화에 대해 따가운 눈길을 준다. 이에 따라 미국의 평등주의적 실용주의적 감각은 전후 지위 고하를 막론하고 누구나 먹을 수 있는 햄버거와 코카콜라로 대표되는 패스트푸드 문화를 일구었고, 청바지 패션으로 세계를 석권했다.

테마파크는 미국의 대중문화가 어떻게 자본주의적 상업마인드와 결합하여 번성해 갔는지 잘 보여준다. 1920년대에 최초로 등장하는 테마파크인 코니아일랜드(Coney Island)는 원래는 뉴욕시 인근 남쪽에 있던 한적한 바닷가였는데 1878년 철도가 들어서면서 호텔과 목욕탕 등이 지어지며 휴양지의 모습을 갖추기 시작했다. 그러다가 1915년 전철이 놓이고 몇 년 후 버스노선이 그곳에 닿고, 뉴욕시가 1923년에 4 킬로미터에 달하는 나무판자 보드워크(boardwalk)를 해변에 놓으면서 황금기를 맞는다. 뉴욕시는 그 부근에 지역 주민들의 반발에도 불구하고 유원지 특구를 지정하여 토지 개발업자들의 끈질긴 요구를 수용했다. 거기에는 회전목마, 롤러코스터, 낙하산 점프 등의 갖가지 놀이기구들이 들어섰고 노천극장, 수족관 등이 여러 기업체의 주도로 여기저기 지어졌다. 봄부터 가을까지 이곳은 뉴욕시민들이 시원한 여름을 맞는 유원지일 뿐 만 아니라 미국 최대의 휴양지였다. 그러나 제 2차 대전 후 코니아일랜드의 위상은 저물어갔다. 에어컨디션의 보급으로 사람들은 유원지에 나오려하지 않았다.

그러자 이번에는 디즈니랜드가 로스앤젤러스 부근에서 떠오르기 시작했다. 1950년 대에 미국은 고속도로가 국토를 종횡으로 이으면서 지역 곳곳으로 도로망이 실핏줄처럼 연결되었다. 자가용차의 보급과 전후 베이비붐으로 어린이 인구가 증가되면서 핵가족 단위의 여행은 붐을 이뤘다. 만화영화로 막대한 부를 축적한 월트 디즈니(Walt Disney)가 이런 비전을 놓칠 리 없었다. 그는 그 도시 부근의 20만평의 오렌지 밭에 판타지를 겸비한 거대한 테마파크를 마치 영화스튜디오를 확대해 가듯 조성했다. 거기에는 개척시대 도시, 미래 도시, 판타지 랜드 같은 몇몇 개성 있는 테마공원이 있었고 어른과 아이들이 함께 이 동화 같은 나라를 즐길 수 있었다. 1965년에 이르자 5천만 명의 방문객이 디즈니랜드를 다녀갔다. 이렇게 대중문화는 상업적 마인드와 결합되면서 미국의 엔터테인먼트 산업이 세계를 지배하도록 이끌고 있었다.

미국이 세계를 리드한 것은 그러나 상업적 문화 뿐만은 아니었다. 대중이 가장 중심에 서는 미국식 대중 민주주의는 세계에 민주주의의 확산을 가속화시키며 뻗어나갔다. 2차 대전 후 우리나라를 위시하여 수많은 새로운 국가가 수립되었다. 그들은 공산권이 아니라면 대부분 미국식 정치제도를 모방하여 헌법을 만들고 보통선거로 대통령을 뽑으며 삼권분립 제도를 수용했다. 60년대에 아프리카에서 많은 국가가 탄생하여 미국적 정치제도를 모방했으며, 90년대에도 공산권이 무너지자 신생 동유럽의 여러 나라들도 미국의 정치제도를 본받았다.

그러나 50년대가 저물어가면서 젊은이들은 풍요의 사회에서 획일적인 안락을 누리는 것에 지루함을 느꼈다. 그들은 자신들의 창의성과 인간의 숭고한 정신이 진부한 기존사회의 틀 속에서 억압당하고 있다고 여기며 기성사회나 제도에 반발하기 시작했다. 대학가에는 비트닉(Beatnik)이라 불리는 일단의 젊은이들이 즉흥적 문예운동을 일으키며 기존의 난해한 문학과 정돈된 문단을 부정했다. 그들은 자연스런 호흡의 박자, 즉 비트를 회복하자고 외치며, 인간의 호흡에 자연스레 합치하여 쉽게 읽히는 새로운 문체를 실험했다. 그들은 주로 대학가의 카페에 모여 해프닝적 시 낭송을 한다던가, 거기에 재즈를 곁들여 몸을 격렬히 흔드는 춤도 추고 마약도 복용하고 뮤지션같이 캐주얼한 복장을 하며 모든 제약을 떨쳐 버리고자 하였다.

비트닉 운동은 캐로왁(Jack Keroac)이나 긴스버그(Allen Ginsberg) 같은 젊은이들이 자유를 구가하며 모터사이클을 타고 캘리포니아로 여행을 하는 것으로 정점을 이루었다. 그들은 여정 중에 즉흥적인 문예활동을 하였는데, 바로 이 즉흥성 때문에 기록이 잘 남겨지지 않았다. 캐로왁은 한 두 권의 소설을 남겼고 긴스버그는 시를 약간 남겼을 뿐이다. 졸업 후 이들은 재즈카페에 모여 인종차별, 자본주의적인 물질주의를 배격하며 동양, 특히 인도의 불교에 심취되어 작품 활동을 면면히 이어갔다. 이들은 대부분 유복한 백인 중산층 가정 출신으로 그 충격파는 대학의 일부 인구와 소수의 예술인들에게만 국한되었다. 그러나 이들의 내면의 자유를 찾는 정신과 자유로운 삶의 스타일은 10년쯤 지나서 히피운동으로 재충전되어 전국의 젊은이들이 기존의 모든 질서를 거부하는 반문화(Counter Culture)의 물결을 거세게 일으켰다. 반문화의 문화적 발현이 히피운동이라면, 사회적 발현은 거대한 사회변혁을 이끈 민권운동이라 하겠다.

3. 민권운동: 현대 다문화주의의 진원지

미국에서 다문화주의는 뉴딜시대에 이미 싹 텄는데, 당시 유대인들이 겪은 홀로코스트와 소련의 민족해방전선 전략에 자극 받은바 컸다. 소련은 제삼세계를 향해 자본주의적 구미국가들은 종래 식민지제국의 후신이라고 외쳐댔고 이런 공략에 미국은 민감했다. 프랭클린 루즈벨트 대통령은 미국 역사상 최초로 유대인을 대법관에, 여성을 각료로 임명하였고, 그의 재임 시 멕시코 계 미국인이 연방의회에 진출했으며, 루즈벨트 영부인은 흑인의 처우개선에 많은 힘을 썼다. 그러나 미국에서 다문화주의가 획기적으로 개화되어 미국 사회에 큰 변화를 가져오고 나아가 전 세계에 충격파를 미친 것은 민권운동이 시작되면서 부터이다.

1) 민권운동의 태동

제1차 대전 때 흑인들은 북부로 대거 진출했으나, 제 2차 대전이 일어나자 비행기 공장이 많이 들어선 서부로 이동하기 시작했다. 전후에 이들은 자신들의 처지를 개선하기 위해 적극적으로 노력하였다. 2차 대전 후 미국의 세계적 지도력이 더욱 제고된 것은 민권운동의 개화에 큰 기여를 했다. 냉전시대에 미국의 인종차별은 아프리카와 동남아 신생국가에 대한 미국의 지도력을 발휘하는데 걸림돌이 됐다. 이 나라 대표들은 워싱턴에서 공식일정을 마치고 남부를 여행할 때, 호텔이나 식당 등의 공공시설에서 쫓겨나기 일쑤였다. 귀국 후 그들은 미국 대통령에게 강력히 항의했다. 연방정부는 그때까지 남부의 지역문제로 방관해왔던 인종차별 문제를 국가적 현안으로 시급히 다루기 시작했다. 흑백관계에 혁신적인 변화를 가져온 1954년의 브라운 판결(Brown vs. Board of Education of Topeka)은 정부의 이러한 인식전환을 극명히 보여준다.

이 법정 케이스는 초등학교 학생 린다 브라운(Linda Brown)으로부터 시작된다. 그의 집은 흑인구역의 가장자리에 있어서 흑인학교에 가려면 2시간 정도 걸어가야 했으나 백인구역에 있는 학교는 5분밖에 안 걸렸다. 린다는 백인학교에 입학원서를 냈으나 거절당했다. 이에 그의 아버지가 NAACP(유색인종지위향상위원회) 변호사들의 도움으로 딸의 입학을 위해 법정에 호소했다. 이 위원회는 지금까지도 가장 강력한 흑인 인권단체인데 그것이 수립된 1900년대 이래 수십 년 동안 린다의 경우와 비슷한 흑백분리정책이나 노동, 린치 문제를 법정에 호소해 왔으나 번번이 패소했었다.

그러나 브라운 사건에서 연방대법원은 브라운의 손을 들어주었다. 대법원장 얼 워런(Earl Warren)은 학교에서의 인종분리는 어린 아이의 자존감에 씻을 수 없는 상처를 남김으로 그 아이의 권리를 침해한다고 주장하며, 학교의 편을 들은 시교육위원회가 헌법을 위배했다고 판결했다. 워런은 결코 진보적인 인물은 아니었다. 그는 보수적인 아이젠하워 대통령에 의해 대법원장으로 임명 됐으나, 인종문제에 관한 시대적 요청을 깨달았다. 이 사건 이후 미국 곳곳의 법정에서 분리주의는 위헌이라는 판결이 나왔고 점차 중고교와 대학에서도 인종통합 정책이 뿌리내리기 시작했다.

2) 노예해방 후 흑인의 처지

이 보다 한 세기를 거슬러 올라가면, 남북전쟁으로 흑인들은 노예제도로부터 해방 되었었다. 그래도 이 해방노들(freed men)의 처지는 열악하기 짝이 없었고 허접한 일 을 하며 도시 근처로 모여들었다. 오히려 때로는 그들의 바람막이가 되 주기도 했었던 주인마저 없어지자 그들의 삶의 조건은 노예시절보다 더 열악해졌다는 주장도 있다. 흑인들이 많지 않았던 북부에서는 흑인들 스스로 알아서 백인들과 어울리지 않았음으 로 문제가 되지 않았으나 남부에서는 사정이 달랐다. 남부에는 흑인인구가 많아서 어 떤 지역은 백인 1명에 흑인들 10명이 있는 곳도 꽤 많았다. 그러므로 남부에서는 해방 노들을 예전의 굴종적 지위로 묶어두기 위해 여러 가지 편법과 제도를 지방 자치적 차 원에서 수립했다.

주(州), 시, 카운티는 교묘하게 법률과 규정들을 세우면서 흑인의 권리를 빼앗아 갔 다. 남북전쟁 후 연방정부는 헌법 수정까지 거치며 투표권을 부여했으나 소용없었다. 어떤 시는 공공장소에서 흑인이 백인과 같이 있는 것마저도 불법으로 규정했다. 또 어 떤 주들 에서는 투표권 등록을 위해서 흑인들에게 어려운 국어 시험을 치르게 하거나 소득세 증명서를 내게 하고, 심지어 아예 할아버지가 노예였던 자는 투표를 못한다고 못 박았다. 해방노 거의 다가 글을 못 읽고 소득이 없고 부모가 노예였음으로 흑인들은 노골적으로 투표소에서 배제된 셈이었다. 게다가 KKK 단이 기승을 부려 투표소에 나 오려는 흑인들과 그들을 돕는 백인들에게 테러를 자행했다.

이러한 여건으로 해방노의 후예들은 헌법에서 보장한 시민적 권리를 박탈당한 채

생존을 위해 굴종의 세월을 한 세기동안 보냈다. 이 노골적인 차별을 극명하게 들어낸 것이 1896년의 플레시 판결(Plessy vs. Ferguson)이다. 중소 기업인이었던 흑인 혼혈 플레시는 침대열차의 백인 칸에 탑승했다가 쫓겨나자 법정에 시민권을 침해당했다고 고소했다. 그러자 법정이 '동등'한 편의를 제공하면 분리해도 평등에 위배되지 않는다는 원칙(separate but equal)을 들이대며 열차회사의 손을 들어주었다. 그러나 현실적으로 흑백이 분리되어 이용하는 모든 공공시설의 수준에는 현격한 차이가 있었다. 이러한 사실을 외면한 채 미국의 법정은 이 플레시의 판례를 치켜들며 시종일관 어떠한 시설에서든지 흑백을 분리시키는 것에 아무 문제가 없다는 주장을 브라운 사건까지는 되풀이 해왔다.

이렇게 링컨의 노예해방 선언에도 불구하고 100년 동안 혹독한 시절을 겪었던 흑인들에게 브라운 판결은 하늘이 열리는 것 같은 경험이었다. 이에 고무된 흑인 커뮤니티는 이제는 수백 년간 자행됐던 차별을 시정하기위해 적극적으로 나설 때가 됐다는 것을 감지했다. 특히 유럽에서 나치에 대항해서 유럽시민들에게 자유를 찾아주고자 참전했던 젊은이들은 새로운 용기를 갖고 흑인의 시민권 회복 운동의 전면에 나섰다. 그들은 미국의 깃발 아래 외국에서 싸우다 꿈에도 그리던 고국 땅을 밟자마자 공항에서부터 백인전용 공공시설에서 쫓겨나는 수모를 당했다. 이들은 외국의 자유를 지키기 위해 목숨을 걸고 싸웠으나 오히려 자기의 조국에서 자신의 자유가 박탈되는 모순된 상황을 겪게 되었다.

또 미국은 전후 엄청나게 불어난 국고 덕분에, 마샬플랜과 무상원조로 국제무대에 많은 달러를 쏟아 부었고, 국내에서는 지아이 빌(G I Bill)을 수립함으로써 복지제도를 확충하였다. 그 것은 제대 군인에게 대학을 포함한 어떠한 교육과정도 무료로 지원하고 정부 지원으로 건설된 주택에서 입주 우선권을 주었다. 이로서 흑인 젊은이들이 대학에 많이 진학하였고, 전후 호황으로 취업도 잘 되었다. 이런 흑인 젊은이들이 자긍심을 갖고 시민권 회복운동의 주역이 된다.

3) 민권운동의 확산

브라운 판결이 내려진 다음 해에는 몽고메리 버스보이코트 운동이 일어나면서 킹 (Martin Luther King Jr.) 목사가 10년 동안 민권운동을 이끌어, 결국 1964년에 민권법이 세워지고 미국에서 인종차별의 법적인 제도가 사라지는 쾌거를 이룬다. 민권운동 (the Civil Rights Movement)은 흑인들이 인종평등을 위해 여태까지 의뢰해왔던 법원의 조치만을 기다리지 않고, 거리로 직접 나아가 데모를 하는 새로운 대중적 전략을 구사하며 시민권을 현실적으로 다시 쟁취하려고 한 운동이었다.

민권운동의 시작인 몽고메리 사건은 다음과 같이 일어났다. 흑인 계몽운동을 했었던 중년의 로자 팍스(Rosa Parks)가 앨라배마 주 시내버스에서 백인에게 자리를 양보하지 않자, 버스 기사는 그를 경찰서로 넘겼다. 그녀는 몽고메리 시의 교통법을 위배한 죄로 고액의 벌금을 물고 풀려났다. 팍스의 체포 후 닷새 만에 시내버스 규탄 궐기대회가 흑인 여성 정치학 교수 조 앤 로빈슨(Jo Ann Robinson)의 주도로 열렸는데, 기대 이상으로 흑인 시민 남녀노소가 다 운집하여 그 열기가 충천하였다. 그러자 데모 지도부는 이 대회를 예정됐던 일회성이 아니라, 지속적으로 현행 시내버스 규정이 개선될 때까지 열기로 결정했다. 지도부는 몽고메리개선위원회(Montgomery Improvement Association)를 결성하여 26세의 킹 목사를 위원장으로 선출하고 시내버스 보이콧을 감행 했다.

이 전략은 현명했다. 왜냐하면 당시 시내버스의 차주는 백인들이었으나 버스승객의 60%는 흑인이었기 때문이었다. 많은 흑인들이 한 시간 이상을 걸어 출퇴근하면서 보이콧은 일 년 남짓 계속됐고 드디어 연방대법원은 몽고메리 시의 버스교통법이 위헌이라는 판정을 내렸다. 몽고메리 승차거부운동이 승리하자 남부전체로 이런 운동은 확산됐다. 킹 목사는 남부기독교지도자회의(Southern Christian Leadership Conference)의 장이 되어 비폭력, 인종통합주의를 내걸며 남부 전역에서 민권운동을 이끌어 갔다. 그의 리더십은 다양한 민중운동을 일으켰다. 학생들은 흑인에게 주문을 받지 않는 패스트푸드점에 몇 시간이고 앉아 모든 수모를 받아내는 평화적 좌석점거운동을 하였다. 또 고속도로 상 편의시설에서의 인종통합을 명하는 법률의 시행을 도모하기 위해, 프리덤 라이더(Freedom Riders)라 불리는 베테랑 흑백 운동가들은 버스 두 대를 나눠 타고 워싱턴 시에서 출발하여 인종적 갈등이 가장 심한 앨라배마로 향했다. 몇 개 주를 지나는 도중에 인명 피해는 없었으나 앨라배마 주로 들어가자 버스는 불에 다 탔고 그들은 가까스로 목적지에 도착했다.

다음에 주목을 끈 운동은 미시시피 투표등록 운동이었다. 앨라배마와 함께 남부의 최남단인 미시시피 주는 인종차별이 극심했다. 이 주에 북부 대학생들이 여름방학 동안 내려가서 흑인 가정을 가가호호 방문하며 그들에게 투표권등록을 권유하였다. 이 운동을 하던 도합 세 명의 흑백 학생이 타살되었으나 처음에는 사건 조사가 흐지부지 되었다가 이삼십 년이 지나서야 진상이 들어났다. 한편, 소작농으로 살아가던 '빅 마마,' 페니 루 해머(Fannie Lou Hamer)는 이 계몽 운동 덕분에 투표권을 행사하며 전율을 느꼈다. 그는 흑인의 투표가 정치권에 제대로 반영되도록 백인 일색인 민주당의 전당대회에서 흑인의 몫을 달라고 요구하였으나 거절되자, 별개의 흑인의 정당을 세우며 당을 압박하여 드디어 전국전당대회에 4명의 흑인을 포함시키는 눈부신 성과를 거뒀다.

아칸소 주 리틀록의 한 고등학교에서도 큰 사건이 터졌다. 교장 데이지 베이츠(Daisy Lee Gatson Bates)는 새로운 교육정책에 따라 흑인 학생 9명을 입학시키려했다. 그러나 학교 운영위원회가 이를 거부했고, 주지사 포브스(Orval Faubus)는 주민의 뜻을 받아들인다는 구실로 아칸소 주방위군을 소집하여 주민들과 함께 교문에 버티고 서서 흑인학생들의 등교를 방해했다. 교문 앞 길가에는 백인들이 늘어서서 집단적 분노를 터뜨리고 있었다. 상황의 심각성을 파악한 교장은 흑인학생들 개개인이 등교하는 대신에 그들을 단체로 모아서 자신이 이끌고 학교로 등교했다. 그러나 백인들의 기세가 험악해지자 학생들을 모두 안전한 곳으로 빼돌렸다. 그러자 아이젠하워 대통령은 연방의 교육법을 무시하는 주지사의 소행을 그냥 보고 있을 수만 없어서 아칸소 주에서 연방방위군을 소집·파견하여 매일 흑인 학생들을 등교 시 호위하고 수업시간에도 방위군이 교실을 지키면서 인종 통합적 교육정책이 시행되 나가도록 감시했다. 이렇게 해서 고등학교에서도 인종통합의 기운은 서서히 남부 전역에 퍼져나갔다.

민권운동은 "워싱턴 행진"에서 절정을 이루었다. 브라운 판결이 내린지 10년이 되는 해 여름에 킹 목사는 링컨의 노예해방 선언 백주년을 기념하기 위해 이 시위운동을 조직한다. 그보다 일 년 전 킹 목사는 노벨 평화상을 받아서 이미 세계적 인물로 부상했

다. 전국에서 20만 명이나 되는 흑백 시민들이 워싱턴의 링컨 기념관 공원으로 운집했다. 그들은 민주주의 국가인 미국에서 인종차별은 있어서는 안 될, 사라져야만 될 야만적 제도로 못 박았고, 킹 목사는 "나에게는 꿈이 있습니다."라는 인종통합을 위한 감동적인 연설을 했다.

워싱턴의 광장에서 연설하는 킹 목사

그 해 가을에 민권운동에 적극적이던 존 케네디 대통령이 텍사스에서 유세 중에 저격당해서 서거했다. 국민은 집단적 슬픔에 빠졌다. 부통령 존슨은 대통령직을 인계받고 의회에서 첫 연설을 했다. 그는 남부에 동정적인 텍사스 주의 상원 의원직을 오래 역임한 노련한 정치인으로서, 그때가 민권법을 통과시킬 절호의 기회라고 포착하였다. "여러분, 고인을 진정 기리기 위해서 우리가 할 수 있는 것은 그가 생전에 그리도 사인하고 싶어 한 민권법을 통과시키는 일 뿐입니다."라고 미국 의회에 호소했다. 상원은 각 주에서 2명의 의원으로 구성되었기에 상원의 거의 반을 차지하는 남부 의원들은 케네디 재임 시 수차례에 걸쳐 민권법을 통과시키지 않았었다. 상원은 또 몇 십 년 동안 꿈적도 않고 반린치법 마저 반대해오던 터였다. 그러나 이 거국적 애도의 분위기에 휩쓸려 그들은 마음을 열고 드디어 민권법이 의회에서 통과됐다.

민권법으로 미국인들은 그제야 인종을 이유로 입학과 고용에서 법적인 차별

을 받지 않게 됐다. 이법의 시행을 촉진시키기 위해 미국 정부는 소수민족우대정책 (Affirmative Action)을 세워서 공공부문에서의 고용이나 입학, 또 공공사업의 계약에서 흑인을 포함한 소수민족과 여성을 우대하는 조치를 취해서 빛나는 성과를 이루었다. 이 정책은 후일 세계 각국에 영향을 주었다. 이 법의 수립으로써 10년 동안 여러 가지 형태로 벌어졌던 민권운동은 뜻하던 목표를 이루어 냈고, 법적 차별이 남부에서 사라졌다. 그러나 법적 차별이 미국에서 사라졌다고 해도, 사회적 경제적 문화적 차별이 미국에서 다 소멸된 것은 아니다. 이 문제는 두고두고 미국이 풀어야 할 숙제로 남아있다.

4) 다문화 사회로의 발전

전후 소란스럽고 흥청망청하던 20년대는 그 배후에 어두운 그림자를 갖고 있었다. 그것은 토착주의자들의 발호였다. 그들은 흑인에 더해서 지난 세기 말부터 대거 유입된 가톨릭교도와 유대인을 향해 비미국적이라고 적대감을 표출했다. 토착주의자들은 1920년대에 출신국적법(National Origin Act)을 세우며 서북 유럽계 외의 지역에서 이민 오는 것을 제도적으로 막았다. 그 법은 1880년의 인구조사에 나타난 출신국의 비율에 비례하여 국가별로 이민의 숫자를 제한하였다. 1914년 한 해에만 10만 명이 들어왔던 유대인 이민은 이법으로 연간 1만 명으로 확 줄어버렸다. 1920년대에는 한 몇 십년 동안 잠잠하던 KKK단이 재정비되어 이제는 흑인뿐 아니라 가톨릭교도와 유대교도 들에게도 노골적으로 적대감을 표출했다. 그러나 2차 대전 후 공산주의에 대항하여 개신교-카톨릭-유대교의 공동연대가 성립되면서 토착주의적 적대감이 희석되고 다문화의 수용에 대한 기반이 다소 이루어졌다. 그럼에도 불구하고, 미국에 다문화적 가치를 확산한 일등공신은 민권운동이었다.

2차 대전 시 노동력 수요의 증가로 멕시코에서 불법 이민이 많이 들어왔다. 1965년에는 출신국적법도 철폐되어 세계 각국의 사람들에게 이민의 문이 평등하게 열렸다. 그 결과 한국인을 포함한 아시아계와 히스패닉계가 급증하는 3차 이민의 물결이 나타났다. 60년대는 격변의 시대였다. 민권운동에 이어 미국 사회의 곳곳에 기성 가치체계를 부정하는 반문화적 경향이 고조되었다. 베트남 전쟁 반대로 시작된 학생운동은 대학의 커리큘럼을 바꾸었다. 민권운동의 여파는 여러 소수민족과 소수세력에 영향을 미쳐서, 여권운동, 동성애자운동 등을 출현시켰다. 그때까지 주류의 리더십에 묻혀 목소리를 내지 못하던 곳곳에서 반체제 반정부 운동이 심화됐다. 그러나 이런 저항운동은 자유시장경제라는 큰 테두리 안에서 진행되어왔다. 어떤 주목 받는 세력도 자유체제에 반대해서 사회주의적 평등을 부르짖지는 않았다. 단지 정부를 주도하는 세력이 자유와 평등이라는 진정한 미국의 가치를 실현하지 못한다고 불만을 터뜨렸다.

2000년도의 인구통계에 의하면, 히스패닉 계를 제외한 백인은 미국 총 인구의 72%를 차지한다. 나머지 28%는 대략 히스패닉이 12~13%, 흑인 12%, 아시아계 4%, 유대인 2%, 원주민 1%, 아랍인이 0.3%를 차지한다. 전통적으로 소수인종 중에서 인구가 가장 많았던 흑인은 2000년에 들어서 그 자리를 히스패닉에게 내주었다. 현재 히스패닉과 아시아계의 인구는 급속히 늘고 있어서 2050년이 되면 히스패닉을 제외한 백인들은 전체 인구의 53%밖에 안 될 것으로 인구통계국이 내다보고 있다.

건국초기와 현재의 인구 구성비를 비교해보면 미국이 다문화적으로 끊임없이 변화해온 것을 엿볼 수 있다. 1790년 미국에서 최초로 실시된 인구조사에서는 백인이 90% 정도였고 흑인이 나머지를 차지했는데, 그 백인들 중에서는 영국계가 60%를 차지했다. 그러나 그 후 유럽 각지에서 이민들이 많이 유입되어 1940년이 되면 이민 오는 유럽인들 중에서 영국 계는 9%로 떨어졌고, 오히려 독일계, 이탈리아, 네덜란드가 각각 13-15%를 차지했다. 이렇게 미국사회는 영국계 위주에서 서북유럽계 중심으로 주류문화가 확대됐다. 현재는 유럽 위주의 사회에서 모든 문화가 공존하는 다문화사회로 변모해가면서, 인종 민족 출신국가 종교가 서로 다른 주민들이 각각 자긍심을 갖고 비교적 사이좋게 살고 있다.

다문화주의적 사회로의 변신은 지난 반세기 동안 미국이 이루어 놓은 변화 중에 가장 훌륭한 것이었다. 그것은 몇 백 년 동안 고정관념화 됐었던 인종의 장벽, 편견, 차별을 넘어 한 인간을 소속된 배경이 아닌 개인의 개성과 능력으로 평가하려는 혁명적인 발상의 전환이었다. 그 결과 미국 사회는 예전의 인종차별적 양상의 많은 부분을 고쳐 나갔다. 이런 다문화적 가치관의 성과는 3,000여 명의 시민이 갑자기 희생된 9.11테러를 겪고도, 그 후에 아랍계 미국인에 대한 집단적 폭행이 일어나지 않은 세련됨에서 찾을 수 있다. 오바마(Burack Obama)같은 흑인 대통령이 압도적 다수표로 선출된 것도 모범적인 다문화 사회의 한 면모를 보여준다. 다문화주의는 미국인 모두가 인종과 민족의 배경을 넘어 자유와 평등이라는 공통의 신념 아래 국민적 결속을 재삼 다지는 큰 원동력이 되었다.

4. 종교와 축제: 세속화와 긴 연휴

나날이 전진하는 산업화 속에서 20세기의 미국사회는 더욱 세속화되고 종교적 열정이 식어갔다. 1차대전 후 가속화된 세속화로 교회에 가는 인구는 대폭 줄었다. 그러나 2차대전 후 공산주의의 위협 하에 종교가 다시 부흥하였다가 60년대 히피 시대에 다시 줄었다. 그러다가 레이건의 1980년대에 보수적 사회분위기에 힘입어 다시 부흥하며 미국 현대의 종교적 세력은 신축성있는 추이를 보여준다.

1) 종교

미국의 기독교는 19세기 후반부에는 진화론으로 타격을 받더니 20세기에는 프로이드로부터 공격을 받았다. 이에 대한 반응으로 개신교도들은 근본주의자가 되거나, 1차대전의 참전문제를 놓고 평화주의와 참여주의로 분열했다. 참여주의자의 대표였던 니부르(Reinhold Niebuhr)는 후에 그의 종교적 운동을 나치 반대운동으로 이어갔다.

이 시기에 이런 개신교의 약세에 비해, 그동안 증가된 이탈리아 이민에 힘입어 가톨릭 세력은 성장했다. 미국의 가톨릭은 개혁적 가톨릭을 지향했다. 교단은 노동계층을 지지해주면서 노동운동이 반 기독교적으로 되는 것을 방지하는데 공헌했다. 그러나 교황청은 미국의 개혁적 가톨릭이 못 마땅하여 1908년 신앙선교회(Congregation for the Propagation of Faith)에서 제명하였고, 미국교회에는 가톨릭 전파의 사명이 더 이상 없다고 선포하였다. 그럼에도 불구하고 미국 가톨릭은 독자적으로 성장하여 1960년 이후 현재까지 세계의 교회 권에서 중요한 위치를 차지한다. 19세기 후반에 미국이 알래스카를 소련으로부터 구매한 이후 동방정교도들의 숫자도 늘어왔다. 20세기를 전후해서 유럽의 박해를 피해 유대인들이 미국으로 대거 피난해 와서 유대교도의 숫자도 늘었다.

근본주의는 19세기 말이래 계속 그 위세를 불려갔다. 근본주의에 찬성하지 않는 사람들도 금주운동이나 1928년 가톨릭 대통령 후보 제어 노력은 암암리에 지원했다. 1920년에 여성들은 최초로 투표장에 나갔고 정치인들은 인구의 반에 달하는 여성을 무시할 수 없게 되었다. 청교도적 전통을 이어받은

술을 하수도에 버리는 금주 단속원

여성 지도자들은 기세를 몰아 금주법을 헌법의 수정조항으로 성립시켜서, 알코올의 제조와 판매를 일절 금지시켰다. 그들은 아일랜드나 이탈리아의 가톨릭교도들이 술을 가까이 하는 것을 죄악으로 보았다. 그러나 금주법의 폐해는 오히려 커서, 남자들의 술 마시는 습관을 고치기는커녕, 술의 불법제조와 판매, 비밀술집들이 판을 치게 되었다. 더욱이 밀주 유통망에서 오는 막대한 이득을 둘러싸고 알 카폰(Al Capone)과 같은 폭력조직이 구역을 가르고 대결하면서 대낮에 자동 차안에서 기관총을 쏘아대는 일도 일어

났다. 금주법은 다시 헌법의 수정을 거쳐 10여 년 만에 해체되었다.

미국의 종교적 열정은 이렇게 1950년까지는 잠자고 있다가 다시 불붙었는데 그것은 공산주의와 대결하기 위해서였다. 공산권은 종교가 경제적 실체의 그림자에 불과하다면서 교회를 폐쇄하였다. 이에 대항하여 기독교를 지키려는 노력은 그때까지 적대적이던 개신교, 가톨릭, 유대교를 결속시켰다. 유대-기독교(Judeo-Christian)라는 용어가 유포됐다. 1960년에는 아일랜드계의 가톨릭교도인 케네디가 대통령으로 당선되었다. 한편, 그 시대에는 반문화의 전개로 기독교가 계속 침체되었다. 1980년 레이건 대통령의 당선과 더불어 미국의 보수주의가 고개를 들기 시작하자 종교도 부흥기를 다시 맞는다. 특히 이 시대의 '도덕적 다수(Moral Majority)'는 낙태반대를 부르짖으며 지난날의 히피들을 '거듭 난 자(Born Again)'로 개종시켰다. 이로써 미국의 종교적 부흥기는 1740년대, 1830년대, 1950년대, 1980년대의 4차를 맞았다.

2) 축제

미국의 축제와 휴일에는 기독교적 요소와 국가 차원의 경축일이 섞여있다. 1970년대부터는 공휴일이 독립기념일을 위시한 몇 개의 것을 빼고는 월요일에 대개 배정돼있다. 국민들이 긴 연휴를 갖도록 하기 위해서이다. 다음은 법정 공휴일이다.

설날	1월 1일
킹 목사의 날	1월의 3번째 월요일
대통령의 날	2월의 3번째 월요일
현충일	5월 마지막 주 월요일
독립기념일	7월 4일
노동절	9월 첫째 월요일
콜럼버스의 날	10월 두 번째 월요일
재향군인의 날	11월 11일

추수감사절	11월 네 번째 목요일
크리스마스	12월 25일

미국의 가장 큰 축제는 물론 크리스마스다. 크리스마스 시즌은 11월 마지막 목요일인 추수감사절이 끝나자마자 시작된다. 추수감사절은 1620년에 종교의 자유를 찾아 신대륙에 도착한 필그림 청교도들에게서 비롯되었다. 신대륙에서의 정착생활에 물질적으로 제반 준비가 잘 안되었던 그들은 첫해 겨울에 추위와 질병과 기아 때문에 102명중에서 47명이 사망하였다. 영국에서 가져온 씨앗이나 농사 기술은 신대륙에서 큰 도움이 되지 못했다.

다음해 봄에 그들은 인디언의 도움을 받아 옥수수, 콩, 보리 등을 재배하여 좋은 수확을 하였다. 식민지 지사, 윌리엄 브래드포드(William Bradford)는 감사의 날을 정하여서 3일 동안 축제를 벌였다. 또 고마움을 표시하기 위해 추장을 포함한 91명의 원주민을 손님으로 축제에 초대했다. 어떤 인디언들은 사슴고기 같은 사냥물들을 가져왔고, 필그림에게 크랜베리(Cranberry)를 포함한 여러 가지 요리법을 가르쳐 주었다. 이것이 풍습으로 자리 잡으며 추수감사절 명절이 생겨났다.

추수감사절의 잔치 음식은 칠면조를 중심으로 해서 크랜베리 소스와 호박파이로 이루어진다. 옥수수도 추수감사절을 상징하는 식품으로 쓰이는데, 그것은 필그림들이 그 곡식 덕분에 생존했다는 것을 의미한다. 칠면조는 미국 대륙에만 유일하게 존재하는 큰 새로서, 영국에서 크리스마스 때에 큰 거위를 구어 먹는 풍습을 대신하게 되었다.

매년 추수감사절 날 뉴욕에서는 메이시(Macy's) 백화점이 주관하는 퍼레이드가 열리는데 벌써 80회 이상이 되었을 정도로 오랜 역사를 가지고 있다. 추수감사절 날에는 아이들이 전국적으로 아침 일찍부터 일어나 눈을 비비면서 퍼레이드를 TV로 본다. 퍼레이드가 끝나자마자 TV는 미식축구장으로 옮겨져서 축구시즌의 개막을 알린다. 그때부터 크리스마스를 지나서 까지 축구 경기는 계속된다. 미국도 우리나라나 마찬가지로, 남자들은 오프닝 경기를 보려고 TV 곁에 모여 앉아 식사를 기다리고, 여자들은 부엌을 드나들며 상차리기에 바쁘다.

칠면조는 굽는데 적어도 대여섯 시간이 족히 걸린다. 그러므로 새벽부터 칠면조를 굽기 시작하더라도 오후 한두 시가 되어야 다 익는다. 그동안 식구들은 에그녁(eggnog)이라는 크림과 우유에 계란을 섞어서 달게 만든 음료에 때로는 브랜디를 조금 섞어 마시며, 치즈를 곁들인 비스킷

추수감사절 퍼레이드

이나 콘칩 같은 것을 먹으면서 TV를 보고 담소를 나눈다. 잔칫상은 대개 점심시간 무렵에 차려지지만 미국 사람들은 이것을 추수감사절 디너(저녁식사)라고 부르며 식탁에는 대개 와인이 준비되어 있다.

추수감사절 하루를 잘 먹고 푹 쉬고 나면 그 주말에는 전국적으로 크리스마스트리에 전기가 켜지고, 크리스마스 캐럴이 곳곳에서 울려 퍼지면서 그 때부터 근 한 달 동안 거리와 집들은 크리스마스 장식을 하고, 백화점들은 크리스마스 시즌을 위한 세일을 시작한다. 사람들은 크리스마스가 다가오는 한 달 동안 멀리 있는 지인들에게 안부를 전하고, 가족이나 가까운 사람에게 줄 선물을 준비하면서, 한해를 마무리 하는 마음가짐을 갖는다.

집에서는 크리스마스 트리를 거실에 세우고 그 아래 가족들에게 줄 선물 상자들을 하나 둘 쌓아 크리스마스 날이 되면 아름다운 박스들의 더미가 생겨난다. 이 상자들을 가족들이 크리스마스 정찬 후에 풀어본다. 크리스마스 다음 날은 백화점들이 연중 가장 큰 할인을 제공하는 세일을 한다. 부지런한 사람들은 다음 해의 크리스마스 선물을 미리 사놓는다. 크리스마스 시즌은 12월 31일 먹고 마시고 춤추는 소란스러운 망년 파티로 종지부를 찍는다. 1월 1일에는 설날 휴일을 맞아 푹 쉰 뒤에, 2일부터 다시 일상의

업무가 시작된다. 출근하려고 거리에 나서면 크리스마스 트리는 어느 새인지 씻은 듯이 시야에서 사라져버리고 1년의 힘찬 사이클이 다시 시작된다.

법정 공휴일은 아니지만 그래도 성대히 치루는 종교적 축제를 미국인들은 많이 갖고 있다. 2월 14일인 밸런타인데이는 초기 기독교의 순교자인 성 밸런타인을 기념하는 날로 성과 나이에 관계없이 사랑하는 사람에게 초콜릿을 주고 카드를 보낸다. 부활절은 3월 21일 무렵의 춘분이 지나고 오는 첫 보름 후의 첫 번째 일요일인데, 예수님의 부활을 경축함과 동시에 봄이 시작됨을 축하하는 의미가 있다. 어린이들은 계란 물들이기와 옅은 봄 색깔의 옷을 입고 야외에서 계란 찾기 놀이를 한다. 할로윈 데이는 10월 31일에 죽은 망령들을 위로하기 위해 생긴 날이며, 이날 아이들은 가장행렬을 하고 가가호호 방문하면서 과자를 얻어먹는다. 이 세 축제는 방법상 약간의 차이는 있으나 우리나라에서도 이제 보편화되었다.

국가차원의 으뜸가는 경축일은 독립기념일(The 4th of July) 이다. 이날은 1776년 미국이 영국으로부터 독립을 선포한 날이다. 낮에는 애국적 기념식과 민속적 퍼레이드를 위시하여 여러 가지 행사와 피크닉이 벌어지고 저녁에는 큰 도시들에서는 불꽃놀이가 열린다. 그것은 여름 밤 큰 공원이나 축구 경기장, 강변이나 바닷가 등에서 구름같이 모여드는 인파를 위해 준비된 야외 음악회와 함께 열리는 수가 많다.

미국에 사는 이민 후예들은 각기 자기 조국의 큰 명절도 성대히 축하한다. 성 패트릭 데이는 아일랜드계 이민의 경축일 이지만, 아무라도 초록색의 옷을 입고 초록색 맥주를 마시며 뉴욕에서는 성대한 퍼레이드를 벌린다. 루이지애나의 뉴올리언스에서 열리는 마르디 그라(Mardi Gras) 축제는 사순절이 시작되기 전날에 클라이맥스에 이르는데, 그보다 2주전에 축제가 시작되어 그동안 주민과 관광객은 현란한 의상과 춤과 음악, 퍼레이드 속에서 일상을 잊으면서 흥겨운 축제 분위기에 젖는다. 유대인들은 11월과 12월에 걸쳐 예전에 예루살렘을 시리아로부터 탈환한 것을 기리는 하누카 명절에 8일 동안 촛불을 밝힌다. 아랍계는 아랍의 달력으로 9월 한 달 동안 금식으로 영적 수련을 하는 라마단을 끝내면서 성대한 잔치를 벌인다. 또 중국계 이민은 샌프란시스코 같은 대도시에서 추석과 설날 사자춤이나 용춤을 추는 퍼레이드를 펼치며 불꽃놀이를 한다. 1960년대부터 일부 흑인들은 크리스마스 다음 날로부터 설날까지 콴자(Kwanzaa)라는 축제를 가지며 아프리카에서 추수를 감사드리던 이 명절을 기념한다. 추수감사절 날 일부 미국 원주민들은 애도(哀悼)의 날 (National Day of Mourning)기념행사를 한다. 1970년에 시작된 이 행사에서 그들은 필그림이 신대륙에 처음 발을 딛었던 플리머스 록(Plymouth Rock)이 보이는 콜스 언덕에 모여 그들만의 목소리로 애도의 감정을 발산한다.

어떤 도시들은 특정한 날을 세계인의 날로 정해서 그 곳에 살고 있는 모든 소수민족들이 자신들의 향연을 함께 치르도록 배려한다. 거기에는 각 민족의 음식과 음악과 춤이 동원되고 시민들은 서로 다른 나라의 문화를 체험하며 다문화 사회의 멋과 여유를 즐긴다. 이 외에 각 주와 시는 각자의 개성을 자랑하며 저마다의 독특한 축제일을 갖고 있다. 이 축제들은 지역의 개성이나 특산물 혹은 이념을 홍보하는 동시에 관광객을 유치하려는 안목에서 기획된 것이 많다. 예컨대 뉴멕시코 주의 열기구 축제라던가, 샌프란시스코의 게이 축제, 콜로라도 주, 애스판의 고전음악 축제가 그런 것들이다.

5. 가정과 교육: 핵가족과 개방적 교육제도

도시화가 빠른 속도로 진행되자, 종래의 목가적이고 대가족적인 생활은 이제 옛이야기가 되어가고 있었다. 그 대신 도시에서 핵가족의 생활이 대세로 대두하기 시작했다. 1차 대전 후 한탕주의가 판치자 인정미가 없는 도시생활에 환멸을 느낀 사람들은 예전 목가적인 생활방식을 그리워하며 시골로 내려갔다. 특히 예술가들에게서 그런 경향이 많았는데 그들은 아예 미국 국적을 버리고 보다 차분한 삶의 결을 제공하는 유럽의 국적을 취득하기도 했다. 이들을 잃어버린 세대(Lost Generation)라고 불렀다. 그러나 이런 도시에 만취하거나 도시를 기피하던 여유로운 심정도 경제공황이 불어 닥치자 현 상황의 생활을 유지하기에 전전긍긍하는 절박함으로 바뀌었다. 뒤이어 온 2차 대전으로 그 절박감은 고조된다.

1) 가정생활

양차대전과 경제공황으로 가정생활의 단란함을 억울하게 빼앗긴 미국인들은 가족이 얼마나 중요한지를 새삼 깨달았다. 그들은 가정의 안락을 누리는 것을 인생 최고의 목표로 세웠다. 2차 대전 후 그들이 꿈꾸던 안락한 생활은 실현되었다. 전후 계속 팽창하는 경제는 젊은이들에게 풍부한 일자리와 주택을 제공했다. 1950년대가 되면 주택건설은 도시의 외곽으로 퍼졌다. 이 단아한 교외주택에서 핵가족 단위로, 가톨릭을 제외하고는, 두 명의 아이를 키우고 거실에서 가족들이 함께 TV를 보며, 일요일이면 성장을 하고 교회에 가는 것이 중산층의 대세로 자리 잡았다.

주부들은 아름다운 집안 가꾸기와 육아에 열중했다. 이런 시대적 분위기를 반영한 것이 스포크(Spoke) 박사의 육아법이었다. 그는 여태까지 어린이들을 어른들의 기준으로 억누르던 육아법에 반기를 들며 아이들의 욕구를 충족시켜주는 것이 최고의 교육법이라고 주장했다. 그의 교육법은 그러나 공주와 왕자 병이 든 아이들을 양산했다. 이 베이비붐 세대들은 그리하여 나만 아는 "나 세대(Me Generation)"라고 불렸다. 예컨대 한 아버지는, "나는 다섯 형제의 막내라서 식탁에 닭 한마리가 올라오면, 우선 조부모님부터, 아버지, 형들의 차례로 할당됨으로 언제나 닭 모가지 같은 것만 내 차지가 되었다. 그래서 내가 가장이 되면 닭다리를 실컷 뜯으리라 내심 고대하였다. 그러나 아버지가 되자 이제는 아이들 세상이라 애들이 닭다리를 하나씩 차지하니 나는 다시 닭 모가지만 뜯게 되었다,"고 토로했다.

1960년대 후반에 이르자 이런 가정 중심의 삶에 여성들이 권태를 느끼기 시작한다. 당시 여성들은 대체로 가정과 직장을 동시에 가질 수 없었다. 그래서 잡지사 기자를 하다 은퇴하여 단란한 결혼생활을 하던 베티 프리단(Betty Freedan)이 주변 주부들의 의견을 설문조사하여 『여성의 신비』(Feminine Mystique)를 출판했다. 이 책에서 그는 많은 여성들이 비록 아름답고 성공적인 가정을 이루었어도, 가정의 운영에만 제한된 자신들의 삶을 무기력하고 처참하게 느낀다고 주장했다. 이 책은 출판되자 큰 사회적 반향을 일으켜서 여성의 사회진출을 지원해야 된다는 여론을 조성했다.

1970년대 여권운동이 확산되자 글로리아 스타이넘(Gloria Steinem)은 Ms.라는 잡지를 만들어 그 어휘를 Miss, Mrs. 대신에 유포시켰다. 거기에서 더 나아가 그는 "성은 대화의 연장"이라고 말하여 성해방의 기수 역할도 했다. 여성운동은 점점 고조되어 평등권(ERA, Equal Rights Amendment)운동으로 비화했다. 이것은 고용과 승진에 있어서 여성이 남성과 동등한 대우를 받을 것을 보장하도록 헌법이 수정되어야 한다는 운동이었다. 헌법 수정안은 의회를 통과하여, 각주의 비준을 받는 절차로 옮겨졌다. 십년 동안 온 나라가 비준을 놓고 들 끓었지만, 50개 주의 3/4의 찬성이 필요한 마지막 단계에서 3표가 모자라서 1982년에 무산되었다. 헌법 수정이 수포로 돌아가자 여성운동의 열기도 식었다. 이후 여성운동은 중도파, 동성애자파로 나뉘었고 또 보수적 여성들의 공격도 받아서 약화되었다.

2) 교육

남북전쟁 이후 우후죽순같이 생긴 대학에서 교육을 받은 여성이 대폭 늘자 그들의 사회 진출이 이어졌다. 그러나 20세기 전반기만 해도 여성은 가정에 머무는 것이 대세였음으로 사회활동을 원했던 선구적 여성들은 주로 사회복지라는 새로운 영역을 개척하였다. 그들은 산업혁명을 겪은 영국에서 노동자들의 열악한 생활환경을 개선하기 위해 복지관이 세워졌던 것을 본받아, 대도시의 빈민가에서 사회복지사업을 전개하였다. 이들의 상당수는 미혼으로서 보다 나은 사회를 이루는데 정열을 쏟아 부었다. 그들은 이민들에게 영어로 의사소통하는 능력을 길러주고, 미국적 라이프스타일과 덕목을 주입시키고, 효율적인 가사운영과 교양증진을 도모했다. 이민자들은 대부분 노동자였다. 이에 따라 이 제1대의 사회복지사들은 자연히 노동환경의 문제점을 직시하게 되고, 그 개선에 힘써서 노동조건의 향상에 힘썼다. 예컨대 뉴딜시대의 아동노동 금지법, 최저임금법, 여덟 시간 노동법의 수립에는 이들의 공헌이 컸다.

2차 대전 후 정부는 '지아이 빌'(GI Bill)을 세워 제대군인에게 대학을 포함한 모든 교육과정의 등록금을 완전히 면제해주었다. 2차 대전은 국민개병제였다. 이에 따라 모든 성년 남자는 무상학자금을 받은 바나 다름없었다. 이 규정으로 저소득층이 대학교육을 받을 기회를 가질 수 있었다. 또한 지역대학(community college)제도도 발전되었는데 이는 그 지역의 세금으로 운영되며 지역 주민들에게 무료로 초급대학 교육을 개방했다. 지금은 외국인들이 유학의 방편으로 많이 이용함으로 적지 않은 등록금을 받는 곳도 있다. 지역대학은 초급영어에서부터 여러 가지 기술과 과학 그리고 인문학까지 골고루 교육하여, 이민, 중고교 중퇴자, 저소득층의 취업을 도와주고 거기를 거쳐 일반대학으로 편입도 가능하게 열어놓는다. 이런 교육시스템은 고등학교 때부터 인문계와 기술계를 나누어서 이후 각각의 분야로만 진출할 수 있는 폐쇄적인 일부 유럽의 경우와 대비된다. 요즈음은 유럽에서도 미국 교육의 열린 제도를 본받으려는 움직임이 있다고 한다.

6. 의·식·주: 패스트푸드와 블루진

미국의 패스트푸드, 블루진, 그리고 대규모 교외 주택단지 건설은 특히 20세기 후반에 서양, 나아가 세계 의식주 문화의 주류를 선도해갔다.

1) 의복문화

19세기 말과 20세기에 걸쳐서 대표적인 여성 의상은 주름진 긴 치마에 레이스가 목에 높이 달린 블라우스를 입은 정장에 머리를 단정히 틀어 올린 모습이었다. 그러나 이런 전통적인 복식은 재즈시대에 과격하게 바뀌기 시작했다. '신여성(New Woman)'들은 몸을 옥죄는 의복을 벗어 던져버리고 종아리까지 걷어붙인 헐렁한 H자형 원피스 드레스에 긴 목걸이로 포인트를 주며 치렁치렁 얹어놓던 머리를 단발머리로 싹둑 자르고 다녔다. 그들은 긴 장죽의 담뱃대로 담배를 피며 클럽에서 재즈 선율에 맞추어 '찰스톤(Charleston)'이라는 경쾌한 리듬의 춤을 추었다.

전간기의 여배우 루이즈 브룩스의 의상

세속화의 물결과 더불어 온 이런 복식의 변화에 어른들은 몹시 개탄했다. 복사뼈 위로 발목을 들어 내놓은 치마를 보고 목사들은 남성의 성적 욕구를 자극한다고 분개했다. 그러나 점점 새로운 복장의 기류는 여성들에게 파고들어서 여성의 치마는 짧아져서 활동성이 강화되었고 치렁거리던 주름도 대폭 줄어들었다. 더구나 경제공황시기에 보다 간결한 의복은 피복비 원가를 줄이는 이점이 있었다. 그러나 한편으로는 공황기에 한층 발전한 할리우드 뮤지컬 영화가 보여주던 여성성이 극히 강조되던 호화로운 무도복도 나름대로의 스타일을 계속 유지하며 일반복과 병행하여 발전했다.

2차대전기의 여성복장

2차 대전 시대의 전형적인 여성의 복장은 군복을 본뜬 정장 상의에 장딴지까지 오는 스커트였다. 전쟁 시 남성들이 전장에 나가 싸우자 많은 여성들이 군수품 공장에서 일하게 되었다. 이런 환경은 활동성이 강한 의복을 환영했고 전쟁의 상무정신은 여성의 정장도 군복같이 만들었다.

전쟁이 끝나자 부유해진 중산층들은 훨씬 더 다양하게 의복으로 자기표현을 하였다. 코르세트를 받쳐 입어서 잘록한 허리를 강조한 드레스나 투피스 정장이 유행했다. 전쟁 중에 발명된 신소재인 나일론은 섬유의 부드러운 질감과 투명성을 활용하여 더욱 여성성을 강조하는데 안성맞춤이었다. 기성복 제조업자들은 여성들의 관심을 끌기 위해 깜직 발랄에서부터 원숙미가 흐르는 다양한 옷들을 때와 장소와 개성에 맞게 다양하게 개발했다.

한편 세탁기의 보급과 더불어 예전에는 광부들이나 카우보이들이 입던 빨래하기 힘든 터프한 블루진 바지가 유행하였다. 영화나 TV에 나오는 서부극의 복장을 젊은이들이 본받았고, 제임스 딘이 입은 대넘 재킷은 젊은 반항의 상징이 되었다. 매를린 몬로도 '돌아오지 않는 강(River of No Return)'에서 몸에 꼭 끼는 블루진을 입고 늘씬한 몸매를 자랑하자 여자들도 블루진 바지를 사재기 시작했다.

이런 모든 유행의 물결에도 불구하고 미국 의복문화의 성격은 실용성을 배태하고 있다. 50년대에 의류가 미국 내에서 제조되었어도 항상 튼튼한 바느질과 멋진 스타일과 적절한 가격을 함께 추구했다. 60년대에 많은 의류가 일본에서 가공되어 올 때도 이 성격은 변하지 않았다. 70년대 이후 한국에서 그리고 지금 중국과 그 외의 나라들에서 많은 보세가공이 들어오더라도 마찬가지이다. 90년대 IT 산업의 발흥으로 미국의 부가 한 단계 더 업그레이드되고, 월스트리트 금융가의 연봉이 높이를 모르고 치솟음에 따라 유럽 명품들의 구매가 미국의 상류층에 보다 보편화 되었다는 것은 사실이다. 그러나 미국 인구를 전체적으로 보면 그들은 중저가의 미국 브랜드에 보다 많은 애착을 느낀다. 우리가 이름을 익히 알 만한 명품들은 세계에서 제일 큰 시장인 뉴욕에 가장 많이 모여 있어도, 그 생산지는 대부분 유럽을 본고장으로 하고 있고 뉴욕시의 소비자들 중에서도 외국 출신이 의외로 많다.

2) 음식 문화
미국의 음식은 대개 다른 나라로부터 들어와서 미국식 식문화로 다시 개량 정리되어 정착되었다. 그래서 대표적인 미국음식을 들자면, 각 나라에서 들여온 가지각색의 음식을 다 들어도 모자랄 것이다. 그럼에도 불구하고 미국의 대표적 음식이라면, 아무래도 비프스테이크, 감자, 샐러드라고 할 수 있다. 어느 나라건 기본 음식은 탄수화물, 단백질, 비타민의 삼대요소를 갖추고 있다. 우리나라의 밥 된장 김치, 미국 원주민들의 옥수수 콩 토마토, 또 채소가 없는 알래스카 원주민의 물개의 생식이 그렇다. 생식은 비타민이 파괴되지 않아 삼대 영양소가 균형 있게 섭취된다. 미국의 스테이크 감자 샐러드도 이 삼대요소를 제공한다.

비프스테이크는 고기를 두툼하게 썰어서 직접 불 위에서 바비큐하거나, 프라이팬에서 지지거나, 오븐에서 간접열기로 구운 쇠고기이다. 각 가정마다 선호하는 조리법에 따라 우리나라의 김치 맛이 다 다르듯이 모두 다르다. 스테이크는 고기의 부위에 따라서 여러 가지가 있으며, 티본, 설로인(등심), 텐더로인(안심), 뉴욕스트립, 립아이(갈빗살)등 개인에 따라 좋아하는 부위도 다 각각이고, 조리할 때도 아무 양념도 하지 않든가, 마늘만 넣던가, 특별한 소스를 쓰던가 하며 그 방법이 다양하고, 크기도 1인용이나 여러 명이 같이 먹을 큰 고깃덩어리를 굽기도 한다. 그러나 아무튼 스테이크는 채식주의자가 아니면 미국인이 언제 어디서나 즐기는 음식이며, 빈부귀천을 가리지 않고 미국인에게 사랑받는 음식이다.

스테이크를 먹는 방법도 다양해서, 예전에는 스테이크를 만들 때 나오는 철판에 들러붙어 탄 기름에 물과 밀가루를 섞어가며 브라운소스를 만들어 먹었으나, 점점 비만 관리 때문에 이 소스를 포기하는 추세로 나가고 있다. 그래서 브라운소스는 으깬 감자 요리에나 아니면 우리의 입맛에는 정말 맛이 짐짐한 로스트비프를 먹을 때나 약간씩 뿌려먹고 있는데, 로스트비프는 한 다섯 근 정도의 장작개비 같은 고기 덩어리를 오븐에서 낮은 간접 열로 장시간 구운 것이다. 조리 시에 기름이 쫙 빠져서 스테이크보다 지방이 훨씬 적고 연하다.

스테이크가 개인용 접시의 중심에 자리 잡는다면 그 곁에 단골로 오르는 것은 감자 요리이다. 감자도 조리방법이 다양해서 굽거나 삶거나 튀기거나 입맛에 맞게 해서 먹는다. 다 익으면 감자에 버터나 새콤한 싸워 크림을 발라먹기도 한다. 샐러드는 기본으로 상추에 다른 채소 한 가지만 곁들이면 된다. 드레싱도 대개는 기름에 식초를 섞은 간단한 것이거나 거기에 마늘등 약간의 조미료가 가미된 이탈리안 드레싱을 가정에서는 애용한다. 상추 종류도 다양해서 양상추, 입상추, 로메인 상추 등이 있다. 첨가하는 채소는 주로 날로 쓰며, 토마토가 보편적이고, 브로콜리, 아브카도, 홍무, 피만, 알팔파순, 숙주나물, 호박 등 냉장고에 있는 어떠한 것이라도 쓰면 된다. 특별한 상차림이라면 채소도 몇 가지 쓰고 거기에 햄, 치즈, 견과류, 잘게 썰어 구운 양념 빵인 크로톤 등을 얹어도 좋다.

음식이 좋으면 와인을 부른다. 서구 다른 나라와 마찬가지로 미국에도 식탁에 와인 없이는 좋은 식사가 완성되지 않는다. 공이 든 스테이크 요리에 샐러드를 갖추어 먹을 때는 와인 한잔이 꼭 끼어야 마땅하다. 주인공이 "왜건을 타지 않았을 때"는 말이다. 이 표현은 알코올중독자가 재활과정에서 완전 금주령을 받고 있는 것을 의미한다. 그리고 미국의 중년들은 의외로 그런 사람들이 많다. 식탁에도 미국식 개인주의는 여지없이 나타난다. 비록 남편이 왜건을 타도 "그것은 그 사람 문제이고……."라고 여기며 손님과 안주인은 카버넷 소비뇽 잔을 기울인다. 여기에 촛불까지 테이블에 곁들여지면, 완전한 "캔들 라이트 디너"로 분위기는 무르익고 도란도란 이야기꽃이 피어오른다. 여름 주말에는 뒷마당에서 스테이크와 핫도그를 굽는 연기가 피어오르고 식구들이 마당에 둘러앉아 맥주를 들며 저녁 식사를 즐긴다. 외식을 할 때에도 스테이크는 보편적으로 인기를 유지한다. 전 가족이 스테이크 하우스로 가서 배를 실컷 채울 때가 많다.

이제 또 하나 미국을 대표하는 음식, 패스트푸드로 주의를 돌려보자. 물론 맥도널드의 햄버거와 코카콜라가 그 전형을 보여주며, 요즈음은 거기에 피자헛이나 타코벨 같은 멕시코 음식도 추가된다. 햄버거는 독일의 함부르크의 노동자들이 미국에 이주하면서 날고기 다진 것을 빵 사이 에 넣어 먹는데서 비롯되었다. 점차 날고기 대신에 익힌

고기가 자리를 차 지한 것이다. 패스트푸드로서의 햄버거는 1950년대부터 야외영화관이 젊은이들 사이에 인기를 끌면서 시작되었다.

흔히 햄버거와 함께 마시는 코카콜라는 19세기 말 한 과학자가 실험실에서 아프리카산 콜라콩과 코카 잎의 성분을 혼합한데다 탄산음료를 섞어 제조해낸 발명품 이다.

햄버거

코카콜라

원래 코카 잎은 남아메리카 원주민이 허기를 잊기 위해 씹었던 것인데, 코카콜라에 그 성분을 넣어 기분을 상쾌하게 만들었다. 그러나 후일 코카의 마약성이 문제가 되면서 코카콜라에서 코카 잎의 성분은 삭제된다. 19세기 말경 마을 상점에는 소다파운틴이 있어서 탄산음료를 팔다가 그것을 유리병에 넣어 밀봉하여서 상점들에 유통시키는데 성공하면서 오늘날의 콜라도 성장했다. 맥도널드는 개별적 가게에서 팔던 햄버거를 획일적으로 빠르게 굽고 코카콜라 같은 음료수를 곁들여서 고객에게 효율적으로 제공하는 시스템을 개발하고 엄격한 프랜차이즈 관리 하에 전국적으로 나아가 세계적으로 매장을 확장해 갔다. 그러나 요즈음은 패스트푸드와 탄산음료가 건강에 좋지 않다는 시각이 확산되면서 패스트푸드의 영화도 21세기에 들어서는 내리막길에 들어서고 있다.

3) 주거 문화

20세기 초에 물밀 듯이 들어오는 유럽 이민들은 대도시에 건립된 셋집(Tenement House)이라고 불리는 열악한 연립주택에 주로 살았다. 1880년부터 1900년까지 유럽 이민의 입국 항이었던 뉴욕시의 동부 저지대에 빽빽하게 들어선 이 건물들은 연립주택 단지를 형성했다. 이에 관계된 주택 건축법은 가구당 최소한도 한 개의 들창문을 요구하였으니 그 주거환경을 짐작할 만하다.

뉴욕시의 셋집

일차대전과 경제공황 때는 미국의 주택건설에 딱히 다른 요소들이 나타나지 않는다. 2차 대전이 끝나고 나서야 새로운 건축 붐이 일었다. 특히 도시의 교외에 주택단지가 여기 저기 새로 형성되면서 독립가옥들이 즐비하게 들어섰는데 그중에서도 레빗 타운(Levittown)이 유명하다. 이 단지는 조립식으로 쉽게 지을 수 있는 집들을 대규모 단지에 획일적으로 지어서 주택 구매자들에게 저렴한 가격으로 제공했다. 이 집들은 서너 개의 침실에 거실과 비교적 널찍한 후원을 두어서 아이들이 뛰어놀거나 가족들이 바비큐를 즐길 수 있도록 마련되었다. 이런 주택에서 미국의 중산층들이 많이 살게 되면서 교외의 주거 형태가 대세로 자리 잡았다.

전후에는 특히 도시와 도시를 잇는 고속도로가 발전하였다. 아이젠하워 대통령 때 고속 도로법을 제정하여 주들을 가로와 세로로 연결하는 주간고속도로(Interstate Highway)가 조성됐다. 동부의 대도시들은 특히 고속도로로 연속적으로 연결되면서 소위 거대한 도시의 집적체인 메갈로폴리스(Megalopolis)를 형성했다. 이런 고속도로의 발전은 차를 숙박실 바로 앞에 댈 수 있도록 설계된 모텔을 도로변에 탄생시켜서 이제 사람들은 도심의 호텔로 들어가지 않고도 장거리 자동차 여행을 할 수 있게 되었다. 또 도로변에는 여행길의 편의를 돕도록 패스트푸드점들도 들어섰다.

이런 주택문화의 외관과 더불어 주택문화를 내면적으로 들여다보면, 레빗타운은 수립 시부터 흑인들의 입주 금지를 단지의 규약으로 내걸었다. 흑인들이 이사 오게 되면 주변 환경이 좋지 않게 되어 집값이 떨어진다는 이유였다. 주로 백인으로 이루어진 중산층은 부부가 각각 자동차를 소유하면서 점점 교외로 뻗어나갔지만, 저소득층은 직장

펜실베니아 주의 레빗타운

까지의 출퇴근 문제로 도심에 머물러 있어야 했다. 그리하여 도시의 도심지역은 소수민족이 밀집하여, 저소득, 열악한 교육 환경, 마약, 범죄의 본거지가 되었다. 이 도심의 문제를 풀기위해 미국은 지속적인 노력을 하고 있지만 해결의 실마리는 아직도 요원해 보인다.

이렇게 국내적으로는 세부적인 문제가 있더라도, 20세기는 실로 미국의 세기였다. 정치, 경제, 외교의 세계적 리더십은 차치하고서라도, 음악, 미술, 영화, 스포츠 등의 엔터테인먼트 분야에서도 미국의 선도적 위치는 확고하였다. 한 때 저속한 미국식이라고 비난받고 야유 당하던 패스트푸드나 블루진마저 이제 보통 사람의 시대가 전 세계적으로 펼쳐지면서 세계인의 생활양식에 깊숙이 파고들어 가장 보편화된 일상의 문화가 되어버렸다. 20세기에 미국의 생활문화는 세계를 평정했다.

20세기 영국인들은 어떻게 살았을까

1. 들어가며

흔히 20세기를 전쟁과 혁명, 피로 얼룩진 '격동의 시대'로 표현하지만, 전 세계를 통틀어 영국과 같이 한 세기 동안 그 정치적 및 경제적 위상과 영향력에 있어 근본적이고 격동적인 변화를 겪었던 국가가 또 있었을까 싶다. 1900년의 영국은 세계 최대 규모의 해군력으로 지구 육지 면적의 4분의 1에 달하며 무려 4억명의 거주민을 내포한 대제국을 통치하였고, 전 세계 무역의 거의 5분의 1을 차지하며 전 세계의 투자 자산 중 절반 가까이를 장악했던 명실상부한 세계 최강대국이었다. 하지만 100년 후인 2000년의 영국은 양차 대전으로 인한 제국의 해체, 신흥 산업국가들의 성장으로 인한 기업 경쟁력 상실 등으로 인해 미국, 중국, 일본, 독일 등에 밀려 세계 5위의 경제국으로 추락하였고, 자신들이 가장 중요하게 여겼던 식민지인 인도로부터 곧 추월 당할 상황에까지 놓이게 되었다. 설상가상으로 2016년 6월에 시행된 국민투표에서 지난 40여년 동안 가입해왔던 유럽연합조차 탈퇴하기로 결정함으로써 영국의 경제적 및 외교적 미래는 더욱 불투명해졌다. 이같이 20세기에 걸쳐 세계 무대에서의 영국의 위상이 떨어지고 영향력이 쇠락하면서 한때 전 세계를 주름잡았던 자신들의 주도권이 후발주자 국가들로 넘어가는 것을 지켜볼 수 밖에 없었던 영국인들은 자신들의 새로운 처지에 적응하지 않으면 안되었다. 영국인들이 그동안 잘 알고 익숙했던 예전의 세계는 더 이상 존재하지 않는다는 것에 수긍하고, 몰라보게 변해가는 대내외적 환경에서 생존하기 위하여 자신들이 과연 어떤 자리에서 무슨 역할을 해야하는 지를 두고 깊은 고민을 하며 몸부림을 치던 일련의 과정이 바로 영국인들의 현대사인 것이다.

이렇듯 20세기에 걸친 영국의 경제적 및 외교적 쇠락은 일반 영국인들의 일반 생활에도 큰 영향을 미쳤다. 20세기 영국인들은 자신들의 쪼그라드는 처지로 인하여 1차 대전 이후에 자유주의 진영의 명실상부한 패권국으로 부상하게 된 미국의 커져가는 영향력 등에 순응하지 않을 수 없었으며, 20세기의 급변하는 대내외적 환경은 당시 영국인들의 소위 먹고 자고 입고 노는 생활 패턴에 큰 변화를 가져오게 되었다. 전통 귀족들의 경제적 몰락, 노동당의 창당 및 노동자 계층의 지위 변화, 여성권의 증진, 양차 대전으로 인한 피해 및 미국의 지원을 중심으로 이루어진 전후 복구, 식민지들의 독립 및 이민자들의 대규모 유입, 유럽경제공동체의 가입으로 인한 유럽 대륙과의 관계 재설정 등 영국의 20세기를 규정한 여러 사건들은 영국인들의 음식, 주거, 의복, 여가 문화의 간소화, 다양화, 대중화, 그리고 국제화를 불러일으켰다. 지금 런던의 집에서 나와 런던의 거리를 활보하고 런던의 레스토랑에서 식사를 하는 영국인의 모습이 어떤 이들에게는 선망의 대상으로 보일 지 모르겠으나, 이러한 영국인의 코스모폴리탄한 모습에는 20세기가 가지고 온 거센 도전을 인내하고 그런 도전이 만들어낸 사회경제적 및 문화적인 틀 안에서 그들만의 생존법을 찾아내야만 했던 영국인들의 힘들었던 현대사가 스며들어간 이면 또한 볼 수 있는 것이 아닌가 생각한다.

최근에 한국인 관광객들이 가장 많이 방문하는 유럽 도시로 파리와 로마의 뒤를 이어 런던이 3위로 뽑힐 만큼 영국과 관련한 여행 및 문화 소개 서적은 수도 없이 많이 쏟아져 나왔다. 하지만 지금의 관광객들이 보고 먹고 놀고 즐기는 영국의 문화가 지난 한 세기 동안 어떠한 과정을 거쳐 지금의 모습으로 변신해 왔는가를 설명하는 책은 찾아보기 힘들다고 하겠다. 이에 이 장에서는 20세기 초부터 영국이 유럽경제공동체에 가입한 1970년대까지의 영국 의식주 문화의 변화를 상세히 살펴봄으로써 영국 문화에 대한 독자의 한층 더 깊은 이해를 도모하고자 한다.

2. 20세기 영국인들의 주거 및 가정 문화

1) 20세기 초의 상류층과 그 하인들의 주거 문화

영국의 최상류 귀족들은 지방에 전원 대저택(country house) 및 이에 딸린 대규모 영지를 소유하고 경영하며 살았으며. 이 중 가장 규모가 큰 저택들은 5백만 파운드(현재 가치로는 3억 파운드, 한화 5천억원)의 시가를 호가하는 경우도 종종 있었다. 전 세계적으로 인기를 크게 모은 영국 사극 '다운튼애비(Downton Abbey)'의 배경이 되는 햄프셔(Hampshire)주(州) 소재 하이클리어 성(Highclere Castle)은 17세기부터 카나본(Carnarvon) 백작 집안이 소유해오고 19세기에 대대적으로 증축되었던 영국의 대표적인 귀족 소유 대저택으로, 저택과 영지를 포함한 총 면적이 2천 헥타르(약 6백5만평)에 이르고 저택 내의 방의 수가 거실(Saloon), 귀빈식당(State Dining Room), 도서관(Library), 음악실(Music Room), 응접실(Drawing Room), 흡연실(Smoking Room), 침실 80여 개 등을 포함하여 총 300여 개로 추산된다. 귀족들은 이러한 넓은 영지에서 주로 사냥을 즐기며 여가 시간을 보냈다. 사냥을 할 목적으로 영지 관리인(gamekeeper)들이 영지에서 기른 수만 마리의 꿩 등을 마음껏 잡기 위하여 영지의 주인이 30~40명의 친지들을 초청, 대대적인 사냥 파티(shooting party)를 베푸는 것이 관행이었는데, 이를 위해 들어가는 비용과 인력은 상당하였다. 우선 사냥에 사용되었던 엽총은 한번에 실탄이 두 개만 장전 가능하였으므로, 사냥꾼은 항상 엽총을 두 개를 소지해야만 하나를 쏘는 동안 남은 하나에는 실탄 장전자(loader)가 새로 실탄을 장전하도록 하여 시간 낭비 없이 계속 총을 바꾸어가며 쏠 수 있었다. 이 때는 한 자루

영국의 대저택 중 하나인 히튼 홀(Heaton Hall)

당 당시 공장 노동자 연봉의 세 배가 넘었던 150파운드의 가격이 붙은 엽총 두 자루의 구입 비용, 장전자 급여, 사냥하기 용이하도록 꿩들을 사냥꾼 쪽으로 몰아주는 몰이꾼(beater) 급여, 실탄과 총 등을 짊어지고 따라다니는 운반꾼 급여 등이 기본으로 들어갔고, 초대한 수십 명의 친지들을 풍족하게 먹이고 편안하게 재우는 비용도 무시할 수 없는 액수였다. 또 꿩 사냥 대신 여우 사냥(fox hunting)에 나설 경우 여우를 좇기 위해 필요한 말, 안장, 승마복, 사냥개 수십 마리 등을 사들이고 유지하는 비용 역시 어마어마하였다. 이에 덧붙여 하루의 사냥이 끝난 후 밤이 되면 주인과 남성 손님들은 카드 게임으로 도박을 하여 심한 경우에는 수천 파운드까지 오가는 스릴을 즐기기도 하였다.

이와 같은 값비싼 유희를 즐길 수 있는 전원 대저택 외에도 영국 귀족들은 상원에서의 정무 관장, 성인이 된 딸의 사교계 입문 등 수도 런던에서 처리해야 할 업무가 있을 경우 머무를 수 있는 도시 저택(town house)을 마련하였는데, 이 때 도시 저택의 런던 내 주소가 그 주인의 위신과 명예를 치켜세우고 유지하는 데에 절대적으로 중요했으므로 귀족들은 런던의 부촌으로 유명한 피카딜리(Piccadilly), 파크 레인(Park Lane) 등에 주로 저택을 보유하였다.

하이클리어 성과 같은 대저택과 런던의 도시 저택을 운영하기 위해서 하인(domestic servant)들의 대규모 고용은 필수적이었다. 1901년 전체 영국 시민 4천만 명 중 5%인 2백만 명이 하인으로 고용되어 있었고, 이들은 주로 가난하고 지방에 거주하는 하층민 집안 출신들로 대를 이어 거주 지역 귀족을 위하여 일하는 경우가 많았다. 이들은 일하는 저택 내에서 엄격한 위계 질서에 의거하여 직분에 따라 역할을 분담하면서 하루하루를 보냈고, 하이클리어 같은 경우에는 20세기 초에는 거의 100여명의 하인들을 고용하기도 하였다. 이 수많은 하인들로 구성된 위계 질서의 정점에 있던 사람은 항상 남성이었던 집사(butler)로, 집안의 남성 하인들의 통솔, 하인 업무 시간표 작성, 와인 저장실 관리, 저녁 식사 차림 및 서빙 주관, 은식기류 손질 및 세척, 방문객 접대, 문과 창문 잠금 상태 확인 등 집안의 전반적 관리 및 운영에 대한 총책임을 맡았고 연봉으로 최고 100파운드(현재 가치로 한화 1천2백만원)까지 받았다. 그를 가장 지척에서 돕던 2인자인 하녀장(Housekeeper)은 여성 하인 중 직급이 가장 높았으며 여성 하인들의 통솔, 방 청소 관리, 자기 그릇 세척 및 보관, 침구류 및 화장실 용품 관리, 집안 내 물품 목록 작성 및 관리, 가계부 작성, 하인들의 병환 치료 등을 담당하고 연봉으로 최고 70파운드(현재 가치로 한화 8백40만원)까지 받았다. 직급으로는 집사와 하녀장 아래였으나 부엌 내에서는 집안의 안주인을 제외하고는 누구의 간섭도 받지 않고 절대적인 권력을 휘둘렀던 요리장(cook)은 주인 가족과 그들의 방문객, 그리고 하인들의 식사를 담당하는 사람으로, 음식 조리를 돕는 부엌 하녀(kitchen maid)와 설거지 하녀(scullery maid) 등을 거느리고 안주인과 상의하여 식사 인원에 따른 메뉴를 정하고 주인의 품위에 손상이 가지 않도록 최고급 수준의 음식을 방문객들에게 제공하는 막중한 책임을 맡았다. 남성 주인의 의복 착용, 면도, 이발, 옷 및 신발 관리, 목욕물 준비, 여행 짐 꾸리기 등을 전적으로 담당한 시종(valet)과 여성 안주인의 의복 및 코르셋(corset) 착용, 옷 관리 및 기본 수선, 보석 및 패물 관리, 머리 손질, 목욕물 준비, 여행 짐 꾸리기 등을 담당한 시녀(lady's maid) 역시 집사와 하녀장의 아래 직급이었으나 직책의 특성상 주인과 안주인을 독대하는 시간이 많았으므로 그 역시 타인의 간섭을 크게 받지 않는 비교적 독립적인 직책이었다고 할 수 있다. 주로 안주인으로부터 직접 지시를 받으면서 주인의 아이들을 돌보고 그들의 교육을 책임졌던 가정교사(여성인 경우에는 governess, 남성인 경우에는 tutor)역시 안주인을 자주 독대하였고 또 일반 하인들보다는 출생 성분과 성장 배경이 우월했으므로 다른 하인들과 별로 어울리지 않고 집사나 하녀장으로부터 간섭을 받지도 않았다. 반면에 하인 사회의 다수를 차지하면서 가장 직급이 낮았던 남성 하인(footman)들과 하녀(housemaid)들은 그 낮은 지위에 걸맞게 집사와 하녀장의 엄격한 감독 하에 가장 고된 집안일을 맡았다. 주로 3인 1조로 편성되어 근무했던 남성 하인들은 식사 서빙, 자동차 문 열고 닫기, 방문객들의 외투와 모자 받아 걸기, 며칠 간 머무는 방문객들의 시종 역할 수행, 석탄과 얼음 등 무거운 물건 운반, 은식기류와 자기 그릇 세척, 소파 등 가구 세척, 승마용 의복과 장화 세척, 다리미로 신문 다리기 등을 담당하였고, 하녀들은 아침에 일어나시며 마시는 홍차 끓이기, 벽난로 불 지피기, 거실과 식당 등 집의 공용 공간 청소 후 침실 및 욕실 정리 및 청소, 창문 및 벽난로 쇠살대 세척, 양탄자 먼지 제거 등을 하루에 16시간에 걸쳐 수행하였다. 특히 부엌일을 전담하는 설거지 하녀는 요리장이 아침 준비를 하기 전에 부엌을 말끔하게 청소해 놓고 매식사 후에 나오는 그릇, 팬, 냄비, 포크, 나이프, 잔 등을 다 닦아야 했으며 설거지가 끝나자마자 하인들의 식사 차림을 마무리하고 감자를 손질하고 소금덩어리를 가루로 으깨야 하는 등 일반 하녀 연봉의 반도 안 되는 14파운드(현재 가치로 한화 170만원) 만을 받으면서도 가장 고된 일을 제일 많이 해야 했던 하인으로 나머지 하인들로부터 조차 멸시를 받았다. 이러한 경직된 위계 질서를 바탕으로 자신의 직분에서 충분한 경험을 쌓은 하인들에게는 한 단계씩 승진할 수 있는 기회가 주어졌으나, 여성 하인이 결혼할 경우에는 가정을 꾸리면서는 일을 제대로 할 수 없다는 이유로 거의 예외 없이 해고되었다. 집사와 하녀장 등 상급 하인들의 경우에는 생활 공간으로 큰 침실과 응접실, 사무실 등이 주어졌으나 남성 하인들과 하녀들의 경우에는 집 꼭대기 층에 위치한 다락(attic)의 좁은 방 하나에 5~6명씩 옹기종기 모여서 여성들의 경우 한 침대에 두 명씩 자면서 휴식하였다. 다락에서도 남녀 생활 구역이 엄격하게 구분되었고, 두 구역 사이에 위치한 문은 모든 하인들이 취침에 든 후 집사가 직접 잠궜다.

2) 20세기 초의 중산층 및 노동자 계급의 주거 문화

20세기 초의 영국에서 '중산층(middle class)'으로 분류될 수 있었던 인구는 전체의 15% 정도였다. 이 중 하급중산층(lower middle class)은 1년에 90파운드에서 170파운드 정도를 버는 가게 점원 등을 지칭하였고, 학교 교사, 공장 책임자, 소자영업자 등 1년에 150파운드에서 600파운드를 버는 이들을 일반 중산층, 1년에 800파운드 이상 버는 의사, 변호사, 사업가 등을 상급중산층(upper middle class)이라고 불렀다. 이들이 살던 집들은 빅토리아 여왕(Queen Victoria, 재위 1836-1901) 통치 시기에 지어진 것들이 대부분이었는데, 1850년대부터 부유한 중산층 계급은 서로 옆으로 다닥다닥 붙여 놓은 비슷하게 생긴 집들인 테라스 하우스(terrace house) 대신 양

영국의 전형적 반독립주택

쪽 옆집과 완전히 떨어져 있고 최소 세 명의 하인들이 살 공간이 있는 널찍한 독립 주택(detached house) 또는 한 쪽의 옆집에만 붙어 있는 반독립 주택(semi-detached house)을 선호하기 시작하였다. 19세기 중반에 지은 중산층 집들은 수도 설치가 필수적이어서 집안 내부에 수세식 화장실(water closet) 및 목욕탕이 설치될 수 있었으며, 1870년 이후에는 보일러의 개발로 온수가 전 집안에 즉시 공급되었다. 1850년대 까지는 석탄 난로에서 피운 불이 온기 및 조명의 주요 공급원이었으나, 1850년대부터 많은 중산층 집들이 가스를 들여오고 거실과 층계참 등에 가스 샹들리에(gas chandelier)를 설치하여 불빛을 밝히기 시작하였다. 이에 덧붙여 1860년대부터 분젠 버너(Bunsen burner)의 발명으로 인해 가스를 레인지(cooker), 난로, 심지어 다리미 등에도 사용할 수 있게 되자 1880년대부터 중산층 집에서는 가스가 거의 모든 면에서 석탄을 대체하기 시작하였다. 개인 가정용 전기는 1882년에 처음 도입되었으나 확산이 더디어 1910년에는 전 영국 가구 중 2%만이 전기를 사용하였다.

이렇듯 여러 가지 편의 시설이 갖추어진 안락한 집에서 살았던 중산층과 달리, 1년에 70파운드 이하로 살아가야 했고 전 인구의 80%을 차지했던 노동자 계급(working class) 및 빈민자 계층은 주거 환경이 상대적으로 열악하였다. 우선 테라스 하우스에 주로 거주한 이들은 집에 물이 들어오지 않아 이웃들이 공동으로 사용하는 물 펌프를 이용하였다. 화장실은 정원 뒤에 헛간처럼 지은 구조로 되어 있었는데 여기서 배출된 오

물은 배수관을 통해 오수 구덩이(cesspool)로 들어가서 고였는데, 이로 인해 천연두, 장티푸스, 콜레라 등이 자주 창궐하였다. 오수 구덩이 조차 없는 건조 화장실(dry privy)의 경우 배설물의 악취를 없애기 위해 집에서 나무로 불을 지피면서 나온 재를 배설물 위에 뿌리기도 하였다. 산업 도시 노동자의 주택의 경우에는 1층에 방 두 개, 2층에 침실 두 개가 있는 것이 대체적이었다. 정원 쪽으로 1층짜리 건물을 증축하여 작은 부엌을 만들었고 여기에는 화로를 따로 설치해야 했으므로 굴뚝 역시 따로 설치되었다. 싱크대는 돌덩어리를 파서 만든 것이 19세기 중반까지 대체적이었으나 19세기 말에는 내화 점토(fireclay)로 만든 싱크대가 유행하기 시작하였다. 20세기 초반에는 노동자들의 집에도 가스 조명이 들어오기 시작하였고, 1880년대 동전을 넣는 가스 미터기(penny-in-the-slot meter)가 등장하면서 빈민층도 필요할 때 적은 양의 돈으로 가스를 사용할 수 있는 방법이 도입되면서 가스 회사들이 가스 레인지를 노동자층에 싼 가격에 임대하기 시작하였다. 이런 추세로 인하여 1914년에 이르러서는 석탄을 사용하는 레인지가 가스 레인지로 빠르게 대체되고 있었다.

3) 제1차 세계 대전 시기의 가정 문화

제1차 세계 대전의 발발은 영국의 전통적인 가정 생활에 커다란 변화를 불러일으켰다. 성인 남성들의 대규모 자원 입대가 남편, 아버지와 아들의 부재로 이어져 전통적인 가족 단위를 붕괴시켰기 때문이다. 애스퀴스의 자유당 정부는 남성들의 자원 입대를 촉진하기 위하여 남은 가족들에게 별거 수당을 지급하였고, 군인이 참전 도중 부상당하거나 사망했을 경우 남은 가족에게 연금을 지급하였다. 이렇듯 전쟁에 따른 정부의 재정 지출이 기하급수적으로 증가하자, 정부는 국민에게 이자율이 3.5%~5%에 이르는 전쟁 채권을 구입할 것을 당부하였고 상당한 효과를 보았다.

제1차 세계 대전의 발발로 남성들이 전선에 나가자 영국에 남은 여성들과 아이들이 전쟁 물자의 생산을 위하여 군수 공장에 취직하여 근무하였다. 이로 인해 노동자 계층 가정의 수입이 전쟁 기간 동안 증가하였으며, 이에 따라 노동자 계층도 양질의 옷과 신발 등의 '사치품'들을 구입할 수 있게 되었다. 또한 1906년 자유당 정부의 등장으로 빈민층의 주거 환경이 개선되기

1차 세계대전 중에 광산에서 일하는 영국 여성들

시작하였는데 이 추세는 제1차 세계 대전 기간에도 지속되었다. '전쟁 영웅들이 돌아와서 살만한' 집을 대대적으로 건축하겠다는 데이비드 로이드 조지 총리의 구상 하에 전쟁 초기에는 1년에 150,000 채의 주택들이 지어졌으나 도시 인구의 계속적인 증가로 인해 주택의 수는 절대적으로 부족한 상황이었다. 자기 집을 소유한 영국인들이 전체 인구의 10%밖에 되지 않았고, 이를 노린 악덕 임대주들이 전쟁기간 동안 세입자들의 월세를 125%나 올리는 등 그 폐해가 극심해지자 정부는 1915년에 월세 및 융자이자제한법을 제정하여 빈민층의 고충을 어느 정도 해소하고자 했다.

집에서 석탄을 사용하여 불을 떼는 경우가 아직도 일반적이었던 상황에서 전쟁의 발발은 민간인들이 사용해야만 했던 석탄량을 크게 줄였다. 불법적인 석탄 사재기가 자행되었고, 석탄 공급 회사들 역시 석탄의 가격을 최고 50% 올리면서 폭리를 취하는 경우도 비일비재하였다. 이로 인해 정부가 민간인에게 공급되는 석탄을 한 가구당 한 달에 100킬로그램으로 엄격하게 제한하기로 결정하면서 탄광 근처 지역에 사는 주민들은 탄광이나 근처 해변가에 굴러다니는 석탄 덩어리를 주우러 다니기도 하였다.

1914년 8월 8일에 통과된 후 네 차례나 연장되고 확대되었던 왕국방위법(Defence of the Realm Act)은 정부에게 전쟁 기간 동안 전쟁 물자의 신속한 조달을 위해 국민의 삶을 여러 방면으로 통제할 권한을 부여하였는데, 이를 통해 공공장소의 조명 사용 시간이 단축되고 태양빛 사용을 극대화하기 위하여 써머 타임(summer time)이 도입되는 등 민간인들의 석유 소비를 줄이기 위한 정책들이 시행되어 영국 국민의 삶에 크고 작

은 변화를 불러일으켰다.

전쟁이 시작되었을 때만 해도 영국 본토에서 적군에 의한 살상이 일어날 것이라고는 아무도 생각하지 않았다. 하지만 1914년 말에 독일 해군이 영국 해군을 유인하기 위하여 영국 해안가를 폭격하기로 결정하며 스카버러(Scarborough), 하틀리풀(Hartlepool) 등을 공격하자 500여 명이 넘는 사상자가 발생하였다. 1915년 초에 독일은 제펠린(Zeppelin) 비행선을 이용하여 영국 본토 깊숙히 침투하여 폭격을 개시하였고, 그 해 5월에는 수도 런던까지 공격하기에 이르러 그 해 총 630여 명의 사상자가 발생하였다.

4) 1920년대의 가정 문화

전후 복구라는 막중한 임무를 짊어진 채 1920년대를 맞게 된 영국 사회는 주택 부족으로 계속 허덕이고 있었다. 전쟁 기간 동안 집을 계속 지으려는 정부의 노력에는 한계가 있을 수 밖에 없었으며, 전쟁 종결 후 영국에는 800,000 채의 집이 부족한 것으로 추정되었다. 노동자 계층 가족들은 갈수록 노후화되는 집에 계속 살 수 밖에 없었으며, 이런 쓰러져 가는 집조차 구하기 어려워지자 노동자들이 자신들의 수입 중 무려 3분의 1을 월세로 내야 하는 경우도 종종 있었다. 상황이 상황인만큼 월세가 밀리는 경우가 허다하였으며, 이러한 경우에는 이자를 800%까지 물리는 대부업자들에게 손을 빌리거나 아니면 집에서 쫓겨나야만 했다.

이렇듯 빅토리아 시대에 지어진 협소하고 낡아빠진 집들이 다다닥 붙어 있는 동네에 살아야 했던 노동자 계층 가정들에 있어 프라이버시라는 개념은 존재할 수 없었다. 이런 동네 주민들은 아예 앞문을 잠그지 않고 살아 서로 들락날락 왕래하면서 그 유대감이 깊어졌고, 동네 아이들은 거리에서 뛰어놀고 남성 어른들은 주로 선술집에 모여 어울리는 등 좁은 집안에서 보내는 시간을 최소화하였다.

이런 노동자 계층의 주택 문제를 해소하기 위하여 1918년 12월 총선에서 재집권한

로이드 조지 정부는 이듬해에 주택 및 도시계획법(Housing and Town Planning Act)을 통과시켜 신축되는 주택이 일정 기준을 충족하도록 요구하고 지방 정부에게 주택 신축 계획을 개발하는 의무를 부과하는 대신 중앙 정부에서 보조금을 지원하도록 하였다. 법이 통과되자마자 200,000여 채의 집이 지어지는 일시적인 붐이 일어났으나 1920년에 영국 경제가 침체기를 맞으면서 다시 주춤하게 되었다. 이에 덧붙여 집주인들이 집을 월세 놓는 것보다 집을 매입하여 살려고 하는

휘틀리 주택법을 통과시킨 램지 맥도날드
(Ramsay MacDonald) 총리

사람들에게 또는 부동산 개발자들에게 매물로 내놓는 것을 선호하기 시작하면서 월세 집의 품귀 현상이 더욱 심해졌다. 이에 1923년에 처음으로 집권한 노동당 정부는 1924년 휘틀리주택법(Wheatley Housing Act)을 통과시켜 월세가 싼 공공 주택 신축을 위한 중앙 정부의 보조금을 증대하고 보조금 지급 기간을 20년에서 40년으로 연장하도록 하였고, 이로 인해 500,000여 채의 주택이 새로 지어졌다.

중산층의 경우에는 전쟁 전에 지어진 비교적 큰 주택에서 사는 경우가 많았고 이런 집을 운영하기 위해서는 하인들의 고용이 필요하였다. 하지만 전쟁 기간 동안 군수 공장 근무 등 사회의 여러 분야에서 일을 하게 되었던 여성 하인들 중 전쟁이 끝나고 나서 다시 하인의 생활로 돌아가고자 하는 수가 급격히 줄었고, 이로 인해 중산층 가족들은 집에 같이 사는 하인 대신 매일매일 집으로 와서 일을 하는 가사도우미(daily helps)를 고용하거나 또는 카페트용 진공청소기 등 집안일을 하는 것을 도와주는 가전제품을 구입하기 시작하였다.

중산층의 반열에는 올랐으나 런던에서 집을 구하는 데에 어려움을 겪은 1920년대의 부부들은 도시 교외에 생겨나기 시작한 근교 도시로 이주하여 정원이 딸린 주택을 저

렴한 가격으로 매입하여 거주하기 시작하였다. 이러한 현상은 런던 시내를 달리던 지하철 노선 중 메트로폴리탄선(Metropolitan Line)과 노던선(Northern Line) 등이 런던 교외로 노선을 확장하기 시작하면서 근교에서 런던까지의 출퇴근을 가능하게 함으로써 일어났던 가정 생활의 대변혁이었다. 교외에 지어진 집들은 전쟁 전에 지어진 집들보다는 규모가 다소 작았으나 집안 내부에 화장실이 갖추어졌으며, 집이 도심에서 멀리 떨어져 있음을 감안하여 전화기 설치도 대대적으로 이루어졌다.

전쟁이 끝난 후 남편들의 귀환으로 인해 영국의 전통적인 가정의 모습이 돌아오는 듯 하였지만 역시 전쟁의 여파로 발생하게 된 가정 문화의 주요 변화 중 하나가 바로 미혼 여성의 증가였다. 이는 전쟁 기간 동안 죽은 남자들 중 상당수가 미혼 총각이었기에 전국적으로 결혼 정년기인 남편감이 부족했기 때문이었다. 1921년 인구조사에 의하면 잉글랜드와 웨일즈에 여성이 남성보다 1,750,000 명이 더 많았다. 전쟁으로 인한 불가피한 성불균형임에도 불구하고 미혼 여성들에 대한 사회적 편견은 여전하였고, 남편들을 편하게 해주는 방법과 아이들을 잘 보살피는 방법 등에 대한 기사로 가득 찬 여성 잡지들은 당시 영국 사회가 아내 및 어머니로서의 여성의 역할을 강조했다는 것을 여실히 보여줬다. 하지만 그렇다고 해서 영국 부부들의 결혼 생활이 예전처럼 견고했던 것도 아니었다. 1920년대의 이혼율은 1914년의 이혼율의 5배에 달했는데, 이는 점차적으로 성평등 의식이 자리잡으면서 1923년부터는 부인이 남편의 폭력적 행위나 장기 부재를 증명할 필요 없이 남편이나 부인 중 어느 한 사람의 간통 행위만 증명될 수 있으면 이혼이 가능해지는 등 가정의 법적 해체가 용이해진 데에서 기인하였다.

5) 1930년대의 가정 문화

1929년에 미국과 유럽을 강타한 대공황을 피하지 못 한 영국이었음에도 영국 주택의 발전은 지속되었다. 우선 은행 이자율이 낮아서 모기지 대출을 받는 사람들이 늘었고, 건축 자재들의 가격이 크게 떨어지면서 주택 건축 공사 비용이 역시 크게 낮아졌다.

제Ⅲ부 영미의 생활문화

227

1933년부터 영국 경제가 회복세로 돌아서며 주택 건설은 더욱 탄력을 받아 1930년대 동안 총안 2백7십만여 채의 집들이 지어졌다. 당시 반독립 주택(semi-detached house)의 평균 가격은 450 파운드로 전문직 종사자 연봉의 두 배 정도밖에 되지 않아 중산층 및 노동자 계층의 새집 장만은 더 이상 머나먼 꿈의 이야기가 아니었다. 이러한 반독립 주택들은 하얀 외벽에 나무 판자가 군데군데 보이는 튜더(Tudor)식 건축 양식으로 많이 지었고, 응접실, 식당, 부엌이 일층에 자리했고 이층에는 목욕실, 큰 침실 하나, 작은 침실 하나 등으로 구성되었다. 작은 앞마당과 더 큰 뒷정원이 집을 둘러쌌고, 모든 집에는 전기를 사용할 수 있었다. 특히 북서쪽 잉글랜드 지역에서는 이런 주택들을 지방 정부에서 많이 짓고 싸게 내놓아 노동자 계층에게 내집 마련의 기회를 제공하였다.

1930년대의 이러한 새로운 주택 건축 붐에 이어 영국의 전통적인 가족 단위에도 변화가 오기 시작하였다. 우선 노동자 계층의 가족 크기가 1930년대에 줄어들기 시작하였는데, 이는 당시에 여러 가지 피임 방법이 유행한 데에서 기인하였다. 1935년이 되어서는 런던고무회사(London Rubber Company)가 한 해에 2백만 개의 콘돔을 생산하고 있었고, 임신 중절을 하기 위해 격한 운동, 뜨거운 목욕, 진(gin)의 대량 섭취 등 여러 가지 민간 요법도 사용되었다. 이러한 낙태 방법으로 1918년부터 1939년까지 유산된 태아의 숫자가 66,000여 구에 이른다고 정부는 추산하였다. 이렇듯 돌볼 자식의 수가 적고 집안일을 돕기 위한 여러 가지 가전 제품을 사용할 수 있게 된 중산층 여성들은 삶이 예전보다 훨씬 편해졌고, 이들의 관심은 곧 가정 돌보기에서 외모 가꾸기로 옮겨갔다. 1932년에 창간한 '우먼즈오운(Woman's Own)'지와 같은 여성 잡지들은 백만 부 가까이 발행되면서 여성들이 아름다움을 유지해야 하는 중요성을 강

1932년에 창간한 우먼즈오원
(Woman's Own) 잡지 표지

조하는 메시지를 설파하였다.

6) 제2차 세계 대전 시기의 가정 문화

제2차 세계 대전의 발발은 제1차 대전과 마찬가지로 그전까지 평온했던 영국인들의 생활에 큰 변화를 불러일으켰다. 우선 224,000여명의 정규군에 320,000여명의 국민 방위군, 150,000여명의 예비군 등이 추가되는 등 전쟁 발발 첫 주에 무려 865,000여명이 동원되었고, 2백만 명 가까이 되는 아이들과 그 어머니들이 정부의 권고로 대도시를 떠나 안전한 지방 지역으로 피난을 떠나는 등 영국의 수많은 가정들이 분열되었다. 전혀 일면식이 없는 피난민을 자신들의 집에 강제적으로 받아들여야 했던 지방의 가정들도 일상 생활에 큰 불편함을 겪었다. 전쟁 초기에 폭격이 일어나지 않자 많은 피난민들이 불편한 피난 생활을 접고 다시 집으로 돌아오는 경우가 많았으나, 전쟁이 진행되며 1940년에 독일 공군의 전격적인 영국 폭격이 이뤄지자 다시 피난민들의 대이동이 시작되었다.

전쟁이 발발하기 직전인 1939년 초에는 영국의 실업자 수가 약 1백만 명에 이르렀으나, 전쟁이 진행되면서 이는 곧 100,000 명으로 떨어졌다. 1940년 5월에 오히려 백오십만 명의 인력이 부족하다는 정부 보고서가 발간되자, 본격적인 여성들의 산업 현장 투입이 시작되었다. 처음에는 여성들의 자발적인 참여를 독려하였으나 참여수가 예상치를 크게 밑돌자 정부는 1941년 말부터 여성들을 강제 징발하여 투입하기 시작하였다. 이렇듯 어머니들이 일을 하러 나가게 되자 아이들에게는 학교 급식이 제공되었고 유아들은 탁아소

앤더슨(Anderson) 방공호

에 맡겨졌으나, 부모가 집에 없는 상황에서 아이들끼리 길거리에서 노는 시간이 많아지자 좀도둑질 같은 청소년들의 경범죄율이 증가하게 되었다.

남편들이 전장에 나간 상황에서 여성들은 주로 남성들이 담당했던 전기 소켓 설치, 퓨즈 교체, 가전 수리, 도배 등의 집안일을 도맡아야 했다. 특히 정원에 야채 등을 심는 남성 가장들의 전통적인 취미 활동이 전쟁 중 식량 부족 방지 노력으로 인해 더욱 중요해지자 집안의 여성들과 아이들도 이에 동참하게 되었다. 정원 일을 처음 해보는 여성들을 도와주기 위해 라디오와 잡지 등 매스미디어는 정원에서 식량을 재배하는 방법을 알려주는 프로그램과 기사를 계속 방출하였다.

전쟁이 터질 시에 적군의 독가스 살포 가능성을 가장 두려워했던 영국 정부는 전운이 감돌기 시작한 1936년부터 방독면을 대대적으로 생산하기 시작하였다. 전쟁이 터진 1939년 9월에는 영국 국민 대부분이 방독면을 배급받은 상황이었으나 어린이용 방독면 및 유아용 방독집('baby bags')은 크게 부족한 편이었다. 정부는 독가스 공격에 대한 대비책으로 방독면 휴대 외에 피난실(refuge room)을 집 안에 설정해 두기를 권고하였다. 이 피난실의 창문, 바닥, 벽난로 등에 공기 유입을 막기 위해 테이프를 붙이고, 비상 식량, 물, 응급처치 세트, 변기 대체 바가지, 화장지 등을 비치하도록 권장하였다. 그러나 일반 사람들이 이런 방을 시간과 돈을 들여 따로 꾸미기란 상당히 어려운 일이었다.

적군의 무차별 폭격에 대비해 정부는 일반 국민이 개인 방공호를 구입할 수 없을 것으로 판단, 정원에 구덩이를 판 후 그 위에 물결 무늬가 진 철판을 세우는 앤더슨(Anderson) 방공호를 대량으로 생산하고 연간 수입이 250파운드 이하의 가정에게는 이를 무료로 지급하였다. 방공호를 사고 싶지 않았던 사람들은 정원에 참호(trench)를 파서 그 안에 들어가 피신할 수 있도록 했고, 정원이 없거나 폭격 시 야외에 나와 있을 사람들을 위해서 공공 방공호도 설치하였다. 폭격 경보가 자주 울려 방공호 안에서 보내는 시간이 길어지자 사람들은 이웃 방공호 방문, 방공호 안에 라디오, 축음기 등 설치, 보드 게임 비치 등을 함으로써 피신 행위를 사교 활동으로 발전시키고자 하였다. 하지만 겨울이 되자 바람이 마구 통하고 난방이 되지 않는 야외용 방공호에는 사람들이 오래 지내기가 어려워지게 되었고, 이에 정부는 집 안에 설치할 수 있는 실내용 방공호 개발에 들어가 1941년 초에 모리슨(Morrison) 식탁 겸용 방공호를 제공하기 시작하였다. 큰 식탁같이 생긴 이 방공호는 맨 밑에 매트리스를 설치하여 사람이 들어가 잘 수 있도록 하였으며, 사면에 철사 그물망을 설치하여 그 안에 있는 사람을 보호하도록 설계되었다. 철사 그물망을 제거하면 일반 식탁처럼 사용할 수 있는 것이 장점이었다. 주로 아이들이 평소에 모리슨 방공호 안에서 잠을 자고, 폭격이 시작되면 부모가 그 안에 같이 들어갔다.

7) 1950년대의 가정 문화

제2차 세계 대전 중 독일 공군의 폭격으로 인해 영국 내의 수많은 집들이 파괴되어 주택 부족 현상이 일어나자, 1945년 7월에 집권한 노동당 정부의 나이 베반(Nye Bevan) 보건 및 주택 담당장관은 대규모 주택 건설 계획을 개시하여 1940년대 후반기에 90만 곳의 슬럼 지역을 정화하고 공공 주택만 70만 채를 건립하였다. 이 시기에 지어진 주택들은 짧은 시간 내에 완성되어야 했기 때문에 조립방식(pre-fab)으로 건축된 경우도 많았고 예전의 주택들보다 규모가 작았으나, 대체적으로 침실 2~3개, 변기가 딸린 화장실 1개, 식당이 딸린 부엌, 응접실의 용도를 겸용한 거실, 작은 정원 등을 갖추었다. 특히 전쟁 이후에 가스 대신 전기가 절대적으로 인기를 얻으면서 1951년에 이르러서는 영국 가정의 90%에서 전기 사용이 가능해졌고, 이로 인해 전기로 끓인 물을 활용하여 라디에터를 데우는 방식의 중앙 난방(central heating) 시설이 주택에 설치될 수 있었다.

1950년대에는 일반 가정에서 사용할 수 있는 가전 제품의 종류가 더욱 다양해졌다. 우선 진공청소기의 수요가 폭발적으로 늘어 1960년대 초반에 이르러서는 영국 가정의 72%에 한 대씩 비치되어 있었고, 옷을 빠는 드럼과 헹굼 및 탈수용 드럼을 따로 갖춘 트윈드럼 (twin-tub) 세탁기의 등장은 많은 영국 주부들의 가사일을 도왔다. 텔레비젼 역시 1950년대 초에는 영국 가정의 3%만이 소유하였으나, 1958년에 와서는 그 인기가 라디오를 능가하며 1960년대 초반에

트윈드럼 세탁기

는 영국 가정의 75%가 텔레비젼을 소유하게 되었다. 이로 인해 영국의 전통적인 거실 구조 역시 소파나 의자가 텔레비젼 앞에 배치되는 등 어느 정도의 변화를 겪게 되었다.

1950년대의 가정은 전형적인 핵가족 구조였다. 전쟁기에 산업 현장에 투입되었던 많은 여성들은 다시 전통적인 주부이자 엄마의 역할로 복귀하였고, 전쟁터에서 돌아온 남성들 또한 전통적인 가장의 역할로 돌아갔다. 부부라는 틀 안에서의 성생활만이 사회적으로 용인되었고 혼외정사는 죄악시되었으며, 상대방의 불륜을 증명할 수 없는 한 이혼하기란 거의 불가능했다. 미혼모의 경우 엄마와 아이 둘 다 사회적인 부적격자로 낙인이 찍혔으며, 이로 인해 많은 미혼모들이 아이들을 입양시킬 수 밖에 없게 되면서 이들에게 평생동안 정신적 트라우마로 남게 되었다.

8) 1960년대의 가정 문화

1960년대에서도 대대적인 슬럼가의 개선이 이루어졌다. 거의 쓰러져가는 19세기 주택들이 대대적으로 철거되고 할로우(Harlow) 등과 같은 신도시 지역에 공공 주택들이 지어졌다. 특히 이때 고층 아파트들이 건설되며 고층에 사는 아이들이 집 밖에서 뛰어 노는 모습은 보기 힘들어지게 되었다. 많은 사람들은 자기의 집을 소유하기 원했으며,

영국의 주택 소유자 비율이 1959년에 37%에서 1964년에 44%로 증가하였다. 일반 주택의 경우 아직 중앙 난방(central heating) 시설이 설치되지 않은 곳들이 많았으며, 이런 경우 사람들은 석탄 난로와 등유 난로 등을 사용하여 추위를 견디어 냈다. 영국 가정들이 소유한 가전 제품의 종류는 지속적으로 늘었다. 1960년대 초반에는 영국 가정의 33%만이 냉장고를 보유하고 있었는데 1971년에는 거의 70%가 가지고 있었고, 집안일을 돕기 위해 진공 청소기, 그릇세척기, 세탁기 등이 사회 계층을 막론하고 널리 사용되었다. 다만 전화기는 아직 널리 보급되지 않아 사람들이 전화선을 공동으로 사용하는 경우가 많았다. 부엌에서는 합성 수지의 일종인 포마이카(Formica)라는 표면 재료가 주로 쓰여서 청결 유지를 용이하게 하였고, 거실과 식당 등은 티크 재목을 소재로 한 스칸디나비아식 디자인 가구가 유행하였다.

1950년대 말의 경제붐을 기반으로 1960년대의 젊은 영국 국민들은 거의 대부분(45세 이하 남성들의 95%와 여성들의 96%) 결혼하였고 자식을 많이 출산함으로써 소위 '베이붐' 시대를 견인하였다. 1961년의 인구 조사에 의하면 취학 아동들의 어머니들 중 26%가 직장을 다녔고, 특히 노동자 계층 집안에서는 남성들은 선술집 또는 노동자용 클럽 등에서 시간을 주로 보내는 반면 여성들은 직장일과 더불어 집안일과 육아 등을 도맡아하는 경우가 일반적이었다. 결혼하는 사람들의 수가 증가할수록 이혼율 역시 높아져 1961년과 1965년 사이에는 한 해 평균 37,657 쌍이, 1966년과 1969년 사이에는 평균 57,089 쌍이 이혼신청을 냈다.

1950년대와 1960년대의 아이들의 생활은 상당히 자유로웠다. 부모님이 직장 및 가사일로 바쁜 관계로 아이들은 옆집이나 길거리에서 모여 놀았으며 이에 따라 장난감 소비도 급격히 증가하였다. 1960년에 조립식 블록완구인 레고(Lego)가 영국장난감박람회에 등장하였고, 1963년에는 매치박스(Matchbox)가 문이 열리는 장난감 주물 자동차를 선보였다. 1963년부터 BBC에서 방송된 청소년용 공상과학드라마 '닥터 후(Doctor Who)'가 선풍적인 인기를 끌면서 BBC는 이에 관련된 장난감 90가지에 대한 특허를 허용하였다. 1959년에 미국에서 등장한 바비(Barbie) 인형이 영국으로 넘어와 여자 아이들의 마음을 사로잡았으며, 이에 대항하여 영국 장난감 제조사 페디그리

매치박스(Matchbox) 장난감 주물자동차

(Pedigree)가 신디(Cindy) 인형을 출시하며 1968년 '최고의 장난감 상'을 수상하였다.

1960년대의 영국 가족들은 저렴한 항공권의 등장으로 인해 휴가 기간에 더욱 더 먼 곳으로 여행할 수 있게 되었다. 국내 항공 사용자수는 1961년에서 1971년 사이에 두 배로 증가하였으며, 1960년과 1961년 사이에 500,000명의 영국인들이 패키지 여행을 떠났으며, 1962년에 여행사인 톰슨즈(Thomson's)는 첫 해외 패키지로 12박 13일 일정의 스페인 파마(Palma) 여행을 구성하여 80명의 여행객을 맨체스터로부터 출발시켰다. 관광객들의 해외 여행으로 인해 휴가철 손님을 많이 잃은 기존의 영국 휴가 캠프들은 유럽에도 진출하여 유럽으로 간 영국인들을 흡수하려 하였으나 실패하였다.

9) 1970년대의 가정 문화

1970년대의 영국 가정의 생활 수준은 전반적으로 올라갔고 크고 작은 변화가 많았다. 우선 피임약(contraceptive pill)이 1970년대 초반부터 널리 사용되고 1974년에 피임약 복용 여성수가 4백만명에 이르자 출산율이 떨어지기 시작하여 한 가정당 평균 2.4명의 자식을 두게 되었다. 아이들이 귀해지자 아이들의 복지 및 안전에 대한 관심이 높아지기 시작하며 아동용 자동차 시트, 자전거용 헬멧 등이 많이 팔리기 시작하였고, 일회용 기저귀 등 고급 아동용 제품을 전문으로 하는 체인 매장인 마더케어(Mothercare)의 매출 또한 급증하였다. 가정 구조의 변화와 더불어 결혼 생활 자체에 대한 영국 사람들의 인식 또한 이 시기에 변하고 있었다. 1971년 1월 1일부터 발효된 이혼개정법(Divorce Reform Act)이 상대방의 과실에 대한 증명을 제시할 필요

없이 '돌이킬 수 없는 파탄 상태'라는 사유만 제시하더라도 이혼을 허용하자 1971년 ~1972년에만 이혼 신청이 처음으로 십만 여 건에 달했다. 또한 가정 내 폭력 행위 근절을 위하여 1976년에는 가정 폭력 및 혼인 절차법(Domestic Violence and Matrimonial Proceedings Act)이 입법되어 남편에게 폭행을 당한 부인이 법원에 접근 금지 명령 신청 등을 할 수 있도록 하였다. 이러한 기존 가족관의 몰락과 더불어 영국 가정들의 교회 예배 참석률 역시 1970년대에 들어와 더욱 급격하게 떨어졌다. 유아 세례 및 입교 행사 수는 감소하였으나, 1976년에는 빈 교회 한 채가 9일마다 철거되는 것으로 보도되었다. 1960년대 말부터 본격적으로 시작된 북아일랜드의 폭력 사태 또한 종교에 대한 영국인들의 회의와 분노를 증폭시켰다.

1970년대의 인플레 현상으로 인하여 영국 집값, 특히 런던과 잉글랜드 남부의 집값이 크게 오르면서 젊은 부부들의 신혼집 마련이 어려워지기 시작하였다. 그나마 수입이 괜찮은 전문직 부부들은 파티오와 차고를 갖추고 거실과 식당이 하나로 연결된 신축 주택을 선호하였고, 이러한 집들에는 대부분 세탁기, 냉동고, 흑백 텔레비전 등이 구비되어 있었고, 1979년에 이르러서는 대부분에 집에 유선 전화기가 설치되었다. 이에 반해 1973년까지 무려 2백만 채의 서민용 및 하층민용 주택들에는 실내 화장실이나 수도가 설치되어있지 않았으나, 정부의 지속적인 주택 개발로 인하여 1970년대 말에 이르러서는 영국 내 공립주택의 비중이 주택 전체의 3분의 1에 이르게 되었다. 하지만 1972년에 주택융자법(Housing Finance Act)이 도입되면서 공립주택에 대한 월세가 시중 수준으로 올라가게 되어 서민층 가정들이 심각한 타격을 입었고, 1979년에 집권한 마가렛 대처(Margaret Thatcher) 정부가 공립주택 거주

1979에 집권한 마가렛 대처(Margaret Thatcher) 총리

자들에게 자신들이 살고 있는 주택을 시중보다 저렴한 가격으로 살 수 있는 매매권리 (Right to Buy) 정책을 펼치면서 서민들이 월세로 입주할 수 있는 공립주택의 수가 크게 줄었다.

3. 20세기 영국인들의 음식 문화

1) 20세기 초의 상류층과 그 하인들의 음식 문화

20세기 초 영국 상류층의 음식 문화는 1901년에 왕위에 오른 에드워드 7세의 친(親)프랑스적 취향과 낭비적인 소비 습관을 답습하여 무척 화려하였고 사치스러웠으며 음식 섭취량 역시 전례를 찾아볼 수 없을 정도로 방대하였다. 상류층의 아침 식사는 우리에

영국인들의 아침식사인 잉글리시 브렉퍼스트(English Breakfast)

게도 익숙한 풀 잉글리쉬 브렉퍼스트(Full English Breakfast)를 극대화한 모습으로 가장 기본인 베이컨과 달걀(반숙, 완숙, 스크램블, 프라이, 수란)을 포함하여 귀리에 우유를 타고 죽처럼 끓인 포리지(porridge), 프라이한 양 콩팥(kidneys), 달걀 요리 밑에 까는 훈제 청어(kippers), 돼지고기로 만든 소시지(pork sausage), 프라이한 버섯, 소나 양의 내장을 다진 후 원래 동물의 위에 넣어 삶은 하기스(haggis), 차갑게 식힌 후 썰어놓은 햄이나 소시지(cold cuts)등을 뷔페식으로 늘어놓아 먹는 사람으로 하여금 원하는 만큼 덜어가게 하였다. 이 외에도 식민지인 인도의 영향을 받음으로써 먹게 된케저리 (kedgeree, 쌀, 콩, 생선, 양파, 카레 가루, 크림 등을 혼합한 요리)와 카레 가루를 친 달걀(curried eggs) 등도 인기 있는 아침식사 메뉴이었으며, 토스트 및 토스트에 발라먹

을 버터와 꿀과 오렌지쨈(marmalade), 커피, 홍차, 코코아 등도 빼놓을 수 없는 음식이었다. 점심 식사의 경우는 19세기 전에는 아침 식사와 이른 저녁 식사 사이에 간단히 드는 간식 정도 수준으로 여겨졌으나, 19세기 말과 20세기 초에 영국 가정집에 전기가 공급되기 시작되면서 저녁 식사를 먹는 시간이 밤 8시로 상당히 늦추어지게 되자 점심 식사의 중요성과 섭취량이 커지게 되었다. 상류층의 점심 식사인 만큼 세 코스로 준비되는 것이 기본이었으나, '라이트'한 개념의 식사였으므로 무거운 고기 위주의 메뉴보다는 송어(trout), 연어(salmon), 마요네즈를 곁들인 바닷가재(lobster mayonnaise) 등의 생선 요리가 뼈를 발라낸 채로 제공되는 경우가 많았고, 이에 덧붙여 아주 곱게 걸러낸 수프나 곱게 저민 거위 간(p t) 등도 당시 사람들이 점심 때 즐겨 찾은 요리였다. 점심 식사와 저녁 식사 사이인 오후 4시 정도에 가졌던 '애프터눈 티(afternoon tea)'는 주로 여성들의 사교적인 모임의 성격이 강했던 간식 시간으로, 인도에서 생산된 부드러운 풍미의 다질링(Darjeeling), 강한 풍미의 아쌈(Assam) 등 다양한 홍차와 함께 파운드 케이크(madeira cake), 체리 케이크, 크림과 쨈을 바른 감자 스콘(potato scone), 귀리로 만든 비스킷 종류인 플랩잭(flapjack), 훈제 연어 샌드위치, 오이 샌드위치, 달걀 물냉이 (egg and cress) 샌드위치 등을 곁들였다. 이렇듯 아침부터 낮까지 상류층은 상당한 양의 음식을 섭취했지만, 그들에게 있어 하루 중 가장 중요하고 비중이 큰 식사는 바로 저녁 식사였다. 최상류층 가정의 경우 적어도 일주일에 한번은 반드시 친지들을 초청하여 디너 파티(dinner party)를 개최하는 것이 관례였고, 이들의 저녁 식사 에티켓은 매우 까다로웠다. 우선 저녁 식사에 초대받은 손님은 호스트의 집에 도착하면 집사나 고참 남성 하인의 인도를 받아 거실로 이동하여 대기했는데, 이때 남성 손님은 식사 테이블에서 자신의 옆에 앉을 여성 손님의 이름이 적힌 카드를 받았다. 남성 손님이 자신에게 '배정된' 여성 손님을 모르는 경우에는 그 여성을 찾아서 반드시 자기 소개를 해야 했고, 식당으로 이동할 시간이 되었음을 알리는 징(gong)이 울리면 그 여성과 팔짱을 끼고 호스트와 가장 선임인 여성 손님을 뒤따라 식당으로 '모셔'갔다. 모든 손님들이 착석하면 남성 하인들이 식사를 서빙하기 시작했는데, 상류층 디너 파티에서는 여덟 코스가 기본으로, 심지어 열 두 코스까지 제공되는 경우도 많았다. 철갑상어 알을 작은 비스킷에 얹어서 시큼한 크림과 곁들여 먹는 캐비어(caviar) 요리, 생선 수프, 송아지 머리와 돼지 발을 삶아서 만든 가(假) 거북 수프(mock turtle soup), 게살 무스(crab mousse), 데친 연어, 비둘기 커틀렛(pigeon cutlet), 오렌지를 사용해 만든 닭고기 요리(Chicken Valencia), 구운 도요새 요리(roasted woodcock), 삶은 양고기(boiled mutton) 등이 많이 대접되었던 요리들이었는데, 이 요리들을 먹는 방법에도 엄격한 규칙이 있었다. 예를 들어 수프는 티스푼(teaspoon)으로 밀어내듯 떠먹어야 했고, 생선 요리에는 항상 생선용 나이프(fish knife)를 사용해야 했고, 집어먹기 어려운 콩 역시 포크로 떠 먹어야 했으며, 가금류(poultry) 요리를 먹을 때에는 날개 부분이나 다리 부분의 뼈를 칼로 건드리지 말아야 했다. 만드는 데에 고난도의 기술이 필요했던 후식은 그 식사의 백미로 여겨진 만큼, 요리장은 손님들을 압도할 정도로 화려하고 후식을 만드는 데에 신경을 제일 많이 썼다. 이 시기에 가장 선호되었던 후식은 틀에 굳혀서 만드는 색색의 젤리(moulded jelly), 젤라틴과 우유 등을 섞어 만든 불투명한 젤리 스타일의 블라망쥐(blancmange), 온실에서 기른 과일, 치즈 등이었는데, 젤리나 블라망쥐를 먹을 때에도 반드시 숟가락이 아닌 포크로 먹어야 했으며, 치즈도 치즈 나이프로 작은 조각을 잘라 비스킷 위에 얹은 후 엄지 손가락과 검지 손가락으로만 집어서 먹어야 했고, 체리나 포도 등 씨나 껍질이 있는 과일을 먹을 경우 씨나 껍질을 조심스럽게 손에 뱉은 후 그릇 가장자리에 살며시 놓아야 했다. 이렇듯 성대하고 화려한 만찬에 와인은 빠질 수가 없었고, 각 코스가 나올 때마다 그에 걸맞은 와인이 제공되었다. 프랑스 보르도산 적포도주(claret) 및 독일산 백포도주(hock), 샴페인주, 와인에 브랜디(brandy)를 첨가한 셰리주(sherry), 당도가 높은 포트 와인(port) 등은 필수적이었으며, 과일 주스(juice)와 주류를 섞은 펀치(punch)가 제공되기도 하였다. 이렇게 영국 상류층 남성 한 사람이 하루 종일 섭취한 음식의 열량은 지금의 권장량의 두 배인 5,000칼로리에 달했다.

이렇듯 주인과 그의 손님들에게 장시간에 걸쳐 최고 여러 코스를 서빙해야 했던 하인들의 경우에는 자신들의 식사로 주로 주인과 그의 손님들이 먹고 남은 음식(leftovers)을 먹는 경우도 있었으나, 부유한 대저택에서 근무하는 하인들은 주로 부엌에서 따로 준비한 음식으로 식사를 하는 경우가 많았다. 하급 하인들의 경우에는 부엌에서 직접 만들어서 신선했던 빵과 버터, 비교적 저렴한 소고기 부위로 만든 스튜(stew)나 로스트 비프(roast beef) 등에 당근, 양배추, 감자 등 각종 야채를 특별한 소스 없이 곁들어 먹었고, 후식으로는 여러 종류의 과일, 그리고 쌀을 죽처럼 풀어서 만든 라이스 푸딩(rice pudding) 등을 많이 먹었다. 위에서 언급했듯이 귀족들이 자신들의 영지에서 사냥하는 것을 크게 즐겼던 만큼 집에 꿩, 사슴, 토끼 등의 고기가 항상 풍족하게 쌓여 있었으므로, 주인이 먹었던 음식만큼 화려하지 않았을지는 몰라도 하인들이 당시 하층민들이 쉽게 먹을 수 없었던 고기를 거의 매일 먹었다는 점에서 그들의 직업은 하층민들에게 동경의 대상이었다. 하인들을 위한 홍차와 설탕의 경우 안주인이 하녀장과 상의 후 필요한 양을 정하고 배급하여 하인들도 틈틈이 휴식하면서 티타임을 즐길 수 있도록 배려하고, 심지어 비번인 하인들이 외출하여 선술집(pub)에서 마시며 놀 수 있도록 '유흥비(beer money)'도 따로 지급하였다. 하지만 하인들 역시 주인과 그의 손님들처럼 식사 시에는 엄격한 예절을 지켜야 했다. 우선 하인용 연회실(servants' hall)에 마련되어 있는 식사 테이블의 상석에 앉은 집사를 기준으로 한 쪽 편으로는 남자 하인들이, 또 다른 쪽 편으로는 여자 하인들이 직급 순으로 쭉 마주보며 앉았고, 옷도 집사와 시종의 경우 필히 재킷과 나비 넥타이 등을, 하녀장과 시녀의 경우 레이스 달린 블라우스와 긴 치마 등을 착용해야 했다. 로스트 비프와 같은 고기 요리가 나올 경우 집사가 고기를 썰어서 하인들의 식사 그릇에 올리면 하녀장이 그 그릇을 받아 야채를 올린 후 남성 하인에게 넘겨주고, 남성 하인은 직급 순대로 그릇을 서빙하였다. 상급 하인들은 식사를 하며 와인을 곁들일 수 있었으나, 하급 하인들은 주로 맥주를 마셨다. 주요리를 먹고 난 후 집사, 하녀장, 시종과 시녀 등은 하녀장의 응접실로 가서 후식과 커피를 들었고, 나머지 하인들은 선임 남성 하인의 지시를 받으며 식사를 마무리지었다. 가정 교사와 유모(nanny) 등은 하인들과 같이 식사하지 않고 주로 자신들의 방에서 따로 상을 받아 식사하였다.

2) 20세기 초의 중산층 및 노동자 계급의 음식 문화

영국 노동자층 음식 중 가장 유명한 요리는 물론 튀긴 대구를 튀긴 감자와 함께 먹는 피시앤칩스 (Fish and Chips)이다. 1837년에 출간된 찰스 디킨스(Charles Dickens) 의 명작 '올리버 트위스트(Oliver Twist)'에 생선 튀김 창고가 처음

영국의 대표적 서민음식인 피시앤칩스(Fish and Chips)

언급됨으로써 생선 튀김이 19세기 초중엽부터 인기를 얻게 되었음을 알 수 있는데, 당시에는 빵 한 조각을 곁들여서 팔았다. 감자 튀김만을 파는 가게 역시 성행했는데 주로 미망인들이 운영하는 업소에서 신문지에 말아서 팔았으며, 19세기 말에는 랭카셔 (Lancashire)와 요크셔(Yorkshire)의 산업 지역에 이런 가게들이 군집해 있었다. 이 시기에 튀긴 생선과 튀긴 감자가 혼합된 피시 앤 칩스 요리가 등장한 것으로 추정된다.이때 또 심해 저인망 어선이 널리 사용되어 아이슬랜드산 대구가 대량으로 잡힌 것 또한 피시 앤 칩스의 인기몰이에 기여했다고 보이는데, 1914년에 이르러서는 삶아서 으깬 완두콩(mushy peas)을 추가한 매주 800,000 개의 피시 앤 칩스 세트가 팔려나가고 있었다.

노동자층이 평균적으로 벌어들이는 수입 중 60%가 식비로 지출되었고, 특히 고기를 사는 데 들어가는 비용이 전체 수입의 15%를 차지할 정도로 비중이 컸다. 피시 앤 칩스 외에 어느정도 여유가 있었던 노동자층이 먹었던 음식은 아침 식사의 경우 빵, 버터, 커

피였고, 점심 식사로는 값싼 돼지고기로 만든 소시지(saveloy) 또는 고기 경단(faggot)과 삶은 감자 또는 양배추, 저녁 식사로는 소금에 절인 소고기나 돼지고기, 식은 닭고기나 햄 요리, 양파, 빵, 빵을 찍어먹는 데에 쓰인 고기 기름(dripping), 차 등이었다. 하지만 대부분의 도시노동자들의 경우 아침으로 빵과 커피 또는 홍차, 점심으로 녹인 버터를 뿌린 감자와 베이컨 몇 조각, 그리고 저녁으로 빵과 홍차를 먹는 경우가 대부분이었다. 농촌의 노동자들의 경우에는 상황이 더욱 심각하여 아침 점심 저녁을 모두 다 감자로 해결하거나 빵집에서 구한 탄 빵쪼가리를 뜨거운 물에 넣어 불린 후 우유에 섞어 먹기도 하였으니, 1867년 영국 총인구수인 2천4백만 명 중 4분의 3 이상을 차지하는 노동자들 대부분이 심각한 영양실조로 고생한 것은 당연한 일이었다. 구입할 수 있는 음식의 양이 절대적으로 적었던 만큼 가족 구성원들에게 분배되는 양이 다 달랐는데, 예를 들어 가장인 아버지에게는 되도록이면 매일 고기 요리를 올린 반면 어머니와 자식들은 일주일에 한번 고기를 먹을 수 있는 것도 행운이었다. 자식들은 아버지의 변변치 않은 식사를 만들고 난 후에 남은 찌꺼기 재료로 만든 음식을 먹는 수준이었으므로 특히 영양실조에 걸릴 가능성이 컸고, 비타민 D의 결핍으로 발생하는 구루병이 1914년 전에 이미 노동자층 아이들한테서 흔히 볼 수 있었던 질병이었다. 1913년에 영국에서 발생한 총사망자 중 28%가 영양실조로 죽은 아이들이었을 정도로 빈민층의 삶은 참혹하였다.

3) 제1차 세계 대전 시기의 음식 문화

전쟁 발발 직전 전체 식량 중 60%을 해외에서 수입했던 영국으로서는 전쟁으로 인한 공급 체계의 붕괴는 큰 문제가 아닐 수 없었다. 전쟁 초기에는 전란이 빨리 종결될 것이라는 기대로 인하여 상류층과 중산층의 대대적인 음식 사재기 행위에도 불구하고 식량 배급에 대한 별다른 조치가 취해지지 않았으나, 전쟁이 길어지고 독일이 유보트(U-Boat)를 이용하여 영국으로 들어오는 선박을 무차별적으로 공격하여 주요 식품의 재고량이 급격하게 감소하자 영국 정부는 1916년 12월에 식량부(Ministry of Food)

를 신설하여 식품 사재기 및 폭리 취득에 대한 단속에 들어갔다. 식량부는 식량 수출을 금지하고 식량 증산 정책을 시행하는 등 음식의 양을 유지하고 가격을 안정시키기 위하여 노력하였으나, 전쟁 기간 동안 소고기 가격은 두 배, 생선 가격은 세 배, 설탕은 네 배 가까이 치솟았다. 이 중 소고기는 대부분 미국과 캐나다에서 수입해 오는 경우가 대부분이어서 무역선 공격으로 인해 수입량이 떨어지자 영국 정부는 "고기 적게 먹기 운동"을 시행하였고, 이로 인해 전쟁 전에는 평균적으로 일주일에 소고기 1킬로를 섭취하던 영국인 한 사람이 전쟁 말기에는 700그램밖에 섭취하지 않았다. 대신 소고기를 대체할 생선, 소 내장 등의 섭취량이 크게 늘어 이 품목들의 가격이 크게 오르게 되었다. 또한 영국은 전쟁 발발 전에 필요한 설탕의 70%을 독일과 오스트리아에서 수입해 온 사탕무에서 생산하여 사용하였고 나머지는 멀리 떨어져 있는 식민지에서 구해오고 있던 형편이었으므로, 전쟁으로 인한 독일산 사탕무 수입 금지와 유보트의 무역선 공격으로 설탕이 부족해지면서 홍차를 애용하는 영국인들은 큰 타격을 입게 되었다. 이로 인해 1917년 7월에 정부는 런던과 그 인근 주에 배급제(rationing)를 도입하여 일주일에 한 사람당 설탕 220그램 정도만 받아가도록 조치하였다. 이 배급제는 곧 전국적으로 퍼지고 여러 품목에 적용되어 1918년에는 한 사람당 일주일에 소고기 400그램, 버터 또는 마가린(magarine) 170그램, 식용돈지(lard) 56그램, 베이컨 또는 햄 113그램~226그램, 설탕 226그램, 치즈 40그램, 홍차 40그램 등이 배급되었다. 빵의 경우에는

영국인의 주식으로서 배급제 해당 물품에서 제외되었으나 이 역시 독일군의 공격으로 인한 수입밀의 감소로 인해 생산량이 절대적으로 부족하였다. 이에 1917년 5월에 영국 국왕 조지 5세는 국민에게 빵 소비를 평소 섭취량의 4분의 3으로 줄

1차 세계대전 중에 음식 배급을 받기 위해 줄을 선 영국인들

여줄 것으로 당부하는 칙령을 발표하기도 하였으나, 주로 빵으로만 끼니를 해결할 수밖에 없었던 빈민층으로서는 따르기가 상당히 어려운 당부였다. 오히려 1914년부터 3년간 빵의 가격이 두 배 가까이 폭등하자 정부는 4천만 파운드의 국가보조금을 투입하여 빵 가격을 안정시켰고 부족한 밀 대신 감자가루(potato flour) 등을 첨가하여 만든 아주 거친 재질의 식빵을 국민에게 공급하였다.

주류 소비의 경우는 왕국방위법에 의해 크게 억제되었다. 이는 만취한 노동자들이 다음날 일을 제대로 못 하는 경우에 발생하는 생산력 손실이 전시 경제에 악영향을 끼칠 것이라는 우려에 의한 조치였다. 런던의 선술집들은 정오부터 오후 2시 반, 그리고 저녁 6시 반부터 9시 반까지만 영업할 수 있었으며 맥주의 가격 역시 전쟁 기간 동안 거의 두 배 가까이 올랐고, 맥주의 알코올 도수 역시 낮추어졌다. 심지어 남들에게 술을 사서 돌리는 행위마저 금지되었다. 이로 인해 잉글랜드와 웨일즈에서 공공만취죄로 인한 처벌사례가 1914년에는 3,388건에 이르렀으나, 1918년에는 449건으로 크게 줄었다.

4) 1920년대의 음식 문화

전쟁 기간 동안 식량 부족 현상 및 정부의 배급 정책으로 영국 국민은 건강한 음식을 소식하였고 이로 인해 국민의 건강 수준이 향상되었다. 따라서 1920년대에 사람들은 건강을 지키기 위한 올바른 식습관의 중요성을 인식하게 되었고, 이로 인해 달걀, 과일, 야채 등의 섭취량이 전쟁 시기 전보다 증가하였다. 하지만 당시 영국인들이 섭취한 대부분의 식품은 해외에서 들여온 수입품이었다. 영국의 농가들은 식품 증대를 목표로 한 정부의 지원 정책에 따라 전쟁 시기에 크게 확장되었으나, 전쟁 종결 후 유럽 대륙으로부터 값싼 농산물들이 다시 유입되면서 국내 생산자들은 상당한 타격을 입을 수 밖에 없었다.

건강한 음식에 대한 관심을 음식의 품질에 대한 관심으로 이어졌고, 이에 따라 식품의 제조 및 유통 과정에서도 상당한 발전이 있었다. 이에 여유가 있는 중산층 소비자들은 다양한 종류의 고품질 식품을 구매하기를 원하게 되었고, 이러한 수요 증가에 발맞추어 1920년대에는 특정 식품을 생산하는 다양한 브랜드들이 탄생하기에 이르렀다. 예를 들어 라이온즈(Lyons)사는 진공 포장된 커피를 팔기 시작했고, 스미스(Smith's)사는 감자를 얇게 썰어서 기름에 튀긴 감자칩(crisps)을 대중에게 제공하였다. 1920년에 설탕 배급제가 폐지되면서 라일앤테이트(Lyle and Tate)사는 영국 설탕 시장을 거의 독점하다시피 하여 영국인들이 즐기는 홍차, 쨈, 사탕 등에 들어가는 설탕을 거의 전량 공급하였다. 또한 설탕은 1924년에 미국으로부터 들여온 아침식사용 콘플레이크 위에 뿌리는 용도로도 사용되었다. 홍차의 경우에는 1920년대를 걸쳐 섭취량이 계속 증가하였고 1929년에 홍차에 대한 관세가 철폐되면서 그 인기가 절정에 다다르게 되었다. 홍차 섭취의 증가에 따라 우유의 섭취도 이때 증가하였는데, 신선한 우유는 비싸기도 했거니와 그 안전성에 대한 의문이 많아 그 대신 통조림에 넣어서 파는 연유(condensed milk)가 주로 소비되었다.

1920년대는 통조림 음식이 큰 인기를 끌기 시작했던 시기이기도 하다. 통조림 시장은 하인즈(Heinz)사와 크로스앤블랙웰(Cross and Blackwell)사가 양분하였다. 이들은 콩 통조림, 배 통조림, 복숭아 통조림 등을 저렴하게 판매하였고 특히 과일 통조림의 경우에는 신선한 과일보다 더 선호되었다. 거의 유일한 예외가 바나나였는데, 1900년에 1백만 개가 수입되던 바나나가 전쟁 후에 폭발적인 인기를 누리면서 1924년에는 그 수입량이 무려 1천1백만 개로 늘어났다.

스테이크 앤 키드니 푸딩(Steak and Kidney Pudding)

1920년대 중산층 가정의 전형적인 주중 저녁 식단을 보자면 소고기와 콩팥 등을 다진 후 볶은 양파와 함께 페이스트리 반죽 안에 넣은 후 구운 파이인 스테이크 앤 키드니 푸딩(steak and kidney pudding) 또는 소시지에 삶은 감자, 콩,

양배추 등을 곁들어서 주요리로 먹고, 우유와 설탕과 계란을 섞어 만든 크림인 커스터드(custard)를 위에 부은 사과 파이나 스폰지 케익 등을 후식으로 먹었다. 일요일에는 구운 양요리(roast lamb)나 소고기에 우유와 달걀과 밀가루를 섞어서 반죽하고 구운 요크셔 푸딩(Yorkshire pudding)을 곁들어 먹었다. 별미로는 1920년대에 35,000여 개의 가게들이 영업할 정도로 그 인기가 하늘을 찌른 피시앤칩스를 먹기도 하였다.

한편 전쟁이 끝난 후 경제적인 어려움을 겪게 된 상류층은 전쟁 전의 시기보다는 다소 검소한 식생활을 영위하였다. 집에서 식사할 때에는 20세기 초의 여섯 코스에서 서너 코스로 줄였고, 먹는 음식의 종류도 중산층이 먹는 음식과 차츰차츰 비슷해졌다. 물론 20세기 초의 사치와 향락을 아직 즐길 수 있는 상류층을 위하여 영국의 최고급 호텔들인 릿츠(Ritz), 사보이(Savoy), 칼튼(Carlton) 등은 화려한 만찬을 제공하는 고급 레스토랑을 운영하였다.

주류 소비의 경우에는 전쟁 기간 동안의 낮은 소비율이 1920년대에도 계속 이어졌다. 전쟁 기간에 도입되었던 여러 억제 정책이 전쟁 후에도 지속된 점도 이유였지만, 청년들이 선술집보다는 영화극장이나 무도장(dance hall) 등에서 주로 시간을 보내는 등 전쟁 이후 영국인들의 유흥 문화에 대한 인식 변화에서 기인하였다. 상류층의 일부 젊은이들이 칵테일을 마시고 마약을 하며 밤새 춤추며 노는 모습이 1920년대를 상징하는 이미지로 떠올려지는 경우가 있으나, 이런 유흥 문화를 즐긴 이들은 정말 전체 인구 중 극소수에 불과했다.

5) 1930년대의 음식 문화

대공황의 파도가 지나고 1933년부터 영국 경제가 회복세로 돌아서면서 영국의 일반 가정에는 먹을 것이 풍족해졌는데, 이렇듯 음식을 예전보다 더 많이 소비할 수 있었던 이유는 다름 아닌 식품, 특히 수입 식품의 가격 하락 덕분이었다. 건강에 대한 관심이 예전보다 높아진 1930년대에는 고기, 생선, 과일, 야채, 우유, 달걀 등의 소비가 일제히 늘었고 감자 소비는 일정하게 유지되었으나 빵의 소비는 줄어들었다. 어느정도 여유가 있는 노동자 가정의 경우 평소에는 비교적 간소하게 먹어도 일요일만큼은 포식을 했는데, 이때 아침 식사로는 달걀, 베이컨, 소시지, 토마토, 빵프라이(Fried Bread) 등 정식 잉글리시 브렉퍼스트를 먹었고, 저녁에는 로스트 비프 또는 양고기를 주요리로, 설탕 시럽인 트리클(treacle)을 위에 뿌린 케익 등을 후식으로 먹었다. 이렇듯 잘 먹을 수 있을 때 잘 먹는 것이 하층민 사회에서 크게 권장되었고, 다이어트를 한다는 것은 상상하기 어려웠다.

영국인들이 세상의 근심을 잠시 잊으면서 즐긴 음료인 홍차의 경우1930년대에 립튼(Lipton's), 라이온즈(Lyons), 트와이닝즈(Twinings), 브룩본드(Brooke Bond) 등 여러 브랜드가 생산되어 소비자들의 선택 폭이 넓어졌고, 1932년에 네스카페(Nescafe)가 인스턴트 커피를 생산하기 시작하여 커피 소비 역시 촉진되었다. 또한 물에 타서

1706년 이래 같은 자리를 지키고 있는 런던 트와이닝스(Twinings) 본점

수프처럼 먹는 고기추출물 보브릴(Bovril)과 우유에 타서 맥아 음료로 먹었던 홀릭스(Horlicks) 등도 이 시기에 등장하여 영국인들의 고픈 배를 채워주었다. 영국인의 음식문화에 있어 1930년대에 일어난 눈에 띄는 변화 중 하나는 어린이들을 위한 사탕 종류의 증가였다. 물론 1930년대 전에도 아니스 열매 씨앗(aniseed) 사탕, 딱딱하고 둥근 곱스토퍼 사탕(gobstoppers), 카라멜 종류의 토피 사탕(toffee) 등이 아이들의 사랑을 받았다. 하지만 1932년에 선보인 마스 바(Mars Bar)와 1935년부터 팔기 시작한 밀키웨이(Milky Way), 1937년에 등장한 롤로(Rolos), 스마티즈(Smarties) 등의 초콜릿 과자들이 선풍적인 인기를 끌면서 1930년대의 영국은 가난한 아이들의 천국이 되었다. 이 뿐 아니라 라운트리(Rowntree)에서 생산된 젤리의 종류도 다양해지고 버드(Bird's)의 인스

턴트 커스타드 가루가 시판되면서 영국 후식 문화도 발전하였고, 이에 따라 영국인들의 설탕 소비량도 절정에 다다랐다.

6) 제2차 세계 대전시기의 음식 문화

영국은 제1차 대전 때와 마찬가지로 다시 전쟁이 터지자 식량 공급에 대해 걱정을 하지 않을 수 없게 되었다. 1939년 9월 말이 되자 영국의 모든 사람들은 주민등록증을 발급받아야 했는데, 이는 자신이 독일 첩자가 아님을 증명하는 것은 물론이고 식량 배급제에 참여하기 위해 필요했다. 영국은 1930년대 말이 되어서는 매해 2천만 톤의 식량을 수입하고 있을 정도로 해외 의존도가 심하였다. 전쟁이 터지면서 독일의 유보트가 다시 활약을 시작하자 정부는 1940년 1월부터 배급제를 전격적으로 시행하기로 발표하였다. 각 어른당 매주 최대 버터 4온스, 설탕 12온스, 베이컨 및 햄 4온스를 배급 받을 수 있었으나, 가게 주인들은 구입되지 않은 배급량을 단골 손님들에게 비밀리에 더 팔기도 하였고 4온스의 버터조차 너무 비싸 살 수 없었던 사람들은 자신들의 배급 권한을 다른 사람들에게 팔기도 하였다. 1940년 3월에는 소고기도 배급되기 시작되었으나 내장이나 소시지 등은 배급 대상이 아니었다. 고기와 많이 먹던 양파는 독일의 프랑스 점령 이후 그 수량이 급격히 줄자 영국 사람들이 직접 재배해서 먹기도 하였다. 7월에 되어서는 홍차, 마가린 등도 배급 대상이 되었으며, 그 다음해에는 쨈, 설탕시럽 등도 추가되었다. 채식주의자들에게는 고기 대신 치즈의 양을 늘려서 배급하였으며, 농부와 광부들 같은 중노동자들에게는 치즈를 매주 정상 배급량인 1온스에 추가로 8온스를 배급하였다.

1941년에 미국에서 무기대여법(Lend-Lease Act)이 통과되자 미국으로부터 스팸(Spam) 통조림과 콩가루 같은 음식물이 영국에 도착하기 시작하였다. 하지만 전쟁이 길어지면서 배급 대상 음식물 종류가 늘

스팸(Spam) 통조림

어나고 그 양 역시 줄어들게 되자 영국 정부, 특히 식량부(Ministry of Food)는 그나마 풍족하게 구할 수 있는 빵, 감자, 야채, 각종 허브 등을 이용하여 맛있는 음식을 만들 수 있는 방법들을 알려주는 라디오 방송과 팜플렛 등을 제공하였다. 과일의 양이 급격히 줄게 되자 바나나는 자취를 감추게 되었고 오렌지는 비타민 섭취가 중요했던 아이들을 위해서만 판매하였다. 아이들을 위한 비타민 제공은 1941년 12월부터 본격화되었는데, 이때부터 2살 미만 아동들에게는 대구간유와 블랙커런트 퓌레 등이 무료로 지급되었으며 어린 아이들과 임산부 등에게는 오렌지 주스, 대구 간유와 우유 추가분을 지급하였다. 어린이들의 유일한 낙이었던 사탕 역시 1942년부터 배급제 적용을 받게 되며 1인당 매주 3온스의 사탕만이 주어졌고, 이에 따라 많은 아이들이 당시 영국에 파견되었던 미국 군인들을 졸졸 따라다니며 껌이나 사탕을 달라고 졸라대는 풍경을 볼 수 있었다.

7) 1950년대의 음식 문화

제2차 세계 대전이 1945년에 끝나면서 영국에서의 식량 배급제는 서서히 폐지되기 시작하였고 1954년에 이르러서는 전면 폐지되기에 이르렀다. 이로 인해 1950년대 초반의 영국 저녁 식사는 상당히 단조로울 수 밖에 없었으나, 1950년대 중반에 이르러서는 버터, 치즈, 달걀, 우유 등의 섭취가 크게 증가하였다. 특히 영국 가정에 냉장고와 냉동고가 보급되면서 영국인들은 통조림보다 냉동 닭고기, 냉동 감자, 냉동 완두콩 등을 선호하기 시작하였다. 신선한 과일과 야채는 제철에만 섭취할 수 있었기 때문에 주부들은 겨울에 과일을 먹기 위하여 마개가 있는 유리병에 과일을 넣어 보관하였다. 어른들이 주로 즐겼던 음료는 단연 홍차였고, 탄산 음료수가 귀했던 관계로 아이들은 주로 물을 많이 탄 오렌지 주스를 즐겨 마셨다. 특히 아이들의 경우 1953년에 사탕에 대한 배급제가 폐지되면서 하교길에 사탕전문점에 들러 셔벼트 레몬(Shebert Lemons), 곱스토퍼(gobstoppers), 초코릿 등을 사가는 것이 큰 즐거움이었고, 1954년에는 윔피스

(Wimpy's)라는 미국식 햄버거 전문 체인점이 문을 열면서 청소년들이 애용하기 시작하였다.

1950년대 초반 만해도 영국인들은 식료품을 사기 위하여 정육점, 채소전문점, 생선전문점, 제과점 등을 따로따로 들러 필요한 물품을 구해야 했고, 세인스버리(Sainsbury's)와 같은 대형 식료품점 안에서도 돼지고기, 치즈, 버터 등을 구입하기 위해 전용줄을 서야만 했

아침에 영국 가정에 우유를 배달해주었던 밀크맨(Milkman)

다. 우유의 경우 매일 아침 마차를 타고 온 우유배달부(milkman)가 유리병에 담긴 우유를 집집마다 배달해주었는데, 시골 같은 경우에는 유리병 대신 대형 유유통을 가지고 다니면서 집집마다 우유를 퍼주기도 하였다. 하지만 1950년대 중반부터 슈퍼마켓(supermarket)들이 주요 거리에 등장하기 시작하면서 영국인들은 더욱 많은 물품을 한 곳에서 살 수 있게 되었고, 이러한 슈퍼마켓이라는 종합물품점과 경쟁하게 된 우유배달부들은 우유와 더불어 버터, 치즈, 채소 등도 배달판매하기 시작하였다.

8) 1960년대의 음식 문화

1960년대에 이르러 영국의 거의 모든 가정은 아침에 우유배달부(milkman)가 배달해 주는 우유를 섭취하였고, 탄산음료 제조사인 코로나(Corona) 역시 유리병에 담긴 탄산음료를 원하는 가정에 배달해주고 빈 유리병을 수거해 갔다. 1960년대에는 건조된 파스타가 영국에 소개되어 그때까지 통조림 스파게티를 먹는 데에 익숙했던 영국인들은 이제 집에서 파스타를 삶아 먹는 경험을 할 수 있게 되었다. 1961년에 빵 제조 방식에 촐리우드(Chorleywood) 과정이 도입되어 저단백질 밀로 아주 빠른 시간 안에 흰 식빵을 만들어 낼 수 있게 되었고, 냉장고가 널리 보급되고 1960년부터 미국으로부터

플라스틱 밀폐 용기인 터퍼웨어(Tupperware)가 들어오면서 고기 보관이 용이해지자 1965년 한 해에만 닭 1억5천만 마리가 영국에서 소비되었다. 냉장고의 보급으로 인해 과일맛 요플레(yoghurt)가 건강 식품으로 영국인들의 식탁에 등장하였고, 1967년에는 우유와 섞어서 푸딩 같은 후식을 만들 수 있는 가루 디저트인 엔젤 딜라이트(Angel Delight)가 판매되기 시작하였다. 설탕 수요도 더욱 증가하였는데 이는 설탕으로 코팅된 콘플레이크, 1967년에 출시된 트윅스(Twix)와 마라콘(Marathon) 같은 초콜릿 등으로 섭취되었다. 1960년대에는 냉동 음식도 큰 인기를 끌어 튀김용 냉동 감자, 냉동 콩 등이 많이 판매되었고 영국의 가장 권위 있는 백화점인 해로즈(Harrods)조차도 냉동 피시앤칩스를 팔기까지 하였다.

1960년대 말에는 건강 식품에 연간 천9백만 파운드가 소비되고 있었다. 인공 감미료(sweetner)가 첨가된 저칼로리 음료수는 인기가 많았고, 영국인들은 자연방사란, 통밀빵, 무농약 야채 등을 대거 구매하기 시작하였으며, 1961년에 영국 최초의 채식주의자 식당인 크랭크스(Cranks)가 런던 소호(Soho)에 문을 열었다. 하지만 영국인들의 포도주 섭취 역시 1960년대 걸쳐 2배 가까이 증가하였고, 1960년대에 영국에서 제조되기 시작된 라거(lager)는 특히 여성들과 청년들에게 인기가 많았다. 외식 문화의 경우 2차 대전 이후에 영국으로 대거 들어온 이민자들이 세운 식당들로 인해 크게 변화하였는데, 예를 들어 1963년에 런던에 생긴 북경 식당 쿠오위안(Kuo Yuan)으로 인해 영국인들은 북경식 오리구이 요리를 처음으로 맛볼 수 있게 되었다. 하지만 외국 음식을 즐기지 않은 영국인들을 위하여 값이 비교적 저렴한 양식을 파는 식당들도 1960년대에 크게 늘었다. 영국 고속도로 휴게소에 주로 자리잡은 미국 다이너(diner)식 식당인 리틀 셰프(Little Chef)가 1958년 1개의 지점에서 1965년에는 12개로

영국 고속도로 휴게소에서 쉽게 찾을 수 있는 리틀 셰프 (Little Chef) 식당

확장하여 운영되었으며, 영국의 패스트푸드 식당의 대명사였던 윔피스(Wimpy's)도 1960년대 말에 전국에 1,000여 개의 지점을 운영하였고, 1965년에 켄터키 프라이드 치킨(Kentucky Fried Chicken) 가게가 처음으로 영국에 문을 열었다.

9) 1970년대의 음식 문화

생산 기술의 기계화로 인하여 1970년대의 영국인들은 풍족한 양의 음식을 즐길 수 있었다. 우유, 계란 등의 생산과 소비가 급증하였고, 1979년에는 다섯 가정 중 둘이 냉동고를 보유하게 되어 생선튀김, 감자튀김, 콩 등을 대량으로 구매하여 오랫동안 보관하면서 먹을 수 있었다. 아이스크림 역시 가끔씩 먹는 별미가 아닌 식사 후식으로 자리를 잡게 되었고, 냉동고를 이용해야만 만들 수 있는 디저트를 소개한 요리책들이 출판되기 시작하였다.

1970년부터 인스턴트 식품이 영국 가정들의 식탁을 본격적으로 점령하기 시작하였다. 1971년의 한 통계 조사에 따르면 영국 대부분의 가정에서 신선한 야채보다는 통조림에 든 야채를 사용하였으며, 봉지에 담긴 그대로 끓는 물에 넣어 익혀 먹는 생선 요리와 쌀밥 요리, 컵라면(pot noodle) 등이 등장하면서 큰 인기를 끌었다. 특히 1979년부터 지방 정부가 학교 급식을 제공해야 할 법적 의무가 없어지면서 많은 학생들은 컵라면으로 점심을 때우게 되었다.

영국인들의 컵라면인 포트 누들(Pot Noodle)

패스트푸드 식당 및 테이크아웃 식당들의 인기 또한 식을 줄을 몰랐다. 켄터키 프라이드 치킨과 피자헛(Pizza Hut)에 이어 1974년에 맥도날드(McDonald's)가 처음으로 영국에 문을 열었고, 1976년에 영국 사람들은 '정크 푸드(junk food)'라는 말을 이미 사용하고 있었다. 건강하지 않은 음식의 인기와 더불어 건강 식품에 대한 관심 역시 높아졌는데, 다이어트 음료, 무지방 요플레, 과일 주스 등의 섭취가 이 시기에 급증하였다. 아침으로 먹는 시리얼 역시 스위스식 뮤즐리(muesli)인 위타빅스(Weetabix)가 1971년에 등장하여 큰 인기를 끌었고, 소고기 보다는 닭고기가 일요일 저녁 식사의 주메뉴로 많이 활용되기 시작하였다. 건강하기로 알려진 채식주의 식단도 이 시기에 큰 인기를 끌기 시작하여 많은 사람들이 피망 안에 토마토와 치즈를 채워 구운 요리, 치즈 퐁듀 등을 즐겼다.

해외 여행을 즐기게 된 영국 사람들은 외국 음식에 익숙해지면서 파스타, 올리브 오일, 프랑스식 빵, 파에야 등의 판매가 늘었고, 1976년이 되어서는 중국 음식점 수가 영국인들에게 있어 가장 전통적 음식을 파는 피시 앤 칩스 가게의 수를 앞질러있었다. 특히 1973년 영국의 유럽경제공동체 가입으로 인해 유럽 산 와인의 가격이 하락하면서 영국인들의 식탁에 프랑스 산 와인이 자주 오르게 되었다. 영국인들에게 있어 가장 전통적인 음료인 홍차 역시 티백(tea-bag)형식으로 출품되어 홍차 섭취가 더 용이해졌는데, 이에 질세라 인스턴트 커피 제조사들도 홍보에 박차를 가하고, 이에 영국 가정 부엌에 네스카페 골드 블랜드(Nescafe Gold Blend) 등 인스턴트 커피 한 통 정도는 항상 비치되어 있었다.

4. 20세기 영국인들의 소비 및 여가 문화

1) 제1차 세계 대전의 소비 및 여가 문화

20세기 초의 영국 남자들은 패션 감각이 상당히 보수적이었다. 사회 계층을 막론하고 주로 조끼를 포함한 양복을 착용하였는데, 노동자 계층의 경우에는 별로 각이 지지 않은 살짝 펑퍼진 양복에 크고 납작한 모자를 착용하고 일터부터 선술집까지 모든 곳을 다 돌아다닌 반면, 부유한 중산층 남자들은 딱 맞는 바지를 포함한 각진 양복을 착용하고 윤이 나는 구두와 신었다. 이들은 부착식 칼라에 넥타이를 매는 것이 보통이었고, 손목시계 보다는 회중시계를 선호하였으나 전쟁이 발발하면서 장교들이 손목시계를 착용하게 되자 민간 사회에서도 큰 인기를 얻었다. 중산층 남자들은 노동자 계층과 마찬가지로 납작한 모자를 쓰기도 하였으나 일터에 나갈 때에는 중절모(bowler hat)를 착용하였다. 상류층의 경우에는 평상시에는 고급 원단으로 제작한 양복을 입었고, 지방에 체류할 때에는 여러 색깔이 섞여 있는 두꺼운 모직물인 트위드(tweed)로 만든 재킷에 무릎 바로 밑 부분에 딱 조이게 만들어진 반바지(plus-fours)를 입었다. 이들은 또한 저녁 식사 때는 반드시 나비 넥타이에 야회복(dinner jacket)을 착용한 채로 음식을 들었다. 전쟁이 발발하자 전선에 나가지 않고 영국 내의 여러 전쟁 담당 정부 기관에서 일하게 된 남성들은 자원하지 않은 겁쟁이라는 오해를 피하기 위하여 평상복에 국가가 제정한 배지를 달았다. 전선에서 부상을 당하여 본국으로 후송된 군인들 역시 오해를 받지 않기 위하여 배지를 지급받았고, 이들은 평상시에도 군복을 착용한 채로 거리를 활보하였다. 장교들은 제복을 수선하여 편안한 재킷으로 입는 경우가 많았다.

　여성들의 경우에도 소속된 사회 계층에 따라서 옷을 입는 것이 보통이었다. 20세기 초의 부유한 상류층 여성들 사이에서는 허리선이 가슴 바로 아래에 위치한 19세기 초의 '프랑스 제1제정(Empire)'풍의 드레스가 유행하였는데, 거의 바닥까지 내려오는 속치마 위에 거의 같은 길이의 드레스를 입었고 그 위에는 허리띠를 두른 긴 튜닉(tunic) 코트를 입는 것이 대체적이었다. 모자의 경우 전쟁 초기에는 상당히 넓다란 챙이 달린 모자가 유행하다가 전쟁 말기에 가서는 당시에 유행한 짧은 단발 머리에 맞추어 작은 모자가 인기를 끌었다. 하지만 전쟁 기간 동안 사치스러운 옷 치장을 하는 것이 비애국적인 행동으로 비춰지자 상류층 여성들은 치마의 허리선을 허리 쪽으로 내리고 길이를 종아리까지 줄인 후 속치마를 아예 입지 않기도 하였으며, 같은 감으로 지은 재킷과 치마를 착용하는 경우도 있었다. 옷의 색깔도 화려한 색보다는 흑백색이 많이 사용되었고, 이 때 모조 장신구가 등장하여 값비싼 보석 대신 널리 사용되었다. 전선에 나간 남성들 대신 군수 공장에서 근무하게 된 여성들의 경우에는 아주 간단한 가운 형식의 근무복을 착용하였고 머리카락이 눈에 들어가는 것을 방지하기 위한 빵모자를 썼으며, 버스 안내원 또는 여성 경찰관으로 근무하게 된 여성들 역시 긴 코트, 긴 치마, 재킷 그리고 모자로 구성된 근무복을 입었다. 또한 남성들이 없는 사이에 농사를 짓기 위해 조직된 농업지원부인회(Women's Land Army) 소속 여성들은 반바지를 입는 대범함을 보이기도 하였다.

전쟁의 장기화로 인한 영국 사회의 우울한 분위기는 패션은 물론이고 영국인들의 여가 생활에도 큰 영향을 미쳤다. 하지만 패션의 경우 다소 간소화되고 검소해진 것에 반해, 영국의 오락 문화는 전쟁으로 고생하는 국민의 사기 충전을 위하여 상당히 활발한 방향으로 발전하였다. 20세기 초 영국 대중의 오락은 무대 위에서 노래와 춤 공연을 펼친 뮤직홀(music hall, 미국에서는 vaudeville이라고 불림)을 중심으로 이루어졌다. 영국의 대도시 및 주요 마을에는 뮤직홀 공연을 열기 위한 큰 극장(theatre)들이 하나씩은 반드시 있었고, 이에 유명한 뮤직홀 배우들이 전국을 순회하며 공연을 펼칠 수 있었다. 전쟁이 터지면서 뮤직홀의 인기는 절정에 다다랐는데, 이는 전선에서 싸우다가 휴가를 얻은 병사들이 영국으로 돌아와 그동안 쌓였던 극도의 스트레스를 풀고자 공연 관람을 많이 했기 때문이었다. 이런 뮤직홀 공연의 인기로 인해 덩달아 성장 곡선을 그렸던 오락 산업이 바로 악보의 판매였다. 20세기 초에 가수들의 레코드 음반이 아직 많지 않은 상황에서 영국 국민은 뮤직홀에서 들었던 노래의 악보를 구입하여 집에서 피아노를 치며 직접 부르는 것을 크게 즐겼다. 하지만 전쟁 시기 동안 축음기와 레코드판의 인기가 치솟으면서 군인들은 휴대용 축음기를 들고 전선에 나아가서 음악을 듣기도 하였다. 이렇듯 음악이 엄청난 대중적인 인기를 누리면서 춤바람 역시 영국을 휩쓸게 되었고, 1914년에는 짧고 빠른

영국의 뮤직홀(Music Hall)

박자에 맞추어 추는 폭스트롯(foxtrot)이 처음 선보였다.

하지만 이러한 뮤직홀의 독보적인 위치에 도전을 하는 새로운 오락 문화가 전쟁 발발 직전에 등장하였으니, 이가 바로 영화극장(cinema)이었다. 1907년에 영국에서 처음 문을 연 영화극장은 1912년에 는 전국에 4,000여 개에 이를 정도로 크게 인기를 끌었다. 영화극장에 처음 선보인 영화들의 대부분은 미국에서 수입한 것들로 영국 당국의 엄격한 검열을 거친 후 상영되었고, 이 당시에 영국과 미국을 막론하여 최고의 인기를 누린 영화 배우는 단연 영국 태생의 찰리 채플린(Charlie Chaplin)이었다. 하지만 영국 국민 일부는 이러한 영화극장의 폭발적 인기를 상당히 우려하기도 하였는데, 그 이유는 영화를 보러 간 젊은 여성들이 어두운 극장에서 만나게 되는 군인들과 애정행각을 벌이지 않을까라는 걱정 때문이었다.

스포츠 역시 19세기 말부터 대중적 인기를 끌게 되었는데, 특히 1863년에 창설된 영국축구협회(Football Association)이 전문화된 축구 선수 개념을 도입하여 1888년 리그(league) 경기가 시작되면서 경기를 보기 위하여 수많은 관중이 몰려온 것은 물론이고, 전국에 아마추어 축구 클럽들 역시 우후죽순으로 늘어났다. 이에 참전 지지 단체들은 남성들의 군입대를 촉구하기 위하여 축구에 대한 영국 남성들의 열광을 활용, 축구 선수들이 자원 입대하여 모범을 보일 것을 공개적으로 요구하는 캠페인을 벌였다. 실제로 많은 운동 선수들이 이런 압력에 굴하여 입대를 하였고, 결국 1915년 봄에 영국 축구협회는 전쟁 기간 동안 리그 경기를 중단하기로 결정하였다.

2) 1920년대의 소비 및 여가 문화

1920년대는 아르데코(Art Deco) 양식이 전 유럽 사회를 휩쓸기 시작한 시기였다. 밝은 색감, 간소한 직선, 기하학적 패턴 등을 바탕으로 한 이 스타일은 건축물, 가구, 생활용품은 물론이고 당시의 패션에까지 영향을 미쳤다. 1920년대의 여성 패션은 몸의 곡선을 드러내기 보다는 남성적인 직선미를 강조하였고, 치마의 길이가 짧아지면서 허리선이 엉덩이 윗부분까지 내려오게 되었다. '인공 실크'라고 불리던 인공 섬유 레이온(rayon)이 옷감 소재로 엄청난 인기를 끌었으며, 여성 속옷 역시 가벼워지고 착용하기 쉽게 만들어지면서 여성의 허리를 조이는 코르셋(corset)의 판매가 급감하기도 하였다. 1920년대의 상류층의 젊은 여성들은 단발보브컷(bobbed) 머리에 종모양의 모자(cloche)를 쓰고 짧은 통모양의 드레스를 입고 긴 담뱃대에 꽂은 담배를 피는 '말괄량이' 플래퍼(flapper) 스타일을 유행시켰다.

1920년대의 플래퍼(flapper) 스타일

남성 패션의 경우에는 여성만큼 급변하지는 않았고, 오히려 전쟁 전에 유행했던 옷을 입고 다니는 경우도 드물지 않았다. 이 시기에는 모든 남성들이 외출시에 모자를 쓰는 것이 당연시되었는데, 부유한 남성들은 요즘의 마술사들이 쓰는 톱 해트(top hat)나 좁은 챙이 말려있는 홈부르크(Homburg) 모자를 썼으며, 중산층은 넓은 리본으로 장식되고 머리 윗부분이 움푹 들어간 페도라(fedora) 모자나 챙이 좁은 중절모인 트릴비(trilby) 모자를 썼고, 노동자 계층은 납작한 캡(cap) 모자를 썼다.

이렇듯 멋드러지게 치장한 상류층 여성들과 남성들은 미국에서 불어온 재즈(Jazz) 바람을 타고 런던의 나이트클럽에서 폭스트롯과 탱고 등을 추며 젊음을 만끽했다. 특히 1925년에는 4박자의 리듬에 맞춰 양 무릎을 붙인 채 좌우로 발을 번갈아 뛰면서 추는 찰스턴(Charleston) 춤이 1925년에 미국에서 들어오자 이를 추지 않는 상류층 청년이 거의 없을 정도로 선풍적인 인기를 끌었다. 이에 반해 중산층 및 노동자 계층 남성들은 주로 스포츠 경기 참가 또는 관람으로 자신들의 여가 생활을 즐겼다. 런던 지하철의 확장으로 수많은 사람들이 축구 경기장 및 경견장으로 놀러가는 일이 수월해졌고, 이에 따라 경기 또는 경주 결과에 돈을 거는 도박 행위도 흔해졌다. 아마추어 축구 클럽들의 전문화는 1920년대에 더욱 가속화되었는데, 런던에 신축된 웸블리(Wembley) 경기장에서 열린 1923년 영국 축구협회 컵 결승전은 국왕 조지 5세가 직접 경기장에 와서 관람할 정도로 축구에 대한 영국인들의 열기는 다른 스포츠와는 비교할 수 없을 정도로 뜨거웠다. 1920년대에는 여성들도 참가할 수 있는 스포츠 역시 증가하였는데, 특히 1922년 윔블던(Wimbledon) 테니스 대회가 규모가 큰 경기장으로 이주하면서 많은 사람들이 젊은 여성 선수들이 시합하는 것을 구경할 수 있었다.

1920년대에는 자동차의 가격이 대폭 인하되면서 그전까지는 상류층의 전유물이었던 자동차를 이제는 일부 중산층도 구입할 수 있게 되었다. 자동차를 소유하게 된 중산층 가정들로서는 주말 여행, 바닷가로의 휴가 등을 떠나는 것이 예전보다 훨씬 수월했으며, 이에 따라 브라이튼(Brighton), 블랙풀(Blackpool), 본머스(Bournemouth), 이스트본(Eastbourne) 같은 휴양지 도시들이 크게 발달하였다. 반면 자동차를 소유하지 못한 노동자 계층 가정들은 단체로 샤라방크(charabanc)라는 지붕 없는 미니버스를 빌려서 휴가를 떠나기도 하였다.

이와 반면에 집에서 여가 시간을 보내고자 한 가정들은 1922년에 개시한 영국방송유한회사(British Broadcasting Company)의 라디오 방송을 들으며 휴식을 취할 수 있었다. 라디오 방송 중 음악 프로그램의 인기가 상당하였으며, 뉴스 방송과 날씨 예보 역시 각각 1922년과 1923년에 시작되면서 꼭 청취해야 하는 프로그램으로 자리잡게 되었다. 라디오 청취 이외에 집에서 독서를 하는 것도 영국인들이 즐긴 실내 여가 활동이었다. 특히 1920년대에는 추리물을 위시한 소설 장르가 큰 인기를 끌었는데, 당시 가장 인기가 많았던 추리 작가는 명탐정 에르퀼 포와로(Hercule Poirot)를 탄생시킨 여류 작가 아가사 크리스티(Agatha Christie)였다. 어린이를 위한 동화 역시 이 시기에 많이 쏟아져 나왔는데, 영국 최고의 동화 작가로 인정받는 이니드 블라이튼(Enid Blyton)도 1920년대에 작품활동을 시작하였다.

3) 1930년대의 소비 및 여가 문화

1930년대에 물가가 크게 떨어지고 영국인들의 구매력이 강화되면서 이 시기에 영국에는 쇼핑 붐이 일어났다. 특히 경제적 여유가 있던 여성 소비자들 중에서는 글로리아 스완슨(Gloria Swanson), 그레타 가보(Greta Garbo) 등 헐리우드 여배우들을 동경하여 이들처럼 입고 걷고 싶어하는 사람들이 많았고, 이로 인해 상당히 대담한 스타일의 헐리우드식 드레스를 입고 립스틱, 화장분, 볼연지(rouge), 눈썹연필 등을 사용하였다. 1930년대 이전에는 상류층이나 매춘부들만이 주로 화장을 하였으나, 이제는 일반 여성들도 공공 장소에서 작은 거울이 달린 분갑(compact)을 핸드백에서 꺼내어 화장을 고치는 광경도 심심치 않게 볼 수 있었다. 옷의 경우에는 무거운 면직물이나 양모보다는 레이온(rayon)같이 더 가벼운 소재가 인기를 끌었고, 옷에 지퍼가 달리기 시작하면서 옷의 디자인도 다양해지기 시작하였다. 새로 나온 옷의 가격이 저렴했다고는 할 수 없었으나, 외상 판매(buying on tick)가 유행하게 되면서 구입이 한결 수월해졌다.

1930년대에는 의류뿐만 아니라 가전 제품 등 공산품의 종류 또한 다양해졌고, 부유한 가정들은 물론이고 상대적으로 경제적 여유가 없었던 가정들도 임차구매(hire purchase) 제도를 통해 이런 제품들을 구입할 수 있었다. 1930년대 말에 이르러서는 전기 제품 판매량의 4분의 3 정도가 임차구매로 이루어지고 있었다. 라디오의 경우에는 거의 모든 집들이 한대씩은 소유하고 있었고, 1939년에는 영국 가정의 3분의 2에 전기가 공급됨으로써 전기 오븐, 전기 주전자, 전지 다리미 그리고 전기 토스터 등을 구입하게 되었다. 전기 냉장고와 전기 세탁기 등도 사치품이 아닌 생활 필수품이라는 생각이 자리잡기 시작하였고, 이런 대형 가전 제품의 가격도 시장의 확장과 함께 계속 하락하였다. 또한 이 시기에 등장한 체인 가게의 성장으로 인하여 저렴한 가게에 다양한 제품을 구입하고자 하는 소비자들의 욕구가 충족되었다. 이런 가게에서는 고객 대접 관련 교육을 받고 유니폼을 착용한 점원들이 손님들을 맞이하고 도와줌으로써 쇼핑객들에게 즐거운 경험을 선사하였으며, 부피가 나가는 물건들은 집으로 배달해주는 서비스가 제공되는 업소들도 생겨났다. 1930년대에 규모를 확장한 체인 가게들로는 울워스(Woolworths), 마크스 앤드 스펜서(Marks and Spencer), 부츠(Boots), 세인즈버리(Sainsbury's) 등을 들 수 있다.

집에 전기가 보편화되면서 영국 사람들이 집에서 지내는 시간이 늘어나게 되었다. 텔레비전의 경우 1936년이 되어서야 시험방송 수준으로 송출되는 등 아직 텔레비전의 시대가 도래한 것은 아니었으므로 영국인들은 집에서 라디오를 주로 들으며 시간을 보냈다. 1930년 1월부터 영국 타임즈(Times) 지에 십자말풀이 퍼즐(crossword puzzle)이 연재되기 시작하면서 많은 팬들을 사로잡기 시작하고, 실리는 기사들도 섹스 스캔들이나 잔인한 살인 사건 등 선정적인 뉴스의 비중이 늘어나는 등 독자 수를 늘리긴 위한 신문들의 노력이 돋보이는 시기였다.

집 밖에서는 영화극장의 인기가 절정에 다다르고 있었다. 1929년 영국에서 유성영화(talkies)가 상영되기 시작하였고 1930년대에는 간혹 칼라영화도 볼 수 있었다. 1932년 일요일오락허가법(Sunday Entertainment Act)이 통과되면서 영화극장들이 일요일에도 영업을 할 수 있게 됨에 따라 1930년대 후반에는 일주일에 3천만여 표가 5천여 개의 극장에서 팔리고 있었다. 이에 영국인들의 전통적인 오락시설인 뮤직홀은 인기가 시들기 시작하여 런던을 제외한 다른 지역에서는 거의 다 문을 닫게 되었고, 연극 공연용 극장도 수가 줄어들었다.

1930년대에는 이미 유행하고 있던 축구 등과 더불어 자전거타기와 전원 지역의 장기 산책(rambling) 등의 활동이 인기를 모으기 시작하였다. 1930년대 후반에는 수만 명의 시민들이 자전거클럽에 가입하였으며, 영국의 여러 지방을 며칠씩 걸어 다니는 산책가들을 위해 싼 가격으로 잘 곳을 제공한 유스 호스텔 협회(Youth Hostels Association)에 회원으로 가입한 사람들 수 역시 이 시기에 10만 명에 달했다. 또한 변덕이 심한 영국 날씨로 인해 오랜만에 떠난 가족 휴가를 망치는 것을 방지하기 위해 1936년 빌리 버틀린(Billy Butlin)이 영국 최초의 휴가 캠프(holiday camp)를 스케그네스(Skegness)에 설립하였다. 주로 블랙 풀(Blackpool) 같은 바닷가 근처 지역에 설립된 이러한 캠프는 1930년대 후반에 100여 개가 있었으며 50만여 명을 수용할 수 있었고, 수영장, 놀이공원, 탁구장, 당구장, 영화극장, 로또 비슷한 게임

영국의 대표적 휴가 캠프인 버틀린스(Butlins)

을 하는 빙고(bingo)장 등 방문객들이 재미난 시간을 보내기 위한 시설이 갖추어져 있었으며 방문객들이 편안하게 지낼 수 있는 가족 단위 오두막(chalet) 역시 구비하였다. 물론 사람들이 바글바글한 캠프에서 휴가를 보내고 싶지 않은 부유층들에게는 유람선 크루즈가 1930년대부터 다시 매력적인 옵션으로 부상하였다. 선사인 큐나드(Cunard)는 1934년에 퀸 메리(Queen Mary)호, 1938년에 당시 세계에서 가장 컸던 퀸 엘리자베스(Queen Elizabeth)호를 출항시켰는데, 이 유람선들에는 관광객용 삼등석(Tourist Third Class) 객실도 마련하여 중산층 사람들도 크루즈의 맛을 조금이나마 볼 수 있도록 배려하였으나 이들이 좁은 선실에 처박힌 상태에서 여행을 크게 즐겼을 수 있을지는 의문이다.

4) 제2차 세계 대전 시기의 소비 및 여가 문화

전쟁으로 인하여 영국에서는 물자가 크게 부족하였다. 엄청난 양의 원자재가 군복, 무기, 군용 휘발유 등을 제조하는 데에 필요하였고, 일반 소비재를 생산하는 대부분의 공장들은 군사용품 제조에 투입되었기 때문이다. 따라서 전쟁 시기 동안 고용률이 상당히 높았던 상황에서 일반 시민들의 보유 현금은 증가하였으나 구입할 수 있는 물건은 적었다. 정부는 이 잉여 현금이 전쟁 자금 마련을 위한 전쟁채권 매입에 사용되기를 원했으며, 이에 따라 전쟁 후 3%의 이자를 쳐주는 국방채권(Defence Bond)을 사도록 일반 시민들을 독려하였다. 이와 더불어 정부는 과소비를 줄이기 위한 홍보 캠페인을

벌였는데, 이를 위하여 히틀러의 얼굴을 하고 사람들의 과소비를 부추기는 '낭비 벌레(Squander Bug)'라는 만화 캐릭터를 개발하였다.

전쟁 기간 동안 의류가 부족해지고 그 가격이 천정부지로 솟자 정부는 1941년 6월부터 의류에도 배급제를 시행하였다. 모든 시민들은 1인당 매년 66장의 배급제 쿠폰을 사용할 수 있었는데, 이 66장으로 1941년에는 남성의 경우 재킷, 조끼, 바지로 구성된 양복 한 벌, 셔츠 한 장, 구두 한 켤레, 콤비 세트 한 벌, 그리고 양말 한 켤레를 구입할 수 있었으나, 배급된 쿠폰의 수는 전쟁이 길어지면서 매년 줄었다. 아동복의 경우 필요한 쿠폰 수가 어른보다 적기는 했으나, 성장하는 아이들의 옷을 몸에 맞게 계속 사준다는 것은 큰 부담이었다. 이에 따라 어머니들이 아이들에게 기성복을 사주기보다 털실과 기타 재료 등을 싸게 구입하여 직접 지어 입히거나 옛날 옷을 직접 수선하여 입히는 경우가 많았다. 이를 돕기 위해 뜨개질 관련 책들이 많이 출판되어 스웨터와 스카프는 물론이고 모자, 넥타이, 양말 그리고 심지어 수영복까지 집에서 만들어 입을 수 있도록 하였다.

여성들에게 있어 의류 배급제에서 가장 참기 어려운 부분은 바로 스타킹의 부족이었으니, 여성 한 명 당 매년 스타킹 두 켤레밖에 배급을 받지 못 했다. 정부에서는 스타킹을 오래 신는 법, 스타킹에 난 구멍을 때우는 법 등을 적은 안내서를 배부하였으나 스타킹 한 켤레로 6개월을 보낸다는 것은 불가능하였다. 상황이 이렇게 되자 여성들은 다리에 짙은 화장을 하여 스타킹을 신은 듯한 효과를 연출하였으나, 1941년이 되어 화장품마저 부족하게 되자 하는 수 없이 짙은 고깃국물 가루를 다리에 바르기도 하였고 이 때문에 길거리에서 강아지들에게 쫓기는 봉변을 당하기도 하였다. 전쟁 말기가 되어서는 여성들이 대부분 스타킹을 신지 않고 양말만 착용하던가 아예 바지를 입고 다니는 경우가 많았다. 화장품을 대체할만한 용품을 찾는 일도 고역이었다. 립스틱 대신 홍당무 액, 얼굴 분 대신 가루 녹말, 마스카라 대신 구두약, 눈썹연필 대신 일반연필 등이 사용되었고, 가짜 화장품을 암시장에서 구입하여 사용하다가 납 중독 증상을 경험하기도 하였다. 사실 잘 씻기만 해도 미용 효과를 어느정도 볼 수 있었으나 1942년에 비누마저 배급제 적용을 받으면서 한 달에 화장실용 비누 3온스만 배급되자 청결한 얼굴 유지 자체도 어려워졌다. 이 같은 비누의 부족으로 인해 여성들이 긴머리를 감기가 어려워지자 머리스카프로 묶은 아주 짧은 단발컷이 유행하기도 하였다.

전쟁 기간 동안 영국 국민의 여가 활동 역시 어느정도 제약을 받을 수 밖에 없었다. 1936년 11월부터 런던 지역에서는 텔레비전 방송이 시작되었으나, 1939년 9월 1일에 전쟁이 터지면서 영국 정부는 적군 전투기의 텔레비전 신호를 추적을 통한 목표물의 폭격 우려와 방송국에서 근무하는 기술자들의 전쟁 관련 산업 투입으로 인해 텔레비전 방송을 전면 중단하였다. 따라서 영국 정부는 공영방송인 BBC의 라디오 방송을 통한 뉴스 및 경보의 송출을 우선시하게 되었고, 이에 따라 텔레비전 방송 송출이 중단되자마자 단일 라디오 국내 방송(Home Service) 채널이 개설되었다. 이 채널에서는 예능 프로그램보다는 뉴스, 정부 지시 사항 등을 위주로 프로그램이 편성되었고, 뉴스 시간 사이사이에는 음악 방송을 틀어주었다. 하지만 영국 국민이 라디오를 통한 예능 프로그램을 듣고 싶어한다는 여론이 일자, BBC는 곧 코미디 위주로 라디오 프로그램을 편성하여 송출하기 시작하였다. 그리고 1939년 크리스마스에 국왕 조지 6세(George VI)가 대영제국 국민의 사기 충전을 위하여 라디오 연설을 한 것이 큰 인기를 끌자, 이후로 매년 국왕이 라디오를 통하여 크리스마스 연설을 하는 것이 연례 행사로 자리잡게 되었다.

크리스마스 라디오 연설을 하는 영국 국왕
조지 6세(George VI)

전쟁 기간 중 영화 극장을 찾은 영국 국민들의 수는 최고조에 달했다. 정부는 애초에 영화 극장 및 연극 극장들이 폭격 당할 경우 엄청난 수의 사상자가 날 것을 우려해 모든 극장들을 폐쇄하였으나, 국민이 이에 크게 반발하자 정부는 폭격 경보음이 울릴 경우 극장 운영자들이 관람객들에게 이를 즉시 통보해 주는 것을 조건으로 재개하였다. 전쟁 초기 상영 영화들은 영국 군인들의 용맹을 그린 줄거리들이 대부분이었으나, 가장 인기가 있었던 영화들은 '바람과 함께 사라지다'(1939) 등 미국에서 수입된 명작들이었다.

전쟁 기간 동안 영국 국민들이 즐긴 또 하나의 여가 활동은 춤추기였다. 큰 공장들과 군사 기지에서는 춤 파티가 자주 있었으며, 여기에 지역 주민들과 군인 등이 동원되어 춤 파트너들이 부족하지 않도록 하였다. 특히 군사 기지와 마을 회관 등에서는 1939년 창립된 위문공연단(Entertainment National Service Association, ENSA)도 여러 가지 공연을 개최하여 군인들과 공장 노동자들의 사기를 높이면서 군인 지원을 위한 모금 운동을 벌였다. 런던의 국립미술관에서는 저명한 음악가들이 모금을 위한 점심 시간 콘서트를 개최하여 큰 인기를 끌기도 하였다.

5) 1950년대의 소비 및 여가 문화

1950년대는 아이들의 유희를 위한 최고의 시기였다. 위에서 언급된 사탕 배급제의 폐지와 더불어 모노폴리(Monopoly), 스네이크스 앤드 래더스(Snakes and Ladders)와 같은 보드 게임과 짜맞추기 퍼즐, 전기 열차 세트 등이 인기를 끌었고, '페이머스 파이브(Famous Five)', '시크릿 세븐(Secret Seven)' 등의 시리즈물을 쓴 이니드 블라이튼(Enid Blyton)의 아동 소설은 1950년대에 그 인기가 절정에 다다랐다. 1951년 5월에 런던의 사우스뱅크(Southbank)에서 개최된 영국박람회(Festival of Britain)를 부모들과 방문한 아이들은 박람회장의 미래지향적 건물들과 전시품을 감상하면서 전후 영국의 미래에 대한 희망을 품게 되었고, 박람회가 개최된 지 2년 후인 1953년 6월에 엘리자베스 2세(Elizabeth

1951년에 열린 영국박람회(Festival of Britain)

II)가 영국 여왕으로 등극하는 국왕의 대관식 장면이 흑백 텔레비전을 통해 일반 민중에게 공개되면서 새로운 시대의 개막을 축하하기 위한 길거리 잔치(street party)가 영국 전역에서 열렸다.

영화 극장에 대한 영국인들의 사랑은 전쟁이 끝난 이후에도 계속되었다. 영국산 코미디물인 '레이디킬러(The Ladykillers, 1955)' 등은 남녀노소를 불문하고 인기를 끌었고, 청소년들은 '십계(The Ten Commandments, 1956)'와 '벤허(Ben Hur, 1959)' 등 할리우드 대작을 보러 몰려가는 동안 아이들은 디즈니의 '보물섬(Treasure Island, 1950)' 등에 열광하였다. 또한 할리우드 영화의 시각 효과에 매료된1950년대에의 관객들의 호기심을 끌기 위한 서커스와 마을 축제(fair) 등이 절정을 이루면서 여러 서커스단이 영국 전역을 떠돌며 아슬아슬한 연기와 위험한 동물들의 묘기를 선보였다.

런던에 사는 사람들은 지방에 사는 사람들과 달리 수도의 박물관 및 관광 명소를 자주 구경하러 나갈 수 있었다. 특히 1958년에 개관한 런던우주관(London Planetarium)에서 방문객들은 300명을 수용할 수 있는 돔에 앉아서 우주와 천체에 대한 여러가지 쇼를 관람할 수 있었고, 런던동물원(London Zoo)에는 1949년에 동물원 내에서 태어난 첫 북극곰 브루마스(Brumas)를 보러 사람들이 구름같이 몰려들었다.

집에서 휴식을 취하고자 하는 사람들에게는 주로 BBC의 라디오 프로그램을 청취하면서 시간을 보냈다. 1951년에 시작한 코미디물인 '군쇼(The Goon Show)'는 10년간 방송되면서 영국인들의 큰 사랑을 받았고, 같은 해 1월에 시작한 방송극인 '아처스(The Archers)'는 2016년 현재까지도 방송되면서 세계 최장수 라디오 드라마라는 기록을 보유하고 있다. 1950년대 초반에는 영국 가정집에 텔레비젼이 널리 보편화되어 있지는 않으나 BBC는 계속하여 텔레비젼용 프로그램을 개발하였고, 1955년에 영국의 첫 민영방송인 독립방송(Independent Television)이 운영을 시작하면서 영국 시청자들의 선택권이 더욱 확대되었다. 특히 1950년대 중반부터 영국과 오스트레일리아 간의 크리켓(cricket) 경기 및 윔블던 테니스 경기 등이 텔레비젼으로 생중계되면서 참가 선수들은 일반 시청자들에게 더욱 친숙하게 다가올 수 있었다.

6) 1960년대의 소비 및 여가 문화

영국인들의 소득이 1955년에서 1969년 사이 130% 증가하면서 소비력이 강해지자 1966년 6월 22일, 바클레이스 은행(Barclays)은 바클레이카드(Barclaycard)라는 신용 카드를 영국 은행으로서는 처음으로 선보였다. 대형 체인인 부츠(Boots), 마크스 앤 스펜서(Marks and Spencer) 등은 1960년대 전체 소매업 매출의 28%를 차지하였고, 슈퍼마켓 점포 수 역시 1960년에 367개에서 1967년에 3,000개로 증가했다. 1968년에 테스코(Tesco)는 런던 남부의 크롤리(Crawley)에 3,700 평방미터 크기의 대형 슈퍼마켓(superstore)를 개점하였고, 또 다른 슈퍼마켓 체인인 세인즈버리(Sainsbury)는 1961년에 영국 식품 판매업체로는 처음으로 유통 시스템을 전산화하였다.

1960년대의 자유분방한 분위기에 어울리게 여성의 패션에도 자유로운 스타일이 유행하였다. 많은 젊은 여성들은 당시 최고의 인기를 누린 헤어 스타일리스트 비달 사순(Vidal Sassoon)의 기하학적 머리 스타일로 치장하여 머리 롤러나 드라이어를 사용할 필요가 없게 되었다. 또한 여성복 디자이너인 메리 콴트(Mary Quant)는 미니스커트를 고안하여 여성들을 코르셋으로부터 해방시켰고, 팬티스타킹을 유행시켜 멜빵용 스타킹을 대체하였다. 이렇듯 젊은 여성들이 당시 유행하던 패션을 이해하고 이에 맞는 의류 및 화장품을 구입하는 것을 돕기 위하여 '허니(Honey)'라는 잡지가 1960년 4월에 출간되었다.

1960년대는 영국 방송의 혁명기라 할 정도로 텔레비전 및 라디오 방송물이 폭발적으로 늘어 영국인들의 여가 시간에 큰 영향을 미쳤다. 우선 대중 음악 중

1960년대 여성 패션에 돌풍을 일으킨 메리 콴트(Mary Quant)

심의 프로그램으로 편성된 BBC 라디오의 제1방송(Radio 1)이 1967년에 출범하였고 이에 따라 나머지 라디오 채널이 제2방송, 제3방송 제4방송 등으로 개명되었다. 대중 음악만큼 1960년대의 영국을 특징짓는 요소도 없고, 1960년대에 비틀즈(Beatles), 클리프 리처드(Cliff Richard), 롤링 스톤즈(Rolling Stones) 등 영국이 낳은 최고의 음악가들이 활동하기 시작하며 전 세계의 팬들을 광분하게 하였다. 또한, 1960년대 초반에는 영국 가정의 75%가 텔레비전을 소유하고 있던 반면 1970년대 초반에 와서는 그 수가 90%를 넘게 되었다. 1967년에 컬러 텔레비전이 도입되면서 1972년이 되어서는 컬러 텔레비전만 무려 백오십만 대가 영국 가정에서 사용되고 있었다. 이를 통해 2015년 현재에도 방송되고 있는 영국 최장 연속극 '코로네이션 스트리트(Coronation Street)'가 영국 민영방송인 ITV에서 1961년에 첫 방송을 시작하였고, '어벤져스(Avengers, 1961년 시작)', '닥터 후(Dr. Who, 1963년 시작)' 등 전 세계적으로 명성을 떨치게 된 많은 프로그램들이 1960년대에 출범하였다. 급격히 늘어나는 시청자들의 수와 이들의 기대를 충족시켜줄 더욱 많은 프로그램 편성을 위해 1964년에는 영국 세 번째 공중파 방송국인 BBC2가 창설되었다.

매스컴의 급격한 발달에도 불과하고 영국인들의 독서 열기는 식을 줄 몰랐다. 도서관 책 대여는 1960년대에 들어 크게 늘었고, 1965년부터 이전 해에 통과된 공공도서관 및 박물관 법(Public Libraries and Museums Act)에 따라 영국의 지방 자치 단체들은 소속 도서관 관련 투자를 중앙 정부의 감독 하에 두 배로 증가하였고, 1970년에 이르러서는 6억 권의 책이 도서관을 통해 대여되었다. 출판 기술의 발달로 저렴한 페이퍼백(paperback) 책들이 펭귄(Penguin) 같은 대형 출판사에서 쏟아져 나와 1960년대 말에는 펭귄에서만 37,000 여 편의 책이 출간되었다. 이 중 1960년에 출간된 D. H. 로런스(Lawrence)의 저서인 '채털리 부인의 연인(Lady Chatterley's Lover)'이 바로 전 해에 통과된 음란도서법(Obscene Publications Act)에 저촉된다는 사유로 펭귄이 법정까지 끌려가는 상황도 발생하였다. 당시 남성들은 정보부 장교 출신 작가인 이언 플레밍(Ian

Fleming)이 탄생시킨 영국 스파이 캐릭터 제임스 본드(James Bond)의 출연 소설 또는 존 르 카레(John Le Carré)의 냉전 배경 첩보 소설을 더 선호하였고, 여성들은 로맨스 소설가인 바바라 카틀랜드(Barbara Cartland), 추리 소설가인 아가사 크리스티(Agatha Christie) 등을 더 좋아했다.

1960년에 도박법(Betting and Gaming Act)이 통과되면서 마권 등을 구매할 수 있는 도박 가게(betting shop)들이 1960년대에 일주일 100개가 개점할 정도로 활기를 띄었고, 1965년까지 무려 1,000여 개의 카지노가 영국 전역에 문을 열었다. 경마 및 운동 경기 결과에 대한 도박 행위가 증가하며 1960년대 중반에는 축구가 크리켓(cricket)의 인기를 추월하게 되었다. 1966년 7월 30일 영국과 서독 간의 월드컵 결승전이 런던 웸블리(Wembley) 스타디움에서 열렸을 때 무려 3천2백만 명의 영국인들이 경기를 텔레비전으로 시청하였다. 이때부터 엄청난 연봉을 받는 축구 스타들이 탄생하게 되었는데, 맨체스터 유나이티드(Manchester United) 소속의 북아일랜드 출신 선수 조지 베스트(George Best)의 경우 1969년에 주급 5,000파운드(현재 가치로 70,000파운드, 한화 약 1억2천만원)을 받았다.

7) 1970년대의 소비 및 여가 문화

1970년대 중반부터 영국에서 인플레 현상이 심각해지자 많은 중산층 가정들은 돈에 쪼들리기 시작하였는데, 1972년에 악세스(Access)라는 신용카드가 출시되는 등 기존의 카드 강자인 바클레이카드와 더불어 여러 신용카드들이 시장에 나오고 돈이 급하게 필요한 중산층의 카드 사용이 대폭 늘자 영국 서민들의 가계빚은 천정부지로 증가하였다. 특히 1971년 2월 15일에 십진제 화폐개혁(decimalization)이 실행되면서 물가 상승에 영향을 미치자 영국 소비자들은 비교적 싼 가격에 물건을 구매할 수 있는 테스코(Tesco), 세인즈버리즈(Sainsbury's) 등 대형 슈퍼마켓으로 몰려들었다. 이에 따라 1970년대부터 영국에는 대형가게들의 수가 급증하였고 이에 소규모가게들의 생존이 크게 위협받았다. 문제는 이러한 대형 슈퍼마켓들이 마을 번화가가 아닌 외곽에 자리잡으면서 자가용이 없던 가정들은 어쩔 수 없이 번화가에서 생존을 위해 몸부림치는 소규모 가게에서 비싸게 장을 볼 수 밖에 없었다.

점점 어려워지는 경제적 상황에도 불구하고 영국인들의 해외 여행은 더욱 증가하여 1970년에는 여행사 파산대비 보험이 등장할 정도였고, 몇몇 중산층 가정들은 일년에 두 번 여행 - 한 번은 국내, 한 번은 해외 - 을 가기 시작하였다. 1970년에서 1979년까지 항공 여객의 수가 4천만으로 거의 배가 늘었으며, 1976년에는 영국과 프랑스가 공동으로 개발한 초음속 여객기인 콩코드(Concorde)가 런던과 뉴욕을 3시간 30분 만에 횡단하기 시작하였다.

영국의 미래를 상징했던 초음속 여객기 콩코드(Concorde)

1970년에 이르러서는 영국 가정의 반 이상이 자가용을 소유하였고, 1977년이 되어서는 영국 내에서 구매된 승용차 중 반 이상이 폭스바겐(Volkswagen)의 골프(Golf), 포드(Ford)의 피에스타(Fiesta) 등 외제 브랜드였다. 반면에 영국의 자랑거리였던 롤스로이스(Rolls-Royce)는 1971년 파산하면서 국유화되어 자동차부문과 엔진부분이 분할되는 수모를 겪기도 하였다.

집에서 여가 시간을 보내기를 좋아한 사람들에게 1970년대는 황금의 시기였다. 1972년 10월부터 텔레비전의 낮 방송 시간이 연장되면서 텔레비전 시청률이 오르기 시작하였고, 1970년대 중반부터 컬러 텔레비전의 가격이 급락하면서 더 많은 가정들이 컬러 방송을 즐길 수 있게 되었다. 특히 이 시기는 영국 코미디방송의 절정기로 평가 받을 정도로 '포리지(Porridge)', '대즈 아미(Dad's Army)', '폴티 타워즈(Fawlty Towers)', '라스트 오브 더 써머 와인(Last of the Summer Wine)' 같은 주옥 같은 코미디 프로그램들이 쏟아져 나와 텔레비전 시청자들의 즐거움을 더했다. 이 같은 텔레비전의 인기 상승과 더불어 경제가 어려워지자 영화관에 가는 영국인들의 수가 줄기 시작하였으나, 1973년의 '지금 보면 안돼(Don't Look Now)', 1974년의 '오리엔트 특급 살인 사건(Murder on the Orient Express)' 등 영국산 명품 영화가 많이 배출되었다. 또한 1972년의 '대부(Godfather)'와 1977년의 '스타워즈(Star Wars) 등' 전설적인 미국 영화들이 개봉되면서 폭발적 인기를 누렸다.

1970년대에는 박물관, 미술관 및 극장 관람객 수도 폭등하였다. 1972년 영국박물관(British Museum)에서 개최된 투탕카멘(Tutankamun) 전시회가 열리자 2백만 명의 관람객들이 몇 시간씩 줄을 서면서까지 구경을 하였고, 1977년 400명에서 1100명까지 착석할 수 있는 세 개의 공연장을 갖춘 국립극장(National Theatre)이 런던 워털루(Waterloo Station) 근처에 개장하면서 런던 시민들의 문화 생활 향상에 크게 기여하였다. 또한 1972년에 런던에서 처음 공연한 지저스 크라이스트 슈퍼스타(Jesus Christ Superstar)는 후에 영국 뮤지컬 중 최장수 공연 기록을 세우게 되었다.

1970년대 영국 젊은이들의 패션은 장발, 넓은 옷깃, 나팔 바지(flares), 높은 웨지화(wedge footwear)로 대변될 수 있다. 특히 여성들의 경우 1970년대 초반에 인기가 있었던 미니스커트는 시간이 지나면서 미디스커트와 맥시스커트에 의해 추격당했으며, 남성들은 카브라(turn-up) 나팔 바지와 성긴면직물(cheesecloth)로 만든 셔츠를 즐겨 입다가 홀태청바지(drainpipe jeans)와 찢어진 티셔츠로 취향을 바꾸어갔고, 장발, 구레나룻, 콧수염 등도 차츰 인기를 끌었다. 또한 1970년대 중반부터 펑크(punk) 문화가 패션 분야에 퍼지면서 야한 색깔로 물들인 머리를 바짝 세운 젊은이들은 낡은 옷에 안전핀, 면도날, 체인 등을 부착하여 입었고, 몸에 구멍을 뚫어 다는 보디 피어싱(body-piercing) 장신구, 한 귀에 세 개씩 박은 귀고리 버튼(ear studs), 스파이크를 주루룩 박은 개목걸이, 문신 등도 서슴없이 착용하였다.

현대 서양의 문화 코드 읽기

1. 들어가면서

현대시기의 유럽 각 국가들의 정체성 형성에 지대한 영향을 미치는 요인들로 여러 가지를 꼽을 수 있다. 호프스테데(Geert Hofstede)는 국가마다 대체로 하나의 지배적인 언어가 있고 공통된 매스미디어와 전국적인 차원의 교육, 군대, 정치 체제가 자리잡고 있어서 역사적으로 발전된 단일체를 구성할 수 있다고 했다.[7] 또 국가의 문화를 연구하는 데에 있어서 개넌(Martin J. Gannon)은 계량적인 방법에 대해 문제제기를 하면서 '차원적인 접근(dimensional approach)'를 사용하여 질적 방법을 사용하였다. 그들이 사용한 것이 은유(metaphor)를 중심으로 하는 특정 국가문화를 묘사하는 방법으로 국가문화에서 국민정체성을 대표적으로 반영할 수 있는, 그리고 그 국가에 실재하는 문화 대상을 선정해 이를 중심으로 국민들의 생활방식을 서술하는 것이다. 문화적으로 독특한 사회·문화적 정체성(social and cultural identity)은 개별적 경험과 이것이 표현되는 상징의 조직화를 통해 나타나는데, 이 경험과 표현방식의 상징체계는 그 사회의 생활양식(lifestyle)을 구성한다는 것이다. 이때 사람들의 사회·문화적 정체성형성에서 사회 학습과정이 이루어지고 이것은 자연스러운 일상생활과 인위적인, 즉 제도적인 교육을 통해 이루어진다고 했다. 프랑스의 부르디외도 한 사회 내 사람들의 인식 체계와 가치관 구조, 이에 기초한 생활양식 즉 그 사회를 관통하는 규범과 상징체계를 행위의 정향성(orientation) 구조로 설명하고 이를 'cultural habitus'로 개념화했다. 이 'cultural habitus'를 통해 한 사회 내 사람들의 '느끼고 행동하는 방식'이 통일성을 갖게 되는데

이 때 제도적인 교육을 통해 이 문화적 아비튀스를 체득하게 된다고 보았다.[8] 이처럼 각 국가문화형성에 중요한 역할을 하는 제도적인 방식의 교육이 현대시기 유럽국가들에서 어떻게 이루어졌는지를 살펴보면 유럽국가문화형성에 대한 이해를 도울 수 있을 것이다.

영국의 경우, 일찍부터 강력한 중앙집권의 절대왕정 체제를 형성한 유럽 대륙의 여러 나라와는 달리 영국에서는 왕정체제의 발달과 함께 의회제도가 정착되어갔다. 이 의회제도가 정치의 중심이 되어가는 과정이 영국사의 큰 특징이다. 이 역사과정에서 영국에서는 절대주의의 통치 전통이 깊이 뿌리내리기 어려웠고, 개인의 자유에 대한 가치 의식이 일찍부터 영국인에게 자리잡았다. 이러한 의식은 자유주의라는 이념을 낳으며 근대 영국의 국민정체성에 가장 주요한 영향을 끼쳤고 일반 생활 태도에서도 개인주의 생활양식을 배태시켰다. 17세기 전반기의 청교도 혁명은 사회체제의 대변혁을 초래한 것이 아니라, 지주(gentry) 세력을 중심으로 한 의회가 왕권을 제압하고 정치의 주역이 되는 정치 리더쉽 상의 변화를 초래하는 데 국한되었다. 사회체제의 근본적인 변혁이 없는 역사가 계속되면서 영국인들의 고유한 가치 체계가 강하게 응집되어 이어져 오고 있으며, 근대 이전의 계급 사회의 구조가 많은 부분 형태를 달리해 잔존하고 있다. 옥스퍼드/캠브리지 대학, 그리고 사립 중 고등학교인 퍼블릭스쿨로 대변되는 영국의 귀족 중심교육제도가 귀족과 중산층을 중심으로 하는 사회 체제의 골격을 유지시키는 데 기여하고 있다.

이처럼 영국에서는 개인주의 성향과 전통적인 계급 사회의 잔영이 맞물려서 계급의식에 기반을 둔 개인주의 생활방식이 만연하다고 볼 수 있다. 이런 점에서 영국 사회에서 기술과 노동은 생산을 위한 수단 이전에 중하층 계급의 표시로 인식된다. 개인적 자유주의라는 동력에 의거해 산업혁명을 이룩하고 세계의 공장이 되었으나, 영국인들의 심성은 "늘 푸르고 즐거움이 가득한 나라"를 끊임없이 동경해 산업혁명의 연장선상에서 선 제조업의 발전을 담지하지 못했다. 즉, 산업혁명에 제일 먼저 성공했으나, 점차 자본주의 경쟁에서 뒤처지게 된 것은 바로 그러한 전통을 고수하고자 하는 영국인들의 심성 때문이라는 것이다.

프랑스의 경우는 중앙집권주의, 세련된 감수성에 기반을 둔 문화산업, 열띤 토론문화, 정치한 장기계획, 강력한 노동자보호법, 사회보장제도, 사교를 중시하는 사업 관행으로 잘 알려져 있다. 이러한 특징에 대한 배경으로 역사적 원류는 절대주의, 바로크문화, 계몽주의, 프랑스혁명 등을 거론할 수 있다. 그러나 절대주의체제가 발전하는 동안 이에 반하는 사상이 형성되어갔는데 그것은 17세기 데카르트의 합리주의와 이의 연장선상에서 발전한 18세기의 계몽주의였다. 이어지는 18세기에는 계몽주의 사상가들도 인간이성 활동의 중요성에 주목함으로서 데카르트보다 좀 더 전진적으로 이성의 판단에 의한 개인과 사회의 이상적인 가치를 정립하고 이를 실현해야 할 것을 강조하였다.

교육에 있어서는 중앙집권주의와 엘리트주의가 특징인데 프랑스인에게 조직은 그 구성원의 사회적, 정치적 권력을 부여하기 위해 존재하는 것으로 인식된다. 그들은 조직을 통해서만 전체 작업을 완수하는데 필요한 영향력과 권위를 지니게 된다고 생각하는 경향을 보인다. 프랑스의 위계는 무엇보다 혈통, 가족, 교육에 의해 결정되며 프랑스에서는 위계질서에 의한 의사 결정 시스템이 철저하게 작동되는데 이는 프랑스의 관료주의를 설명해준다고 할 수 있다. 프랑스의 인력공급구조에서 잘 나타나는 특별한 현상은 그랑제콜의 존재로서 경영 및 고급 기술인력과 관련해 중대한 의미를 띠는 그랑제꼴은 매년 공학 부문에서 1만 5천여명, 경영부문에서는 8천명을 배출시키고 있다.

독일의 경우, 국가공동체주의 산물로서 독일문화에서는 엄격한 준법정신을 강조한다. 독일 경제에는 규제요소가 많으며 엄격한 시간 엄수, 복잡한 상법체계, 책임완수라는 업무윤리와 일반시민의 준법정신이 지배하고 있다. 또한 사회 내에서 협동정신을 잘 보여주는 제도로서 사회적 시장경제체제를 들 수 있는데 이는 개인적인 경쟁에 의존하기보다는 집단적인 작업을 선호하는 것으로 유명하다. 이 체제 안에서 감독이사회, 노동평의회 등이 설치되고, 노사 관계에 있어서도 독일 경영자들은 노동자들과 대결보다는 합의를 위해 노력한다.

국가공동체 의식과 사회질서, 전문 기술교육을 중시하는 사회적인 분위기 안에서 독일 교육은 질서를 준수하고, 근면 검소하며 정확하고 완벽하게 일을 완수해 내는, 그러면서 항상 정돈 정리, 청결을 유지하는 훈련된 사람을 길러내는 것이 중요하다. 그래서 고학력의 관리층과 고도의 숙련된 기술 및 노동인력을 양성하는 데 교육정책의 초점을 맞추고 교육을 바탕으로 국가공동체 의식을 지속 추진하고 있다. "훈련이 전문가를 만든다"라는 독일의 금언은 이를 반영한다.

이처럼 국가문화형성에 중요한 역할을 하는 교육이 영국, 프랑스, 독일에서 시대적 변화과정을 거쳐서 어떻게 각 국가문화에 정착하게 되었는지 알아보도록 한다.

2. 시대별 교육문화의 변화와 특징

1) 19세기말부터 1945년까지 시대적 배경

19세기는 역사적 진전이 매우 복잡하고 그 변화가 급격한 시기로 유럽 국가들에 있어서 정치·경제·사회·문화 등 다방면에서 전면적인 변화가 일어났다. 정치적으로는 합리주의와 계몽주의를 바탕으로 한 미국의 독립과 프랑스의 혁명을 기점으로 민주적 정치제도가 실현되었고, 경제적으로는 산업혁명을 계기로 자본주의적 경제체제가 발달하였으며, 사회적으로는 시민사회가 형성되었고, 문화적으로는 낭만주의가 대두하면서 신인문주의가 두드러진 시기였다. 이러한 거대변화와 더불어 인구의 변화도 눈에 띄게 급격히 증가했다.

산업이 급격히 발전한 서유럽의 경우, 1870-1914년 사이에 인구는 2억 9,500만 명에서 4억 5천만 명으로 증가했다. 중간 계급 및 노동계급의 남녀들이 결혼을 늦추고 자녀 수를 제한했음에도 불구하고 인구가 증가한 원인은 더 나아진 위생과 식사 그리고 콜레라와 티푸스 같은 질병 퇴치에 따른 유아 사망률의 현저한 저하에서 비롯되었다고 할 수 있다. 1881-1911년 사이에 영국의 인구는 3,940만 명에서 4,520만 명으로, 프랑스는 3,740만 명에서 3,910만 명으로, 독일은 4,520만 명에서 6,490만 명으로, 러시아는 9,400만 명에서 1억 2,900만 명으로 증가했다.

교육면에 있어서 1850년대에 대략 유럽 인구의 절반이 문맹이었다. 18세기 중엽 이전까지 예술과 문학의 향유대상은 주로 귀족층에 한정되어 있었지만 1750년에서 1870년 사이에는 귀족 계급 뿐 아니라 상층 중간계급도 문화향유계층으로 포함되었다. 그러나 이시기 이후 몇 십 년 사이에 국가들마다 정부 예산을 들여서 초·중등 교육제도를 도입하였다. 이것은 부분적으로 시민들에게 사회적 지위 상승의 기회를 주기 위한 시도라고 볼 수 있으나 이외에 다른 이유가 있었다. 우선은 노동자에 의해 운영되는 노동자학교의 설립을 방지하기 위한 사회적 통제 수단으로 볼 수 있었고, 다른 한편으로는 변화하는 과학 기술 지식에 보조를 맞추기 위한 것이기도 했다.

영국은 1870년에, 스위스는 1874년, 이탈리아는 1877년에 각각 초등 교육을 실시했다. 프랑스는 1878년과 1881년 사이에 기존 교육체제를 확대했다. 독일은 1871년 이후에 프로이센을 모델로 국가 교육제도를 제정했다. 1900년경에는 영국, 프랑스, 벨기에, 네덜란드, 스칸디나비아, 독일 인구의 대략 85퍼센트가 글을 읽을 수 있었다. 그러나 그 외 지역은 그 비율이 30내지 60퍼센트 정도로 훨씬 낮았다.

읽고 쓸 줄 아는 사람들이 점차 늘어난다는 사실에 힘입어 문학 및 예술에 대한 잠재적 고객이 증가했다. 문맹률이 가장 낮았던 영국, 미국 등에서는 알프레드 함스워스, 윌리엄 랜돌프 허스트와 같은 자본주의 신문 발행인들이 나타나 새로운 독자층을 겨냥하고 있었다. 중간 계급에 속한 독자들은 자신들의 흥미와 관점에 맞는 신문을 선택하여 받아보았다. 런던의 "더 타임스"는 1850년 경 5만 명을 훨씬 상회하는 독자층을 보유했다. 프랑스의 "프레스"와 "시에클"은 7만 명의 독자를 보유했다.

독일제국은 비스마르크를 중심으로 한 보수층이 사회적 안정을 유지하고 당시 사회의 적인 사회주의 세력과 투쟁하는데 공립학교를 사용하였다. 공립학교에서 애국심과

효성의 덕목을 강조함으로서 학생들에게 사회주의의 위험성을 가르치도록 지시하였다. 또한 문화투쟁(Kulturkampf, 1871-1878)을 통해 가톨릭교회의 전권에 속했던 학교교육을 국가가 관리하게 되었다.

독일의 문화투쟁의 경우처럼 프랑스 또한 제3공화국 지도자 중 대다수는 교회에 적대적이었다. 그 이유는 가톨릭교회는 항상 왕당파들을 돕고 있었기 때문이었다. 1901년에 정부는 국가가 인정하지 않는 종교 단체의 존립을 금하고, 모든 공·사립학교에서 수도회 회원의 교육활동을 금지시켰다. 마침내 1905년에 교회와 국가를 분리하고, 그에 따라 공공 기금에서 성직자의 봉급 지불을 금지하는 일련의 법을 통과시켰다.

독일 교육의 근간은 프리드리히 빌헬름 폰 훔볼트의 인문주의적 김나지움이 등뼈의 구실을 하였다. 김나지움은 대학과 연구기관으로 연결되고 이와 병행하여 가정 형편이 좋지 못한 학생들에게는 중간학교와 기술학교와 직업훈련의 기회가 열려 있었다. 프랑스의 경우는 프랑스 혁명의 결과로 기술전문학교, 국립학교들, 여러 형태의 기술대학, 그리고 나폴레옹 이후에는 국가 통제하의 철저한 중등교육체제를 갖추었다.

덴마크와 같은 작은 나라에도 이 시기 전부터 전국적으로 관립 초등학교가 있었으며 훌륭한 공립 중등학교가 그 체제를 굳혀가고 있었다. 영국과 비교하여 과학의 발달은 제정 러시아에서 기초과학과 응용과학 분야에서 가공할 만한 교육조직을 갖추고 있었다. 그 당시에는 어느 모로 보나 미개지인 미국에서도 식민지 시대에만 9개의 대학(고등교육기관)이 설립되었으며 독립 이후 19세기 중엽에 이르기까지 연달아 주립대학들과 그것을 뒷받쳐 주는 온갖 종류의 학교와 교육기관들을 세웠다. 각 국가들은 국가의 번영이 각 분야의 상호지원에 달려있다는 것을 알고 제도적인 면에서나 재정적인 면에 있어서 공공교육에 대한 국가의 지원을 조금도 주저하거나 아끼지 않았다.

이처럼 각 국가에서 학교제도가 정립됨과 더불어 19세기 후반에 들어서면서 '본격적인 교육이론'은 교육제도나 교육활동의 영향과 비교하여 그 비중이 감소하였다. 이제 교육이라는 것은 주로 학교와 같이 공공적 지원을 받는 기관에서 일어나는 일로 간주되었으며, 따라서 교육은 국가의 투자나 법제와 불가분으로 연결되고 선거·경제의 동향과 밀접한 관계를 맺게 되었다. 뿐만 아니라, 학교 체제를 개혁하거나 확장하고자 하는 사람들은 국내 또는 국외의 '교육실제'에 눈을 돌리게 되었고, 이 교육 실제는 이론에 못지않게 중요한 것을 그들에게 가르쳐 주었다. 그래서 각국에는 교육의 실제를 조사하는 '조사단'이 생겨나기도 했다. 영국의 경우, 초등학교의 경우에는 뉴카슬 경이 이끄는 조사단(1858-1861)이 있었고, 퍼블릭 스쿨에는 클라렌든(1861-1864), 그리고 중등학교 또는 이에 준하는 학교에는 톤튼(1864-1868)이 이끄는 조사단 등이 활동하였다. 그에 앞서서 마르크 앙투안느 줄리엥의 「스케치」(1817)는 국내, 국외의 사례를 비교적인 방법으로 분석하였다. 또한 뉴요크의 존 그리스콤이 행한 해외교육 실태조사(1819)는 그 후 프랑스의 빅토르 쿠젱(1831), 미국의 호리스 만(1865), 그리고 영국의 매튜 아놀드(1859,1865) 등의 조사 연구에 효시가 되었다. 그들이 보기에는 최선의 현행 실례가 거창한 이론적 선언보다 훨씬 더 유용하였다.

이러한 교육 조사단은 19세기 신인문주의 등장과 더불어 인문주의 활약에서 중요한 역할을 한 독일의 김나지움과 대학을 주목하여 조사하기도 하였다. 1859년 베를린의 학교를 방문했던 헨리 아담스(Henry Adams, 1838-1918)는 김나지움의 완벽성과 철저함을 높이 평가하였다. 1870년대 후반 독일 교육답사 여행을 마친 프랑스의 문헌학자 미셸 브레알(Michel Jules Alfred Bréal, 1832-1915), 1884년 콜롬비아 대학의 존 윌리엄 버제스(John W. Burgress, 1844-1931)[9]도 독일교육의 발전을 미국에서 어떻게 적용될 수 있는지에 관한 문제를 제기하기도 했다.

20세기 초에는 교육문화에서 실질적 민주화가 뿌리내리기 시작했다. 민주주의 교육 사상은 물론 그 이전에 싹을 틔우기 시작했으나 교육내용과 방법 면에 있어서 구체적인 발전을 이루지 못했다. 다시 말해서 여전히 권위주의적이고 주입적인 교육내용과 방법에서 탈피하여 좀 더 자유롭게 사고하고 창조하며, 자신의 운명을 개척하려는 새로운 인간교육 운동이 이 시기에 전개되기 시작하였다. 이를 '신교육운동'이라 부르며 신교육운동의 뿌리는 17세기부터 실학주의 교육가로 대변되는 체코의 코메니우스, 18세기 계몽주의시기 프랑스의 루소, 독일의 바제도, 19세기 신인문주의(신고전주의) 시기의 독일의 페스탈로치, 프뢰벨 등의 교육사상가들의 교육개혁 의지와 연결시켜 고찰할 수 있다. 이같은 새로운 인간교육운동이 20세기에 들어서면서 본격적으로 전개되었다.

2) 이 시기 교육문화의 특징

앞에서 살펴본 인구증가, 교육의 확대, 교육제도의 설립, 신교육운동까지로 요약되는 19세기 중·후반과 20세기 초반까지의 교육문화현상을 정리하면 다음과 같다. 학교교육은 엄격한 전통교육의 차원에서 이루어지고 있었으나 이 시기에 여성교육, 노동자교육도 실시되었다. 그리고 신교육운동의 등장과 아동중심교육의 태동하였고 이러한 영향으로부터 민주주의 국가에서 진보주의 교육이 성장하였다.

인문주의 전통교육, 학교교육

영국의 경우, 산업화와 교육은 세계 어느 나라보다 일찍 발달했으나 국가 주도하의 국민교육은 유럽의 여타 다른 국가보다 늦게 발달하였다. 19세기 말까지도 영국 정부의 학교에 대한 입장은 국가는 존재하지만 간섭하지 않는다는 아담 스미스의 자유방임주의에 기초하고 있었다. 하지만 1902년 국가가 국립중등학교를 설립하면서 교육행정체계가 수립되는 계기가 마련되었다. 1902년 영국 보수당이 제정한 교육법으로 지방교육행정이 강화되었고 공립중학교가 확대되었다. 그 후 특히 1918년 교육법과 1922년에 노동당이 제시한 '모든 사람에게 중등교육을'이라는 강령을 통해 중등교육제도가 정비되었다. 영국에서 교육제도의 기본은 1944년 법이 제정된 후 수차례 개정이 이루어졌지만 기본골격은 유지되었다. 즉, 영국은 교육 내용에 대해 심하게 통제를 하지 않는 나라로서 교과서의 검정도 없으며 교과서 채택도 학교의 자주성에 맡겼다. 의무교육은 5세부터 16세까지 11년간이다.

19세기 후반에서 20세기에 걸쳐 영국의 중류계층은 옛날 상류계층에 독점되다시피한 교육적 영광에 자신들도 한 몫 끼고자 하는 도착된 낭만주의를 보여주었다. 그들은 자신의 자녀들도 신사의 수련을 받고 남들이 우러러 보는 학문 공부를 하고 전통적인 명문대학에 다니기를 바랐다. 전통적인 명문대학에 들어가기 위해서는 중등교육에서 두 가지 특징이 나타났다. 하나는 현대어(자국어 포함)와 과학과 실용적 교과가 끊임없이 과소평가 되었다는 것이며, 다른 하나는 '인문적인' 요소를 강조하기 위해 전통적인 교과들로 채워진 교육과정이 계속해서 누적 팽창되었다는 것이다. 대학의 경우에는 현대적인 요소를 교육 내용에 포함시키려는 시도가 좌절되었으며 그런 시도가 환영받지도 못했다.

또한 산업발달의 우위의식은 교육 변화에 대한 영국인의 자세를 경직되게 만들었다. 당시 산업화가 빠르게 진척되어 온 만큼 영국의 성장은 만족스러웠다. 이러한 사실은 영국인의 교육에 대한 자세에서 가장 뚜렷하게 드러난다. 제 1차 산업 혁명의 위업인 증기 기관, 제니 방적기는 창조적이지만 다분히 우연적인 것의 산물이라면, 제 2차 산업혁명의 업적은 순수 과학과 과학기술의 긴밀하고도 생산적인 결합의 산물이었다. 그러한 업적은 이제 전반적으로 읽고 쓸 줄 아는 노동자, 훈련받은 기계공, 과학적 토대를 갖춘 기사, 고도의 교육을 받은 창조적인 과학자들에게 의존한 것이었다. 독일이 이러한 기간요원을 준비하고 있었다면 영국은 그렇지 못했다. 영국에서는 1870년이 되어서야 공립 초등 교육제도가 실시되었다. 그러나 앞에서 언급했듯이 그로부터 몇 십년 동안 의무 교육제도는 이뤄지지 못했다.

독일에서는 의무교육제도가 18세기까지 거슬러 올라간다. 영국의 지배계급은 교육의 일차적 목적이 사회적 통제라고 믿었다. 즉, 소년, 소녀에게 읽고 쓸 줄 아는 법뿐 아니라 사회 구조 내에서 그들의 특정 지위를 받아들이게끔 가르쳤다. 독일의 초등교육 역시 여러 측면에서 권위주의적이기는 했지만 영국보다 훨씬 일찍 시작한 데다 그것은 곧바로 중등 교육제도로 이어져 능력의 개발을 촉진시키는 교육으로 발전했다. 이 점에서 영국의 교육제도에 비해 훨씬 낭비적인 요소가 적었다고 볼 수 있다. 영국은 초등 교육 분야에서도 뒤쳐졌을 뿐 아니라 과학·기술 연구소와 훈련원의 발전에서도 뒤졌다. 독일은 국가가 앞서서 이러한 기술 분야 기관을 정교한 조직망으로 만들어갔다.

영국의 상류 중간계급은 교육의 목적이 창조적인 과학기술자를 배출하는데 있는 것이 아니라 "신사"를 만드는데 있다고 확신했다. 제 1차 산업 혁명 기간에 사업가로 성공한 사람들은 자기 아들을 사립 기숙학교로 보냈다. 다음 코스는 "신사"가 되기 위한 교육 - 주로 그리스어와 라틴어를 배우는 - 을 받으러 옥스퍼드나 케임브리지와 같은 오래된 대학으로 보냈다. 만약 그렇게 되지 않았으면 과학이나 기술 분야로 나아가 창조적 재능을 발휘했을 텐데, 거꾸로 그들은 정치판에서 경력을 쌓거나 제국 또는 국내의 관료직을 선택했다. 그 결과 창조적인 과학 기술 연구자나 활동적인 사업가 집단의 입지가 축소되었다.

독일에서는 1840년대 이후 산업화가 본격화되면서 전문 기술 인력에 대한 수요도 덩달아 증가했으며, 엔지니어에게 기대하는 기술 수준도 높아졌다. 이러한 요구에 부응해 전문기술학교의 교과과정과 수업 방식도 변화했다. 독일에서 공과대학은 19세기 전반기에 전성시대를 구가했다. 1825년 카를스루에를 필두로 1827년에 뮌헨, 1828년에는 드레스덴, 1829년에는 슈투트가르트, 1831년에 하노버와 카셀, 1833년에는 아우구스부르크, 1835년 브라운슈바이크, 그리고 다음해인 1836년에는 다름슈타트, 켐니츠에 폴리테크닉이 건립되었다. 이곳을 졸업한 엔지니어는 작업 현장에서 손기술과 기본적 지식만을 전수받는 실업학교 출신 '기술자'와는 확연히 구분되기 시작했다. 이 같은 독일의 폴리테크닉은 애초부터 민간 기업에 필요한 전문 인력양성을 목표로 했고, 따라서 양성 과정에서 이론 교육뿐만 아니라 현장경험도 중시했다. 이러한 폴리테크닉의 특징 때문에 이들 학교 졸업자는 영국의 경우와 달리 현장 경력 없이도 산업체에 진출했고, 장차 새로운 엔지니어 집단을 형성했다.

국가의 성장에 중점을 두고 교육체제를 구축했던 독일과 대조적으로 프랑스는 프랑스 혁명 이후 개인의 자유를 강조하는 쪽으로 교육의 방향을 잡았다. 그러나 나폴레옹 체제가 집권한 이후 이루어진 1806년 관련된 개정과 칙령 선포 후, 교육의 통제권은 완전히 국가에 귀속되었다. 나폴레옹은 프랑스의 교육기관들을 그의 군대와 동일한 조직체로, 즉 자신의 종복으로 삼길 원했다. 모든 교육체제는 황제의 군대체제를 따라 조직되었고, 교사와 학생 모두에게 엄격한 규율이 적용되었고 이를 어길시 처벌이 뒤따랐다. 이때는 학교나 대학은 인간을 기르는 곳이 아닌 군인양성소가 되기도 했다.

인문주의적인 이념이 학문과 교육의 주류를 이루면서 교과목은 주로 언어와 외국어 중심의 인문학 위주의 구성되어왔다. 부르주아계층을 중심으로 이루어졌던 고전교육은 이들의 일반교양을 증진시키는 목적으로 이루어졌으며 수업은 당연히 강의식 방식을 채택하여 많은 양의 지식전달이 이루어졌다. 부르주아계층을 중심으로 이루어졌던 고전교육에 반해서 농촌의 일반 국민들을 대상으로 한 또 다른 형태의 중등교육, 즉 전문교육이 1865년에 도입되었다. 그때까지 형편이 어려웠던 가난한 농부들은 그들의 자녀들이 공무원과 같은 신분을 얻어서 잘 살기를 바랐기 때문에 교육에 대한 열의가 대단했다. 이처럼 프랑스 사회에서는 일반적인 교양의 증진을 위해 고전교육이 많이 실시되었고, 다른 한편에서는 신분상승을 원했던 대다수 국민들이 교육에 열의를 보이면서 자연스럽게 사회적 분위기가 주지주의적 교육 분위기로 형성되었다. 1802년 리세(고등학교) 개교와 함께 수학 교과목이 도입되었지만 그리스어-라틴어 고전교육, 문학교육은 우위에 있었다.

그러나 프랑스는 1870년 독일에 패배한 일을 계기로 교육, 정치, 경제 분야에서 상당한 정도로 개혁을 추진하였다. 1871년 당시 교육부 장관이었던 쥘시몽(Jules Simon)은 이러한 변화를 주도하였는데 보불전쟁 후 전쟁패배의 원인을 교육분야에서 찾아내 보고서를 작성하였고 그 보고서들에 따르면 프랑스 군대의 패배와 리더쉽 결여, 기술적 무능력에 전쟁지리에 대한 무지도 중요한 역할을 했다. 프랑스 장교들은 자신들이 싸우고 있던 국가에 대해 무지했고, 무엇보다 상대편 국가에 대한 이해에서 대축적지도를 읽고 쓸 줄 몰랐다는 것이었다. 당시 프랑스의 여론은 1870년의 패배에 대한 원인을 불충분한 교육시스템에 돌리게 되었다. 이를테면, 이것은 군대 장교들의 질적 문제를 중등교육으로 돌릴 수 있다는 것이었다. 왜냐하면 전투 기술과 관련된 책임은 전적으로 군대에 있기 때문이다. 당시 프헝시스끄 비알(Francisque Vial)은 다음과 같이 말했다. "우리를 패배시킨 것은 독일의 초등학교 교사이다". 그 후 프랑스인의 철저한 자기비판은 변화를 요구하는 움직임으로 지속되어 1880년으로부터 1886년 사이의 시기에 쥘페히(Jules Ferry)의 주도하에 결실을 보게 되었으며, 결국 1890년과 1902년에는 교육과정의 개정을 이끌어내었다.

노동자교육 & 실업교육

19세기 말 유럽에서 일어난 직업상 변화 가운데 하나는 하급에서 중급에 이르는 화이트칼라 관료 계급의 급증이었다. 우체국, 철도, 경찰, 관청 등에는 다양한 사회 복지 및 보험 계획을 관리하는 임무가 부여되었다. 상업, 산업 분야 뿐 아니라 확대된 정부 부서에 마련된 이 모든 직책을 메울 고용인의 수는 더욱 늘어났다. 예를 들면 1914년경 독일에는 민간 회사에 약 200만 명 이상의 화이트칼라 고용자가 있었다. 또 약 200만 명의 중하위직 공무원이 있었다. 이들 새로운 계급의 구성원들은, 자신들만큼 돈을 벌지는 모르지만 자기들이 보기에는 다소 열등한 지위의 상징이었던 숙련 "노동 귀족들 labor aristocrats"과 뚜렷한 경계선 긋기를 희망했다.

이러한 사무직 증가와 비교하여, 노동직종의 변화를 고찰할 수 있는데 우선 독일의 철(강철) 산업 부문에서는 생산량의 75퍼센트가 천여 개의 공장에 집중되었고, 전기 장치 제품의 90퍼센트 이상이 50인 이상의 사업장에서 생산되었다. 따라서 기계화는 제조업의 규모를 이내 바꾸어 놓았고 이러한 산업 규모 확대가 노동자들에게 영향을 미쳤다. 제조업 규모의 확대는 노동자들에게 중요하면서도 종종 난처한 결과를 가져다

주었다. 가장 뚜렷한 결과는 남녀 노동자들이 그들의 기술을 다시 배워야 할 필요가 생겼다는 것인데, 그들은 자신들의 오래된 작업 관행을 새로운 기계에 맞춰야 했다. 이는 노동자 측에서 보면 보수나 자부심 혹은 이 두 가지 모두의 상실을 초래했던 것이다. 지금까지 대부분의 기계작업은 숙련된 노동을 필요로 하지 않았다. 견습공은 대개 일주일 정도면 한 직종을 '습득'할 수 있을 정도였다. 특정 기술에 자부심을 지녀왔고, 그 기술을 발휘할 수 있는 능력에 따라 임금을 받아 왔던 노동자들은 산업이 변화가 그들로 하여금 재교육을 강요할 뿐 아니라, 그들의 새로운 '기술'이 그리 대단치 않다는 것을 스스로 인정해야만 했다. 예를 들면 기계가 극히 정밀하게 금속을 절단할 수 있게 되자, 이전에는 숙달된 '마무리공'에게 요구되던 기술이 거의 필요 없게 되었다. 이러한 방식으로 재교육을 받아야 할 필요가 없는 경우라 할지라도, 그들은 최소한 공장의 재조직과 합리화에 적응해야 했다. 재료를 손으로 옮기는 일이 많은 작업장에서도 그 비용을 절감하기 위한 기계화가 일련의 당혹스런 변화를 초래하게 마련이었다.

노동직종의 변화와 재교육에 직면하여 사업장 내에서의 교육 필요성 때문에 독일에서는 신규 노동자교육을 위한 학습작업장이 사업장내에 설치되었다. 독일에서 공식적인 최초의 학습 작업장은 국가가 설립한 프로이센-헤센 국가철도작업장(preußisch-hessische Staatseisenbahnwerkstatt)으로 볼 수 있다. 프로이센 상공부장관이 1878년 철도작업장에 도제훈련에 대한 규정(법령)이 제정했는데, 이 규정에 따르면 도제는 수공업 작업을 배우는 학습 작업장에서 2년의 훈련을 지속적으로 받아야 하고 신뢰할 만한 교사(장인)에게 지도되어야 한다고 적혀 있었다. 또한 도제계약은 8주의 견습 기간, 부모들의 훈련 동의, 도제가 준수해야 할 의무를 정확하게 엄수할 것을 전제로 이루어졌다. 국가철도기관의 학습 작업장을 통해 학습 내용에 있어서 혁신이 일어났는데 그것은 최초로 자격과정이 생겨난 것이었다. 이후 산업체 내 학습 작업장 설립은 국가철도 기업의 모델을 따라 생겨났고, 자격과정 모범사례 또한 그러했다. 이로써 산업체의 학습 작업장이 발전하는 기업체 훈련의 한 모델이 되어갔다. 1890년대에 산업체에서 훈련 상황은 대기업, 중소기업 등에서 일률적인 모습을 보이지 않았다. 그럼에도 불구하고 산업체 훈련은 그 수에 있어서 양적으로 증가를 보였고 산업체 내의 '숙련된' 노동자의 자체훈련은 수공업적인 모델을 대체해 나가는 듯했다.

이후 학습작업장의 수는 늘어나서 1892년에 대략 20여명의 도제(훈련생)를 거느린 학습 작업장이 독일제국 전역에 40개 정도였고, 1914년에 평균 54명의 도제를 거느린 학습 작업장이 67개나 되었다. 자사 내 학습 작업장을 세운 기업들 가운데 전기회사로는 뉘른베르그(Nürnberg)의 슈커르트(Schuckert & Co.)가 1890년에 최초의 학습 작업장을 설립했다. 그 후 기계제작회사인 M.A.N.- 아욱스부르그(Augsburg)는 1892년, 베를린의 보르지히(Borsig)는 1898년, 베를린의 지멘스 운트 슈커르트(Siemens & Schuckert)는 1903년 등등 계속해서 산업체 내에 학습 작업장이 생겨났다.

AEG 베를린 학습작업장

이러한 실업교육의 가치는 독일인에게 일과 직업에서의 사명과 윤리의식의 형성시키는 데 영향을 끼쳤다. 전통적으로 독일인의 삶의 내면에는 질서와 안정지향적인 국민적 특성이 자리 잡고 있으며 이는 엄격한 원리원칙의 준수, 질서에 대한 집착, 부지런함, 검소함과 제도에 대한 순종 등의 시민윤리(Büurgerethik)로 발전해 왔다. 독일인의 이러한 시민윤리는 다시금 정직성, 근면성, 정확성 등의 직업윤리의 특성으로 내면화되었다. 또한 실업교육을 중시하며 그 안에 형성된 가치관은 독일을 비롯한 유럽에서는 프로테스탄티즘을 중심으로 소명의식이 형성되어 온 것에 기원을 찾을 수 있다. 이는 산업화와 더불어 기업활동, 직장문화, 직업차별, 성별 차별 등에 대해서도 문화를 형성했다.

그 다음으로 더욱 중요한 것은 규모의 변화가 능률성 향상을 계속 요구했다는 것이다. 작업의 규모가 커질수록 낭비를 제거하는 일이 더욱 중요하게 되었다. 하루 50켤레의 구두가 생산되는 공장에서 매 10켤레의 구두를 생산하는 데 1분 정도를 허비하는 것은 별로 중요하지 않을지 모른다. 그러나 수백켤레의 구두를 생산하는 경우, 경영자의 입장에서 보면 이는 중대한 문제였다. 공장주는 새로운 기계에 자본을 투여한 이상, 투자비를 생각하지 않을 수 없었고, 투자에 대한 이윤을 실현하기 위해 생산을 증대시켜야 했다. 낡은 기계를 아직도 돌리는 공장의 공장주들이 더욱 현대화된 기계화 경쟁해서 살아남을 수 있는 유일한 방법은 다소 뒤떨어지는 생산 설비에서 짜낼 수 있는 모든 것을 짜내는 것이라고 믿었다.

노동자의 능률성에 관한 과학적 노동 경영의 가장 유명한 이론가는 미국의 프레드릭 테일러(1865-1915)였다. 테일러는 정확한 임금 규모의 결정방법을 마련해 줄 3단계 체제를 고안했다. 이 체제에 따르면 노동자의 작업량이 "과학적으로" 측정될 수 있다는 것이었다. 첫째, 그는 특정 작업을 하는데 시간이 얼마나 걸리는가를 결정하기 위해 그 일에 대한 노동자의 움직임을 관찰, 계시, 분석했다. 둘째, 그는 이들 움직임에 대한 노동 단가를 산출했다. 셋째, 그는 모든 노동자들이 유지할 수 있는 일반적 표준 혹은 기준(norms)을 만들었다. 영국, 미국, 유럽 대륙 등지에서, 특히 기술과 관련된 직종에서 많은 공장들이 이 새로운 규칙을 받아들였다. 작업장에 "능률"을 도입하는 데 완전히 성공할 수 없었던 곳에서는 경영 절차 자체를 합리화하는 방향으로 나아갔다. 회계부서가 확장되고, 생산 및 분배의 전 분야에서 원가 통제에 유념하도록 독려하였다.

영국에서는 산업혁명으로 노동자교육에 대한 인식전환이 필요했다. 인구와 인구이동의 폭발적 증가는 지역단위의 통치 체제에 붕괴를 가져왔고 통제결여의 상징인 공장

도시는 무지와 빈곤의 중심지가 되었다. 이런 상황에서 통제력 약화를 염려하는 신흥 중류계층, 즉 공장 소유주와 지배인들은 대중을 위한 국가교육 체제 도입에 반대했지만, 1802년에 '도제건강과 사기에 관한 법령'의 발포로 교육에 대한 국가개입이 이루어지기도 했다.

그리고 사업장내 교육을 벗어나 노동자들은 종래의 '대학 내 성인교육'이라는 '은혜를 베푸는'식의 교육에서 그들 자신의 필요와 방법에 입각한 본격적인 '대학교육'을 요구하는 쪽으로 그 운동의 방향을 전환하기도 했다. 그들은 긴 작업시간의 앞뒤에 학교나 대학에 다니면서 자학의 길을 걸었다. 이들은 찰스 킹슬리 목사나 무신론자인 토마스 헉슬리와 같은 독지가들의 동정과 적극적 지지를 받았는데 1870년대에 대학의 성인교육 프로그램을 설립한 사람들에게 지적 측면에서 그 설립의 의의를 보강해 주었다. 영국에서 이 요구는 결과적으로 1903년 '노동자 교육협회'의 설립과 1908년의 '개인교수'운동으로 그 결실을 맺었다.

신교육운동·아동중심교육·진보주의 교육

새로운 인간교육운동이라고 불리는 '신교육운동'은 19세기 말로부터 20세기 초엽에 걸쳐 유럽에서 일어나 미국을 비롯한 전 세계의 교육운동에 영향을 미쳤다. 교육을 받는 아동의 내재적 동기를 유발하고 자발적 학습활동을 조성한다는 이념 아래 근대교육의 이념을 본격적으로 추진하고 현실화시킨 운동이 신교육 운동이다.

이 교육운동의 발달은 영국의 애버츠호움(Abbotsholme, 1889)을 비롯하여, 비데일즈(Bedales, 1893), 독일의 일젠부르크((Ilsenburg, 1898), 오덴발트 (Odenwald, 1910) 등지의 전원에 설립된 기숙사학교 형태인 전원기숙사학교(Landeserziehung)에서 시작되었다. 레디(Cecil Reddie, 1852-1932)의 애버츠호움학교는 영국의 맨체스터 북방에 위치한 자연경관이 좋은 전원지대에 설립되었다. 레디는 자신이 지내온 학교생활의 경험으로부터, 또 당시 급진주의자나 사회주의자의 전원 지향성에 영향을 받아 전원에 학교를 세웠다. 그리고 자신의 학교에 근대적인 교과목들을 도입하고 교육방법으로 노작교육을 실시했다. 노작교육이란 학생들의 자발적이고 능동적인 정신과 신체의 작업을 중심 원리로 삼는 교육이다. 이 학교에서 사랑에 의한 훈육을 목표로, 교과학습과 기숙사생활의 모든 생활을 통하여 교사와 학생간의 관계를 사랑과 신뢰의 관계로 발전시키고자 하였다. 그들은 24시간을 함께 생활함으로 학교는 마치 가정과 같았는데 애버츠호움의 하루는 오전에는 교과수업, 오후에는 현장학습(노작)과 체육, 저녁에는 레크리에이션이 행해졌다.

애버츠호움 학교에서 레디와 함께 일하던 베들리(J.H. Badley)는 레디로부터 독립하여 1893년에 또 하나의 기숙사학교인 비데일즈학교를 설립하였다. 이 곳 비데일즈학교에는 당시 독일에서 파견된 리이츠(Hermann Lietz, 1868-1919)가 교사로 일하고 있었다. 그는 독일로 귀국 후 1989년 일젠부르크에 애버츠호움학교와 비슷한 학교를 세우고 독일 전원기숙사학교라고 이름을 붙였다. 리이츠는 자신의 학생시절에 경험하였던 잘못된 교육, 즉 삶과 유리되고 의미 없는 지식만을 주입하는 교육을 개혁하고자 하였다.

리이츠 일젠부르그 전원기숙사학교

그는 교육에 있어서 중요한 것은 윤리적 태도, 자기교육, 고상하고 건강한 생활자세라고 했으며, 그 다음으로 수업이 중요하다고 보았다. 그의 전원기숙사학교에서는 오전에는 일반 수업을 하고, 오후에는 농장에서, 정원에서, 공장에서 노작활동을 했다. 기숙사에는 커다란 체육관·농장·정원·공작실 등 모든 종류의 작업장이 마련되었으며, 충분한 자료들이 수집되어 있었다. 이 학교에서 아이들은 많이 놀고, 운동하고, 산책하며, 간단한 식사와 함께 친구들과 즐거운 삶을 영위하였으며, 풍부한 예술활동도 하였다. 외국어는 제 7학년에 가서야 영어가 가르쳐졌다. 인문 고등학교의 교과과정 대신에 독일 향토학 및 예능교과·체육·실습 등이 중요한 교과목으로 등장하였다. 이와 유사한 경향의 학교로 비네켄(Gustav Wyneken, 1875-1964)의 자유학교 공동체와 게헤프의 오덴발트 학교를 대표적으로 들 수 있다.

이러한 신교육운동에 영향을 받아 기존의 교육적 사고, 교육방식 및 학교체제에 대한 비판을 가하면서 다양하고 광범위한 교육개혁운동이 전개되었다. 교육개혁운동은 주로 교육방식에 있어서 지식위주 및 주입식 방식에 대해 비판하였고 수업내용에 있어서 현실과 동떨어진 추상화된 관념적 주제들과 기존의 권위적인 교육 및 교수방식에 대한 거부 등을 주요골자로 다루었다.

청소년운동의 대표적 운동으로서 독일의 반더포겔(Wandervogel)의 발생원인은 19세기 중반이후 급격히 진행된 산업혁명과 자본주의의 발전이 초래한 '근대화의 위기'시대에 교양 시민계층(Bildungsbürgertum)에게 심각한 정체성의 위기가 닥친 데서 찾을 수 있다. 특히 빌헬름시기[10] 독일 김나지움의 상황은 과중한 수업부담과 경쟁, 군대식 훈련, 병영과도 같은 학교건물이 주는 압박감이 컸다.

반더포겔 운동

유럽에서의 교육개혁운동과 동조하여 미국에서도 민주주의와 새로운 교육개혁운동이 일어났다. 사실 미국 교육계는 19세기 후반-20세기 초반에 이르기까지 각 부문에 걸쳐 학교교육의 전통적이고 획일화된 표준을 맞추기 위한 집중적인 노력을 기울여왔다. 그러나 파커(1837-1902)나 존 듀이(1859-1952)와 같은 교육사상가들은 '진보주의' 교육과정에 몰두하였다. 실용주의, 즉 프래그머티즘으로 대변되는 존 듀이(John Dewey, 1859-1952)의 교육에 관한 기본원리는 그의 대표적 논문과 저서인 「나의 교육학적 신조(My Pedagogical Creed)」(1897), 「민주주의와 교육(Democracy and Education)」(1916) 등에서 찾아볼 수 있다. 그는 첫째, 교육은 생활이라고 보았는데 아동이 사회와 더불어 여러 사람과 함께 생활하는 과정이 곧 교육이라고 주장하였다. 둘째 교육은 성장이라고 하며 인간은 연속적으로 발전하고 성장하는 존재이므로, 그 과정이 곧 교육이라고 보았다. 셋째 교육은 경험의 계속적인 재구성으로 아동은 자연, 사회, 인간과 더불어 많은 것들을 경험하는데 이때 교육이 이루어진다는 것이다.

이같은 듀이의 교육학은 미국 내에서도 킬파트릭의 '구안법'과 헬렌 파커스트의 '달톤 플랜', 그리고 유럽의 오비드 드크롤리(1871-1932), 마리아 몬테소리(1870-1952) 등의 활동교육법과 같은 새로운 방법의 출현에 기여하였다. 이들 교육적 선지자의 뒤를 이어 20세기에는 수많은 실험학교가 생겨나고 그들의 아이디어를 주축으로 하여 여러 방향의 수많은 교실실험이 이루어졌다. 1896년 그가 설립한 '시카고대학 실험학교'는

"Education, therefore, is a process of living and not a preparation for future living."

John Dewey

존 듀이의 교육철학

미래의 학교를 위한 길을 준비하려는 듀이의 의도를 반영하였다. 듀이가 보기에 보통의 학교는 산업혁명으로 말미암아 사회구조에 일어난 파격적인 변화에 부응하지 못했고 현대의 아동은 공장 제품의 세계에 살고 있으며 그러면서도 그 제품이 어떻게 제조되는가에 관해서는 막연한 생각밖에 갖고 있지 않다고 지적했다. 그는 옛날 서적중심의 전통적인 교과가 여전히 수업의 주요 자료로 되어 있었고 교실은 강의를 하고 강의를 듣는 장소로 되어 있었다. 천편일률로 고정된 책상 배치가 학교 교육의 전형적인 모습을 나타내고 있었다. 이것은 곧 교사가 미리 준비한 내용을 학생이 수동적으로 흡수하는 데 급급한 상황을 대변하는 것이나 다름없다고 보았다.

19세기 후반, 20세기 초에 나타난 유럽의 각 국가에서 교육제도, 문화의 형성과 변화, 특징은 국민정체성의 형성에 근간을 제공했으며 이후의 발전에 중요한 토대가 되었다. 1, 2차 세계대전을 겪으면서 각 국가에서는 형성된 교육제도의 토대위에 전쟁과 관련되어 교육의 목적이 수정, 왜곡되는 시기가 있었다. 그러나 2차 세계대전이 끝난 후에는 앞선 시기의 교육제도를 수정하거나 회복시키는 방향으로 교육과정이 이루어졌다.

3) 2차 세계대전 후 (1945년부터 68운동까지)

독일의 경우 2차 세계대전(1933-1945년)후 동독과 분단되어 설립된 서독(1949-1989)정부에서는 과거청산과 새로운 국가건설에 합당한 교육개혁에 박차를 가했다. 영, 미, 소, 프랑스 4군정의 지배를 받으면서도 해당국가가 지배하는 교육제도를 받아들이지 않고, 1871년 독일제국시기부터 내려오는 3선제 교육제도를 주장하여 이를 부활시켰다. 그래서 종전직후 서독에서의 교육적 발전은 대체로 "복고(Restauration)"시대로 평가받는다.

4개국 군정가운데 특히 미국은 '재교육화'를 통해 독일의 교육제도를 변화시키려 했으나 실패로 돌아갔다. 즉, 독일 교육사에서 전통적인 특징으로 여겨지고 있는 3선형 학제가 그대로 지속되었고 그 전통의 복고를 주도한 정치세력은 전후 서독의 첫 정권을 차지한 기독교·보수진영이었다.[11] 1955년 2월 17일에는 각 주(州)의 총리가 주(州)들의 교육정책을 통일하기 위한 회의를 뒤셀도르프에서 열었는데 여기서 유명한 '뒤셀도르프 학교협정(Düsseldorfer Schulfriede)'이 체결되었다. 이때 오늘날 독일 학교 규정이 되는 내용들, 예를 들어 학교의 개학일을 4월 1일로 통일, 초등학교는 4년으로 한다는 내용 등이 정해졌다. 그 이후 1959년의 '독일 교육제도 위원회'의 '보통교육 공립학교제도의 개조와 통일에 관한 계획안'과 1964년의 '함부르크 협정(Hamburger Abkommen)'을 통해서 능력에 따른 교육기능의 균등화를 도모한다는 명분이 확실해졌다. 이를 통해 전통적인 학교제도를 고수하며 오늘날까지 이어지는 공교육체계가 자리 잡히게 되었다.

이후 1960년대 말의 68운동에서는 대학생들이 주축이 되었다. 68운동은 매우 광범한 지역에서 전개된 국제적인 현상이었고 학생들과 연대하여 노동계가 파업을 했던 프랑스와 달리, 독일에서는 노동자들이 파업을 하기는 했지만 학생조직의 개입 제의를 노동계가 거부함으로써 학생과 노동자의 대대적인 동참이 이루어지지 않았다. 대학생들은 권위주의적 기성세대에 비판을 가함으로써 자신을 그들과 구분할 뿐 아니라 무엇보다 이 운동을 통해 독특한 정치적·사회적·문화적 목표를 지향했다. 이처럼 반권위주의운동으로서 68의 학생세대는 기존의 권위적 가부장적 가정구조를 비판하고 그에 대한 대안을 제시하고자 했다. 그것은 개인주의적이며 가부장적인 부르주아지의 주거공간을 공동체적이며 반권위주의적인 모습으로 바꾸는 것을 의미했다. 그것은 일차집단의 유일한 합법적 형태로서 가정의 독점을 깨뜨리는 쪽으로 발전했다. 부르주아적 소가족의 심리·사회적 특수성으로 구축된 가정은 대학생들의 정면도적에서 중요공격목표에 해당되었다. 가정은 억압된 사회의 "심리적 대행기관"이요 "권위적 특성의 부화장소"라고 비판되었다. 대학생들의 전위적 목표에는 기존체제와 소비테러(Konsumterror)등에 대한 투쟁과 함께 "소가족 인간"의 폐지도 포함되었다. 그리고 이미 1966년 이전부터 대도시에 혁명적 코뮌을 결성할 것을 준비해왔던 독일사회주의학생연맹의 소수분파에 의해 1967년 1월에 베를린 '코뮌 1(Kommune 1, K 1로 약칭)'이 결성되었다. "사적인 것이 정치적이다", 이것이 코뮌의 설립을 낳은 정신이었다. 부르주아지의 정치를 청산하기 위해서는 형식적인 정치 전선의 변화를 야기하는 단순한 정치적 혁명보다 그 근간이 되는 생활방식의 변화가 더 중요하다는 인식이 이 구호 속에 반영되었다. 최근 나온 영화로 이러한 내용을 다룬 영화가 "Alleine war gestern" (2015)이다. 이전에 대학시절 공동주거(WG)생활을 했던 친구들이 나이 들어 다시 만나서 이전의 생활로 다시 되돌아가자며 과거의 회상을 더듬어가는 영화내용이다.

오늘날 대학생들이 가장 선호하는 주거형태는 한 가옥에서 여럿이 각기 방을 갖고 거실·부엌·화장실 등은 공동으로 사용하는 '공동주거'이다. 전체 대학생의 약 3분의 1이 이 주거방식을 이용하는 것으

영화 Alleine war gestern(2015)

로 나타난다. 1960년대 말에 출현한 공동주거 양식은 대학생들 사이에서 점차 확산되어 젊은 층의 상징적인 주거형태로 자리 잡게 되었다. 전 국민적인 통계에서는 5%정도로 나타나는 것으로 보아 공동주거는 젊은이들의 주거양식임에 틀림없다. 이 주거형태는 바로 68운동의 결과였다. 68운동 10년 뒤, 즉 코뮌을 통해 대안적 형태의 공동생활과 주거를 발전시키려던 첫 번째 시도가 실패한지 10년 뒤에 이 공동주거에 관한 연구가 처음 나왔을 때, 10,000개 정도의 주거공동체에서 대부분 젊은이들인 약 80,000명이 살고 있다고 파악되었다.

프랑스에서는 제2차 세계대전 후 제4공화제는 교육제도를 새로이 재건하였는데, 그 기본원리로서 다른 여러 나라의 교육개혁에도 큰 영향을 끼친 것이 1947년의 랑주방 개혁안이다. 이후 1958년 드골 대통령에 의한 제5화제의 성립 직후에는 베르트당 개

혁(1959년)이 공포·시행되었으며, 본격적인 교육개혁이 실시과정으로 옮겨졌다. 그 후 후기 중등교육을 중심으로 한 1965년의 프세 개혁이나, 고등교육에 관한 1968년의 폴 개혁이 행해지고 있다. 초등학교는 과거에는 8년제(6-14세)였으나 1959년의 개혁에 의해 11세까지의 5년제가 되었다. 중등교육은 초등학교 5개년을 수료한 다음에 진학 하는 7년제의 '리세(Lycée)', 4년제의 보통교육 '콜레주(Collège)'와 중등교육 '콜레주', 후자를 수료한 자가 진학하는 3년제의 기술 '리세'와 4년제의 사범학교, 초등학교 8개 년을 수료한 자가 진학하는 3년제의 기술교육 '콜레주'로 바뀌었다.

1959년의 개혁 및 그 후의 개혁에 의해 초등학교는 5개년이 되어, 그 수료자를 모두 4년제의 전기 중등교육학교(중등교육 콜레주)에 수용하고, 후기 중등교육은 3년제의 '리세'와 2년제의 제2기 '콜레주'에서 담당하도록 단순화되었다. 한편 의무교육 연한의 연장에 따라 1967년도에는 2년제의 직업교육과가 신설되었다. 고등교육은 국립종합 대학·국립전문대학 및 사립의 고등교육기관으로 되어 있는데, 양적으로 대표적인 것이 국립종합대학이다. 1968년에 23개교에서 약 60만 명의 학생들을 받아들였고, 국립전 문대학(그랑제꼴, grandes écoles)은 약 160개교, 학생은 3만 명인데, 이것은 사립고등 교육기관 40개교의 3만 명에 비해 큰 비중을 차지하고 있다.

프랑스에서 5월 혁명 또는 68 혁명은 프랑스 샤를 드 골 정부의 실정과 사회의 모순 으로 인한 저항운동과 총파업 투쟁을 의미했다. 이 혁명은 교육 체계와 사회문화라는 측면에서 '구시대'를 뒤바꿀 수 있는 기회로 보였는데 즉, 68 혁명 또는 5월 혁명은 가치 와 질서에 저항한 사건이라고 이해되어진다. 처음에는 파리의 몇몇 대학교와 고등학 교, 대학 행정부와 경찰에 대한 학생 봉기로 시작했다. 드골 정부는 경찰력을 동원해 저 항을 진압하려고 했으나 이는 운동의 열기만 점화시키는 것에 지나지 않았으며, 라틴 지구의 경찰과의 가두 전투를 일으켰고, 결국 프랑스 전역의 학생과 파리 전 노동자의 2/3에 해당하는 노동자 총파업으로 이어졌다. 드골 정부는 이러한 시위자들에 대항해 서 군사력을 동원했고 의회를 해산했으며 1968년 6월 23일에는 다시 총선을 실시했다.

저항자들에게 1968년 5월 혁명은 실패였으나, 사회적으로 엄청나게 큰 영향을 미쳤다. 68년 5월 혁명은 종교 ,애국주의, 권위에 대한 복종 등의 보수적인 가치들을 대체하는 평등, 성해방, 인권, 공동체주의, 생태주의 등의 진보적인 가치들이 사회의 주된 가치로 자리매김하는데 일조했다.

<5월 혁명>의 영향은 프랑스의 교육제도 안에서도 나타났다. 이 당시 남녀공학고등학교들이 문을 열기 시작하였으나 아직도 많은 학교들은 남학교와 여학교로 구분되어 있었다. 심지어 여학생들은 바지를 입고 학교에 등교할 수가 없었다. 프랑스는 1967년부터 피임약사용을 허가하였다. 그러나 그것은 여전히 사회 관습적인 제약을 받았고 교육은 여전히 구조개혁의 필요성

프랑스 68학생운동

이 남아 있었다. 청소년과 젊은이들의 욕구와 사회적 도덕의 범주에는 명백한 차이가 존재하였다.

그러나 이 혁명을 통해 교육현장에서 학생은 교육의 대상에서 주체로 바뀌었고 이것은 교육자와 피교육자의 공동교육체계를 형성하는 것이었다. 학생들의 자유로운 발언권과 토론의 영역은 확대되어나갔다. 자율학습권은 교육현장의 결정에 참여할 수 있게 하였다. 이 변화는 역시 학급회의에 학생과 학부모의 참여와 1968년 6월부터 교육기관들 내 학업규칙과 학업행정에 대한 재정립의 원천이 되었다. 또한 1968년 이후 권력 구조를 능률화하고 학생과 노동자들에게 참여의 외관을 부여하는 개혁이 시작되었다. 취업시장과 대학 커리큘럼에서 정부계획의 확대는 실업상태에 있는 노동자들과 대학 졸업자들의 수를 대폭 감소시켰다. 프랑스의 형식주의는 교실과 공장에서 완화되었고 학내문제는 학생을 포함하는 협의회에서 검토된다. 전체 대학시스템은 개별 학교들을 위해 다학제적 측면에 초점을 두어 공동 운영하는 것으로 재조직화되고 있다. [12]

4) 68운동이후 현재까지

분단된 국가로서 서독은 동독과의 통일교육 준비과정에서 1978년 주문교부장관회의에서 '독일문제에 관한 교육지침서'라는 통일지침서를 발표하였다. 이 지침서의 제정이유는 독일 통일을 위한 1970년대 서독 정부의 노력에도 불구하고 일반 서독 국민들의 통일에 대한 인식이 저하되어있었고 초중등학교 교과서에 통일에 저해되는 내용들의 존재가 있어 개선이 필요하며, 이는 개별 주의 문제가 아니라 모든 주에 공통되는 것이기 때문으로 인지하였기 때문이다. 1970년대 신동방정책과 대동독 화해정책을 추진하면서 청소년들이 읽는 학교교과서에도 약간의 변화가 시도되었지만 이러한 변화는 1970년대 초에 기대했던 수준에 훨씬 못 미치는 미약한 수준이었다. 동독과 서독을 대립적인 정치 경제체제로 부각시키려는 태도와 동독이라는 전혀 다른 규칙과 제도에 의하여 움직이는 체제를 서독 측의 잣대로만 평가하는 시각이 변하지 않았기 때문이었다. '독일문제에 대한 교육 지침서'는 1970년대 초반부터 동·서독간 정치적 정책의 변화에도 불구하고 초중등학교에서 통일, 동독 주민에 대한 이해 등에 대한 교육이 구시대의 관점을 유지하고 있다는 점을 문제로 여긴 주 문교부 장관들이 합의한 선언이었다.[13]

여기서 주목할 만한 것이 서독의 통일교육의 기본원칙이자 정치·역사교육의 기본원칙은 "보이텔스바흐 합의(Beutelsbacher Konsens)"이다. 이 "보이스텔스바흐 합의"는 수많은 논의과정을 거쳐 1976년 바덴뷔템베르크 주 정치교육원이 보이텔스바흐라는 곳에서 개최한 학술대회에서 독일의 정치교육단체와 기관들이 학생교육의 공동지침을 마련하는 것에서 출발하여, 나중에 학교, 군대, 정치재단·단체 등으로 확대되면서 정파를 초월하여 독일의 전체 정치교육에 적용되고 있는데 내용은 세 가지로 구성되어 있다. 첫째, 정치교육에서 교화 및 주입식 교육의 금지원칙이다. 가르치는 자가 자신이 의도하는 견해를 받아들이게 하기 위해 피교육생들에게 강요해서는 안 된다는 것이다. 둘째, 논쟁의 투명성 원칙이다. 사회에서 논쟁이 되고 있는 사안은 교실(교육)에서도 논쟁이 되는 것으로 다루어야 한다는 논쟁의 투명성 원칙이다. 정치적 쟁점이 교육에서 다루어지되 어떤 일방의 입장만이 아닌 다양한 견해와 입장이 다루어져야 한다는 것이다. 셋째, 수요자 지향성 원칙이다. 정치교육을 통해 피교육자들은 당면한 정치상황과 자신의 입장을 분석한 후 자율적으로 자신의 결론을 도출할 수 있는 능력을 배양할 수 있도록 하여야 한다는 것이다. [14]

출처: Saechische Landeszentrale fuer politische Bildung, "정치교육 경연대회"[15]

1990년 3월에 동독과 서독의 통일이 선포되면서 연방 공화국이 동·서독 영토 전체에 대해 완전한 주권을 행사하게 되었다. 교육제도는 연방헌법 7조 1항(Art. 7 Abs. 1 Grundgesetz)에 따라 전체 학교제도는 국가의 감독을 받고, 이 범주 안에서 연방주들은 교육자치권(Kulturhoheit)을 가지며 각 주의 학교에 대한 책임을 지고 있다.

그러나 2002년에는 OECD 학력평가인 PISA에서 독일학생의 성적이 저조한 결과를 보인 이후 독일교육제도의 질적 향상을 위한 공교육 차원에서 제도적 개혁이 논의되었다. 이러한 결과의 배경은 여러 가지가 지적되지만 주로 1960년대 이후로 받아들여진 이민자 집단의 자녀들에게서 그 심각성이 대두되고 있다. 특히 터키계와 러시아계 이민가정 출신 청소년들의 학습수준이 매우 낮다는 결론에서 독일 취약집단을 위한 교육지원정책이 많이 나왔다. 그래서 우선 학력 신장 지원하기 위해서 반나절학교만 하던 독일의 학교제도에 전일제 학교(Ganztagsschule)가 도입되었다. 또한 취약집단의 직업교육을 지원하기 위해서 연방정부와 주정부는 공동위원회(BLK)를 설립하고 주

정부나 지역차원에서 촉진연합(Das Förderband), 학습소 연대, 스파르타쿠스 프로젝트, 모듈형식 자격증 획득과 같은 다양한 프로젝트를 지원하고 있다. 이외에 최근의 교육개혁으로 개별적 고등학교 졸업시험(아비투어)보다는 대부분의 주정부가 주관하는 중앙 아비투어를 도입되었고, 게다가 수업보장 정책이 실시되면서 교원의 병가 등으로 인한 수업 결손 발생 시 퇴직교원 등을 동원하는 일이나 중요한 변화로서 유럽의 고등교육 입학 시기를 맞추기 위해 주정부의 결정에 따라 전통적인 13학년제를 폐지하고 12학년제(2012년까지 공동)를 도입하였다.

　　1950년 후반부터 영국교육은 대 개혁기를 맞아 유아교육시설의 확충, 중등학교의 종합화와 의무교육 연한의 1년 연장, 고등교육의 대규모 발전계획 등이 세워졌다. 산업혁명의 발상지이며 20세기 세계적 강대국이었던 영국은 1970년대 들어서자 산업전반에 걸쳐 경쟁력이 급격히 떨어지고 결국 1970년대 말 IMF 구제금융 지원을 받게 되었다. 심한 경제적 불황으로 대량실직 및 실업사태가 난무하며 1979년 집권한 대처 수상은 교육을 통한 국가경쟁력 회복을 선언하였고, 전통적 학문중심의 학교교육을 직업·기술교육으로 전환하면서 대학교육에서의 질적 통제를 강화해 왔다. 이후 1988년 교육개혁법은 지역교육당국의 권한을 대부분 거두어들여서 중앙정부로 대폭 이관하였다. 그 이유는 지방교육당국에 맡겨둔 학교 교육목표와 비전이 표류하고 특히 국제적인 비교에서 영국 학교의 성취가 낙후되고 있음에 기인한 것이었다. 1988년 교육개혁법은 영국의 교육철학부터 교육제도, 수업방법에 이르기까지 영국교육을 근본적으로 바꾸었다. 1988년 교육개혁법은 국가교육과정의 도입, 학부모와 학생의 학교 선택 자유, 학교의 성적과 순위 공개 등 시스템 변화를 통하여 학교경영의 자율을 보장하는 동시에 책임성을 요청하였다. 고등교육개혁에서도 개혁변화가 일어났는데 영국정부는 21세기의 고등교육의 장래를 진단해 보고자 '디어링 보고서(Dearing Report)'라 불리는 이 위원회의 제안을 받아들여 1998년부터 대학교 수업료의 수익자부담 원칙이 도입되었다. 그 내용은 대학교 전일제 학부 학생에 대해 그동안 면제되었던 수업료를 이

제부터는 부모의 가계수입에 기초해서 3등급으로 부담해야 하며 생활보조금은 1999년부터 전면 폐지되었다.

영국교육이 갖고 있었던 개인의 자아실현이라는 오랜 교육철학적 전통은 20세기 들어 시대적 요구에 따라 수정안을 통해서 점점 더 국가의 필요에 맞는 교육적 제도로 변화되어 왔다. 이는 공교육의 개혁이 교육 그 자체로서의 개혁뿐만이 아니라 국가의 생존과 경쟁력 확보라는 차원에서 이루어지고 있음을 드러내는 것이다. 영국 공교육제도의 변화에 대한 최근의 관심은 1980년대와 90년대 이후부터 더욱 증폭되었다. 1988년의 교육개혁법과 함께 이후의 노동당의 교육정책이 현재 영국교육에 끼친 영향이 크기 때문이다. 교육개혁법 이후 1997년 5월 보수당을 누르고 노동당이 승리하면서 당수였던 토니블레어는 대처 수상 때의 교육철학을 이어받아 학교를 능력경쟁의 장으로 바뀌어 교육정책이 그대로 인계되었다. 그래서 당시까지 시험과 무관했던 노동자계급까지 경쟁으로 끌어들였고, 시험을 위한 공부가 학교를 지배하고 학교간의 우열을 정하기 위한 '학교 순위표'가 도입되었다. 이러한 과도한 성과주의는 교실을 침묵하는 장소로 만들고, 교사·교장이 되려는 자들이 줄어드는 현상이 발생하였다. 또한 학교선택제가 도입되어 경쟁원리에 기초하여 학교의 다양화로 아이들도 학교도 서열화 되어 자유로운 선택이 사실상 불가능하게 되었다. 이는 전체적으로 다양성과 다문화를 무시하고 신자유주의 시대의 경제발상에 맞는 무한 경쟁체제로 교육제도를 들어서게 했기 때문에 생긴 결과라고 볼 수 있다.

영국의 사립학교의 존립은 권력과 밀접하게 연관되어 있기 때문이며 보수당이 집권하면서 공립보다는 사립학교를 더 선호하는 경향을 보이면서 영국 교육의 역사는 부유층 자녀들에게는 안락한 안식처를 제공해 준 반면, 공립학교에는 최소한의 정치적 보호만 받도록 내버려 두었다는 것이다. 이는 엄밀히 말해 사립학교가 적극적으로 공립학교 영역을 침범하도록 방치한 내력을 갖고 있는 것이다. 영국은 사회양극화의 심화에 따라 빈곤층에 해당하는 아동이 2005년 전국 평균 25%정도이며, 런던의 도심지역은 54%에 이르렀다. 영국의 교육은 대처수상이 이끄는 보수당 정부때부터 경제부분의 재건과 함께 교육과 의료같은 공공 서비스의 효율을 꾀하게 되었다. 그 일환으로 정부는 학교를 단위학교 책임경영제로 전환하고, 학부모의 선택권을 주어 학교간의 경쟁시스템을 만들어냈다.

그러나 교육의 안전망과 관련된 정책들은 1997년 노동당 정부에 의해 부각된 것으로 이런 흐름을 이끈 것은 2002년 2월 Victoria Climbie라는 9세 소녀의 학대 살인사건으로 이를 계기로 아동에 대한 사회안전보장법이 재정비되었다. 이처럼 노동당이 집권한 1990년대 후반부터 사회 저소득층 지역이나 가족, 학교, 아동들에 대한 지원이 대폭 확대되기도 했다.[16]

유럽의 국가들에서 나타난 교육제도와 교육문화변화와 마찬가지로 미국에서도 변화가 급격히 나타났다. 1970년대 중반부터 업무 현장에서 생산성 감소, 실업률 증가, 일본과 독일에 의한 국제 시장 축소, 그리고 빠른 기술의 변화가 표면화되었다. 이에 기업지도자들과 공무원들은 미국 경제의 문제가 무엇인지 그 이유를 밝혀내고자 하였다. 이런 비판과 함께 몇 년 지나지 않아, 점점 많아지는 고등학교 졸업자에 대한 비판은 미국 공립학교에 책임을 전가하는 결과를 가져왔다. 즉, 고등학교 졸업자들은 직업 현장에 전혀 준비되어 있지 않았고, 학력평가에서 낮은 점수를 받았으며, 도시에서는 학교폭력이 만연했다. 마침내 1983년 기업과 사회 지도자들로 구성된 대통령 위원회와 교육가들은 보고서 〈위기에 처한 국가(Nation at Risk)〉[17]를 통해 공립학교에 대한 평가 결과를 공개했다.

이 보고서는 기업가들이 기존 공립학교교육에 대해 점점 더 우려하고 있다는 점을 확실하게 보여준다. 국제 학업성취도를 비교 조사한 결과, 미국 학생들의 성취도가 평균 수준이라는 점과 세계시장에서의 경제 실적도 평균 정도라는 점을 긴밀하게 연결짓고 있다. 결국 학업에서의 학업성취도가 세계 경제 시장에서의 실적과 뗄 수 없는 관계라는 것을 주장하고 있다. 이 보고서가 발간되고 나서 주 정부들은 앞다퉈 고등학교 졸업 요건의 강화, 교육연한 연장, 그리고 더 많은 시험을 치르도록 했다.

1990년대에 걸쳐 정부는 시험 성적을 높이기 위해 교육과정 개편, 표준 성취기준 조정, 새로운 시험 체제 도입, 그리고 시험 성적을 기준으로 한 교장, 교사, 학생들의 책무성 강화를 내세웠다. 초창기 기업지원교육가들은 고등학교 졸업생이라면 적절한 직업 기술을 습득하기를 원했다. 그러나 이제는 대학에 진학하려는 학생을 포함해 모든 학생들이 더 어려운 학문중심교과를 받아야 하고, 국내외 학업성취도 평가에서 더 높은 점수를 받아야 했다.

이처럼 지난 20년간 기업지도자, 공무원, 그리고 교육가로 이루어진 '정치적 동맹'은 학교의 교과과정을 표준화하고, 모든 학생들에게 그 교과과정을 따르게 하는 데 성공했다. 학생들이 직업 현장에 곧장 뛰어들 수 있도록 하는 것을 목표로 했던 직업과목들이 주로 사라져버렸고, 대신 필수 교과목 학습을 통한 직업 준비 추세를 따르는 쪽으로 바뀌었다. 즉, 모든 학생이 직업현장에 대비하기 위해 영어, 사회, 수학, 과학에 수많은 시간을 쏟아부어야 했다.[18] 정리해보면 미국 공교육의 역사에서 1980-2000년대는 '교육개혁의 시대'로 불린다. 모든 미국 시민이 신분에 구애받지 않고 시민으로서 갖추어야 할 능력을 공평하게 교육받을 수 있도록 했던 제퍼슨의 공교육 아이디어는 이러한 교육개혁의 시대를 가로지르며 여전히 진행 중이다. '학교는 무엇을 하는 곳이어야 하는가'라는 질문에 대한 다양한 답변이 정치적 이슈와 연계되면서 '학교의 기능'과 '학교 비판'으로 연결되었다. 우선 학교교육은 사회적 '차별'을 재생산하는 공간으로 인식되었으며 이를 바꾸기 위한 인종 간 통합, 성별 통합, 장애아 통합, 지역 간 통합을 개혁의 주요 주제로 다루었다.

3. 교육을 통한 문화코드 읽어내기

이상에서 살펴본 바와 같이 정리하면 유럽의 19세기는 역사적 진전이 매우 복잡하고 그 변화가 급격한 시기였다. 정치, 경제, 사회 등에서 급격한 변화와 더불어 인구의 증가도 생겨났다. 1850년대 대략 유럽인구의 절반이 문맹이었지만 이 시기 이후 몇 십년 사이에 국가들마다 정부 예산을 들여서 초·중등 교육제도를 도입하였다.

독일은 제국시기 문화투쟁을 통해 가톨릭교회의 전권에 속했던 학교교육을 국가가 관리하게 되었다. 프랑스도 제 3공화국시기 교회에 적대적인 태도를 보이면서 1901년 정부는 모든 공·사립학교에서 수도회 회원의 교육활동을 금지시켰고 마침내 1905년 교회와 국가를 분리하였다. 덴마크의 초등·중등학교의 설립과 미국에서도 대학 기관이 설립되는 등 공공교육에 대한 국가의 지원이 커져가는 모습을 보였다. 영국은 국가주도하의 국민교육이 다른 국가들보다 늦었지만 국가와 교회가 분리하면서 1902년 교육법을 통해 지방교육행정을 강화시켰고 공립 중등교육이 확대되었다. 19세기 후반에는 각 국가별로 교육의 실제를 조사하는 '조사단'활동까지 등장했다. 특히 노동자 교육, 실업교육, 여성교육 등 새로운 교육계층의 수요가 커지면서 이러한 수용에 대응하기 위한 새로운 학교설립과 내용이 필요하게 되었다. 각 국가별로 교육의 중점과 새로운 고등교육과정, 교육내용의 변화가 나타나면서 경제, 정치적, 문화적으로 국가정체성을 교육을 통해 뿌리내리는 시기였다.

20세기 초에는 교육문화에서 실질적 민주화가 뿌리내리기 시작했다. 당시 여전히 권위주의적이고 주입적인 교육내용과 방법에서 탈피하여 자유롭게 사고하고 창조하는 새로운 인간교육운동이 등장했다. 새로운 인간교육이라고 불리는 '신교육운동'은 유럽에서 일어나 미국을 비롯한 전 세계의 교육운동에 영향을 미쳤다. 루소의 「에밀」이 1762년 발표된 이래 급속히 발전되어온 아동중심 교육사상은 20세기에 들어서면서 그 꽃을 피웠다고 할 수 있다. 독일을 중심으로 한 전원기숙사학교와 노작교육의 이념들은 모두 아동의 입장에서 교육의 방향을 제시하고 있다. 아동중심 교육사상은 듀이·몬테소리·니일 등에 이르러 그 절정에 달했으며, 향후 21세기 교육의 방향을 제시해 주는데 결정적 역할을 하였다. 각 국가별로 설립자와 교육내용에는 다소간 차이가 있었으나 교육을 받는 아동의 내재적 동기를 유발하고 자발적 학습활동을 조성한다는 이념 아래 근대교육의 이념을 본격적으로 추진하고 현실화시켜 나갔다. 영국의 애버츠호움을 시작으로 독일의 전원기숙사학교 설립, 미국의 민주주의와 동반하여 존 듀이를 중심으로 한 실용주의, '진보주의'교육과정이 일어났다.

이러한 신교육운동에 영향을 받아 기존의 교육적 사고, 교육방식 및 학교체제에 대한 비판을 가하면서 다양하고 광범위한 교육개혁운동이 전개되었다. 청소년운동의 대표적인 운동으로서 독일에서는 반더포겔 운동이 이러한 경향을 반영하여 시작되었다.

1914년 전쟁 발발과 더불어 교육적 실험과 사상은 일시 정지 상태에 머물렀다. 종전 직후 몇 년간의 혼란과 격분은 재빠른 환멸을 가져다주었고, 냉담과 비관이 승전국이나 패전국을 막론하고 사람들의 마음에 먹구름을 드리웠다. 이 시기에 민주주의에 대한 신념이 민주주의 국가에서조차 하락을 면치 못했다. 훌륭한 시민이 될 훌륭한 인간을 기르려고 한 서구 학교의 교육 대신에 그들은 전대미문의 대량교육, 모든 시민의 모든 능력을 완전하게 장악하는 전체주의 교육을 창출하였다. 이러한 노력의 결과 그들은 2차 세계대전에서 막강한 국력을 획득했고 민주주의의 근본적 가치에 대한 심각한 도전을 나타냈다.

또한 제 1차 세계대전(1917-1918) 이후 선진 자본주의 국가들은 식민지 진출의 지도적 인물을 양성하고 산업부흥을 이루기 위해 중등교육의 제도와 내용을 개편하였다. 한편, 사회주의 국가들이 출현함으로써 생산노동과 교육의 결합에 의한 인간의 전면적 발달을 도모하는 사회주의 교육을 시도하였다. 양차 대전 사이에 제 1차 세계대전 직후에 시작된 '새로운 연구단'이 전 세계로 퍼져가면서 모든 나라의 관심 있는 남녀들을 공통적 교육적 신념을 가진 하나의 집단으로 결속하기도 했다.

이런 가운데 1,2차 대전을 경험하면서 19세기의 과열된 경쟁에 대해 깊은 회의와 반성이 생겨났다. 국가 간의 다양성 속에서 공통의 문화가 출현하였고 각 국가들이 인근 국가들과 평화롭게 협동하면서 자신의 문제를 해결할 수 있도록, 일종의 정치적 연합체제인 국제연맹이 탄생했다. 이 과정에서 민주주의의 이상이 중심에 있었다. 이것은 다른 어떤 분야보다도 교육 분야에서 두드러졌다.

1) 1945년부터 68운동까지

제 2차 세계대전(1933-1945년)이 끝나고서 서독은 과거청산과 새로운 국가건설에 합당한 교육개혁에 박차를 가했다. 4군정의 지배를 받으면서 이들 국가의 교육방식을 받아들이지 않고 전통적인 3선제 교육제도를 주장했고 이를 부활시켰다. 서독에서의 교육적 발전은 '복고'적이라고 평가된다. 1960년대 말에는 대학생이 주축이 된 학생운동으로 68운동이 일어났다. 독일에서 반권위주의운동으로서 68의 학생운동은 기존의 권위적 가부장적 가정구조를 비판하고 그에 대한 제안을 제시하고자 했다. 이 운동 가운데 1960년대 말에 출현한 공동주거 양식은 대학생들 사이에서 확산되어 상징적인 주거형태로 자리잡았다.

프랑스에서도 제 2차 세계대전 후에 제 4공화정에서는 교육제도를 새로이 재건했다. 1959년의 개혁 및 이후 개혁으로 초등학교와 중등교육이 변화했고 고등교육은 국립종합대학과 전문대학, 사립대학으로 재편되었다.

68운동이후에는 5월 혁명 또는 68혁명은 프랑스 샤를 드골 정부의 실정과 사회의 모순으로 인한 저항운동과 총파업투쟁을 이끌었다. 이 혁명은 교육체계와 사회문화라는 측면에서 '구시대'를 뒤바꾸었다. 프랑스 68운동에서는 교육부분에 변화를 일으켰는데 교육현장에서 학생은 교육대상에서 주체로 바뀌고 피교육자와 교육자의 공동교육체계를 형성해나갔다. 학생들의 자유로운 발언권과 토론의 영역은 확대되어갔다.

2) 68운동부터 현재까지

1950년대 후반부터 영국교육은 대 개혁기를 맞아 유아교육시설의 확충, 중등학교의 종합화와 의무교육연장, 고등교육의 대규모 발전계획이 마련되었다. 그러나 1970년대 산업전반에 걸쳐 경쟁력이 급격히 떨어지고 IMF 금융구제를 받으면서 1979년 집권한 대처수상은 교육을 통한 국가경쟁력 회복을 선언했고 전통적 학문중심의 학교교육을 직업, 기술교육으로 전환하면서 교육의 질적 통제를 강화했다. 1988년 교육개혁법은 영국의 교육철학부터 교육제도, 수업방법에 이르기까지 영국교육을 근본적으로 바꾸었다. 1988년 교육개혁법은 국가교육과정의 도입, 학부모와 학교 선택의 자유, 학교의 성적과 순위 공개 등 시스템 변화를 통해 변했으며 고등교육에서도 마찬가지였다. 그래서 영국교육이 갖고 있던 개인의 자아실현이라는 오랜 교육철학적 전통이 20세기 들어 시대적 요구에 따라 수정안을 통해서 점점 더 국가의 필요에 맞는 교육적 제도로 변화되어 왔다. 이는 공교육 개혁이 교육 그 자체로서 개혁뿐만이 아니라 국가의 생존과 경쟁력 확보라는 차원에서 이루어지고 있었다.

서독에서는 통일교육 준비과정에서 독일의 대표적인 통일지침서로 1978년 나온 '독일문제에 관한 교육지침서'로 발표되었다. 특히 서독 통일교육의 기본원칙이자 정치, 역사교육의 기본원칙으로 "보이텔스바흐합의"가 마련되었다. 1976년 바덴뷔르템베르크 주 정치교육원에서 마련된 것에서 출발하여 후에 학교, 군대, 정치재단 등으로 확대되어 독일의 전체 정치교육에 적용되고 있다. 이후 1990년 동, 서독 통일이 선포되면서 동서독의 교육제도는 국가의 감독을 받고 연방주들은 교육자치권을 가지며 학교에 대한 책임을 지고 있다. 2002년에는 PISA에서 독일학생의 성적이 저조한 결과가 나오면서 독일교육제도의 질적 향상을 위한 공교육차원에 개혁이 요구되고 있다.

유럽에서의 현상과 마찬가지로 미국에서도 1970년대 중반부터 업무 현장에서 생산성 감소, 실업률 증가, 국제시장 위협, 빠른 기술의 변화가 나타나면서 이를 따라가지 못한 교육에 대한 비판이 일어났고 미국 공립학교에 책임을 전가하게 되었다. 기업가들이 기존 공립학교교육에 대해 우려하면서 1990년대 걸쳐 미국 정부는 시험 성적을 높이기 위해 교육과정 개편, 표준 성취기준 조정, 새로운 시험체제 도입, 그리고 시험성적을 기준으로 한 교장, 교사, 학생들의 책무성 강화를 내세웠다. 그래서 기업지도자, 공무원, 교육가로 이루어진 주체들은 학교 교과과정에서 교육자체에 집중하기 보다는 사회적 요구에 부합한 방향으로 변화하게 되었다.

　이상과 같이 19세기부터 현재까지 유럽의 몇몇 국가를 중심으로 각 국가들의 정체성 형성에 지대한 영향을 미치는 교육의 역할과 변화를 시대, 사건에 따라 살펴보았다. 호프스테데(Geert Hofstede), 개넌, 부르디외 등의 학자가 언급했듯이 한 사회 내 사람들의 인식 체계와 가치관 구조, 이에 기초한 생활양식이 통일성을 갖게 되는데 이 때 제도적인 교육을 통해 이 문화적 아비튀스를 체득하게 된다. 이처럼 각 국가문화형성에 중요한 역할을 하는 제도적인 방식의 교육이라는 창을 통해 유럽국가문화형성에 대해 심층적으로 이해할 수 있을 것으로 기대해 본다.

현대 서양미술과 서양인들

예술가들은 현실 세계와는 다소 거리를 두면서 그들만의 독특한 방식으로 현상 세계를 구성해 내면서도 그들이 속해 있는 이 세계와 상관성을 지닌다. 사회학자들에 따르면, 예술은 자율적 현상이지만 그것은 독립적인 것이 아니라 사회적 현상이 개입되어 있으며, 따라서 역사적·사회적으로 변화하는 제도로 파악해야 한다.

역사학자 폴 존슨의 말을 빌리면, 미술의 역사는 미적 재능이 있는 미술가들이 그들 특유의 고집과 의지를 지닌 채 기왕의 규범과 제한을 깨뜨리고 마침내 대중의 호응을 이끌어 내어서 새로운 원칙을 만드는 과정의 반복이다. 말하자면 미술의 경향도 변증법적 방식으로 발전하며, 그 추진되는 동력은 대개 당대 사회를 지배하는 주류 계층의 문화와 가치 체계의 모순됨에 대한 저항과 새로운 인식이다. 그러하기에 미술 문화의 변천 과정은 각 세대의 라이프스타일과 더불어 가치관의 변화 양상을 해석하는 하나의 문화코드로서 기능한다고 볼 수 있다.

그러나, 현대사회 진입시기부터 나타난 극히 주관적인 감성과 자유분방함 심지어 '엽기스러움'으로 포장된 저 난해한 '모던' 미술작품과 제작 행위들, 그리고 과장되어 보이는 예술 소비문화 속에 과연 유의미한 문화적 해석 '코드'들이 들어있는가? 그리고 대체 '미술'이란 무엇이고 어디까지를 예술로서 인정해 줄 것인가? 이렇게 '아방가르드'한 현대 미술을 곱지 않게 보는 시각도 존재한다.

본 글은 위의 두 가지 관점을 유념하면서 서양 근대기부터 현대까지 서양 사회와 미술 현상이 어떠한 상관성을 지니고 있는지 살펴보고자 하였다.

이 글의 구성은, 우선 현대미술의 발전과정과 그 특징을 19세기에서 20세기의 사회

변동과 관련된 필자 나름대로 세 가지 경향으로 나누어 설명하였다. 2장과 3장에서는 미술문화의 공간 속에 나타난 다양한 근현대 시민 정체성과 국가성(이데올로기)을 다루었다. 4장은 20세기 후반의 탈권위적 경향과 대중문화의 미술문화적 대응을, 5장은 현대미술시장의 발전 과정과 그 작동원리를 살펴본다. 대체적으로 앞 장에서 후반으로 갈수록 그 시기도 19세기부터 최근까지의 시대적 시간 흐름과 연결되도록 하였다.

1. 현대 서양미술의 세 가지 경향

서양사회가 전근대체제에서 현대사회로 이행하는 과정 속에 미술문화가 변화하고 발전해 온 경향은 다음과 같은 세 가지 요소로 특징 지워진다. 첫째는 이른바 예술적 '모더니티' 또는 '모던 미술'로의 전환이 지속적으로 일어났다는 점이다. 특이하게도 미술에서의 모더니즘은 전통적 후원자였던 사회 지배계층이 선호하는 가치관을 부정하거나 저항하는 것으로 시작되었고 나아가 다수 대중이 공유하는 통념의 경계를 항상 넘어서려는 방향으로 전개되어갔다. 둘째, 사물의 재현 내지 구상(구체적인 것)에서 추상적인 것으로의 강박적 이행이었다. 현대사회에 접어들면서 미술가들은 내부와 외부의 충동과 압력에 따라 미술역사상 기본 전제였던 시각적 재현으로부터 벗어나려는 시도를 줄기차게 반복해 오고 있다. 세 번째로 20세기 미술은 '미술' 자체의 자기 정체성에 대한 도발적 도전과 고민이라는 과정의 역사였다. '미술이란 과연 무엇인가'에 대한 조소적이고도 자기 비판적 경향과 아울러 새로운 '이단아'들이 화려하게 등장하는 배경도 만들어 내고 있다. 현대미술은 이들 요소들이 긴밀하고 복합적으로 작용하여 나타난 결과물이라 할 수 있다.

1) 경향 1 : '모더니즘'을 향하여

서구 사회는 19세에 이르러 '모던 사회'(modern society)를 이룩하였다. '모던

(modern)'한 사회가 되었다는 것은 유럽사회가 과학기술의 진보에 따라 생활수준이 향상되고 이성과 합리주의가 지배적인 가치체계로 올라서며 부르주아 시민계층 중심의 의회가 정치적 주도권을 갖게 되는 측면에서 '근대사회'를 이루었다는 것을 의미한다. 한편 이 시기에는 미술계에서도 역사상 처음으로 모더니티 미적혁명이 시작되었으나, 그 추구하는 목적과 의식은 부르주아 주류 사회가 선호하던 근대적 가치관과는 반대 방향으로 추구되었다. 즉 '모더니티 미술'은 예술가의 표현이 주류 사회의 가치관으로부터 자유로워지고 기존의 예술적 관행을 타파하려는 움직임으로 나타났다.

모더니스트 미술가들은 부르주아 문명사회의 지배 가치인 이성, 유용성, 진보라는 관념에 저항감을 드러내었고 물질주의와 자본주의 산업사회가 가져온 거대한 사회경제적 변화를 혐오하며 거부하고자 하였다. 그들의 저항 정신은 부르주아 사회의 관념을 거스르는 내용과 기성의 전반적 미학적 관행에 대한 일탈적 창작 행위로서 표현되었는데, 19세기 초반과 중엽에 등장한 낭만주의와 인상주의 미술은 이러한 첫 번째 모더니티 혁명의 역할을 수행하였다. 최초의 모던미술이라 할 낭만주의 미술은 주류 부르주아 계급이 내세웠던 계몽주의적 가치와 이성 만능주의 경향에 반기를 들면서 감성의 세계로 되돌아 갔다. 미학적으로도 낭만주의 화가들은 당대 미술세계를 주도한 아

신고전주의 그림.
다비드 〈소크라테스의 죽음〉, 1787.
고전주의 미술의 특징은 균형감과 안정감이다.

낭만주의 그림
들라크루와 〈사르다나팔루스의 죽음〉, 1827.
낭만주의 미술은 고전주의에 비하여 미학적으로 자유분방하다.

카데미 중심의 신고전주의적 관행을 거부하였다. 아래 그림에서 주류사회의 가치관을 반영했던 고전주의와 이를 탈피하고자 했던 낭만주의의 차이를 볼 수 있다.

인상주의 화가들 역시 유럽이 산업 사회와 도시화로 급속히 진행되는 과정 속에 등장한 반항아들로 출발하였다. 그들은 부르주아 계층의 위선과 속물적 근성을 폭로하였으며, 그 미적 표현양식에 있어서도 주류 아카데미즘 화풍을 조롱하면서 미학적 관행과 규범에 얽매이지 않고 다양한 시각적 표현법에 대한 실험과 도전을 시도하였다. 특히 인상파들은 주 고객층이 될 당대 대중들의 정서와 기분을 불쾌하게 하는 작품들을 거리낌 없이 만들어 냄으로써 아방가르드 예술의 선구자가 되었다.

20세기 초반 등장한 아방가르드 미술 운동이야 말로 그 이후 전

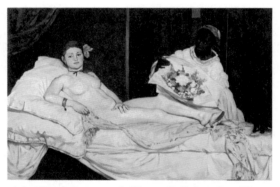

마네, 〈올랭피아〉, 1863. 당당한 포즈를 취하고 있는 매춘부를 모델로 하여 부르주아 계층의 속물적 근성을 폭로한 이 그림은 당시의 미술계에 커다란 파장을 일으켰다.

모네, 〈인상, 일출〉, 1872. 인상주의 화가들은 '아는 것'이 아닌 그들이 '본' 것 만을 그리기 시작하였다.

개된 모든 모더니티미술(modern art)의 이미지와 그 자체를 상징하는 용어로 전용될 만큼 전형적인 '반체제' 모던미술이었다. '전위예술'로 번역되는 아방가르드(avant-garde)는 원래 프랑스 군사용어로서 본대의 선두에서 적진의 움직임을 파악하는 척후병을 뜻한다. 이 용어가 예술에서 사용되기 시작하면서 그 의미는 새로운 예술형태를 추구할 뿐만 아니라 이제까지의 예술적 기준을 부정하는 혁명적 속성까지를 뜻하게 되

었다. 스스로를 아방가르드라 부르는 일군의 화가들은 전통적인 미학적 이상을 버리고 제반 예술제도 등을 거부하는 새로운 미술 운동을 펼쳐 나가기 시작하였다. 20세기 초에 활발히 전개된 표현주의, 입체주의, 미래주의, 다다이즘 그리고 초현실주의가 유럽의 아방가르드 운동을 대표하는 경향이었다.

가장 혁신적 아방가르드라고 할 다다이즘은 제1차 세계대전(1914-1918)을 지켜본 예술가들이 이성(理性)적 사회라는 서구문명이 얼마나 허구적인가를 자각하고 전쟁의 광기를 용인한 문명사회와 그것의 문화적 가치들을 전면적으로 부정하고 전개한 예술운동이었다. '다다' 미술가들은 문명사회의 가치 요소들인 논리적이고 이성적이고 합리적인 것과는 정반대로 불합리한 것, 허무, 감정의 무절제한 표출 등을 주요 소재로 하는 작품을 만들어내었다. 그 미술양식에

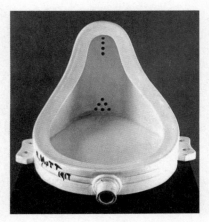

뒤샹, 〈샘〉, 1917. 뒤샹은 공장에서 이미 생산된(레디메이드) 남성용 소변기를 가져다 전시함으로써 '미술'이라는 기본 통념에 의문을 제기하였다.

있어서도 다다이즘은 방법과 형식에 정해진 규칙이 없고 기왕의 예술적 관념을 모두 백지화하자면서 부정적이고 파괴적 의도를 담은 '무정부주의적' 예술 운동을 표방하였다. 다다의 파괴적 도전 정신은 1차 대전 종전 후에도 유럽과 미국 전역으로 급속히 확산되어 대대적 다다 운동이 전개되었다. 대표적 다다이스트 마르셀 뒤샹에 의해 등장한 '레디메이드'(기성품 예술)는 '미술'이라는 개념을 근본적으로 해체하는 반(反)예술의 전형을 보여줌으로써 20세기 후반에 전개될 '무정부주의 미술'의 결정판 포스트모더니즘 미술의 도래를 예고하였다.

1920년대와 1930년대에 유행한 초현실주의 미술은 무의식의 세계를 발견한 프로이트의 영향 아래 활발히 시도되었다. 초현실파 작가들 역시 모더니스트 답게 근대유럽사회의 기반인 이성과 합리주의에 반기를 들고, 기존의 가치를 부정하면서 무한한 자

유를 동경하였고 새로운 세계를 열망하였다. 그들은 이성적 사고의 통제를 벗어나 공상과 환상 그리고 인간의 무의식 혹은 잠재의식에 의한 상상의 세계를 펼쳐보이고자 하였다. 이를 위해 초현실주의파들은 우연성, 비의도적인 실험 그리고 자유연상기법(오토마티즘) 등을 사용하였다. 특히 초현실주의자들은 작품 제작 과정에 있어서 의식의 개입을 포기함으로써 예술작품이 전적으로 예술가의 고유한 의지가 결집된 '창조물'이라는 관념을 탈피하였는데, 이 역시 다다이즘과 마찬가지로 20세기 후반에 등장하는 포스트모던 미술의 전조였다. 히틀러의 등장에 따른 전쟁위기로 인해 다수의 초현실주의자들이 미국으로 이주하면서 초현실주의는 전후 미국 화단에 커다란 영향을 끼쳤다. 또한 초현실주의는 전 세계의 많은 예술가들을 매료 시켰으며 예술과 문학 분야를 넘어 생활양식과 철학에 이르기까지 폭넓은 분야에 지대 한 영향을 미쳤을 뿐만 아니라 오늘날에도 광고, 만화 캐릭터 등에서 아직도 여러 형태로 이어지고 있다.

초현실주의 : 막스 에른스트,
〈위비 대왕 Ubu Imperator〉, 1921. 초현
실주의는 환상과 무의식이 끊임없이 펼
쳐지는 인간의 비이성적 심성의 세계를
표현하고자 하였다.

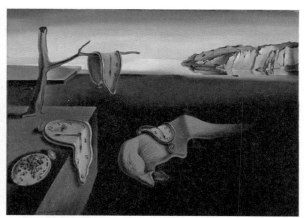

초현실주의 : 달리, 〈기억의 지속〉, 1931

2) 경향 2 : 주관과 추상으로의 진행

두 번째 미술 혁신운동은 19세기말에 시작된 '시각적 자율성'과 작가의 주관적 내면성을 강조하면서 시작되었다. 후기 인상파에 속하는 세잔, 고흐, 고갱은 한 순간의 빛의 느낌을 강조하는 경향의 인상주의를 부정하고 다시각적 구도나 강렬하고도 주관적인 색채를 사용하는 등 작가 고유의 주관과 개성을 표현하고자 함으로써 20세기 현대미술의 발판이 되었다. 이들의 뒤를 이어 야수파, 표현파, 상징파로 이어지는 화가들은 주관적 내면성의 세계로 더욱 몰입했는데, 특히 20세기 초 독일을 중심으로 유행했던 표현주의자들은 대상을 인식하는 과정에서 무엇보다 중요한 것이 개인의 주관이라고 생각했고 무의식과 내면세계에 관심을 기울였다. 이들은 인간의 감정과 감각을 더욱 강력하게 전달하기 위해 대상의 형태를 단순화 시키고 색채도 매우 간결한 원색을 거침없이 사용하였다. 여기에는 예술은 직접적이고 직관적인 대상에 대한 묘사가 아니라 숨겨진 연상이나 암시로 이루어져야 하고 진정한 예술가는 군중과 동떨어져 있어야 한다는 신념도 작용하였다. 피카소로 대표되는 입체파는 2차원적 평면성을 탈피하여 대상물의 외양을 임의적으로 결합하여 왜곡 또는 과장함으로써 작품 속 대상이 일상적으

후기 인상주의 : 반 고흐, 〈별이 빛나는 밤〉, 1899. 고흐는 오직 그 자신의 정신 세계에만 존재하는 주관적 사물의 형태와 색상을 표현했다는 점에서 표현주의의 선구자로 간주된다.

입체파 : 피카소, 〈사랑스런 사람〉, 1911. 입체파는 현상 세계 너머에 있는 근본 원리를 추구하고자 했던 추상파의 선구가 되었다.

로 접하는 자연 사물의 모습과는 전혀 일치하지 않게 된 경지까지 개척하였다. 그리하여 자연 사물대상의 모습과 그것의 작품 속 외양을 연관시키던 유사 이래의 전통적 관습은 붕괴되기 시작했으며 마침내 미술은 모방 내지는 재현이어야 한다는 오랜 관념으로부터 벗어나게 되었다.

이 새로운 미술 혁명은 20세기 미술을 대표하는 추상미술로 전개되어 갔다. 1920년대 네덜란드의 몬드리안 등에 의해 시작된 신조형주의(데 스테일) 운동은 자연사물을 구체적으로 재현하기 보다는 그 대상을 극단적으로 단순화시켜서 수직선, 수평적 구도와 3원색 및 무채색만으로 명쾌하게 표현하고자 하였다. 이들은 그같은 추상적 표현을 통해 예술과 인간사회에 모두 적용할 수 있는 보편적이고도 조화를 이룰 수 있는 원리를 모색하고자 하였던 것이다. 추상미술은 20세기 중반이후 잭슨 플롯이나 로스코 등의 추상표현주의로 발전해갔다.

추상파 그림. 몬드리안, 〈Composition with Yellow, Blue, and Red〉, 1921

추상표현주의 그림. 마크 로스코, 〈녹색과 적갈색, Green and Maroon〉, 1953

3) 경향 3 : '무정부주의 미술로' – 미술의 '해체'

1960년대 들어 현대서양미술의 전위적 성격 가운데서도 한층 극단적인 움직임이 등장하였다. 그것은 '미술 개념'이라는 정체성에 대한 도전이며 미술 자체를 '해체'하려는 시도였다. 이미 세기 초 다다이즘과 초현실주의 작가들은 '미술은 미술가의 미적 행위의 결과물'이라는 전통적 인식에 대하여 도전적 도발을 감행하였었다. 1960년대 팝아트 계열 작가들은 슈퍼마켓 진열대에나 있어야 할 통조림이나 제품 상자 같은 일상의 물건들을 당당히 예술작품으로 끌어들였다. 특히 그들은 그림을 손으로 그린다는 개념 자체를 포기하고 복제가 가능한 실크스크린 기법을 사용하거나 단순한 배치와 조합만을 통하여 작품을 구성하였다. 이들은 당대의 미술관행에 도전함으로써 당시 대부분의 작가와 비평가들의 이맛살을 찌푸리게 하면서 당당히 새로운 '전위미술'의 반열에 올랐다.

팝아트. 앤디 워홀,
〈캠벨 수프 캔〉, 1965

팝아트. 앤디 워홀의 작품 〈브릴로 상자〉. 1964. 이 작품은 미술과 현실 사이의 경계가 모호해지는 미술의 신경향을 보여준다.

1970년대의 대지미술이나 설치미술 작가들도 미술 작품이나 전시에 있어서 공간(空間)에 대한 전통적 관념을 일거에 깨뜨려 버렸다. 그들은 관객들로 하여금 화랑이나 미술전시관에서 이루어지는 제한된 공간으로부터 벗어나서 호수와 사막과 계곡으로 나아가게 하는가 하면, 도시의 거대한 구조물들을 하얀 천으로 감싸기도 하였다.

대지미술. 월터 드 마리아, 〈빛나는 들판, 1974–1977, 뉴멕시코 디 아 미술 센터 컬렉션, 뉴욕〉

설치미술. 크리스토, 〈천으로 감은 베를린 국회의사당〉 Berlin) 1971–95

시각미술을 한층 더 혁명적이고도 '무정부'상태로 이끈 것은 개념미술가들이었다. 그들은 "완성품보다 개념에 더 관심이 있다"는 뒤샹의 태도를 더 적극적으로 이어받아 예술은 더 이상 작가들이 창조적으로 만들어 낸 것이 아니라 단지 "내가 생각하는 것"으로 간주하기 시작하였다. 그리하여 이제 미술은 예술에서 '생각'으로 전환되었다. 개념미술은 제작의 결과물(오브제)보다는 작가의 동기 즉 '생각(개념)' 자체의 전달을 더 중시하는 미술을 말하는데, 좀 더 확장되거나 극단적으로 나가면 완성된 오브제(결과물)은 아예 존재하지 않게 되고 아이디어나 제작 과정 혹은 행위 자체를 예술의 목적지로 본다. 개념미술을 선도한 작가 조지프 코수스의 작품에는 그래도 미술 행위의 결과물(오브제)이 물리적으로 존재하여 전시관에서 볼 수 있으나, 요제프 보이스의 행위미술 작품 <어떻게 죽은 토끼에게 그림을 설명해 줄 수 있는가, 1965> 등의 작품(행위)은 오늘날 그 과정을 촬영한 사진으로만 작가들의 개념을 감상할 수 있을 뿐이다. 독일 작가 요제프 보이스는 제작 과정 중 죽은 토끼를 안고 그 토끼에게 3 시간 동안 그림에 대하여 설명하였다.

현대미술에 있어서 전통적 관념으로서의 미술을 해체하고 파괴해 온 경향의 세기말 대미(大尾)는 미국의 제프 쿤스와 영국의 데미안 허스트가 장식하였다. 제프 쿤스는 포르노 배우 출신의 자신의 부인과의 성행위 장면을 사진이나 조각으로 표현함으로써 '고상한 취향'으로서의 미술이란 관념에 도전하였다. 1990년대 영국 현대미술을 중흥

개념미술. 조셉 코수스, 〈세 개의 의자〉, 1965. 그림에서 하나는 실제 물리적 의자이고, 그 뒤에 그 의자의 사진, 그리고 옆에는 '의자'의 단어를 해석한 사전을 확대 복사한 종이가 붙어있다. 이 셋의 차이점과 공통점이 무엇인지를 관객에게 생각해보도록 하고 있다.

행위미술(넓은 의미의 개념미술). 요제프 보이스 〈어떻게 죽은 토끼에게 그림을 설명해 줄 수 있는가〉, 1965.

시킨 yBa 그룹의 대표 작가 데미안 허스트는 한술 더 떠서 현대미술에 있어서의 '작가'의 역할을 축소 내지는 제거하고자 하였다. 그는 전시된 자신의 그림들 가운데 단 한 점도 자기가 그린 것은 없다고 공표하면서 작품은 모두 사진을 옮겨 그린 것이고 심지어 자기가 찍은 것도 아예 없고 모두 잡지나 신문에서 오린 것을 참조했고, 더욱이 작업은 무명작가들에게 지시했을 뿐이라고 하였다. 그럼에도 그들은 대중적으로 큰 성공을 거둔 스타 작가가 되었다.

한편, 20세기 후반에 두드러지게 나타난 미술의 '해체' 현상은 이 시기 유행한 포스트모더니즘 분위기와 깊은 관련이 있다. 이에 대해서는 4장에서 후술할 것이다.

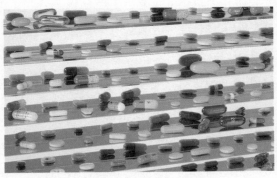

데미안 허스트, 〈데이 바이(약장 시리즈)〉, 2003

2. 미술공간, 치열한 시민 정체성 표현의 장(場)

1) '평등함'을 향하여

전근대 시대에 미술은 소수 특권층만이 즐길 수 있는 기호문화였다. 대략 18세기까지 거의 모든 예술 작품들은 종교적 신앙심을 고취하고 지배 계층의 정당성과 위엄을 과시하거나, 또는 특권 지배계층의 향락적이고도 탐미적 성향과 고도의 예술적 재능이 절묘한 조화를 이루어내고 있던 것이었다. 그러나 정치적 근대의 장을 연 프랑스혁명 이후 유럽 근대 국가들은 평등한 시민사회가 실현되었음을 널리 알리고자 했으며 미술은 그

19세기 중반 파리의 무료 미술관에는 수많은 사람들이 모여들었다. 프랑수아 오귀스트 비아르, 〈살롱전에서 보낸 4시간〉, 1847

들의 시대가 평등 시대임을 상징하는 '기호'로서 작동하기 시작하였다. 각국 정부는 그동안 소외받고 있었던 계층에게 국가의 미술자산을 폭 넓게 개방하기 시작하였으며 유럽 여러 지역에서 미술관들이 속속 건립되었다. 프랑스는 혁명 후 파리의 루브르 박물관을 비롯해 지방에 많은 미술관을 설립하여 문화 민주주의 차원에서 대중에게 공개하였다. 유물과 예술 작품이 소장된 박물관은 더 이상 귀족, 성직자 등 특권층의 전유물이 아니라 '만인의 재산'으로서 '시민 누구라도 쉽게 찾을 수 있는' 공공장소로 변모하게 되었으며 이는 평등의 이념 아래 지식의 확대와 보급을 추구했던 ≪백과전서≫식 계몽주의의 성과였다. 유럽의 다른 지역에서도 미술관이 속속 설립되어 마드리드의 프라도 미술관, 암스텔담의 국립미술관, 밀라노의 브레라 미술관 등이 속속 등장하였다. 런던의 대영박물관은 1823년에, 베를린 프로이센 미술관은 1828년에 현재의 모

습을 갖추었다. 20세기 전반기에
도 미국의 뉴욕근대미술관(1929),
휘트니미술관(1931) 및 독일, 구겐
하임미술관(1937) 등 중요한 미술
관들이 설립되었다.

쿠르베 〈돌깨는 사람〉, 1849

　그리하여 19세기 중엽부터는 일
반 서민층이 미술관에 가는 것이
이미 일반화 되어 있었다. 에밀 졸라의 소설 <목로주점>(1877)을 보면, 가난한 세탁부,
양철공부부는 그들의 결혼식날 동류 친구들과 남은 시간에 "그러면 미술관 구경이라
도 할까" 하고 루브르 미술관에 몰려가는 장면이 나온다. 이제 누구라도 예전의 왕실
컬렉션의 명품을 감상할 수 있고 또 그러한 미술관에 가려고 생각하는 시대가 되었다.
이제 '평범한 나'일지라도 적어도 미술 감상에 관한 한 귀족이나 부르주아와 동급이 되
었다.

　근대 국가는 '평등한 예술문화'라는 이상적인 외관으로 사회계층간 괴리 현상을 덮
고자 했으나 사회적 격차는 공공 미술관을 개방한다고 해서 없어지거나 감추어질 수는
없는 것이었다. 19세기부터 산업화와 도시화 시대로 전환한 유럽사회는 물질적 풍요
에 힘입어 중간계층 시민도 문화생
활에 더 많이 참여할 수 있는 여유
도 가지게 되었으나, 급속한 산업
자본주의로의 이행과정 속에 구조
적 문제로 말미암아 모든 구성 계
층이 산업화의 온전한 혜택을 누리
지는 못하였고 오히려 계층간 사회
경제적 격차는 더욱 심화되었다.

오노레 도미에, 〈삼등열차〉, 1862

이러한 상황에서 사회주의 운동은 노동자계층의 권리 향상과 계급의식을 강조하며 전개되었는데, 사실주의의 한 갈래인 쿠르베나 도미에 등과 같은 리얼리즘 미술가들은 그 영향 아래 민중의 실상과 그들의 삶에 눈길을 돌리게 되었다. 화가들은 민중들의 삶의 모습을 부연 설명이나 과장감 없이 담담한 필치로 그려냄으로써 오히려 더욱 강렬하게 평범한 사람들의 소중한 가치를 소중히 전달하고 있었다.

2) '높은 곳을 향하여'

무릇 어느 시대를 막론하고 하층계급은 지배 엘리트들의 기호와 관행 및 유행을 끊임없이 추종하려는 경향이 있다. 유럽 산업사회 진행기에도 중산층과 하층계급의 사람들은 상류사회의 유행과 예절과 주고받는 얘기들을 흉내 내었다. 특히 휴식과 여흥에 대한 욕구 근저에는 상위 계층의 여가 분위기에 대한 동경이 자리 잡고 있다. 영국에서는 이미 17세기에 중하위 계층에게까지 온천 레저 문화가 확산되고 있었는데 이런 현상은 하위 계층의 상승 욕구와 밀접한 관련이 있다. 또한 유럽에서 커피가 유행한 후 부유한 집에서 일하는 하녀들은 휴식시간의 '커피타임'만큼은 종속신분이 아닌 당당한 자유민임을 스스로 증거하는 일종의 상징으로 삼고 있었다.

19세기 후반 인상주의도 다수의 '여가에 대한' 그림을 남겨주고 있다. 뱃놀이를 하고 헤엄을 치고 소풍을 가고 산책을 하고 춤을 추고 연극, 오페라, 발레, 음악을 즐기고 경마장에 가는데, 이는 전형적인 부르주아 사회 특유의 라이프스타일이었다. 이는 바야흐로 더 많은 사람들이 열심히 여가와 레저 생활에 참여하고자 했던 당대의 생활 문화상을 반영하고

메리 카사트, 〈보트위에서의 즐거운 한때〉, 1893.

있던 것이었다. 1870년대에는 중산층에게 있어서 여름 바캉스 여행이 가장 중요한 연례행사로 자리 잡았다. 1854년 8월6일자『피가로(Le Figaro)』신문에 따르면 "가장들은 자신들의 식솔을 이끌고 해변의 해수욕장이나 전원으로 떠나기 위해 역으로 모여들었으며 이날 약 3만 명의 파리 시민이 휴가를 위해 파리를 빠져나갔다"고 보도하고 있다.

화가들은 중하류 계층이 부르주아의 일원으로 행세할 수 있는 장소였던 레저의 현장을 소재로 당대의 사회적 현상들을 끄집어내고자 하였다. "레저의 세계는 부르주아의 정체성을 쟁취하기 위한 싸움이 벌어지는 거대한 상징적 전장(戰場)이었다."(T. J. Clark)

르노와르, 〈선상의 오찬〉, 1881.

3) 상류층의 구분짓기 전략

혁명의 시대 이후 유럽 사회는 '평등한 미술관 시대'를 내세웠으나, 미술 문화 공간 속에서의 현실은 여전히 '위쪽' 세계와 '아래 쪽' 계층의 영역이 구분되어 있었다. 이후 전개된 미술 공간의 역사 속에는 자기 정체성과 신분 의식을 상층 영역으로 옮겨 놓으려는 무던한 욕구들과 반대로 이에 맞서 '아래 것'들과 구분 지으려는 상류 계층의 방어 기제가 작동되어 왔다.

성장해오는 하위 계층에 대한 19세기 전통 부자들의 대처 방식은 전통적이고도 고전적(classical)인 미술 작품에 대한 선호로 나타났다. 상류층이 전통적으로 가장 선호한 회화 장르는 고전적 역사화였다. 역사화를 볼 줄 안다는 것은 그들의 지식수준을 증거 하는 것이고 동시에 신흥 '졸부'나 벼락출세한 부르주아들로부터 전통적 상류 귀족인 자신들을 구별되도록 하는 것이기도 하였다. '졸부'들은 그들의 경제적 실력과는 별

개로 문화적 교양은 부족했기 때문에 그들이 선호하는 그림은 대개 풍경화 내지는 정물화, 초상화였다. 일반 대중과의 차별적 선민의식을 가지고 권리를 누리고자 했던 이 시대 상류계층은 고전적인 주류 아카데미 미술계를 전폭적으로 후원하였고, 그에 따라 공식 살롱에서는 역사화나 상징적 우의화(寓意畵, allegory)가 주류를 이루게 되었다. 한편, 중간 부르주아들도 이제는 자신들도 예술을 이해할 줄 아는 교양인이라는 것을 보이기 위해서 자신의 집에 '걸작' 한두 점은 걸어놓아야 했다. 그럴 경우 작품 자체보다도 세상에 알려진 대가가 제작한 작품이어야 했으며 외형적으로 비싸고 보다 화려한 것이 선택되었다. 영국의 경우 1900년 초까지 신흥부자들 사이에는 18세기 영국 전통적인 회화에 대한 수집이 유행했는데, 집안에 전통파 화가의 작품을 걸어 놓는 것은 자신의 출신과 귀족적 취향을 간접적으로 표현하는 일종의 위장술이었다.

자본주의와 산업화가 활기차게 추진되면서 새로이 중산층에 올라선 신흥 부르주아들의 물건에 대한 열정과 수집 욕구는 더욱 거세어졌고 예술품도 하나의 투자 상품이 되었다. 중산층에 의한 미술품의 수요가 증대하면서 정기적으로 매입과 판매를 할 수 있는 경매시장이 발달하게 되었다. 아래 쥘 부아랭의 그림에는 중산층에게까지 확대된 경매 열풍이 잘 묘사되어 있다. 기실 18세기까지의 초기 경매는 매우 제한된 사람들에게만 기회가 주어졌었다. 영국을 중심으로 발전한 경매는 상류사회의 기호활동과 더불어 미술작품에 대한 비평적 지식들의 축적에 큰 기여를 하였고 많은 전문가들이 탄생하게 되었다. 그리고 그 전문가들에 의하여 검증된 진품들은 고가로 인정되었고 그것을 구입할 수 있는 사람들은 상류 귀족층에 한정되었다. 그런데 19세기 중엽부터는 소수만이 참여할 수 있었던 경매 행사가 점차 신분상승의 가시적 인정을 바라는 신흥 부르주아들에게 확대되었다. 경매장에 참석한다는 것은 그 자체로서 사회적 상류사회의 일원이 되었음을 상징하는 것이 되었으며, 그 경매장에서 이루어지는 모든 행위는 단정한 정장차림을 하고 마치 엄숙한 종교의식을 치르는 것과 유사한 분위기 속에 연출되었다. 이러한 역사와 더불어 오늘날 소더비나 크리스티, 본햄스와 같은 대표적인 경매회사들이 발전하게 되었다.

'품위의 공간'인 미술문화의 영역에서 여전히 문화 귀족이기를 원하는 상류층은 끊임없이 하위 계층과의 거리를 유지하려는 시도를 이어갔으며, 이러한 현상은 20세기 후반의 미술시장에서 아방가르드에 대한 색다른 취향으로 나타났

질 부아랭, 〈경매〉, 1880.

다. 이에 대하여는 5장에서 다룰 것이다.

4) 20세기 부자(富者)들과 인상주의 그림

20세기 초반에 들어서서 인상파 회화를 소장하고 있다는 사실 자체는 미적 취향과 경제적 힘을 동시에 증명하는 것이 되었다. 본래 인상주의는 가식으로 가득찬 19세기 중엽 부르주아 사회에 대한 풍자와 화가들의 반감을 반영한 아방가르드 미술로 등장하였던 미술이었다. 그런데 깊이 있는 인문 고전교육을 받지 않았던 신흥 부자들 대다수는 고전적 주제를 다룬 전통 거장들의 작품에 진정한 흥미를 느끼지는 못하였는데, 이를 대체하여 '졸부'들의 시선을 끈 것은 당대의 친숙한 주제를 담고 있던 현대미술(modern art)인 인상파 회화였다. 불과 한 세대 전에는 생소한 화법이었던 데다가 그 소재도 너무나 평범함으로 인해 불쾌감을 주었던 전위적인 인상파 그림들은 이제 부르주아적 일상의 평안함의 가치를 옹호해주는 미술로 간주되게 되었다.

한편, 세계 제1차 대전이 끝날 무렵부터 전쟁 상황의 여파로 인상주의 회화를 비롯한 예술품들은 가격이 상승하더니 세계경제대공황을 겪으면서도 꾸준히 그 가치가 상승하게 되었다. 유럽의 부자들은 전쟁의 혼란 속에 전통적인 금융기관들을 신뢰할 수 없었고 또 현금 대신 안전한 경제 수단을 찾았는데 그 대용수단으로 예술품에 주목하

였다. 제2차 대전을 일으킨 독일의 나치는 비록 전위미술들을 혐오하였으나, 대중의 정서에 부합하는 인상주의 그림의 효용성과 그것의 국제화폐적인 가치를 인식하고 점령지 파리에서 본격적인 '사냥'에 나섰는데, 이것이 그림 가격을 폭등시키는 효과를 가져왔다.

역사와 전통이 부족했던 국가인 미국의 부자들에게 프랑스의 인상주의 미술은 매력적으로 다가왔다. 1차 대전 시기까지 미국에게 프랑스는 문화적으로 세계에서 가장 뛰어난 국가이고 미국인에게 많이 부족했던 '깊은 지각과 고상한 취향의 나라'이며, 물질적이며 청교도적인 미국인에게 프랑스인은 세련된 삶을 즐길 줄 아는 사람들이었다. 파리는, 미국인이 상상하는 이미지 속에, 젊은 예술가들이 다락방에서 살며, 예술을 위해 투쟁하고, 배를 주리고, 사랑을 하고, 시를 쓰고, 그림을 그리고, 음악을 작곡하는 곳이었다. 당시 미국인들은 경제적인 여유가 생기면 교양을 쌓기 위해 유럽 특히 파리로 여행을 가고자 했다. 1880년대 뉴욕에서 개최된 인상주의 회화 전시회 이후 인상주의는 미국에 확고하게 자리를 잡기 시작했다. 1910년경부터 인상주의는 아방가르드 미술에서 탈피하여 친밀한 사조로 받아들여졌고, '색채는 부드럽고 소재는 정겨운' 일종의 사치품으로 간주되기 시작하였다. 이제 미국에서는 인상파 그림 수집은 그동안 쌓아올린 부(富)를 기분 좋게 상징하는 역할을 하게 되었다. 특히 인상파 화가 드가의 작품은 특히 미국의 부유한 노인들에게 큰 인기를 얻었는데, 발레나 경마를 소재로 삼은 그림은 사회적으로 교양있는 삶과 귀족적 취미활동을 하는 고상한 신분과 연결되었다. 인상파 회화들의 가격은 미국 미술관과 관련된 세금우대 정책 등에 힘입어 재테크 수단으로 활용되기도 하였다. 1930년대에는 히틀러의 박해를 피해 유대인들이 대거 미국으로 건너오면서 인상파 작품이 대거 미국으로 유입되었다. 이후 인상주의는 미국적인 것으로 여겨지게 되었다.

1950년대의 경제적 풍요의 시대에 성장한 신흥 부자들도 자신의 재산을 과시하고 싶어 했고 그런 차원에서 르누아르나 모네의 그림을 벽에 걸어 놓는 것이 하나의 관행이 되었다. 1960년대 유명인이었던 영화배우 리처드 버튼과 엘리자베스 테일러 부부 그리고 그리스 선박왕 오나시스와 재클린 케네디 부부가 결혼 선물로 다이아몬드 대신 인상파 회화를 선택함으로써 대중들에게 인상파 회화가 부의 상징이라는 인식을 확산하는데 기여하였다(오나시스는 르누아르의 <예술의 다리>를 경매에서 고가로 낙찰받아서 케네디 대통령의 미망인 재클린에게 결혼 선물로 주었다). 21세기 초 오늘날의 서양의 새로운 부자들의 집 벽에도 모네와 반 고흐의 그림이 앞 다투어 걸려지고 있다. 그렇게 걸려진 그 그림들은 그집 주인들이 부자일 뿐만 아니라 예술에 대하여 이해가 깊은 지적인 사람임을 조용하면서도 강하게 나타내주고 있다.

이렇게 서구 상류사회에서 독특한 가치를 부여받은 인상주의 회화의 가치는 꾸준히 높아지게 되었다. 20세기 후반 인상주의 그림에 대한 인기는 국제적으로 확산되어 러시아, 중국, 인도, 중동의 여러 국가들은 인상파 회화를 열성적으로 사들였고, 특히 서구적인 가치를 일찍부터 수용한 신흥 경제대국 일본은 인상파 회화의 수집에 적극적이었다. 그리고 마침내 일본에서의 인상주의 열풍은 그 유명한 인상파 그림에 대한 투기 붐을 촉발하기에 이르렀다. 1980년대 국제 미술시장에 대한 일본의 투자 열풍은 역사상 가장 유명한 투기 사례로 꼽히고 있다. 1980년대 후반 국제 경제무대의 강자로 떠오른 일본은 풍부한 유동 자산을 무기로 런던과 뉴욕의 미술시장에서 인상주의(후기인상주의 포함) 작품들을 공격적으로 수집하였다. 그에 따라 해당 작품들의 가격은 1960년대에 비해 대부분 20배 이상 폭등했는데, 예를 들어 르누아르의 <물랭 드 라 갈래트의 무도회>는 7810만 달러, 반 고흐의 <해바라기>와 <가세 박사의 초상>는 각각 4000만 달러와 8250만 달러에 경매시장에서 낙찰되었다. <가세 박사의 초상> 작품 가격은 처음 시장에 나왔을 때 약 58 달러(1897년)였다가 점차 2천7백 달러(1910년), 5만3천 달러(1938년) 그리고 일본인이 구입한 8250만 달러로 최고치를 기록하였다가 열풍이 수그러들고 급매물로 나왔을 때는 4400만 달러에 매각되었다. 이후 1990년 여름 일본 증시가 급락하고 금융부패 스캔들이 터지자 일본기업들이 보유하던 인상파 그림들이 국제미술시장에 단기간에 쏟아져 나오면서 가격은 폭락하면서 투기 붐은 막을 내리게 되었다.

3. 미술과 이데올로기 그리고 국가 정체성

1) 혁명과 전위예술

반부르주아를 외치며 나온 아방가르드 운동은 급속한 산업화로 말미암아 초래되는 제반 문제들에 대해 예술가들이 위기의식을 갖고 근대성에 대한 환멸과 함께 문명 자체에 대해 시도한 저항 움직임이었다. 따라서 이들의 예술적 경향은 기존 질서에 도전하는 사회운동과 밀접한 관련성을 띠게 된다. 예술가들은 가난한 자들과 사회적 약자들을 위한 사회를 건설한다는 사회주의에 공감을 갖고 그들의 정치적 담론에 공조하였다. 전후 독일 바이마르 공화국 시대의 바우하우스 건축개념도 중산 '노동자계층'과의 동질화 열망과 결합된 사회주의와 연결되어 있었다. 1920년대 베를린에서 건축된 아파트 블록과 중심지의 말발굽 모양의 사각형 모양의 대규모 주택단지, 에른스트 마이가 설계한 프랑크푸르트 연장 블록, 비엔나에 건설된 칼 엔의 칼 마르크스 호프 등의 건축물들은 노동자들의 거주를 위한 공동체 시설로서 이데올로기적 건축미학의 의미를 가진다.

일찍이 러시아의 급진적 사회주의이자 무정부주의자인 바쿠닌이 "파괴하는 것이 곧 창조하는 것이다"라고 표방하였는데, 아방가르드의 분위기도 전반적으로 기존의 모든 체계를 파괴하고 새로운 세계를 꿈꾸는 전복 세력의 이미지를

그로피우스, 〈바우하우스〉, 1925-26, 데사우

갖고 있었다. 과거의 전통과 단절하고 새로운 체제를 희망하는 사회주의자들은 전위예술가들과 좀 더 밀접한 관계를 유지하기를 기대했다. 그러던 차에 1917년 러시아 볼셰비키 혁명의 성공과 최초의 사회주의 국가의 설립은 좌파 계열뿐만 아니라 다수의 예술가들에게도

1920년대 독일의 말발굽 모양의 공동주택단지 〈지들룽(Siedlungen)〉

사회주의 체제에 대한 희망을 갖게 하였다. 이에 따라 중부와 동유럽의 전위 절대주의나 구성주의 예술가 그리고 1920년대의 초현실주의 그룹도 마르크스주의를 통해 새로운 세계에 대한 구체적인 이상에 공감하였고 대거 혁명적 좌파로 전향하였다. 1917년부터 1929년까지 소비에트 러시아는 트로츠키나 부하린처럼 교양을 갖춘 볼셰비키 지도자들이 집권한 시기로서 아방가르드 미술은 그것의 반(反)부르주아적 성격으로 인해 보호받고 장려되었다. 대체로 전향하지 않은 지식인들이 예술의 핵심 관객층이었기에 그들을 회유시키기 위해서라도 '부르주아 아방가르드 전문가들'이 필요하였다. 샤갈과 절대주의파 화가 말레비치, 구성주의파 로드첸코, 타틀린 등은 신생 소비에트 정부에 적극 동조하여 러시아의 문화사업에 직접 참여하였다. 이들 예술가들은 미술이 소수 부유층만의 관심에서 벗어나 대중 전체에 보급되어야 한다고 믿었고 차제에 기존의 세계를 새롭게 하려는 예술적 열망이 있었다.

구성주의 미술. 타틀린, 〈제3인터내셔널 기념탑〉,1922

하지만 소련에서의 아방가르드 미술은 스탈린이 정권을 장악한 1930년대 이후부터 "부르주아 문화의 가장 심한 타락성을 나타내는 미술"로 간주되면서 종말을 고하게 되었다. 1932년 공산당 중앙협의회에서 내린 '문학과 예술단체의 재구성에 대하여'라는 결정에 따라 모든 예술단체와 조직은 해산되었다. 이후 1940년대 중반까지 예술계에는 대대적인 숙청이 있었는데 특히 유대인을 대상으로 퇴출작업이 심하게 이루어져서 수백 점의 미술작품들이 박물관에서 사라졌고 많은 미술가들이 죽거나 투옥되었다. 이후에는 아방가르드 미술을 대신하여 사회주의 리얼리즘 미술이 소비에트 연방의 공식적 미술양식으로 규정되었다. 공산주의 정권은 아방가르드가 근대와 문명에 반기를 들고자 했으나 근본적으로 부르주아적이며 엘리트 문화였다는 점을 인식하고 있었던 것이었다.

사회주의 리얼리즘 미술. 알렉산드르 게라시모프, 연단위의 레닌, 1930

2) 파시즘과 아방가르드 미술

1930년대 세계대공황의 여파로 유럽에서는 독일의 히틀러, 이탈리아의 무솔리니, 스페인의 프랑코 그리고 소련의 스탈린 등의 전체주의(파시즘) 체제 정부들이 등장하였다. 이들 국가들은 정치적 목적을 배경으로 엄청난 미술적 수요를 만들어내었다. 특히 회화분야에서는 되도록 큰 크기로 부풀려지고 영웅적이며 감성적인 상투적 표현으로 가득한 사실적인 양식이 장려되었다. 그러나 파시즘 체제에서 전위미술은 대개 배척되었다. 독재 권력들은 예술이 국민들에 대한 자신들의 이상과 그에 부합하는 국가 지도자로서의 풍모를 표현해주기를 바랐고 그러기 위해서는 대중들이 쉽게 이해할 수 있는 예술을 선호했기 때문이었다.

　나치스 치하의 독일은 국가 주도의 미술 전시회를 가장 활발하게 개최하였으며, 독일 역사주의 전통에 따른 고전적 미술을 장려하고 대단히 고전적인 양식의 미술관을 건립하여 독일 예술을 진흥시키고자 하였다. 이에 따라 독일민족만의 '특수성'을 강조하는 내용들, 즉 독일 중세기사도가 결합된 튜턴 족의 신화 등을 소재로 하는 작품들이 많이 등장하였다. 히틀러는 전위미술을 미워하여 '큐비즘과 다다이즘'로 대표되는 '퇴폐주의'(아방가르드) 미술을 탄압하고자 하였다. 바이마르 공화국 시대의 전위예술은 "문화적 볼셰비키"로 간주되었으며 바우하우스는 폐쇄되었고, 초현실주의주의 화가 에른스트, 입체주의 화가 피카소, 추상화가 칸딘스키의 그림들이 미술관에서 압수되었다. 이탈리아의 경우 무솔리니 집권초기에는 미래주의 미술이 장려되었다. 미래파의 이념은 무솔리니의 '잠자는 이탈리아'를 발전하는 기계로 바꾼다는 그의 생각과도 일치했다. 그러나 곧바로 미래파의 파괴적인 측면이 파시스트 정부와 추종자들에 의해 외면 받게되었다. 이후 로마를 중심으로 고대지향적인 고전주의 건축이 국가적 차원에서 장려되었다. 한편 나치스 등의 탄압을 피해 다수의 전위 화가들이 파리로 몰려옴에 따라 그 집결지 파리는 다시금 1930년대 아방가르드의 '국제적 수도'가 되었다.

3) '자유'와 '반공주의'의 아이콘이 된 아방가르드

　제2차 세계대전(1939-1945)은 미술의 중심을 미국으로 이전하는 결과를 초래하였다. 1940년 6월 독일 나치가 프랑스를 점령하자 '전위의 국제수도-파리'는 해체되고, 새로운 '모더니티 미술의 수도'로서 뉴욕이 부상하였다. 1940년대에 유럽에서 활동하던 막스 에른스트, 아실리 고르키, 페르낭 레제, 마르크 샤갈, 피에트 몬드리안, 앙드레 마송 등 당대의 저명한 아방가드르 예술가들이 풍요롭고 안전한 미국으로 망명해오면서 이미 뉴욕에 대기하고 있었던 젊은 미술가들과 합작하여 세계 현대미술의 경향과 시장을 주도하기 시작하였다. 이렇게 유럽 아방가르드를 모태로 한 미국의 모더니즘은 파시즘이 거부한 미술이라는 이미지로 인해 상대적인 순수성을 확보하게 되었다. 이로써 미국은 새롭게 자유로운 예술의 나라가 되었고, 미국인들은 군사와 경제 강대국으로서의 위상에 걸맞게 서구문화의 새로운 수호자로서의 역할을 자임하게 되었다.

2차 대전 종전 후 미국과 소련을 양 축으로 하는 냉전 시대가 시작되면서 추상표현주의는 '자유'라는 미국적 가치를 담지한 미술 양식으로서 정치권의 이목을 끌게 되었다. 추상표현주의는 선과 색채를 통해 강렬한 감정과 격렬한 운동감을 드러내는 미술 양식이었으며, 대표적인 화가 잭슨 플롯은 스튜디오 바닥에 넓은 캔버스를 깔아놓고 그 위에 페인트를 마구 뿌리는 이른바 '액션페인팅'기법을 이용함으로써 자신의 표현법을 창조하였다.

추상표현주의 화가들의 정력적인 작품 행위는 2차 대전 후 미국의 강대국으로서의 힘과 풍요로움을 반영하는 것이었고, 동시에 그러한 '즉흥적'이고 '자발적인 자유'가 있는 예술행위는 더욱 유의미한 것으로 받아들여졌다. 아방가르드 활동에서 핵심적인 요소인 "자유로운", "계획되지 않거나 통제되지 않는", 즉 완전한 표현의 자유라는 개념은 미국의 자유주의 이데올로기를 옹호하는 근거가 될 수 있었다. 여기에 미국평론집단은 '혼돈'이라 개념을 차용하여 이것이 새로운 미국적 성격에 부합된다는 점을 강조하기 시작했다. 점차 추상표현주의는 소련의 사회주의 리얼리즘의 '통제되고, 설명적이며 또한 편협한' 선동적 미술과는 정반대로 상정하기 좋은 미술양식으로 여겨지게 되었다. 그리하여 이 '미국적인 아방가르드'는 '자율적이며 동시에 서구 자본주의적 민주주의에 대한 소련의 위협에 맞서는 자유 미국의 특징인, 자유롭고 창조적인 문화적 실천을 상징하는 것'이 되었다.

미국의 보수 정치 세력들은 국내의 자유분방한 미술적 분위기가 미국사회의 자유를 표상하는 것으로서 모든 것이 통제되는 소련체제와 비교되기를 바랐으며, 그리고 정책적으로 지원하기 시작하였다. 당대 가장 영향력이 컸던 뉴욕현대미술관은 보수파 록펠러 재단이 운영하고 있는 미술관으로서 추상표현주의 화가들을 적극 후원하였다. 미중

추상표현주의 대표화가 잭슨 폴록의 액션페인팅 장면.   추상표현주의. 클리포드 스틸 〈무제〉, 1945.
1950년대.

앙정보국(CIA)은 추상표현주의를 전략적 측면에서 지원하였다. CIA는 미국이 '통제된' 공산주의 국가들과는 반대되는 '자유로운' 사회라는 전략적 이미지를 구축하려고 하였다. 한국전쟁이 발발하여 공산주의의 위협감이 가중되었을 때 미국의 추상표현주의는 가장 설득력 있게 받아들여졌으며, 이 시기에 유럽에서 발행되는 다수의 문화계 잡지들은 CIA의 자금을 지원받았다. 아이젠하워 대통령은 심리전의 중요성을 강조하면서 추상표현주의 미술과 지식인을 미화하고 대중화시켰던 것이다.

이렇게 하여 1940년대 후반과 1950년대의 미국 아방가르드 미술은 반공정책을 수반한 냉전이데올로기에 의도적으로 결합되었으며, 추상표현주의는 이데올로기를 초월한 가장 '순수한 아방가르드 미술'이란 이유로 미국식 자유를 상징하는 기호가 되면서 가장 정치적인 '이데올로기 미술'이 되었다. 기실 아방가르드 미술은 태생적 성향으로 보면 사회주의 좌파와 한층 친근한 정서를 지니고 있었다. 그러나 이제 아방가르드는 미국에서 반공주의자들에 의하여 사회주의 세력으로부터 자유체제를 수호하는 아이콘으로 그 역할을 새로이 시작하게 되었다.

4. 포스트모던 현상과 대중문화시대의 미술

1) 미술, 존재의 이유가 도전받다 – 포스트모던 미술의 등장

20세기 후반의 서양미술문화에서 나타난 큰 특징은 모든 기성 권위에 대하여 탈권위화를 향해 나간 포스트모더니즘의 유행이었고 동시에 그러한 외관을 교묘히 소비시대와 대중문화시대에 맞추어 나갔던 시도들이었다.

1960년대부터 등장한 포스트모더니즘 현상을 특정한 사상이나 사조로서 명확하게 정의내리거나 규정짓기는 힘들다는 것이 중론이지만, 대체적으로 그것의 성향이나 분위기는 다음과 같이 정리될 수 있다. 즉 포스트모더니즘이란 모더니즘(modernism) 시대 이후에 형성된 제반 가치관(계몽주의적 이성과 합리주의 등)을 거부하고, 권력(자)이나 지식의 권위(루소나 푸코에 따르면 모든 지식은 불평등의 원인이며 권력이다!)에 대하여 총체적으로 부정하거나 '해체'하려는 경향이다. 요즘 한국 사회에서 회자되는 표현대로 하자면, 한 마디로 모든 갑(甲)질하는 것에 대한 조롱과 총체적 거부라 할 수 있는데, 아래의 도식화 한 표와 같은 갑을관계를 부정하고 무한히 해체하려는 시도로 볼 수 있다.

갑	국가(권력)	지식	민족/영웅	아버지	남	서양(백인)	저자(작가)	——
을	소 시민	대중	민중/개인	자식	여	기타(유색인)	독자/관객	——

예술분야에서 포스트모더니즘이 가져온 가장 큰 충격은 전통적 의미에서의 '미술'을 부인하고 또 그 미학적 창조성마저도 인정하지 않으려는 것, 이른바 '저자(작가)의 죽음'이었다. 문학작품이나 미술품에서 작가의 의도는 더 이상 의미를 갖지 못하며, 그것을 대하는 독자나 관객에 의해서 작품의 의미가 무한히 해석되거나 재창조된다는 것

이다. 또 미학적 구조주의자들 시각에서 보면, 예술에서 작가의 '창의'나 '창조'라는 것은 애당초 존재하지 않으며 그 모든 예술적 결과물은 단지 사회적 구조의 산물이라는 것이다. 포스트모더니즘 경향의 미술은 20세기 초반 다다이즘과 초현실주의에 의해 예고되었다가, 1960년대부터 본격적으로 팝 아트, 미니멀리즘, 개념미술, 행위예술 등의 등장과 함께 시작되어 이후 포스트미니멀리즘, 신체미술(Body art), 대지미술, 행위예술, 신표현주의 및 페미니즘이나 다원문화주의를 강조하는 미술의 형태로 승계되었다.

팝아트 미술가들은 수퍼마켓에 있어야 할 통조림 캔이나 상자 등과 같은 일상적인 것과 대중취향적인 것 그리고 '키치'(kitch, 예술작품 일부를 차용하는 것)를 끌어들임으로써 고상한 미술에 대한 자부심에 손상을 가하였다. 미니멀리즘 미술은 관객들이 작품의 일부분을 구성하도록 함으로써 전통적 작가의 위상을 허물어내었으며, 개념미술은 미술에 텍스트를 도입하여 미술작품의 절대적 속성인 시각성 마저도 탈피하고자 하였다. 마침내 르네상스 이래로 '기술'이 아닌 '고상한 예술(ART)'의 반열로 올라섰던 전통적 의미에서의 '미술'은 '해체'되었다.

그러나 모든 것을 '해체'하려 했던 포스트모던 현상도 그 자신의 유형을 '권위적' 체제로 만들어 갔으며, 작가의 창조성을 부인하게 된 미술은 차용이나 풍자만을 밀고 나가는 경향을 보이기도 했다. 무엇보다도 포스트모던 미술은 그것의 오락적 측면을 좋아하기 시작한 20세기 후반의 대중들의 정서와 맞아 떨어졌고 자연스럽게 상업적 자본주의의 차별화 전략으로 이용되었으며, 더욱이 작가들은 오히려 그것에 편승하고자 하였다. 20세기 후반의 미술 경향은 포스트모더니즘의 물결 아래 반 모더니즘과 탈(脫) 권위적 성격을 띠면서도, 대중문화에 부응하고 야합해 나간 부류와, 종래의 아방가르드가 추구한 가치를 계승하여 순수함을 지키려한 움직임으로 나아갔다.

2) 키치(kitsch), 대중문화, 상업 자본주의와 만난 미술

20세기 후반 서구 사회는 대중문화시대로 급격히 변화되어갔다. 1950년대 들어 라디오가 스테레오 음악 방송을 송출하고 이어 컬러 텔레비전이 발명되면서 대중문화가 급속도로 확산되었다. 새로운 사회의 겉모습은 대량으로 생산된 상품, 디자인, 선전, 새로운 의사소통 매체로 특징지어졌으며, 일상생활에서 볼 수 있는 세계는 대도시의 소비 사회였다. 모든 것들이 자본주의적 시장경제가 날마다 만들어내는 멋지고 새로운 것들로 빠르게 대체되어가고 있었다. 이 새로운 대중과 소비문화시대는 태생적으로 반체제적 성격을 지닌 아방가르드류 미술마저도 상업적 소비주의 대상으로 끌어들였다.

그런데, 20세기 대중 소비주의가 예술과 쉽게 결합하도록 한 배경에는 일명 키치(kitsch) 현상이 있다고 보며, 이러한 성향은 포스트모던적 경향과 상관성이 있다. 키치(kitsch)란 '주워 모으다'라는 말에서 파생한 것으로, 예술과 관련된 것들을 모방, 위조, 복제하는 것과 관련되어 있으면서 미학적으로도 싸구려와 평범함의 뉘앙스를 갖고 있다. 예를 들자면 명작 회화 중 아름다운 여인의 초상화가 여성 용품에 인쇄되거나, 인상주의 회화의 특정 이미지가 전자제품의 광고에 등장하거나, TV 광고에 베토벤 음악이 배경으로 깔린다거나, 미술관 상품점에서 다양한 크기의 명작그림을 복제해 파는 것 등이다. 상업주의는 키치를 통하여 고전 문화, 예술, 음악을 대중화시켜 오락과 엔터테인먼트로서 시장 경제로 끌어들인다. 과거 소수만 누렸던 문화적 특권을 대중에게 확산시킨다는 측면도 있으나, 무엇이건 모방하여 값싸게 만들어서 시장에 내다파는 상업주의에 의해 고귀한 가치를 손쉽게 소비시켜 버리고 마는 소비주의를 조장한다는 비판을 받는다. 그리고 키치문화는 바로 20세기 주 소비계층이자 대중문화를 형성하는 중산층의 변덕스러운 기호와 그들의 인스턴트 문

로이 리히텐슈타인, 〈차 안에서〉, 1963

화에 따라 움직여 왔다. 이들 대중화된 부르주아 계층은 손쉽게 긴장을 해소하고 즉각적인 만족과 쾌락을 즐기는 한편 심미적 욕구가 있으되 난해하고 복잡한 것은 기피한다. 한편 포스트모던은 모든 것에서 '고상함'을 걷어내어 버린다. 이렇게 키치와, 대중소비문화와, 그 소비문화에 속한 새로운 중산층, 그리고 포스트모던의 탈 권위화와 만난 미술 세계에 상업 자본주의와 자본주의적 정신이 충만한 작가들이 기민하게 결합하였다.

1960년대 미국에서 유행한 팝아트(Pop art)는 시기적으로 TV 보급과 광고가 현대인의 일상에 자리 잡기 시작한 시점과 맞물려있다. 팝아트 작가들은 새로운 팝 음악, 신문, 포장, 광고 이미지, 잡지에 등장한 사진, 코카콜라 병이라든가 캠벨 수프 캔, 통속적 만화 등 주변에 흔히 널려있는 대중적 소재들을 차용함으로써 대중문화시대에 매우 영리하게 적응하였다. 앤디 워홀은 마릴린 먼로와 프레슬리 등 유명한 스타의 사진도 예술로 끌어들여 대중매체 시대의 특징을 활용하는 전략을 택하였다. 다른 작가 로이 리히텐슈타인은 통속 만화의 한 장면을 그대로 확대하는 그림을 자신의 트레이드마크로 삼아 미국인의 전형적인 생활모습과 실내 풍경을 주제로 다루는 작품을 만들었다. 그리고 그들은 대중적으로 성공한 작가가 되었다. 한편 앤디 워홀은 대중문화시대의 한 속성인 '유명인을 향한 대중의 동경심과 끊임없는 관심'을 이용할 줄 알았고, 전위적 예술형식을 자신의 명성을 높이려는 수단으로 사용했다. 그는 "뒤집으면 유명해진다" 라든가 "일단 유명해져라, 그러면 당신이 똥을 싸도 박수를 쳐줄 것이다"라는 말을 남기고는 스스로 이것을 증명하여 국제적 명성을 얻었다.

1980년대 미국 조형예술을 대표하는 스타 작가 제프 쿤스도 팝아트 작가들의 전략을 차용하여 그 작품의 주요 주제와 소재를 미국의 대중문화와 일상생활용품에서 가져왔다. 그리하여 그는 미국 대중사회로부터 인기를 얻는 데 성공하고 국민작가가 되었다. 그가 유명 브랜드의 진공청소기를 아크릴 상자 속에 진열한 대표 작품 한 점은 2006년 소더비 경매에서 무려 528만 달러에 판매되었다. 한편 제프 쿤스는 자신의 미술 상품을 고가에 팔기 위해 광고의 전략을 사용했는데, 예술가를 매혹적인 스타로 묘사하는 광고 형태의 포스터를 제작하고 TV 토크 쇼에 출연하거나 성적 이미지를 상품화하기도 하였다. 1990년대 현대미술을 대표하는 그룹 yBa의 스타작가 데미안 허스트 역시 방부 처리한 돼지의 사체나 사람의 해골 등과 같은 파격적인 재료를 이용하여 엽기적이고도 기상천외한 전시를 통해서 대중적 명성과 부를 얻었다.

제프 쿤스와 데미안 허스트 등은 그들의 스튜디오를 '공장'이라고 하면서 자신들은 개념만 제시하고 실제 작업은 많은 조수들이 한다는 사실을 당당히 밝힘으로써 작품의 가치가 작품 자체 보다는 작가의 명성에 의해 결정되는 브랜드화된 개념미술의 시대

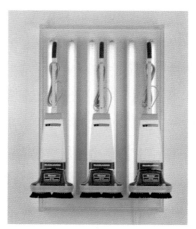

제프 쿤스, 〈새로운 연작 New Series(세 개의 진공청소기)〉, 1980-87.

데미안 허스트는 돼지를 절단하여 포름알데히드 용액에 넣은 채 전시하였다. 〈새끼 돼지는 상점으로 가기를 원한다, 새끼 돼지는 집에 머문다〉, 1996.

를 열었다. 그들은 작가 자신이 미술인 동시에 하나의 명품 브랜드임을 공언하였는데, 스타 작가 데미안 허스트는 2005년 한국을 방문하여 조선일보와의 인터뷰에서 다음과 같은 말을 남겼다.

> (기자) : "사람들은 당신 예술을 좋아하는 것이 아니라 당신이 명품 브랜드이기 때문에 작품을 산다고들 한다." 허스트 : "뭐 나쁠 것은 없다. 코카콜라, 할리 데이비슨 다 브랜드 충성도를 자랑하는 상품 아닌가. 사람들이 좋아서 산다면 작품 파는 입장에선 문제될 건 없다. 내 작품은 오래 가고 애프터서비스도 좋다."

20세기 후반기 '자본주의 리얼리스트' 작가들은 마릴린 먼로, 콜라병, 캔, 섹스, 엽기적 오락 등으로 구성된 현대 대중소비문화 시대의 표현을 충실히 수행해가면서 포스트모던 운동의 '탈권위'라는 새로운 패러다임마저도 상업주의에 혼용시켰다. 그리고 그들의 전략은 유효했으며 놀라울 정도의 성공을 거두었다.

3) 예술의 순수성을 위하여

'전위미술'이 상업주의와 대중소비주의라는 20세기의 새로운 적에 대해서 대항력을 상실해가자 이러한 상황에서 거대한 자본 시장의 힘에 어떻게 대응할 것인가의 문제는 미술계에 몸담고 있는 이들의 공통적 관심사가 되었다. 이러한 상업주의에 대한 저항의 움직임이 20세기 후반부 일군의 독특한 현대미술의 개념을 이루게 되었다. 1960년대 이래 부각된 미니멀아트, 대지미술, 개념미술, 퍼포먼스 아트(행위미술)와 21세기의 어반아트(urban art) 등이 대체로 그러한 사례이다.

1960년대 중반부터 미국미술을 주도하여 1990년대까지도 이어졌던 미니멀리즘(Minimal Art)은 미학적으로 '최소한으로 줄여 놓음'과 기하학 형태의 추상 미술을 극한까지 밀어붙인다는 자세로 그림이나 조각을 수학처럼 규칙이 있는 형태로 단순하게 만드는 작품세계를 추구하였다. 비슷한 시기의 팝아트와는 대조적으로 청교도적인 자세로 미학적 단순함, 엄격함, 정확함을 지향하고 대중문화를 엄격하게 배척했다. 동양의 선(禪)사상과도 깊은 관련이 있었던 미니멀리즘은 1980년대 들어서서 비로소 대중적 인기를 얻었는데, 서양에 불어닥친 젠(동양의 선 사상)을 반영한 인테리어 디자인과 건축이 유행하면서부터였다. 미니멀리즘의 정신을 이어받은 대지미술(Earth Art)은 1960년대말에서 1970년대에 활발히 전개되었다. 대지미술은 한마디로 미니멀 미술의 개념을 단지 거대한 규모로 표현한 것으로서, 조각이 설치된 공간이 사막, 벌판, 호수 같은 곳으로 확대대고 공업 재료를 대신하여 자연을 재료로 삼은 것이라 할 수 있다. 대지미술은 자연을 단순하게 묘사하는 것이 아니라 행동과 개입으로서 자연이 주는 경험을 전달하려 했고 사람들로 하여금 화랑이나 미술관으로부터 벗어나도록 하려 하였다. 이는 자본에 종속되어가는 현대 모더니즘 미술을 비판하고 그런 일들이 벌어지는 공간영역에서 벗어난다는 의미를 담고 있다. 그리하여 대지미술가들은 '네바다와 캘리포니아 사막으로' 향하였으며, 공간을 차지하고 변형시키는 이 모든 작업들을 사진, 영화, 비디오로 기록하였다. 미국뿐만 아니라 영국에서도 많은 관심을 끈 대지미술가들은 산업문명에 반대하는 1970년대의 문화풍토에 발맞추어 더욱 복합적인 자연과의 상호작용을 예술로서 표현하려고 하였다.

예술의 자율성을 확보하기 위한 노력은 개념주의와 같은 극단적인 형태의 미술경향을 등장시켰다. 1960년대 후반에서 1970년대 후반까지 유행한 개념미술(Conceptual Art)은 문장, 사진, 지도, 도표 등을 사용하여 되도록 단순하게 '생각' 그 자체만을 전달하고자 시도하였으며, 그 결과물도 그림이나 조각보다는 사진, 언어, 기록물 형태로 남을 뿐이었다. 사실상 대부분의 개념

대지미술. 로버트 스미드슨, 〈나선형 방파제〉, 1970, 솔트레이크

미술가들은 미술품이라는 틀에서 더 벗어나 완성
된 오브제없이 아이디어만 있는 경우가 많았다. 이
러한 극단성을 더욱 펼친 사람들이 1960년대 베트
남전과 68운동시대에 활동한 행위미술가(퍼포먼스,
Performance Art)들이었다. 그들은 회화나 조각같
은 오브제를 만드는 대신 갤러리나 길거리에서 작
가 자신의 몸을 이용해 음악, 연극, 시 등을 이용해
메시지를 전달하고자 하였다. 영국을 대표하는 개
념미술 작가인 길버트 & 조지나 플럭서스 그룹에 속한 요제프 보이스, 백남준, 오노 요
코 등이 본격적인 활동을 하였다. 비디오아트(Video Art)는 바로 시간이 지나면 다시
볼 수 없는 퍼포먼스를 영구 보존할 수 있는 유일한 방법인 사진이나 동영상을 남기기
위한 것으로부터 연원한다. 개념미술이나 퍼포머스 미술은 무엇보다도 상품화 되어가
는 전후 모더니즘 미술을 비판하고자 한 것이었으나, 한층 더 나아가서 대상미학 차원
의 문제, 즉 어떤 대상을 하나의 미술작품으로 성립시키는 미술의 근본 개념까지도 '해
체'하고자 하였다.

어느 시대에나 그 주류미술의 속물적 근성을 비웃고 반기를 드는 순수 아방가르드
예술가들이 존재하여 왔듯이, 최근에는 익명 속의 몇 몇 그래비티 화가들이(이들은 주
로 지하철이나 빈민가 거리에 젊은 갱들의 영역표시 낙서에서 출발한 그림을 그리는
작가들이었다) 지하철이나 공공장소의 벽면에 상업주의 미술을 조롱하는 작업들을
벌이고 있다. 2003년 10월 어느 날, 누군가 몰래 런던 데이트브리튼 미술관 전시장에
<CCTV가 우리들의 아름다운 시골 이미지를 손상시켰다>라는 풍경화를 놓았다. 다른
어느 날에는, 대영박물관에 쇼핑카트를 밀고 가는 선사시대인을 새긴 돌조각을 몰래
설치하였다. 뉴욕에서는 앤디 워홀의 <캠벨 수프 캔>을 패러디한 <테스코토마토 수프
캔>을 6일간 도둑 전시하였다. 이상의 해프닝들은 2003년에서 2005년 사이에 '미술이

란 우리에게 대체 무엇인가"라는 테마 아래 벌어진 일련의 미술관 테러 작업들이었다. 이외에도 다빈치의 <모나리자>나 데미안 허스트의 작품들이 패러디화 되었는데, 지나치게 추앙 받는 일부 작가와 작품이 가지는 미의 가치에 대해 의문을 제기하며 주류미술관이 가지는 권위를 조롱하는 행위였다. 이런 일을 주도한 이는 스스로를 예술 테러리스트라 자칭한 영국 그래피티 작가 뱅크시였다. 뱅크시는 2004년에도 영국 황실을 패러디하여 10파운드 지폐에 엘리자베스 여왕을 다이애나 비로. "영국은행"을 "영국의 뱅크시"로 위조하여 배포한 바 있고, 2012년에는 2012년 런던 북부의 한 상점 건물 벽에 인도 어린이들의 노동력을 착취하는 상품을 고발하는 낙서(<노예노동(깃발을 만드는 소년)>)를 남겼다. 그의 사회비판적이고도 위트있는 낙서화들은 미술계를 넘어 전 사회적인 주목을 받고 있는데, 그는 여전히 얼굴의 노출을 삼간 채 익명으로 남아있다. 뱅크시의 낙서화는 어반 아트의 부흥에 큰 공헌을 하였다.

어반 아트(urban art)란 도시생활과 도시공간을 소재로 한 예술 활동을 말하며 지난 50년동안 뉴욕, 파리, 런던, 상 파울로, 베를린, 방콕 등 각 도시의 공공기구, 거리, 벽면, 도로 등에서 출현하였다. 영국 현대미술관 테이트모던은 어반아트의 예술성을 공식적으로 인정하였다. 이러한 움직임들은 극도로 자본화되어 있는 주류 미술을 비판하려는 전통적 아방가르 정신이 여전히 미술계에 살아있다는 증거들이라 할 수 있다.

5. 현대미술시장과 권력자들

1) 현대미술시장과 발전 원리

제2차 대전 후 세계 미술을 주도하게 된 미국 뉴욕의 미술시장은 그 초기에 역사상 가장 유명한 미술무역상인 조셉 듀빈을 위시한 유럽 출신의 딜러들에 의해 조성되었다. 처음에 주요 거래품은 유럽에서 건너온 '올드마스터' 작품들이었으나 이후 1950년대까지 뉴욕시장은 '모던한 미술작품'의 중심지로 확고하게 성장하였다. 이의 형성에

뱅크시, 〈노예노동(번팅보이)〉, 2012.

뱅크시, 〈모나리자의 패러디〉

뱅크시, 〈원유유출(노래하는 집사 패러디)〉, 2005.

지대한 공헌을 한 것은 유럽에서 온 아방가르드 류의 작품들을 전문으로 전시하는 미술 갤러리들의 등장이었다. 페기 구겐하임 같은 부호들이 운영하는 갤러리들은 미국의 젊은 현대미술 작가들에게 생활보조금을 지원하면서 작품 활동에 전념할 수 있게 하였다. 이 시기에 맞물려 추상표현주의의 대표적 화가 잭슨 플록은 대중적 인기를 얻으면서 뉴욕이 세계 미술의 중심지로서의 위상을 굳히는 데 더욱 큰 기여를 하게 되었다. 이에 더하여 그린버그나 로젠버그 같이 철학적 소양을 갖춘 비평가들이 미술계 전반과 작가들을 주도하면서 미국 미술시장을 세련된 미술담론들로 무장시켰다.

　　1960년대와 70년대 초 까지는 계속해서 풍요로운 황금시대가 이어지는 시기로서 강력한 대중매체로 텔레비전이 급속히 보급되었고 이와 더불어 광고, 할리우드 영화, 대형 쇼핑몰, 맥도널드, 캐딜락 자동차로 상징되는 대중 소비문화가 만개되었다. 이 분위기에 매우 민감했던 '자본친화적 모더니스트' 작가들은 신 중산층 대중의 기호를 영리하게 작품에 반영하여 큰 대중적 인기를 얻게 되었고, 이에 힘입어 팝아트, 네오다다 등과 추상표현주의 작품들까지도 망라한 '컨템퍼러리 미술' 전반에 대한 대중들의 관심과 컬렉터들의 구매 욕구가 급증하였다. <미술시장에서 말하는 컨템퍼러리 미술(contemporary art)이란 대체적으로 1945년 이후 출생한 작가들에 의해 수행되어 1970년대 이후 만들어진 작품과 그리고 전후 추상표현주의의 거장들과 이후의 스타 작가의 작품들을 포함한다. 참고로 '올드마스터'는 주로 1800년대 이전에 명성을 얻은 작가들의 작품을 지칭하고, 모던아트란 대략 1860년대부터 1970년대까지의 기간에 생산된 아방가르드 성향의 예술활동을 통칭하지만 때로는 현대미술까지도 포함한다.>

　　이러한 미술계의 호황으로 뉴욕의 상업 갤러리 수는 1950년대 30여개에서 약 300 개로 급증하였고 이들 화랑들이 모여든 맨하탄 아래 쪽 소호 지역은 뉴욕 미술시장의 메카가 되었다. 특히 이 시기는 '컨템퍼러리 미술'(contemporary art, 현대미술) 전문의 상업갤러리들이 능동적으로 활약하여 특정 작가들과 특정 미술사조를 적극적으로 '마케팅' 하였고 이에 따라 작가의 성장과 명성이 특정 갤러리의 비니지스 영향력에 의해 좌지우지 되었다.

1970년대에 석유 위기와 베트남 전쟁의 여파, 닉슨 대통령의 사임 등으로 인한 심각한 경기침체로 미술시장 역시 전반적인 침체기에 빠졌으나, 1980년대 세계 경제의 회복으로 미술 시장도 다시 활기를 띠게 되었다. 1980년대는 많은 투기자금들이 재테크 차원에서 미술시장으로 대거 몰려들었다. 미국 레이건 행정부의 과감한 경제 활성 정책에 따라 경기가 되살아나면서 대규모 유동자금이 발생했는데, 그 투자 자본이 미술시장에 대거 유입되었다. 그리하여 1990년대에는 미술 시장에 새로운 붐이 조성되었고 컨템퍼러리 아트 시장 중심으로 사상 최고의 호황을 누리게 되었으나, 시장경제의 논리에 따른 가격 의 급등과 버블화 현상이 동반되었다.

미술품 투자를 통해 높은 이윤을 빠르게 회수하기를 원하는 투기 자금의 성향으로 인해 미술품 순환이 빨라지게 되었고 그러면서 외부 전문가의 감정을 얻을 여유가 없어지게 되었고 자연스레 현대미술 작품을 평가하는 아트 딜러들은 그 역할이 커지면서 '권력자'로 급부상하였다. 이어서 1990년대는 전통적으로 앤티크와 올드마스터 등을 주로 취급해 오던 소더비, 크리스티 등 두 거대 경매회사들이 '컨템퍼러리 아트' 시장에 가세하였다. 미술 경매 시스템은 추정가와 낙찰가가 기록되고 공개되어 작가의 객관적인 시장 지표를 가늠할 수 있게 하였고 언제든지 작품을 처분할 수 있다는 안정감을 주어 많은 컬렉터가 컨템퍼러리 아트 작품의 수집에 쉽게 용기를 낼 수 있게 하였다. 이윽고 미술시장에서 권력이 커진 아트 딜러와 그들과 협력관계를 만들어 가는 경매시장 관계자를 중심으로 미술시장의 가격 시스템이 작동하게 되었다. 그리고 그들의 협력 과정에는 조직적인 담합이나 호가 조작이 존재하며, 작가들과 독점 계약을 맺고 작품의 수량이나 크기 등을 미리 지정하는 행위가 수반되기도 하였다.

1990년 말부터 런던은 혜성과 같이 나타난 yBa 개념미술 그룹의 성공에 힘입어 미국을 제치고 현대미술(컨템퍼러리 미술)의 새로운 메카로 부상하게 되었다. 데미언 허스트와 레이첼 화이트리드 등으로 대표되는 영국 yBa 작가들은 강렬한 개성을 지니고,

전통적인 회화나 조각을 배제한 채, 다양한 재료와 재치있고 자유분방한 미디어를 사용하며 스펙터클한 형태의 새로운 개념미술을 선보였으며, 베니스 비엔날레와 같은 세계적인 현대미술전에 참가하여 당당히 영국을 대표하였다. 사실 런던은 오랜 미술품거래역사를 통해서 단단하게 다져온 인프라를 바탕으로 전 세계 올드마스터와 앤티크, 유럽 모더니즘 미술품 거래의 요충지 역할을 해오고 있었으며, 영국 현대미술의 성장은 두터운 미술애호층이라는 기반이 있었다. 영국 미술시장은 미국 달러와 유로화가 파운드화에 비해 강세일 때 유럽의 컬렉터들에게 선호되는 곳이며, 특히 러시아와 독일 컬렉터들은 세금문제와 비밀유지 때문에 런던에서 작품을 구입하기를 더 선호한다. 런던은 크리스티, 소더비, 필립스 드 퓨리, 본햄스 같은 세계 주요 경매회사들의 본거지이며, 리손, 화이트큐브, 가고시안, 빅토리아 미로 등과 같은 세계적 상업 갤러리들 또한 그곳에 자리잡고 있다.

한편, 현대미술 시장에서 전위미술작품들의 제작과 거래가 크게 성장한 요인은 전통적 상류층의 '구별 짓기'라는 사회적 현상과 밀접한 관련이 있다. 미술이 대중화 되면서 자신들을 일반대중과 문화적으로 구분 지을 필요가 있었던 상류층은, 일반 대중이 이해하기가 쉽지 않은, 보다 더 진보적이고 대담한 그래서 '난해하게 현대성의 본질을 표현하는' 현대미술을 선택하려는 경향으로 나아갔다. 이미 대중적으로 인기 있게 된 작품은 더 이상 자신들의 미학적 예술적 감식안을 '구별'해 주지 않기 때문이었다. 예술의 공간에서 지배계급들은 자신의 위치를 상승시키거나 확고히 하기 위해 남다른 예술가들의 작품에 관심을 가진다. 그들은 미술 전문가들에게 자문과 조언을 구할 수 있는 위치를 십분 활용하면서 '설명'을 필수조건으로 하는 개념미술 등과 같은 아방가르드 미술작품의 중추적인 컬렉터가 되었다. 1960년대부터 자본과 결합되어 꾸준하게 고급미술의 이미지를 띠게 된 미국의 '아방가르드' 성향의 미술작품들과 이후 개념미술과 미니멀리즘의 요소를 차용한 yBa 작품들은 빠른 속도로 전통적 '문화 귀족'의 새로운 고급 취향의 상징이 되었다. 이렇게 하여 현대미술은 새로운 시대의 상징인 동시에 계층을 구분 짓는 기호로서의 기능을 하게 되었다. 상류 계급은 새로운 '전위미술' 작품을 적극적으로 구매하였으나, 이와 달리 대중들은 그런 작품들에 거부감을 나타내었다.

2) 현대미술과 국가 그리고 공공성

근대사회가 성립되면서 무엇보다도 평등한 시민 사회라는 것이 강조되어야 했고 근대국가들은 특권층의 오랜 전유물이었던 미술문화의 공간을 시민들에게 공공의 장으로 제공함으로써 국가적 소임을 충실히 수행한다는 평가를 받고자 하였다. 이러한 전통은 20세기 후반까지 이어져서 대체로 서구 국가들은 예술문화를 보호하고 육성하는 것이 국가의 의무라고 인식하였다.

프랑스는 유럽 국가 중 가장 빠르게 그리고 실질적으로 일반 대중을 위한 예술문화의 보급을 위하여 국가적 차원에서 노력을 기울인 나라였다. 프랑스는 이미 1951년부터 일명 '퍼센트 프로그램'을 도입하여, 정부 자금을 보조받는 건물이나 지방도시가 세우는 거의 모든 공공 건축의 건설비의 1퍼센트를 예술 작품에 할당한다는 정책을 행하여 오고 있다. 문화부는 매년 국가 총예산의 1퍼센트를 문화예술비로 책정하였고 이를 통해 문화유산의 보호, 음악·연극·미술 등 다양한 경향의 예술을 육성하는 노력을 기울였다. 특히 프랑스는 '살아있는 미술', 즉 동시대 미술인 '현대미술'을 국가적 사업의 수준으로 적극 장려하였는데, 1970년대 건립된 퐁피두문화예술센터와 파리 국립근대미술관을 중심으로 현대 전위미술을 육성하였다.

영국은 전통적인 자유방임주의의 원리에 따라 예술문화에 대한 공공지원이 유럽 대륙에 비해서 상대적으로 미약하였다. 그러나 20세기 중반부터 '요람에서 무덤까지'라는 복지국가의 이상을 추구하면서 국가의 능동적인 역할이 추구되는 분위기에 따라 예술문화를 본격적으로 지원하기 시작하였다. 이때부터 영국 문화정책의 특징이 된 '팔길이 원칙'(Arm's Lenth Principal, "지원하되 간섭하지 않는다") 아래 정부는 문화시설의 확충, 지역 예술인 지원, 순회공연제도, 입장료 인하, 문화예술교육 강화 등 적극적인 지원을 시행했다. 그러나 1970년대 이후에는 노동당과 보수당 사이의 정권교체와 경제사정에 따라 문화예술에 대한 지원 정책은 사뭇 대칭 방향으로 실행되었다. 1980년대 영국의 경제사정 악화로 국제통화기금(IMF)의 관리체제 아래서 출범하게 된 대처의 보수당 정권은 경제위기를 대처해야 할 짐을 떠안게 되었다. 대처 정부는 공공부문 전반에 걸친 긴축과 개혁 정책을 추진하고, 시장 경제논리를 도입하여 경제 전역에서 민영화를 추진하고 정부의 영역을 축소시켰는데 예술 분야도 직격탄을 맞게 되었다. '팔길이 거리의 원칙'은 사실상 폐지되었으며 경제 지원이 대폭 삭감되면서 그 여파는 입장료 인상으로 나타나기도 하였다. 이때부터 예술 기관들에게는 자생적 경영원리가 도입되었고 예술계는 '개인과 사회를 위한 예술'에서 시장원리에 따르는 '상품으로서의 예술'에 더욱 비중을 두는 분위기로 변해갔다. 바로 이러한 환경이 영국 미술을 부흥시키고 세계적으로 성공한 "젊은 영국 미술가들(yBa 그룹)"이 자생적 경쟁력을 키울수 있었던 원동력이었다고 보는 이들도 있다.

2차 대전 후 독일 문화정책의 가장 큰 목적은 '문화민주주의' 이념의 실현이었다. 문화민주주의란 소시민이 일상에서의 창의적 문화 활동을 통해 권력의 억압으로부터 벗어날 수 있다는 것이었다. 독일은 히틀러 시대의 국가에 의한 예술의 통제를 뼈아프게 경험한 과거를 교훈삼아 기본법 제5조 3항을 제정하여 예술의 자유를 보장하였다. 이법에 따라 공적 지원이 있는 경우에도 작품의 내용에 대해서는 정부가 철저하게 관여하지 않는다. 한편, 독일은 오래도록 개별 영방국가들로 분열되었던 역사적 배경에 기인한 지방분권의 전통에 따라 문화에 대한 지원 및 결정은 우선적으로 지방자치단체에의해 자율적으로 이루어지며 중앙정부는 이를 최대한 보장하고 간섭을 하지 않는다.

반면 미국에서는 1980년대 말에 벌어진 이른바 '문화전쟁'에서 국가 기관인 NEA의 자금 지원을 받는 진보작품들의 외설과 관련해 표현 범위에 대하여 일정한 통제를 가하려는 시도가 있었고 이를 둘러싼 갈등이 촉발되었다. 미국은 1965년 미연방예술기금((National Endowment for the Arts, NEA)이 설립되어 대내 문화정책 부문에서 양적, 질적으로 핵심적 역할을 해오고 있었다. 이미 1960년대 케네디 대통령 시기부터 문화를 냉전시대에 대응하는 대외적 정책 요소로서 뿐만 아니라 국내적으로 예술문화를 육성하여 시민 문화향유권의 증진과 창의력과 혁신을 통한 사회의 발전을 도모하려는 정책적 인식이 있었다. 1989년의 '문화전쟁(Culture Wars)' 기간 중 NEA 사업 지원 범위와 공공성에 대한 논란은 미국 문화계에 새로운 전기를 가져다주었다. 이 해에 NEA의 자금 지원을 받은 작가 안드레 세라노가 십자가상을 자신의 오줌 속에 담아 둔 내용을 촬영한 작품 <오줌 속의 예수(1987)>가 순회미술전에 전시되고 있음을 규탄하는 보수적 시민들의 항의 편지들이 의회에 쏟아졌다. 또한 역시 동일한 기금을 보조받은 로버트 메를소프의 순회 회고전에는 서너 살의 여자아이가 무의식적으로 자신의 스커트를 들어 올려 성기를 노출시킨 사진 <허니(1976)>와 양복 정장을 입은 흑인 남자가 페니스를 지퍼 밖으로 내보이고 있는 <폴리에스테르 양복을 입은 남자, 1980> 등이 전시되고 있었는데, 시민단체의 강력한 항의에 따른 외설 시비 끝에 순회 사진전이 취소되었다. 이 사건을 기화로 보수 정치인과 시민 단체들은 비주류와 표현의 자유를 부르짖는 미술계를 본격적으로 공격하였다. 의회는 NEA 기금을 일부 삭감하고, 논쟁을 유발한 작가들에게 지원을 한 기관들에 대한 벌칙 조항을 담은 수정 법안이 제출되었다. 아울러 피·가학성 변태성욕, 호모에로티시즘 등 음란하거나 불쾌한 주제들, 어린이의 성적 착취나 섹스 중인 모습이나, 특정종교 혹은 비종교지지, 계급, 성별, 인종, 신체장애, 연령, 출신국을 잣대로 모독, 비방, 경시하는 자료들을 생산하거나 배급하는 일체의 활동에 연방 정부의 기금이 사용되어질 수 없다는 것을 첨부하였다. 이에 대항하여 예술계와 자유주의 단체들은 미술을 지원하는 것이 국가의 정체성과 자존심의 근원이 되는 '창조성'을 지원하는 것이며, 공공기금을 받은 작가라도 창조를 위한 자유를 누릴 가치가 있다는 점을 강력히 주장하였다. 양 진영의 팽팽한 대립전 끝에 상원은 결국 양 측의 시각을 절충한 결정을 내려서, 위 기관들에 대하여는 계속 해서 지원하기로 하는 대신 NEA의 정책은 앞으로 의회에 사전 통보하도록 의무화되었다. 또한 음란성의 기준을 대법원 판례를 기준으로 하여 완화하였고 '불쾌한'이나 '모독' 등 모호한 사항들은 삭제토록 하였다. 결과적으로 이 사건은 미국 사회가 예술 표현의 자유를 인정하도록 했고, 90년대 미술의 자유주의 향방을 결정짓는 이정표가 되었다. 이에 힘입어 1990년대부터 미국 미술계의 영역은 몸, 정체성, 정치적 사건을 주제로 한 정치적 미술, 동성애에 이르기까지 유례없이 확장되었다.

3) 예술담론과 권력자들

20세기 현대미술에서 '전위적' 미술 작품들은 미학적 가치에 대한 근본적 의문을 제기해왔다. 1917년 마르셀 뒤샹이 남성용 소변기를 그대로 갖고 와서 미술 전시장에 설치하였을 때, 1960년대 앤디 워홀이 수프 캔과 포장박스만으로 이루어진 작품을 전시하고, 1980년대 제프 쿤스가 진공청소기로 이루어진 작품을 발표하고, 1990년대 데미언 허스트가 용액 처리된 상어를 통째로 전시하였을 때 사람들은 혼란에 빠졌다. 어떤 것이 미술이고 그 기준은 과연 무엇인가 그리고 그것을 판단하는 사람은 누구인가? 조지 디키는 제도론적 관점에서 예술을 정의하기를, 예술작품이란 사회제도적으로 어느 정도 자격을 갖춘 예술계의 구성원이 행하는 미학적 행위의 결과와 판단으로 인정되는 결과물이라고 하였다. 한편 현대미술에서 매우 유력하게 받아들이는 아서 단토의 다원주의 미술론에 따르면, 모든 예술은 항상 주제가 있어야 하고 동시에 해석이 수반되어야 한다. 그리고 일반 대중 고객들의 눈높이에서 시각적으로는 파악할 수 없는 당시의 미술상황과 예술사나 예술이론에 대한 지식, 즉 예술계의 암묵적 지원이 필수요소로 작용한다. 다시 말해 '그럴 듯한' 이유가 있고 그에 대한 예술계의 담론이 형성되기만 하면 모든 것은 미술이 된다. 이러한 미술론은 '모든 것이 미술이 될 수' 있는 이유를 제공한 자본주의적 논리를 정당화시켜주고, 자본과 공조하는 미술계 권력자들의 위상을 강화시켜 주는 데 일조하였다. 20세기 컨템퍼러리 아트의 미학적 가치는 미술계에 참여하고 있는 사람들, 더 정확하게 말하면 미술계의 권력을 가진 사람들의 합의에 의해 생겨난다. 위의 작품들이 '현대적 미술품'으로서 당당한 지위를 얻게 된 결과 그 가격은 제트비행기 가격보다 더 높게 형성되었다.

미술계의 '전통적 권력자'인 아트 딜러의 힘은 근대 시기부터 줄곧 증대되어 왔는데 전통적 후원자로부터 멀어진 미술가들이 그들의 작품을 독자적으로 파는 것은 쉽지 않았기 때문이었다. 20세기에 들어서서 현대미술 작품에 대한 객관적 기준이 한층 더 애매해지는 동안 딜러들은 그 시장 가치를 심판할 수 있는 '권력자'로서 지위가 더 강화되었다. 딜러는 자신의 경제적 이해관계에 동승한 특정 화가의 작품들을 의도적으로 띄우거나 작가의 가치를 높이기 위해 작가나 작품들이 중요하게 취급되는 데 도움이 되는 미적 판단을 내리는 일, 즉 그들에게 유리한 '새로운 미술담론'이 구성되기를 강력하게 원하게 되었으며 이에 적극적으로 관여하게 되었다. 시장의 관점에서 보면, 현대미술을 취급하는 딜러들은 끊임없이 '신제품'을 제시해야 하는 위치에 있으며, 미술운동의 급변은, 즉 새로운 담론의 생성은 그들에게 유리한 시장 조건을 만들어 준다.

20세기 후반기 미술문화의 공간에 새로운 권력자가 부상하였다. 앞 장에서 보았듯이 1960년대 이래로 현대미술을 집중적으로 지원한 각 정부의 정책은 주로 공공미술관들의 주관아래 이루어지게 되었다. 미술관들은 그간의 전위적 미술에 대한 수동적 수용의 입장에서 벗어나 당대에 유행하는 경향들을 능동적으로 수용하여 현대미술작품들을 적극적으로 선택하고, 구입해서, 전시하기 시작하였다. 이러한 태도들은 매우 의미심장한 결과를 가져왔다. 우선 미술관은 전시될 작품을 '선택'할 수 있는 힘을 통하여 현대미술 작가와 작품에 대한 심판관의 지위를 부여받게 되었으며, 더 나아가 미술사의 큰 흐름을 주도하는 권력 기구가 되었다. '수프 캔' 하나가 예술작품이 될 수 있는가 혹은 아닌가 하는 판단 문제는 공공미술관이 그것을 전시하여 미술품으로 '공인'하는가의 여부에 의해 결정되게 되었다. 그 오브제를 선택하고 매입하고 전시하는 일련의 과정에서 큐레이터를 위시한 미술관 행정가들은 미술계의 '권력자' 그룹으로 부상하였다. 20세기 '컨템퍼러리 아트'의 흥행에 따른 '전통적' 미술의 몰락에는 현대 국가와 공공미술관들이 일정 부분 책임이 있다고 할 수 있다.

미술관의 파워가 강해지면서 발생된 또 다른 심각한 결과는 미술문화의 장이 커졌음에도 불구하고 그 혜택은 오히려 소수의 기성작가가 독식하게 되었다는 것이다. 미술관과 대규모 전시회 횟수가 증가하면서 무엇보다도 관람객 숫자가 중요해지기 시작하였다. 정부와 후원자들이 미술관의 수준과 성공을 모여든 방문객의 숫자로 평가하면서 미술관과 전시회의 책임자들은 숫자 게임의 장으로 몰리게 되었다. 큐레이터들이나 예술 행정 책임자들은 가능한 모든 수단을 동원해서 관객을 모아들이라는 압력을 받게 되었고 따라서 그들은 이미 검증된 유명 작가들의 작품만을 중심으로 전시회를 기획하게 되었다. 그리하여 전시 내용 자체보다는 관람객을 확실히 끌어 들일 수 있는 기성 유명 미술가들의 작품 전시회가 대세를 이루게 되었고 그 결과 다른 신진 작가들에게 돌아갈 기회가 배제되고 있다.

최근에 yBa 작가 데미언 허스트의 작품은 모두 2억 달러에 판매되었고, 가고시안 같은 아트딜러는 연간 1조원의 매출을 기록하였다. 반면에 작품 판매수익만으로 생계를 해결하는 작가는 전체의 1.2 % 미만이고 나머지 대다수는 미술시장 진입조차 쉽지 않다(미국 사회학 교수 다이나 크레인의 연구). 그런데, 스타 작가와 기타 대다수 작가의 작품의 질적 차이는 그 가격의 천문학적 차이만큼이나 절대적이라고는 볼 수는 없으며 실제로 그 차이는 매우 상대적이다. 그러함에도 그 '가치'를 실질적으로 시장에서 결정짓는 자들은 부유한 상류 계층의 컬렉터들이며 그 평가 기준도 그들의 주관적 취향과 기호에 좌우되기 쉽고 게다가 대개의 경우 투기성과 결합되어 있다.

20세기 미술계의 '권력자'들은 대개 갤러리를 소유한 아트 딜러, 미술관의 큐레이터와 미술관장, 미술 잡지와 비평가 그룹, 국가 문화정책의 자문그룹과 결정자들로서 대부분 그들의 근무지는 서로 교류된다. 그리고 상류층 컬렉터와 후원자본가들이 이에 포함되며, 여기에는 또 공적 권위를 부여할 수 있는 학계와의 협력이 더 해진다. 그들은 독점적으로 반복하여 예술담론을 만들어내고 있으며 상호 네트워크를 통하여 강력하고 긴밀하게 연결되어 있다.

6. 나가며

'예술 세계는 그만의 독특하고 자유로운 방식으로 정신적 진실을 추구하는 영역으로서 시대를 초월해서 사회적 제약들과 예술가 및 후원자의 신분까지도 뛰어 넘는다'라는 전통적 믿음과 바람은 이제 현대 사회에 와서 너무나도 순진하고 현실과의 거리가 멀어 보인다. 현실의 여러 세계에서 항상 계층 간 '거리와 장벽'이 존재하듯이 미술 문화공간에서도 고급문화를 즐기고 능동적으로 이끌고 가는 소수와 그 위치에 속하지 못하는 단순한 관객으로 나누어진다. 부르디외의 연구에 따르면, 상류층에 속한 사람일수록 대중적이지 않은 예술을 선호하고 교육수준이 낮은 서민 계층일수록 "예술적 일탈의 욕망들을 전혀 찾아볼 수 없는 작품"들을 택하려고 한다. 그런데, 이러한 기호적 행동들은 취향의 차이가 아니라 사회적 환경 속에서 구성되는 구조적 행위들이다. 미적 기호는 취향의 차원이 아니고 고급문화나 저급문화에 속하도록 하는 행위나 태도로서 만들어진 것이며, 고급에 속하는 태도들을 얻기 위해서는 아무나 다가갈 수 없는 '특별한' 조건이 요구된다(부르디외는 아비투스라는 개념을 사용하여 관습적인 태도가 계급에 따라 다르게 형성된다는 사실을 설명하고 있다. 특정한 생활조건과 관련된 조건의 산물인 미적 성향은 비슷한 환경의 다수의 사람들을 함께 묶어주고 그 밖의 사람들과는 구분 짓게 한다). 특히 미적 취향에서 경제력(자본)은 취향의 차이를 만드는 결정적 요소이며, 금전적 문제로부터 초월할 수 있도록 해 줌으로써 소수의 상류층이 고급미술의 속성이기도 한 초월적 고고함을 으레 지닌 존재들로 보이게 한다. 거부들과 그 가족들, 정치계 인사들이 고급문화를 실제 소유하는 부류들이다. 반면, 작품을 구매할 능력이 없는 다수의 '구경꾼' 관객은 고급미술에 대한 취향이 부족하다라고 자위하며 문화적 격차를 자연스럽게 받아들인다.

　　오늘날 미술시장을 포함한 미술문화의 공간은 상류층에 속한 소수의 사회적 엘리트들에 의해 '그들만의 리그'를 충실히 만들어 가고 있다는 비판을 받고 있다. 순수하지만은 않은 소수에 의해 미술담론이 주도 되고 있는 현대미술은 그 태생적 동력이었던 변증법적 저항성을 상실하고 있다. "전위적 작가의 작품 한 점이 제트전투기 한 대의 가격을 넘어설 때, 전통적으로 아방가르드 미술이 가지고 있다고 주장되었던 비판적 파워는 좌절될 수밖에 없다(로버트 넬슨)"라는 지적은 참으로 의미심장하다. 그리하여 현 시대의 미술은 '시대를 저항적 자세로 반영하던' 고유의 역할을 기대하기가 점점 더 어렵게 되어 가고 있다.

1 존스 콜린, 『케임브리지 프랑스사』, p.328

2 주트 토니, 『포스트워 1945-2005』 1권, pp.557-558., 2012, 14-16.

3 오제명·김경석·김길웅, 『68. 세계를 바꾼 문화혁명. 프랑스 독일을 중심으로』, pp.45-46

4 가이스 페터, 켐트렉 기용, 『독일 프랑스 공동 역사교과서. 1945년 이후 유럽과 세계』, pp.218-219.

5 강다원, "패스트푸드 산업의 마케팅 전략과 현지화 추구에 관한 연구 : 프랑스에서의 맥도날드 정착을 중심으로", p.18.

6 비잔티온(Byzantion)은 현재 이스탄불에 거주하던 고대 그리스인들이 부르던 이름으로, 비잔티움(Byzantium)은 라틴어 명칭이다. 로마 제국이 분열한 뒤 그리스어를 공용어로 사용한 동로마 제국을 '비잔티움 제국'이라고 칭하는 것을 대신하여 '비잔티온 제국'으로 부르는 것이 타당할 것이다.

7 노명환, 역사를 통해 본 유럽의 서로 다른 문화 읽기, 신서원, 2012, 14-16.

8 노명환, 역사를 통해 본 유럽의 서로 다른 문화 읽기, 신서원, 2012, 24-30, 350-352; 부르디외/최종철 옮김, 구별짓기: 문화와 취향의 사회학, 새물결: 1996; 현택수 외, 문화와 권력: 부르디외 사회학의 이해, 나남, 1998.

9 미국의 정치학자.

10 빌헬름 시기는 독일 제국시기(1871-1918)를 일컫는다. 1871년 통일된 독일 제국은 1871-1888년에 빌헬름 1세가 황제로, 1888-1918년에는 빌헬름 2세가 황제로 제국을 다스렸다. 빌헬름 1세 시기에는 비스마르크가 재상으로 지냈으며, 1890년 그가 은퇴하면서 젊은 황제인 빌헬름 2세가 팽창정책을 추진하여, 제국주의적인 식민지 정책이 확대되었다.

11 이병철, 전후 서독에서의 교육개혁 - 미국의 대독일 교육정책에 대한 독일의 수용과 저항 (1945~1949) -, 202쪽

12 진태유, 시사뉴스피플, http://www.inewspeople.co.kr/news/articleView.html?idxno=3164

13 김진숙, 통일전 독일의 '독일문제에 대한 교육지침서'와 한국의 '통일교육지침서' 비교, 32쪽-

14 독일정치교육의 원칙, 『보이텔스바흐 합의(Beutelsbacher Konsens)』, http://blog.naver.com/PostView.nhn?blogId=jongheesalon&logNo=220789015481 ; 유진영, 역사비평, 2016, ; 김상무,

15 독일정치교육의 원칙, 『보이텔스바흐 합의(Beutelsbacher Konsens)』

16 최봉섭, 영국, 한국교육개발원, 외국의 교육안전망 사례, 2007, 147-152쪽

17 정식 보고서 명칭은 <A Nation at Risk: The Imperative for Educational Reform>이다. 1983년 레이건 대통령의 지시에 따라 구성된 '국가교육수월성위원회'에서 발간한 정책 보고서다. 1980년 이후를 교육개혁의 시대라 부를 수 있다면 교육개혁의 담론과 방향을 결정짓고 본격적인 정책 실행을 불러온 문서다.

18 유성상, 스쿨, 143-152쪽

참고문헌

가이스 페터, 켄트렉 기욤. 김승렬 외 옮김. 『독일 프랑스 공동 역사교과서. 1945년 이후 유럽
　　과 세계』. 휴머니스트, 2008.

강다원. "패스트푸드 산업의 마케팅 전략과 현지화 추구에 관한 연구 : 프랑스에서의 맥도날드
　　정착을 중심으로", 『외식경영연구』 3권 제2호(2000).

강현두. "대중매체의 시공간 재구성과 소비주체 형성 : 1920년대 미국의 라디오방송과 광고를
　　중심으로." 『한국언론학보』 42(1997).

곽정연. 『독일 문화정책과 예술 경영의 현황』. 2016.

김기숙 외. 『식품과 음식문화』. 교문사, 1999.

김미상. "프랑스 건축이론의 전통과 20세기의 건축(완)." 『建築士』 370권 0호(2000).

김복래. 『프랑스가 들려주는 이야기』. 대한교과서, 1998.

김수현. 『19세기 미술의 상품화 과정』. 전주대학교 예술문화연구소, 1996.

김영호. 『예술의 종말 시기의 미술관』. 2004.

김윤태. 『지구촌 음식문화』. 대왕사, 2006.

김이석. "프랑스의 영화관람 문화" 『프랑스 문화연구』 10권 0호(2005).

김정하. "이문화(異文化) 관리 - 서유럽편 : 생활문화와 행동양식: 영국의 차(tea)문화와 프랑스
　　의 와인문화." 『국제지역정보』 107권 0호(2002).

김정희. 『문명화, 문화주의, 기업문화: 영국정부와 예술정책』. 서울대학교출판문화원, 2010.

김진아. 『미국 문화, 그 기로에 서서 ― NEA(국립예술진흥기금)를 둘러싼 논쟁 중심으로』.
　　2006.

김태형. "음식 철학 속에 담긴 프랑스 역사와 문화에 관한 고찰." 『시대와 철학』 24권 4호(2013).

김형곤. "1920년대 미국 소비사회의 형성배경과 영향." 『미국사연구』 9(1999).

김형인. 『미국의 정체성』. 살림, 2009.

김혜영 외. 『문화와 식생활』. 효일문화사, 1998.

김흥현. 『독일인과 한국인의 궁합 - 서울에서 베를린까지』. 움직이는 책, 1996.

나종일 · 송규범. 『영국의 역사. 하』. 한울아카데미, 2009.

노명우. 『아방가르드』. 책세상, 2008.

넬 나딩스, 심성보 옮김. 『21세기 교육과 민주주의』. 살림터, 2015.

다카시나 슈지. 신미원 옮김. 『예술과 패트런-명화로 읽는 미술 후원의 역사』. 눌와 출판사, 2003.

동아시아식생활학회연구회. 『세계의 음식문화』. 광문각, 1999.

뒤비 조르주, 아리에스 필립 외. 김기림 옮김. 『사생활의 역사 5. 제1차 세계대전부터 현재까지』. 새물결, 2006.

로버트 램. 이희재 옮김. 『서양문화의 역사(5)』. 사군자.

로버트 프랭크, 필립 쿡. 권경영 외 옮김. 『승자독식사회』. 웅진지식하우스, 2008.

루이 세바스티앵 메르시에. 이영림 외 옮김. 『파리의 풍경, 1-6』. 서울대학교 출판부, 2014.

리비에르 다니엘. 최갑순 옮김. 『프랑스의 역사』. 까치, 1995.

마조워 마크. 김중현 옮김. 『암흑의 대륙. 20세기 유럽 현대사』. 후마니타스, 2009.

마사 로즐러. 이영철·정성철 외 옮김. 『현대미술의 지형도 - 비평, 매체, 제도분석』. 시각과 언어, 1998.

막스 폰 뵌. 천미수 옮김. 『패션의 역사1-2』. 한길아트, 2000.

모건 케네스 엮음. 영국사학회 옮김. 『옥스퍼드 영국사』. 한울아카데미, 1997.

바네사 R. 슈바르츠. 노명우·박성일 옮김. 『구경꾼의 탄생 : 세기말 파리, 시각문화의 폭발』. 마티, 2006.

박선아. "현대 프랑스 사회의 가족형태의 변화: '나 홀로 가정'을 중심으로." 『프랑스문화예술연구』9권 1호 제19집(2007).

박의수 외. 『교육의 역사와 철학』. 동문사, 2012.

박춘란. 『식생활문화』. 효일문화사, 2002.

백경남. 『바이마르 공화국 - 서구 민주주의 실험의 비극』. 종로서적, 1985.

블래닝 팀 엮음, 김덕호·이영석 옮김. 『옥스퍼드 유럽현대사』. 한울, 2003.

블랙 J. 앤더슨 외. 윤길순 옮김. 『세계 패션사 1-2』. 자작아카데미, 1997.

성태종 외. 『음식문화 비교론』. 대왕사, 2006.

송기형. "국립중앙박물관과 프랑스 루브르 박물관의 비교 연구 - 루브르 궁전의 역사를 중심으로." 『프랑스 문화연구』2권 0호(1998).

―――. "전위예술의 역사적 배경." 『인문과학총론』28(1996).

송복섭. "프랑스 건축사 제도의 어제와 오늘." 『建築士』391권 0호(2001).

송충기. "독일 68운동기 〈코뮌〉의 일상과 성혁명, 그리고 몸의 정치." 『사림』제40호 (2011).

송충기 외. 『세계화 시대의 서양현대사』. 아카넷, 2009.

슈테파니 펭크 외. 조이한 · 김정근 옮김. 『아틀라스 서양미술사』. 현암사, 2013.

스토리 존. 박소이 옮김. 『문화연구와 문화이론』. 현실문화연구, 1999.

신국원. 『포스트모더니즘』. 한국기독학생회, 1999.

심상용. 『승자독식 사회와 예술』. 2012.

심성보 외. 『새로운 사회를 여는 교육혁명』. 살림터, 2012.

아놀드. 하우저, 염무웅 · 반성완 옮김. 『문학과 예술의 사회사 3』. 창작과 비평사, 1999.

아리에스, 조르주. 전수연 옮김. 『사생활의 역사 4』. 새물결, 2003.

안느 마르탱-퓌지에, 미셸 페로 편집. 전수연 옮김. 『사생활의 역사, 1-4』. 새물결, 2002.

Alan Brinkley. 황혜성 외 옮김. 『미국인의 역사』. 비봉출판사, 1998.

알버트 레블레. 정영근 외 옮김. 『서양교육사』. 문음사, 2005.

양현미. 『공공미술의 제도적 기반 — '미술을 위한 퍼센트법'을 중심으로』. 2004.

E. H. 곰브리치. 백승길 옮김. 『서양미술사』. 예경, 2007.

에드워드 루시스미스. 김금미 옮김. 『20세기 시각예술』. 예경, 2002.

에릭 홉스 봄. 이경일 옮김. 『파열의 시대 - 20세기의 문화와 사회』. 까치, 2015.

엘리너 하트너. 이태호 옮김. 『포스트모더니즘』. 열화당, 2003.

오병남 · 민형원 · 김광명. 『인상주의 연구』. 예전사, 1999.

오제명 · 김경석 · 김길웅. 『68. 세계를 바꾼 문화혁명. 프랑스 독일을 중심으로』. 길, 2006.

오인석 편. 『바이마르 공화국 - 격동의 역사』. 삼지원, 2002.

윌리엄 보이드. 『서양교육사』. 교육과학사, 2012.

Wilford M. Aikin. 김재춘 외 옮김. 『중등학교 교육과정 개선을 위한 8년 연구 이야기』. 교육
      과학사, 2006.

유종숙. "프랑스 음악축제." 『프랑스 문화연구』 10권 0호(2005).

유진영. 『독일 직업교육과 마이스터제도』. 학이시습, 2015.

이광주. 『유럽 사회 - 풍속 산책』. 까치, 1992.

이민호. 『독일 · 독일민족 · 독일사 - 분단독일의 역사의식』. 느티나무, 1990.

이병철. "독일 68세대의 학생문화 - 대안적 주거형태의 발전을 중심으로." 『한국교육사학』 제
      37권 1호(2015).

이상균. 『프랑스 지리교육의 이해』. 한국학술정보, 2011.

이선미. 『피에르 부르디외의 문화사회학 이론을 통해서 본 vBa 현상』. 2011.

이영철 외. 『현대미술의 지형도 – 비평, 매체, 제도분석』. 시각과 언어, 1998.

이정희 · 전경화. "68운동 이후 독일의 새로운 여성운동." 『독일언어문학』제26집 (2004).

이주영. 『미국사』. 대한교과서, 2004.

이주영 · 김용자 · 노명환 · 김성형 공저. 『서양현대사 – 제2차 세계대전에서 현재까지』. 삼지
　　　원, 1994.

이주은. "빅토리안 회화의 인물상을 통해 본 영국 사회의 특성." 이화여자대학교 박사학위논문
　　　(2005).

이지영. 『아트마켓 바이블』. 미진사, 2014.

이진숙. "가족의 정치적 아젠다화 : 가족변화에 대한 독일정당들의 대응." 『상황과 복지』
　　　16(2003).

이학수. "신자유주의와 프랑스의 청년들." 『역사와 문화』12호(2006).

인성기. "독일과 프랑스, 이탈리아 건축예술에 대한 비교문화적 연구." 『독일언어문학』 17권 0
　　　호(2002).

장 루이 프라델. 김소라 옮김. 『라루스 서양미술사 – 현대미술』. 생각의 나무, 2004.

전동호. "조슈아 레이놀즈의 『미술담론 Discourse on Art』다시 읽기." 『서양미술사학회』 제33
　　　집(2010).

정유경 · 전혜정. "문화적 접근 방법에 의한 20세기 프랑스 패션의 미적 특성 연구." 『복식』 56
　　　권 1호(2006).

정윤아. 『미술시장의 유혹 – 미술시장으로 본 현대미술』. 아트북스, 2008.

정해본. 『독일근대사회경제사』. 지식산업사, 1990.

조은희. "독일의 비혼인 생활공동체와 한국의 동거관계에 대한 제안." 『한양법학』 43(2013).

조진근. 『현대미술과 시장 : 예술의 자율성과 자본의 힘 사이에서』. 2009.

조홍식. 『파리의 열두 풍경』. 책과 함께, 2016.

존스 콜린. 방문숙 · 이호영 옮김. 『케임브리지 프랑스사』. 시공사, 2001.

주트 토니. 조행복 옮김. 『포스트워 1945-2005. 1-2』. 플래닛, 2008.

최병식. 『미술시장과 아트딜러』. 동문선, 2008.

키친 마틴. 유정희 옮김. 『케임브리지 독일사』. 시공사, 2001.

클라크 그레고리. 이은주 옮김. 『맬서스 산업혁명 그리고 이해할 수 없는 신세계』. 한스미디어,
　　　2009.

통합유럽연구회. 『유럽을 만든 대학들』. 책과 함께, 2015.

폰팅 클라이브. 김현구 옮김. 『진보와 야만』. 돌베개, 2007.

폴 우드 외. 정성철 · 조선령 옮김. 『재현의 정치학: 40년대 이후의 미술(Modernism in Dispute)』. 시각과 언어, 1997.

폴 존슨. 민윤정 옮김. 『새로운 미술의 역사』. 미진사. 2006.

프레이저 에번 D. G., 리마스 앤드루. 유영훈 옮김. 『음식의 제국』. 알에이치코리아, 2012.

필립 후크. 유예진 옮김. 『인상파 그림은 왜 비쌀까』. 현암사, 2011.

한국문화정책개발원. 『세계의 문화정책 — 영국의 문화정책』. 1999.

한국프랑스사학회. 『교육과 정치로 본 프랑스사』. 서해문집, 2014.

할 포스터 지음. 이영욱 · 조주연 · 최연희 옮김. 『실재의 귀환(The Return of the Real)』. 경성대 학교출판부, 2004.

헬가 그레빙. 박경서 옮김. 『독일 노동운동사』. 한벗, 1985.

홍석기. 『인상주의 – 모더니티의 정치학』. 생각의 나무, 2010.

황성근. 『독일 문화 읽기』. 북 코리아, 2006.

H. 스튜어트 휴즈 조. 박성수 옮김. 『서양현대사』. 종로서적, 1986.

A. Wümbach. "Kuchen – Fladen – Torte." *Zeitschrift fü Volkskunde* 56(1960).

Brown, Mike. *Wartime Britain : 1939-1945*. Oxford : Shire Publications, 2011.

Cohen, Susan. *1960s Britain : 1960-1969*. Oxford : Shire Publications, 2014.

Doyle, Peter. *First World War Britain: 1914-1919*. Oxford : ShirePublications, 2012.

Eric Hobsbawn. *Behind the Times : The Decline and Fall of the Twentieth-Century Avant-Gardes*. Thames and Hudson, 1988.

Francis Frascina, ed. *Pollock and After*. Yale University Press, 1985.

Gerald L. Gutek. *A History of the Western Educational Experience*. Waveland Press, 1995.

G. Eckert, *Großmutters Rezepte - modern gekocht*. Hamburg, 1970.

Hyams, Jacky. *The Real Life Downton Abbey: How Life was Really Livedin Stately Homesa Century Ago*. London : John Blake Publishing, 2011.

Irving S andler. *The Triumph of American Painting : A History of Abstract Expressionism*. New York : Praeger, 1970.

Leighton, Sophie. *The1950s Home*. Oxford : Shire Publications, 2014.

Pearce, Robert. *1930s Britain : 1930-1939*. Oxford : Shire Publications, 2010.

Rosalyn Deutche, Cara Gendel. *"The Fine Art of Genfriction", Rosalin Krauss 외편, October : The First Decade, 1976-1986*. Cambridge, London : The MIT Press, 1987.

Shepherd, *Janet and John Shepherd. 1920s Britain : 1920-1929*. Oxford : Shire Publications, 2010.

Sepherd, *Janet and John Shepherd. 1970s Britain : 1970-1979*. Oxford : Shire Publications, 2012.

Serge G uilbaut. *How New York Stole the Idea of Modern Art : Abstract Expressionism, Freedom, and the Cold War, translated by Arthur Goldhammer*. The University of Chicago Press, 1983.

Shepherd, Janet and John Shepherd. *1950s Childhood*. Oxford : Shire Publications, 2014.

S. Andreas. *Der Knabe im Brunnen*. Müchen, 1958.

Thomas Crow. *The Rise of the Sixties*. New York : Harry N. Abrams, 1996.

저자소개

노명환 한국외국어대학교 사학과 교수
박지배 한국외국어대학교 역사문화연구소 조교수
박재영 대구대학교 인문교양대학 창조융합학부 조교수
김유정 경상대학교 유럽연구소 연구교수
홍재웅 한국외국어대학교 박사
김혜진 한국외국어대학교 그리스불가리아학과 조교수
윤희두 한국외국어대학교 그리스불가리아학과 강사
김형인 한국외국어대학교 사학과 겸임교수
원태준 포항공과대학교 인문사회학부 대우조교수
유진영 고려대학교 독일어권문화연구소 연구교수
이규철 한국외국어대학교 사학과 강사